助人工作者
的養成歷程與實務
Becoming a Helper / 6e

Marianne Schneider Corey & Gerald Corey —— 著

楊蓓 —— 校閱

黃慈音、謝艾美、楊雅嵐、陳嘉茵、林淑娥、魏心敏、林佩瑾 —— 譯

CENGAGE
Learning®

Andover • Melbourne • Mexico City • Stamford, CT • Toronto • Hong Kong • New Delhi • Seoul • Singapore • Tokyo

助人工作者的養成歷程與實務 / Marianne Schneider
Corey, Gerald Corey著；黃慈音 等譯. -- 初版. --
臺北市：新加坡商聖智學習，2013.10
面； 公分
譯自：Becoming a helper, 6th ed.
ISBN 978-986-5840-18-1(平裝)

1.社會工作 2.社會服務

547 102017594

助人工作者的養成歷程與實務

© 2014 Cengage Learning Asia Pte Ltd.
Original: Becoming a Helper, 6e
By Marianne Schneider Corey · Gerald Corey
ISBN: 9780495812265
©2011 Cengage Learning

5 6 7 8 9 2 0 2 3

出 版 商　新加坡商聖智學習亞洲私人有限公司台灣分公司
　　　　　104415 臺北市中山區中山北路二段 129 號 3 樓之 1
　　　　　http://www.cengageasia.com
　　　　　電話：(02) 2581-6588　傳眞：(02) 2581-9118
原　　著　Marianne Schneider Corey · Gerald Corey
校　　閱　楊蓓
譯　　者　黃慈音·謝艾美·楊雅嵐·陳嘉茵·林淑娥·魏心敏·林佩瑾
執行編輯　陳文玲
總 編 輯　林敬堯
發 行 人　洪有義
總 經 銷　心理出版社股份有限公司
　　　　　231026 新北市新店區光明街 288 號 7 樓
　　　　　電話：(02) 2915-0566　傳眞：(02) 2915-2928
　　　　　郵撥：19293172 心理出版社股份有限公司
　　　　　https://www.psy.com.tw
　　　　　E-mail: psychoco@ms15.hinet.net
編　　號　21107
定　　價　新臺幣 500 元
出版日期　西元 2023 年 9 月　初版五刷（原文六版）

ISBN　978-986-5840-18-1

(23CRM0)

目錄

01 | 助人專業適合你嗎？
Are the Helping Professions for You?

02 | 了解你的價值觀
Knowing Your Values

07 了解差異
Understanding Diversity

08 倫理與法律議題
Ethical and Legal Issues Facing Helpers

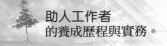

作者介紹

MARIANNE SCHNEIDER COREY 是加州地區具有執照之婚姻與家族治療師,且是國家認證之諮商師。她在查普曼大學取得婚姻、家庭與兒童諮商之碩士學位。她是團體工作專業人員協會(Association for Specialists in Group Work, ASGW)的會員,以及此機構 2001 年度卓越成就獎的獲獎者。她同時也是美國諮商學會(American Counseling Association, ACA)、團體工作專業人員協會(ASGW)、美國團體心理治療學會(American Group Psychotherapy Association, AGPA)、諮商之靈性、倫理與宗教信仰價值觀學會(Association for Spiritual, Ethical, and Religious Values in Counseling, ASERVIC)、諮商師教育督導協會(Association for Counselor Education and Supervision, ACES)、西部諮商師教育督導學會(Western Association for Counselor Education and Supervision, WACES)等組織之會員。

　　Marianne 在不同族群中帶領團體,提供團體動力之訓練與督導工作坊,促進諮商領域之研究生的自我探索團體,以及協同促進團體諮商師之訓練團體與為期一週、住宿型的個人成長工作坊。Marianne 和她丈夫 Jerry 一同在美國、德國、愛爾蘭、比利時、墨西哥、中國與韓國帶領訓練工作坊、繼續教育專題討論會以及個人成長團體。她視團體為與案主工作以及對她個人最有獲益的最有效形式。

　　除了已有日文、韓文譯本之《助人工作者的養成歷程與實務》(*Becom-*

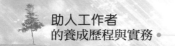

ing a Helper, Sixth Edition）（2011，與 Gerald Corey 合著）之外，Marianne 也與人合著下列書籍，皆由 Brooks/Cole, Cengage Learning 出版社出版：

- 《諮商倫理》（*Issues and Ethics in the Helping Professions*, Eighth Edition）（2011，與 Gerald Corey、Patrick Callanan 合著），已有韓文、日文及中文譯本。
- 《團體諮商》（*Groups: Process and Practice*, Eighth Edition）（2010，與 Gerald Corey、Cindy Corey 合著），已有韓文、中文及波蘭文譯本。
- 《追求未來與過去》（*I Never Knew I Had a Choice*, Ninth Edition）（2010，與 Gerald Corey 合著），已有中文譯本。
- 《團體技術》（*Group Techniques*, Third Edition）（2004，與 Gerald Corey、Patrick Callanan 和 J. Michael Russell 合著），已有葡萄牙文、韓文、日文與捷克文譯本。

Marianne 為 Brooks/Cole, Cengage Learning 出版社製作了兩套教育錄影課程（附有學生練習手冊），其一為 *Groups in Action: Evolution and Challenges*—DVD 及練習手冊（2006，與 Gerald Corey、Robert Haynes 合著），其二為 *Ethics in Action*—CD-ROM（2003，與 Gerald Corey、Robert Haynes 合著）。

Marianne 與 Jerry 於 1964 年起結褵至今，育有兩位已成年的女兒以及三位外孫子女。Marianne 在德國長大，一直與她在德國的家人與朋友保持密切的往來。閒暇時她喜歡旅行、閱讀、拜訪朋友、騎腳踏車與健行。

✍ ✍ ✍

GERALD COREY 是加州州立大學福樂頓分校人群服務的榮譽教授。他在南加州大學取得諮商博士學位。他是美國專業心理學委員會（American Board of Professional Psychology）之諮商心理學（Counseling Psychology）合格醫生；有執照的心理學家；國家認證之諮商師（National Certified Counselor）；與美國心理學會（American Psychological Association, APA）（諮商心理學）、美國諮商學會（ACA）、團體工作專業人員協會（ASGW）的會員。Jerry 獲得團體工作專業人員協會（ASGW）之 2001 年度卓越成就獎，並於 1991 年獲得加州州立大學福樂頓分校年度傑出教授獎。他通常教授大學部與研究所的團體諮商與諮商倫理課程。除了眾多的期刊文章外，他是諮商領域中已出版之 15 本教科書的作者或共同作者。他有許多書被翻譯成他國文字，暢銷於全世界。

Jerry 和他的妻子 Marianne Schneider Corey 經常一起出席團體諮商的工作坊。過去 30 年來，Jerry 在美國、加拿大、墨西哥、中國、香港、韓國、德國、比利時、蘇格蘭、英國及愛爾蘭的許多大學，為心理衛生專業人員帶領團體諮商訓練工作坊。閒暇時他喜歡旅行、在山中健行或騎腳踏車，以及開著他 1931 年份的福特 Model A。

Jerry Corey 近期的著作皆由 Brooks/Cole, Cengage Learning 出版社出版，包括下列所述：

- 《諮商倫理》（*Issues and Ethics in the Helping Professions*, Eighth Edition）（2011，與 Marianne Schneider Corey、Patrick Callanan 合著），已有韓文、日文及中文譯本。

- 《團體諮商》（*Groups: Process and Practice*, Eighth Edition）（2010，與 Marianne Schneider Corey、Cindy Corey 合著），已有韓文、中文及波蘭文譯本。

- 《追求未來與過去》（*I Never Knew I Had a Choice*, Ninth Edition）（2010，與 Marianne Schneider Corey 合著），已有中文譯本。

- 《諮商理論與實務》（含手冊）（*Theory and Practice of Counseling and Psychotherapy*, Eighth Edition）（2009），已有阿拉伯文、印尼文、波蘭文、土耳其文、韓文與中文譯本。

- 《從案例取向到諮商與心理治療》（*Case Approach to Counseling and Psychotherapy*, Seventh Edition）（2009）。

- 《諮商整合的藝術》（*The Art of Integrative Counseling*, Second Edition）
  （2009）。

- 《團體諮商的理論與實務》（含手冊）（*Theory and Practice of Group
  Counseling*, Seventh Edition）（2008），已有韓文、中文、西班牙文以
  及俄文譯本。

- 《團體技術》（*Group Techniques*, Third Edition）（2004，與 Marianne
  Schneider Corey、Patrick Callanan 和 J. Michael Russell 合著），已有葡
  萄牙文、韓文、日文與捷克文譯本。

Jerry 是 *Boundary Issues in Counseling: Multiple Roles and Responsibilities*
（Second Edition）（2006）及 *ACA Ethical Standards Casebook*（Sixth Edi-
tion）（2006）的共同作者（與 Barbara Herlihy 合著）；他也是 *Clinical
Supervision in the Helping Professions: A Practical Guide*（Second Edition）
（2010）的共同作者（與 Robert Haynes、Patrice Moulton 和 Michelle Muratori
合著）；以及 *Creating Your Professional Path*（2010）一書的作者，以上四本
皆由 ACA 出版。他與女兒 Cindy Corey 及 Heidi Jo Corey 合著大學新生入學
指南，書名為 *Living and Learning*（1997），由 Wadsworth, Cengage Learning
出版社出版。

Jerry 也在諮商實務的多種領域製作了數套教育錄影課程：(1)*Theory in
Practice: The Case of Stan*—DVD 及線上版（2009）；(2)*Groups in Action:
Evolution and Challenges*—DVD 及練習手冊（2006，與 Marianne Schneider
Corey、Robert Haynes 合著）；(3)*Integrative Counseling*—CD-ROM（2005，
與 Robert Haynes 合著）；(4)*Ethics in Action*—CD-ROM（2003，與 Marianne
Schneider Corey、Robert Haynes 合著）。這些錄影課程皆可透過 Brooks/Cole,
Cengage Learning 出版社取得。

校閱者簡介

楊　蓓

學歷：美國田納西大學教育心理與輔導博士

經歷：東海大學社會工作系講師

　　　國立中興大學學生輔導中心主任

　　　國立臺北大學社會工作學系副教授

　　　實踐大學社會工作學系副教授

　　　財團法人聖嚴教育基金會執行長

現職：法鼓文理學院特聘副教授

　　　擔任助人專業工作者之督導、訓練與諮詢多年

譯者簡介

黃慈音 （第一、二章）

學歷：國立臺北大學社會工作學系碩士

經歷：兒童福利聯盟文教基金會收出養組社工

現職：兒童福利聯盟文教基金會收養資訊中心督導員

謝艾美 （第三章）

學歷：國立臺北大學社會工作學系碩士

經歷：兒童福利聯盟文教基金會出養組社工

　　　國立臺北大學社會工作學系助教

現職：國立臺灣師範大學進修推廣學院專案經理

楊雅嵐 （第四、十一章）

學歷：國立臺灣師範大學教育心理與輔導學系碩士

經歷：中學輔導教師、輔導行政、資深義務張老師

現職：中學輔導主任、諮商心理師

陳嘉茵 （第五、六章）

學歷：美國紐約大學社會工作學系碩士

經歷：兒童福利聯盟文教基金會綜合規劃組組長

　　　兒童福利聯盟文教基金會家庭服務組組長

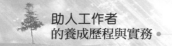
林淑娥　（第七、九、十三章）

學歷：國立臺灣大學社會學研究所（應用社會學組）碩士

經歷：臺北市家庭暴力暨性侵害防治中心社工員、組長

　　　臺北市政府社會局股長、專員、科長、專門委員、主任秘書

魏心敏　（第八、十章）

學歷：美國北德州大學諮商教育碩士

經歷：勵馨基金會臺北市蒲公英諮商輔導中心諮商心理師

譯作：遊戲治療導論。2008。臺北：華都文化

林佩瑾　（第十二章）

學歷：國立臺灣大學社會工作學系博士

經歷：國立臺北大學社會工作學系進修部兼任講師

　　　實踐大學諮商輔導中心兼任社工師

　　　臺北市家庭暴力暨性侵害防治中心社工員、組長

　　　臺北市政府社會局身心障礙者福利科股長、專員

　　　臺北市政府社會局社會工作科科長

　　　實踐大學社會工作學系助理教授

現職：東吳大學社會工作學系副教授

序言

　　有許多書籍談論助人的能力、理論及技巧，卻少有書籍聚焦於成為一位有效能助人者的問題，或是著重在個人與他人工作的困難上。寫這本書時，我們心中浮現期望以人群服務、諮商、社會工作、心理學、婚姻與家族治療、社會學或相關專業為職業的學生，以及剛進入專業生涯的助人者。這本書提供一個概括性的綜觀與介紹，並且你將會在每一章節進入個別的課程，了解我們在這裡所陳述的主題。我們希望透過使你能繼續探索的方式，來將這些主題介紹給你們。我們期待這本書被視為是有關助人技巧及諮商理論與實務教科書的輔助教材。《助人工作者的養成歷程與實務》（*Becoming a Helper*）已被證實在人群服務、助人入門、諮商入門、社會工作的概論課程是有效用的，且在實習前、實習中、實地考察及醫師實習時一樣有用。

　　在這本書中，我們將主要的注意力放在助人者的掙扎、焦慮及不確定性上，此外，我們深入地探索助人歷程的需求與張力，以及它們對實務者的影響。讀者需要覺察與檢視他們尋求成為助人專業一份子的動機。我們會協助讀者評估他們將從工作中得到什麼。

　　價值觀是案主—助人者關係中不可或缺的一部分，我們投注相當多的心力在分析價值觀如何影響助人歷程。我們發展出的論點是：助人者的工作不是強行灌輸價值觀，而是幫助案主定義他們自己的價值觀系統。我們探索助人者的信念體系，並討論各種不同信念與假設對實務工作的正負面影響。

　　我們討論助人者自我了解的重要性，鼓勵讀者去探索他們的原生家庭經驗，並著重在早期關係如何繼續影響後來之關係的品質。我們關注助人者如何理解他們自己生命中的發展性轉變，並討論當與處於生命轉換階段的案主工作時，助人者之自我了解所帶來的意涵。新手與資深助人者在工作中都會面臨共同的問題，亦即有關處理抗拒、移情與反移情，以及被視為是棘手的

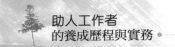
案主，我們會深入地討論這些重要議題。

　　這本書提供助人歷程階段的概述，簡單地討論在每個階段要成為有效助人者所需要的技巧與知識。討論的焦點並不在技巧能力的發展，而是在於能使助人者變得有效能的個人特質。因為助人者要求案主檢視他們的行為，以便更完整地了解自己，我們要求助人者也要有意願對自己的生命做同等地覺察。沒有高度的自我覺察，助人者可能會妨礙了案主的歷程，尤其是當案主掙扎於助人者避免去面對的議題時。我們同樣針對不同理論的關鍵概念與實務應用提供一個概述的章節。這是對諮商實務的綜合取向討論，提供如何選擇理論取向的指南。

　　每當主題與多元案主群有關時，我們便特別注意對多元族群的理解與工作。此外，第七章討論差異性議題的範圍。形成倫理覺察敏感度以及學習解決專業兩難，是所有助人者所面對的任務。我們提出一些圍繞當前倫理議題的挑戰，以便使讀者對倫理抉擇與界線處理更敏銳。

　　我們要求學生在養成教育上採取主動的態度。主動性可應用在見習與實習場域的選擇，如同從督導中得到最大收穫一樣。因此，我們提供一些實用的策略，以確保實習的經驗品質以及從督導中獲益。

　　本書其他討論到的主題有壓力、專業耗竭，以及自我照顧的重要性。貫穿本書的重點是：助人者可能如何被他們在服務中所遇到的問題與他們對案主所做的選擇所影響。我們討論團體過程以及在人群服務工作中與團體工作的價值觀，我們也論及在社區擔任助人者的角色理解。

　　雖然這本書應該對所有打算進入助人專業的學生有幫助，然而我們的背景是在諮商領域，這個傾向會顯露在這本書中。因此，有意進入人群服務之諮商領域的人可能會發現本書特別有幫助。我們努力撰寫可以刺激思考與行動的個人化書籍，每一章節的最後，我們鼓勵讀者致力於某些可以幫助他們更接近目標的行動。

一、新版特色

第一章增加了復健諮商與藥物濫用諮商組織。第二章強調特殊領域的價值衝突,伴隨在諮商過程中如何符合倫理地工作的擴大討論。第三章被濃縮並聚焦於自我覺察與助人者價值觀的自我探索。移情與反移情的討論在第四章被擴充,並且增加轉介時的覺察能力與學習等章節。獲得技巧與特定能力的新資源則新增於第五章。

第六章新增了敘事治療的章節,第七章進行了大規模的更新,包括了新增社會正義能力的章節。第八章(倫理與法律議題)與第九章(處理界線議題)則受益於建立在現代架構上之爭論性議題的研究。第十章幾乎重新改寫以便聚焦於學生助人者從實習、督導中得到最大的獲益。第十一章為在個人與專業角色上保持活力增添新的素材。第十二章討論團體動力,鼓勵助人者去思考親身參與團體一事。第十三章有一個新的焦點是在社區工作中的倡導與社會運動角色,此焦點在更廣泛的案主群上擴大了助人者的角色。在這最後一章裡,新的重點也放在危機處遇工作上。只要有可能,新的參考資料會加入並帶來更即時的討論,且為更進一步之研究主題提供跳板。

二、致謝

在重新修訂這個版本時,一份網路調查獲得 45 位教師的回應。這些教師的建議對導引這次修訂過程有很大的幫助,特別是使我們的焦點放在這本書所選擇之課程的多元性,包括諮商、人群服務、心理學及社會工作。

我們也希望對參與檢閱第六版(編註:指原書版本)《助人工作者的養成歷程與實務》(*Becoming a Helper*)修訂後原稿的這些夥伴表達我們的感謝。雖然我們沒有將他們的建議全部納入,但我們依賴他們的回應來發展出這個版本的最終定稿。我們深深感激下列人士的洞察力、批評與觀點:

- Randy Alle-Corliss —— 加州州立大學福樂頓分校
- Leslie Joan Allen —— 胡德山社區學院

- Emily B. Anderson —— 紐約市立大學曼哈坦區社區學院
- Malachy Bishop —— 肯塔基大學
- Richard L. Brewer —— 西南基督大學
- Patrick Callanan —— 加州州立大學福樂頓分校
- Robert Haynes —— Borderline Productions 出版社
- Kathy Keefe-Cooperman —— 紐約長島大學
- Patrice Moulton —— 西北州立大學
- Mark A. Stebnicki —— 東卡羅來納州立大學
- Vanessa van Orden —— 胡德森社區學院
- Gary Villereal —— 西肯塔基大學
- Daniel Weigel —— 東南奧克拉荷馬州立大學

我們對下列諸位在檢閱及提供對第十三章（在社區中工作）之回饋的珍貴貢獻表達真摯的感謝：Hugh C. Crethar —— 奧克拉荷馬州立大學；Allison Donahoe Beggs—Riverside County Children's Services；以及 Kristie Kanel —— 加州州立大學福樂頓分校。我們感謝 James Bitter —— 東田納西州立大學，協助檢閱與編輯第三章（認識你自己）。

我們感激 Brooks/Cole, Cengage Learning 出版社的夥伴，他們持續地對我們的計畫提供支持：Seth Dobrin —— 諮商、社會工作與人群服務的選書編輯；Julie Martinez —— 看顧整個修訂過程的企劃編輯；Caryl Gorska —— 設計本書之封面與內頁（編註：指原書封面與內頁）；Arwen Petty —— 負責補充教材的助理編輯；Trent Whatcott —— 資深業務經理；以及 Rita Jaramillo —— 專案經理。我們感謝 Glyph International 公司的 Ben Kolstad —— 負責本書出版的協調工作；Kay Mikel —— 本書的文字編輯，其優秀的編輯長才使本書對讀者而言顯得容易閱讀。我們感激 Susan Cunningham 在索引部分的細心工作。這些專業人員竭盡所能的努力，對本書第六版品質上有著莫大的貢獻。

Marianne Schneider Corey

Gerald Corey

CHAPTER 01

助人專業適合你嗎？

Are the Helping Professions for You?

焦點問題・導論・檢視你想成為助人者的動機・開始成為助人者・助人生涯適合你嗎？・「理想助人者」的樣貌・在學習中創造意義・選擇專業生涯的途徑・助人專業的概述・選擇專業生涯時需考量的價值觀・開創專業旅程的建議・自我評估：助人態度與信念的量表・重點回顧・你可以做什麼？

焦點問題

1. 助人專業為何會吸引你？在你的生命中，是誰影響了你，使你選擇成為一位助人者？

2. 什麼是你成為助人者的主要動機？透過成為一位助人者可能滿足你的哪些個人需要？

3. 回想一個需要你生命中重要人物或助人者提供協助的時刻。你最想從這人身上得到什麼？他／她做了什麼幫助了你或妨礙了你？

4. 思考一下有效能的助人者應有的特質。什麼樣的特點或特徵是你認為最重要的？

5. 你能做些什麼好讓你的養成教育變得更有意義？你要如何從學術課程中獲得最大的助益？

6. 在你生命中的這個時刻，你認為你已經為了進入助人專業做了多少準備（從個人觀點來看）？如果你要申請這個領域的碩士課程或工作，你可能會被問到以下問題：「哪些人品、特質、態度、價值觀及信念是成為一位有效能的助人者所必備？」「這些個人特質將會成為你在助人者角色上的資產或是絆腳石？」

7. 假如你要在某一個助人專業上追求生涯發展，你理想的遠景為何？哪一種工作會吸引你？你最想幫助的是哪一類的案主？哪一類的人群服務能夠帶給你最大的成就與滿足？

| 第一節 | 導論

當你考慮進入助人專業生涯時，你可能會問自己以下的問題：

- 助人專業適合我嗎？
- 我是否有足夠的知識去幫助別人？
- 我是否能夠找到工作？
- 我的職業是否能供應我的經濟需求？
- 我是否能將所學應用在工作上？
- 這份職業是否能夠滿足我？
- 哪一種助人專業最適合我？
- 我要如何選擇最好的學校？

本書的目的是要幫助對職業生涯有這些問題或其他問題的你。本書的焦點在於你，以及在個人及專業上你需要什麼來使你有機會成為最好的助人者。我們也強調在你進入專業領域後將會面臨的現實層面。假如你對即將發生的事有概念，你將能夠因應助人專業的要求。除了呈現你可能會遭遇到的阻礙之外，我們也希望呈現出將助人視為一種人生態度所得到的滿足與報酬。也許助人專業最有意義的報酬是協助人們創造出他們自己的路徑。

我們藉由邀請你來檢視自己想成為助人者的原因以開啟這一個章節。為了幫助你澄清個人及專業動機，我們分享了我們自己成為助人者的經驗，並且說明學習成為助人者是一個同時擁有喜樂及挑戰的過程。本章也會說明有效助人者的特質。「理想助人者」並沒有固定的特質模式，但我們鼓勵你去反思自己身上有哪些在助人工作上會幫助或妨礙你的個人特質。

大部分的學生對於何種專業課程將能最有效能地幫助他們達成生涯目標感到疑惑，因此我們研究了各種教育途徑的差異。或許你認為你知道自己想追求的職業生涯為何，但我們鼓勵你在閱讀此書時保持開放的心態。你將可

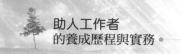

能在你最後所選擇的職涯裡從事幾個不同職位的工作，而且許多人群服務專業者在他們生命中不同的時間點投入不同的領域。例如，你一開始可能是在社區機構從事直接服務，而後轉換至管理方案做服務。

最後，當你閱讀本書時記得我們交替使用**助人者**（helper）及**人群服務專業者**（human services professional）這兩個名詞來代表較廣義的實務工作者，包括社工、諮商師、臨床與諮商心理學家、伴侶及家族治療師、教牧輔導者、心理衛生護士、復健諮商師及社區心理衛生工作者。

| 第二節 | 檢視你想成為助人者的動機

當你要在助人專業中選擇一項職業時，反思你想進入這個領域工作的理由是相當必要的。對大多數的人而言，成為一位助人者滿足了某些個人的需求，例如「使別人的生命有所不同」的需要。尤其當人們不相信自己可以改變或創造更好的生活時，獲知我們能為他們帶來很大的影響是相當令人滿足的。你可以成為這些人改變的推手並幫助他們相信自己。當你反思這一節裡所討論的理由與動機時，記得問自己以下這個問題：「我的個人需求如何影響我成為一個有效助人者的能力？」

一、助人者的典型需求與動機

我們的學生與實習生追求助人專業生涯的動機實為五花八門。我們希望你能確認自己的動機與需要，並且能覺察到這些動機是如何影響你與其他人互動的品質。以下我們來看看一些可能是你成為助人者的理由。

◆ 造成影響的需求

也許你想對所服務的生命帶來一些影響。你可能會需要知道你正為某個人的生命存在創造一些正向的改變。雖然你知道不可能改變每一個人，但你很可能從增強他人的自主性或權能得到滿足。然而當案主無意改變或者不想

要你的幫助時，你便會感到挫折。假如你個人的價值過度建構在幫助他人獲得改變上，你可能會大失所望或是感到沮喪。你的專業工作是讓你找到人生意義的一個途徑，但我們希望那不是你獲得滿足的唯一途徑。

◆ 報答的需求

效法角色典範的渴望有時也是成為助人者的動力之一。某個特別的人，也許是老師或治療師，會用非常特別的方式影響你的生命，或者這個有影響力的人是你的祖母、叔叔或父母。開業治療師常承認個人諮商經驗對他們追求成為稱職之專業者的教育過程，帶來很大的影響。

◆ 照顧他人的需求

你可能在年幼時便已成為一位助人者。你是否是家中處理其他家人問題或需求的人？你的同儕與朋友是否覺得很容易對你訴說心事？如果你是「天生的助人者」，你可能會尋求培訓以便精進自己的天賦。我們接觸到的一位專業工作者提到，在他的機構訓練方案裡，33 人中有半數認定自己是酗酒家庭裡的拯救者。他認為這些人在出生時就被賦予這個角色，而且在日復一日的生活中被訓練出如何使家庭維持穩定。我們的學生有許多是酗酒者的成年子女，在他們的家庭中成為和事佬的角色。雖然這個模式並非一定不妥，但這些助人者能覺察到這些動力現象，並學習如何在個人及專業生活裡有效運作是很重要的。

成為一位重要他人的照顧者其中一個陷阱是：幾乎沒有人注意到你的需求，結果你可能沒有學會為你自己的需求開口。如果你沒有學會為自己尋求幫助，你會很容易在個人或專業上耗竭，或是在情緒上精疲力盡。Skovholt（2001）提到維持個人自我的重要性：「助人專業裡的個體都是單向式照顧的專家，其他人會被他們的專業及照顧態度而吸引」（p. 147）。他警告專業助人者應該要警覺單向式照顧對專業生涯的威脅。如果你希望在專業角色上能有效運作，那麼學會並練習自我照顧是相當必要的。如果你讓自己隨時都可以被那些需要你的人找到，很快你就會發現自己能付出的所剩無幾。在照

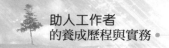
顧他人和照顧自己之間取得健康的平衡是相當關鍵的。

◆ 自我幫助的需求

對幫助別人有興趣，可能根源於對處理自身困境所帶來之影響的興趣。受過傷的療癒者能確實地代表那些尋找自我的人。如果你成功地克服了一個問題，你就能夠輕易地認出有相似議題的案主並產生移情。例如，你可能經歷過在受虐家庭長大的困苦，你將對這些早年傷害很敏感。在你的專業工作上，你可能會遇到許多有類似問題的人。有些曾經歷受虐關係的婦女成為專精於受暴婦女工作的助人者，有些童年受虐的男性在諮商受虐兒童及青年方面發展出獨特的專業興趣。

Stebnicki（2009a）相信曾經歷過心靈受創的專業者，需要開放地去檢視自己的心靈健康，這樣當案主經歷失落、哀悼、創傷及生活壓力事件時，他才能成為助力。他提醒我們「憶起與這些苦痛有關的情緒以及重塑內在情緒的剪貼簿，對案主與諮商師會是極端痛苦與困難的事，尤其是對剛進入助人專業的諮商師而言」（p. 54）。

有時，心理上曾受傷的人會學習成為助人者。如果你不是走在自我療癒的路上，你就不可能有效地幫助別人。此外，投身在緊繃的工作中會刺激和強化你自己的痛苦。在你試圖處理別人的生命時，要先檢視自己的人生處境。例如，一位與受家暴婦女工作的女性助人者，可能會試圖藉由提供婦女建議或是催促她們在還沒準備好時就做出決定，來解決自己未完成的問題與衝突。她可能基於自己未解決的個人問題而對較具控制性的先生顯露出敵意；她可能會假設對她「有用」的方法對其他人也會有用。

◆ 被需要的需求

僅有很少數的助人者對被需要的需求免疫。當案主對你說「因為你的影響，我變得好多了」時，是一種心理上的獎勵。這些案主可能會為著你所提供的希望而表達感謝。你可能會重視並從照顧到別人的期待中得到很大的滿足，而滿足這樣的需求可能是成為助人者最大的報償之一。不需要去否認你

想要被需要、被認可及被感謝。然而，假如它一直是最重要的動力，就可能會掩蓋掉案主的需求。助人者可能會因為自己有被需要的需求而促進了案主的依賴。

假如你完全依靠案主來確認自己的自我價值，你將處於相當危險的境地。在現實中，許多案主不會因為你的努力而表達感謝，或是有些人的生命並未因此造成改變。此外，機構通常只在你的表現未達預期標準時才提供回饋。不管你達成了什麼任務，機構都可能會期待更多。最後，你可能會發現不管你多麼努力，永遠都是不夠的。想要因自己為他人所做的事而得到感謝是可理解的，但如果你告訴自己你必須得到感謝與認可才能感到值得，那麼你很可能會感到失望。

◆ 名聲、權力及地位的需求

假如沒有達到某種收入水準，你可能轉而希望得到某種程度的名聲。然而，假如你在一個許多接受服務的消費者都是經濟弱勢的機構裡工作，你的工作對象可能是緩刑的人、各種成癮者或被強制接受服務的人，這些工作將無法為你帶來你所期望的經濟報償、名聲或地位。不過，這個領域可以提供許多機會給持續在職的人去增進他們的教育或訓練。

相反地，你可能在一個你可以享受被案主及同事尊重的機構工作。假如你認真工作而且做得很好，那就接受你所贏得的認可，你可以感到自豪又同時顯得謙遜。如果你因為自己的地位而變得傲慢自大，你可能會被視為難以親近，案主也可能因為你的態度而疏遠。你自認對案主改變的貢獻可能遠超過你實質上對他的幫助。有些案主會崇拜你，而你可能會太過喜歡這個位置。如果你希望自己的自尊建立在穩固的基礎上，那麼你必須從自己的內在去滿足對地位的需求，而不是尋求他人來肯定你是個重要的人，不論是透過口語的評價或是經濟上的收穫。

◆ 提供答案的需求

有些學生似乎有給予別人建議和提供「正確答案」的需求。當朋友帶著

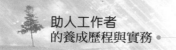
問題來找他們而他們無法給予實質的建議時，他們可能會說自己不夠好，儘管他們的朋友可能只是需要有人傾聽、有人關心，而不是被告知「你應該怎麼做」。即便你可能會在影響別人時得到滿足，但非常重要的是，你必須體認到你的回答對他們未必是最好的答案。其實常常根本沒有所謂的「正確」答案。你的目的是提供一個方向並且幫助案主找出他們自己的行動計畫。假如你需要藉由提供建議與答案來有效地與人連結，那麼我們建議你在個人諮商中探索這個需求。

◆ 控制的需求

　　與提供他人建議和答案之需要有關的需求便是控制。我們每個人都有自我控制的需求，偶爾也會有控制別人的需求。有些人對別人的想法、感覺、行為會有強烈的控制慾。你可以問自己下列問題：你是否相信有些人的想法應該更開明一些（或保守一些）？當人們生氣、沮喪或焦慮時，你是否會告訴他們不要這樣想，並且盡你所能去改變他們的心理狀態？你是否有時會強烈地想去改變那些與你親近的人的行為舉止，即便他們的所作所為對你並沒有任何影響？雖然有些助人者將控制的需求包裝在樂於助人的外表之下，去反思當我們對所遇到的人賦予更多控制時將會出現什麼結果，會是很有效的練習。你的角色是控制別人的人生，還是教導別人如何重新有效地控制他們自己的人生呢？

二、需求與動機如何運作

　　我們常說，在理想的狀態下，當案主的需求被滿足時，你自己的需求也同時獲得滿足。大部分我們所討論的需求與動機對案主可以有正向作用，也可能是負向作用，然而如果你沒有意識到自己的需求，那麼你自己的需求將非常有可能決定了你處遇的本質。舉例來說，假如你藉由聚焦在他人的問題上來解決自己意識或潛意識的個人內在衝突，那麼你可能會潛意識地利用你的案主來滿足自己的需求。此外，假如有部分需求對你來說相當重要且讓你

備受困擾，那麼你將會陷入困境。例如，假如控制的需求對你來說非常重要，你會不斷地試圖決定別人該怎麼做，因而嚴重干擾案主發展獨立與自我決定的能力。

在我們所熟悉的一個諮商課程裡，指導者期待學生在成為有效助人者的過程中去審視自己的弱點、掙扎、錯誤的信念。這個課程立基於一個前提之上，亦即認為我們的內在同時有「受傷」及「健康」兩部分在驅使我們成為助人者。學生被要求去審視自己的個人議題及內在心理經歷在未來的專業工作上將會是資產還是負債。

透過犧牲案主來滿足自己需求的助人者，便是剝奪案主應得的照護品質。舉例來說，假如對於案主的每個問題，你都有提供解答的強烈需求，那麼你是在滿足你自己的需求，而不是著眼於案主的最佳利益上。我們發現一個很有用的指導原則就是聚焦於案主的**過程**，而非聚焦於**結果**。例如，假如案主正在考慮離婚，而我們的信念是強烈反對離婚，我們可以幫助案主去探討離婚與否的利與弊，而對於案主的最後決定應保持中立與尊重。身為助人者，一定要記得的是，這個決定的後果是案主而不是我們要去承擔與面對。

當你認真思考上述我們所討論的需求時，想一想這些需求是如何增進或干擾你幫助別人的能力。假如你還沒有開始與案主工作，那麼試著回想你是如何回應那些遭遇某些困境的朋友或家人。當他們尋求最好的行動方針時，你是如何回應他們？假如你否認有這些需求、被這些需求所迷惑，或是透過犧牲別人來滿足這些需求，請盡你所能地去找出這些需求是如何變成問題的。

不太可能只有單一動機在驅使你，相反地，需求和動機經常糾纏不清並隨著時間改變。即使你最初的動機與需求改變了，你想成為助人者的渴望仍可能沒有改變。由於個人發展是一個持續的過程，我們建議你定期重新審視自己成為助人者的動機。這對自我覺察與案主福祉將是很有用的工具。

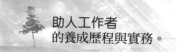
| 第三節 | 開始成為助人者

從兩方面來看，這是一本個人化的書籍。一方面是我們鼓勵你找出自我應用這本書的方式，另一方面我們是用自己的風格來書寫這本書，並在我們覺得恰當且有幫助時，分享我們的看法與經驗。我們討論一些我們自己成為專業助人者且繼續留在這個領域的動機，以具體說明個人動機與經驗如何影響生涯選擇。

開始助人者生涯並非總是容易的，而且會牽涉到焦慮與不確定性。儘管我們現在比起剛開始助人生涯時感到自信多了，我們也未曾忘記我們當時的掙扎。我們亦必須面對許多這本書中提到的害怕與自我懷疑，藉由與你分享我們的困境，我們希望能鼓勵你不要太快放棄。

在我們專業生涯的此刻，我們仍繼續花時間去深思在不同的工作計畫中，我們究竟得到什麼與付出什麼。

一、Marianne Corey 的早期經驗

早在我入學研讀諮商之前，我就已經是一個助人者。在童年時期，我回應著我兄弟姊妹的需要。在我 8 歲時，剛出生的弟弟幾乎由我全權負責照顧。我不只是要照顧他，還要顧及整個大家族其他成員的需要。

我家在德國某個村莊擁有一家餐廳。這間餐廳──就在我們家中──是許多在地人士聚會之處。這些人來此主要是為了社交，而不是為了吃喝。他們坐在那裡一聊就是好幾個小時，而我被交代要注意聽他們說些什麼。此外，我學習到我不應該對其他村民透露這些對話或八卦。在如此年幼的年紀，我學到三個重要的技巧：專心地傾聽、同理式地了解以及保密。顯而易見的是，許多人覺得可以很自在地跟我聊天及透露個人問題。

在我成長的歲月裡，我感覺到被大多數的人所喜歡與尊重。即便只是一個年幼的孩童，我對於那些遇到困難或不尋常人生困境的人總是感到同情。

例如，我回想起看到一個患有精神疾病的婦女裸身站在樓上的窗邊，當旁觀者故意激怒她時，她便將衣服與家具丟出窗外。我為此感到難過並想著她一定很不快樂。我也對村子裡被視為有酒癮的兩個人有特殊的感覺，我好奇他們為何要喝這麼多酒。

我總是對人們表面行為背後的部分感到興趣。我相信只要人們願意去改變，他們可以比自己所展現的更好。我的這種信念並不典型。在我當下的文化環境裡，標準說法是「這就是命運，你沒有辦法改變它」。

在我自己的生命中，我克服了許多障礙，並且超越了我的夢想。結果是當有困難加諸在我的案主身上時，我經常成功地挑戰或鼓勵他們不要太快放棄。在我的工作中，當我有助於那些因著他們自己的選擇而願意去冒險、忍受不確定性、敢於與眾不同及過得更豐富之人的生命時，我獲得了極大的滿足感。我很高興聽到案主對我所做的事表達感謝。然而，我總是讓他們知道，他們的進步只有一小部分是因為我，其他都來自於他們自己的努力。

在我現在的生活中，我發現自己能更輕鬆地對我的朋友、家人、社區付出，一如我對案主那樣。不論是私人或專業上的付出，對我而言都很自然。在照顧別人與照顧自己之間取得良好的平衡，對我來說仍然是一門功課。雖然我被認為是好的付出者，但我理解到當需要提出我的需求及索求我所需要的東西時，我並沒有那麼好。

將我的文化條件、我在家中的早期角色與我在專業助人者的發展相比較，是一件有趣的事。雖然我似乎很「自然地」被定位是我手足的照顧者，但當我成為正式的助人者時，我並不覺得是那樣自然。我在大學行為科學課程的第一次實務經驗中分享了自我懷疑。

在早期的實習中，我被派到大學的諮商中心。我還記得有一天當一位學生進來要求進行會談，而我的督導指派我對這個學生進行諮商時，我簡直嚇呆了。稍後督導對於我的自信度所給的回饋，與我自己的感受非常地不一致。當我與這位案主一起走向我的辦公室時，我的腦袋裡出現許多想法：「我還沒準備好，我該做什麼呢？假如他都不說話怎麼辦？假如我不知道該

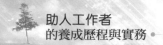

怎麼幫他怎麼辦？我希望我能夠逃避這件事！」當我專注在自己身上時，我完全沒有考慮到我案主的感受。例如，在這次會談中他能讓人接近到何種程度？他可能會有哪些恐懼感？

我對自己的覺察比對案主來得多。我把過多的責任攬在身上，在「把事情做好」上給了自己過多的壓力，太過擔心自己可能造成的傷害。在做決定這件事上，我沒有讓我的案主去承擔他應分擔的責任。我通常都比他們還要努力。我想因著我身為助人者的害怕與不安全感，我容易去放大自己造成傷害的能力。當我跟督導分享有關自己應該對會談負起全責以及對個案造成傷害的擔憂時，她回答我：「你假設了你對案主擁有比實際上更多的影響力。」

另一次我對督導提到我在專業中的疑惑，我覺得我被周遭所見的痛苦淹沒，沒有辦法幫助任何人。我記得我非常情緒化而且極度地沮喪。督導的笑容使我感到驚訝，他說：「假如妳從不問自己這些問題，且不願意去面對這些感覺，我反倒會非常擔心妳身為助人者的狀態。」追憶此事，我認為他是想告訴我，他因為我覺察到自己的困境且沒有假裝自己是全能、無懼的諮商者而鼓勵我。

作為諮商新手，我對自己的焦慮非常敏感。現在我已經比較能與我的案主同在，並進入他們的世界。儘管我仍然會感到焦慮，但我已不再專注於自己如何進行治療。此外，雖然我要對諮商的進程負責，但我已不再認為自己應對整個會談負起全責，而且通常我也不會比案主更努力。

有一度我想要放棄成為諮商師的夢想，而想改行教德文。我清楚地察覺到我將自己與有多年經驗的專業人士做比較，並認為自己應該要像他們一樣厲害。最後我明白了我對自己的期待並不實際：我要求自己要立刻像那些資深人士一樣技巧純熟，沒有給自己學習以及忍受剛起步的空間。

在我目前的專業活動中，有一項是與剛起步的助人者一起工作。我發現他們常常處於和我當初剛入行時相同的困境。這些學生會著重在我懂了多少以及進行處遇對我應該有多簡單。相較之下，他們對於缺乏知識以及要很努

力地「說出對的話」感到沮喪。當我告訴他們我剛開始時的狀況，以及承認我並沒有把自己當成專家，只是視自己在諮商領域有一些專業知識與技巧時，他們通常會鬆了一口氣。我想向他們表達的是學習永無止境，起步總是困難的，而且有時是令人沮喪的。

二、Jerry Corey 的早期經驗

當我在學校裡學習成為一位老師時，我期待能為學生創造不同的學習氣氛，有別於自己作為學生時的經驗。我想幫助別人，而且改變對我來說是很重要的。現在我意識到造成改變的需求是我進入助人專業超過 45 年來的主要議題。在兒童及青少年時，我並不認為我的存在會造成多少改變。在我早年生活的許多層面，我總覺得自己格格不入，而且就像隱形人那樣沒有被人注意。我被一個大型義大利移民家族所包圍，大家都說著自己本國的語言，而我都聽不懂。被忽略的感覺帶來許多痛苦，那時我的一個決定就是不再讓自己被忽略。這讓我變成麻煩的討厭鬼，但討人厭總比被忽視來得好！在大學裡我有了一些成功的經驗，並且發現一些能獲得大家認可的正向途徑。之後當我開始我的教書生涯，我看到自己能做出一些改變，至少在我的教室範圍內。除了幫助學生享受學習之外，我也從發現我是一個有用的人而得到個人的滿足，這與我青年時期的自我認知很不一樣。事實上，我認為我的身分認同感有很大一部分是來自於我在專業上的成就，而且至今仍是。

當我剛開始成為一位諮商心理學家時，我並沒有自信，而且常常懷疑自己是否適合這個領域。我想起我與督導一起協同帶領團體的時候特別有困難。站在一位身為資深助人者的協同領導者旁邊，我覺得自己不能勝任且缺乏經驗。大部分時間我都不知道該說什麼、該做什麼。因為協同領導者很厲害，所以我能介入處遇的空間似乎相當有限。我相當懷疑我對團體成員能說出什麼有用的話。我的督導是多麼的富有洞察力且技巧純熟，看來我永遠達不到那個專業境地。與經驗老到的團體帶領者一起工作的影響，就是增強了我的不安全感及缺乏信心。然而，回顧往事，我發現這是一個極為寶貴的學

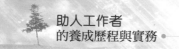

習經驗。

另外一件讓我覺得困難的事是在大學諮商中心裡從事個別諮商。當我剛開始成為開業諮商師，我經常問自己，我能為我的案主做些什麼。我記得進展非常緩慢，似乎我需要非常多立即且正向的回饋。假如在多週的會談之後，案主仍然訴說著他覺得焦慮或憂鬱，我會立刻覺得自己身為助人者卻很無能。我常發現自己正想著：「我的督導會怎麼說？他會怎麼做？」我甚至發現我在模仿他的手勢、用詞、習性風格。許多次我感到自己沒有成為有效諮商者的特質，並且懷疑自己是否走上了錯誤的生涯途徑。

我通常不知道案主從我們的會談中得到了些什麼，如果真有收穫的話。不管案主是變得更好、維持不變或是變得更糟，其徵兆都相當不易察覺。當時我不知道的是案主必須努力去找出自己的答案，我的期待是他們應該很快就感到好多了，這樣我就知道我對他們確實是有幫助的。我沒有意識到當案主放棄防衛開始面對傷痛時，通常會有很糟的感覺。當案主向我表達他們對未來的害怕與不確定感時，我自己也變得不確定是否能幫助到他們。因為我擔心會說錯話，所以我經常傾聽但卻沒有提供太多我自己的回應。

雖然對我來說要承認這件事很尷尬，但我確實傾向接受那些聰明、愛說話、具吸引力而且願意談論自己問題的案主，而非那些看起來憂鬱、較無改變動力的案主。我會鼓勵那些我認為是「好的且樂於合作的案主」繼續回來會談，只要他們有說話或努力，而且願意讓我知道他們在會談中的狀況，我會很快安排下一次的會談。那些看似改變極少的案主通常會增加我的焦慮，我會指責自己懂得不夠多、無法解決他們的問題，而非看到在治療進程中案主自己的責任或缺乏責任感。我為他們在會談中的所作所為負起全責，我從未想過他們不再回來進行下一次會談，可能透露出一些有關他們的訊息以及他們沒有改變的意願。我對不確定性以及他們在找尋方向上的掙扎，忍受度很有限。當他們下一次會談沒有出現時，我的自我懷疑便出現。我認為這是他們對從我這裡所獲得的東西感到不滿意的徵兆。

我尤其記得鼓勵那些憂鬱沮喪的案主和其他諮商師同僚約會談。在督導

時，我了解到我和憂鬱的案主工作之所以特別困難，是因為我抗拒處理我對憂鬱沮喪的害怕，假如我允許自己真正地進入那些案主憂鬱沮喪的世界，我可能會接觸到一些自己的焦慮。這個經驗給我重要的一課，如果我沒有意願去探索我自己的生命，我就沒有辦法帶領案主到任何地方。如果我沒有挑戰自己的恐懼與自我懷疑，我確信我將錯過許多工作上有意義及愉快的部分。

| 第四節 | 助人生涯適合你嗎？

從我們的陳述中可以清楚知道我們兩人都有自我懷疑的部分。如果你對自己為何想從事助人專業始終存疑，你很可能會經歷一段時間的自我懷疑。有時你可能會對生涯選擇的前景感到興奮，但有時你也會感到無望及沮喪。要包容這樣的矛盾感。不要基於你最初的經驗就決定要或不要追尋助人專業；要對同僚、督導、同儕持續回饋的形式保持開放的態度。某些時候你可能會聽到你不適合某個特定領域，這樣的回饋確實是相當讓人難以接受，但如果有人對於你進入助人專業感到憂慮，要樂意傾聽並思考這個人對你說的話。你的最初反應可能是認為這個人不喜歡你，但這個建議也許是出於考量你的最佳利益。假如你聽到這樣的勸告，記得詢問做出這個評估的理由，以及此人對你其他替代選擇的建議。

不論在專業或私人領域，要了解你永遠都可以朝更有效工作的方向努力。假如你是能反省及做出改變的人，你便可以發展出人際關係的技巧。記得為自己願意改變的心記上嘉獎。如果你願意保持開放的心並付出所需的努力去改變，你可能會發現你的限制可以變成資產。

當你第一次要把在課堂上所學的東西應用到真實世界時，通常是最容易想放棄的時候。你可能會發現在實驗室可行的東西，在現實世界的助人情境中無法運作良好。在實驗室你可能是和假扮成案主、配合度很好的同學工作，但現在你面對的是不論你如何努力都不回應你的案主。學習如何將你的理論知識與技巧應用到真實情境中需要時間與經驗。一開始你在助人上的努

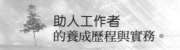
力與嘗試可能會顯得不自然，像是排練過的。你或許會比案主更加意識到這樣的彆扭。再提醒一次，在應用你所學的東西以及在助人角色中發揮功能上給自己多一些時間，以便獲得更好的輕鬆感。

| 第五節 | 「理想助人者」的樣貌

想像「理想助人者」的特質是一個很有用的練習，但即便是最有效能的助人者都無法符合所有的標準。如果你試著想符合我們所描繪的理想樣貌，那只會無謂地使自己陷入失敗與沮喪。但如果你是意識到需要加強的部分，這就真的有可能幫助你變成更有效能的助人者。你可以增進現有的技能並獲得新的技巧；你可以整合能增強你能力的知識；你可以做一些個人的改變，使你在介入案主的生命時更此時此刻且更有效。帶著以上這些可能性，思考一下能帶來顯著改變之助人者的樣貌：

- 你承諾對自己的能力與弱點有誠實的評估判斷，你贊同一個人的本質是作為助人者最重要的工具之一。
- 你擁有基本的求知慾而且願意去學習。你明白哪些是自己不懂的事，並願意一步步填滿知識上的不足。
- 你擁有與他人建立關係所需要的人際互動技巧，並且能在助人關係中運用這些技巧。
- 你是真誠地關心你所幫助的人，而這個關心展現在依他們的最佳利益來做事。你能夠應對案主各種的想法、感覺以及行為。
- 你了解改變向來是困難的事，而且你願意陪伴案主經歷這個困難的過程。你能夠進入案主的世界，並透過他們的眼睛看這個世界，而不是將你對現實的看法強加在他們身上。
- 你明白案主通常會透過對未來可能性的有限想像來限縮自己。你能夠邀請案主去夢想並一步一步實現。你不會鼓勵案主去做那些你在自己

生命中無法做到或不願意做的事。

- 你願意連結各種資源來幫助案主完成目標。你能有彈性地運用策略來達成改變，並且願意依照每個案主獨特的情境來調整你的技巧。

- 當你跟種族或文化背景不同的案主一起工作時，你能夠不以先入為主的預設模式來展現對他們的尊重。

- 你會在生理、精神、心理、社交、心靈等方面照顧自己。你要求案主做的事也會在自己的生活中實行。如果你面臨到問題，你會去處理與面對。

- 你對生命抱持質疑，而且會時時刻刻對自己的信念及價值觀進行省思。你能意識到自己的需求與動機，你的選擇和你人生的目標一致。你的人生哲學是來自於你自己，而不是別人強加在你身上的。

- 你至少有和幾位重要他人建立有意義的人際關係。

- 雖然你有健康的自信心與自負感，但你並不是自私的人。

我們呈現這份清單的目的並不是要打擊你，而是希望提供你一些值得省思的特質。你可能會對自己說你缺乏這當中許多特質。一個缺乏技巧的助人者可以變成富有技巧的助人者，我們每個人在接觸案主的生命時，都可以變得更有效。在面對「我適合成為專業助人者嗎？」這個問題時，鼓勵你使用這本書作為誠實地自我省察的催化劑。我們也強烈地鼓勵你和各種助人專業領域機構的人談話，以便幫助你探索未來成為一位助人者的可能性。詢問他們進入這個專業的歷程以及他們這一路上所面臨到的掙扎。

許多訓練課程提供一些自我探索的經驗，幫助學生意識到他們的個人特質如何展現在人際關係中。實習課程及實習研討通常能提供機會，讓你專注於了解個人風格如何影響你與案主建立助人關係的能力。假如你上的課程沒有提供正式的個人成長經驗，就到社群中去尋求其他資源。本書其他的章節大部分都是在處理你身為一個人以及身為一個專業助人者的交互影響。我們的基本假設是：為充滿變化的職涯做好準備的最佳途徑，便是欣賞自己身為

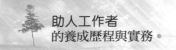

人的豐富性，並且能夠運用自己的人生經驗來幫助自己在助人專業的進化。

|第六節| 在學習中創造意義

不管你使用這本書的課程結構為何，你都可以找到方法讓它變成是個人的歷程。你可以選擇積極地參與或是僅有一點點參與。你可以讓這門課變得不一樣。一旦你意識到你不喜歡這些教育面向，你可以決定改變學習的方式，讓這個過程對你更有意義。

一、投資學習過程

在課程剛起步之時，你可能會覺得你需要永遠待在學校才能變得專業。然而，假如你享受這個經驗並從中獲益，可能會驚訝於你很快就完成了這個課程。關鍵在於個人親身參與這個學習過程，並且明白你的學習與你個人及專業目標之間的連結。想一想你準備花多少時間與精力使你的學習充滿意義。把你的學習視為一種投資可能會有所幫助，然後決定你要做些什麼好讓你的投資更有收穫。最重要的是找出享受這個過程的各種方法。

投資通常會用投資報酬率來衡量。你學習的投資成本不只包括金錢，還包括你的時間與精力。要去尋找這項投資的潛在獲利，包括你所希望得到的益處。問問自己，你所付出的成本是否值得獲取你所想要得到的收益。讓自己全心投入這個正規的學習中能獲得什麼益處？就時間從人生其他層面被挪走來說，誰要為你學習的成本負責任？

二、學習因應系統

你會遇到影響你達成目標以及發揮身為學習者與專業助人者潛力的內外在阻力。我們發現學生和專業人員一樣，經常低估自己所擁有的權力。舉例來說，我們知道一位學生僅是提出她的關切並呈交給教職員及行政管理人員去參考，便在她的學術機構裡改變了一些不公平的規定。許多系統會加諸限

制，你必須面臨如何有創意地在系統中工作又不犧牲自己正直的挑戰。人們常常太過忙碌以至於無法對所處系統內的工作與程序提出質疑，其實這可以被賦權去對機構與系統提出質疑與努力來爭取改變。

無疑地，在教育訓練裡你將面對許多挑戰，有些牽涉到分數、規定、課程及評估。你可能會對於被評估感到焦慮，並認為分數無法如實呈現你的學習。甚至誤認為大學畢業後就不用再被評分。舉例來說，在公司裡，你的主管會對你進行評等並決定你是否可獲得升遷。假如你是一個專業人員，你的案主及工作機構都會評估你的表現。

學生有時會認為在學校的角色與身為專業人員的角色有所不同。許多你身為學生時便擁有的特質，很有可能會繼續存在於你的專業行為上。例如，如果你經常曠課，你很可能會把這個習慣帶入你的工作會談裡。要在社區機構裡取得工作機會是非常競爭與努力的結果，假如你希望進入專業領域工作，那麼你需要準備好去因應職場的現實面。

我們要學生把在學期間想像成長期的面試。你在學校形成的網絡以及為自己建立起來的聲譽，是你將來找到專業與工作機會的關鍵。你的學習態度，無疑地將影響你的教授對你追求專業工作機會的支持與推薦。

第七節 選擇專業生涯的途徑

在這一節當中，我們將介紹在選擇教育課程及助人專業生涯時的一些考量。我們鼓勵你去思考下列這些議題如何影響你：作為助人者的報償、建立實際的期待並加以檢視，以及決定教育與專業的方向。

一、成為專業助人者的喜樂與報償

在工作上密切地參與別人的生命能為你個人帶來許多益處與禮物。極少數的工作可以讓你有機會思考自己生命的品質。幫助別人可以使你因為能對他人生命造成重大改變而獲得滿足，並藉此增加生命的意義。

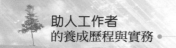

Radeke 與 Mahoney（2000）在他們的研究中發現，心理健康的開業者意識到工作的影響使他們變得更好、更有智慧，並增加自我察覺。助人者的工作促進了心理層面的發展，擴大他們的情緒面，導致他們同時感受到壓力與滿足。助人者提到：專業承諾使他們對人際關係更加欣賞、對模稜兩可更有忍受力、提升享受人生的能力、感覺正從事靈性層面工作，以及在需要時，檢視與改變個人價值觀的機會。這些只是一些常被助人者提到的心理層面回饋。

二、建立實際的期待

學生計畫進入某個助人專業時，常陷入將該專業理想化的陷阱中。在他們心中，他們可能過度著墨於期待案主對他們的欣賞。他們會想像自己能夠幫助所有上門求助的人，甚至能接觸到那些沒有尋求幫助的人。雖然擁有努力追求的理想與目標是成為助人者的一部分，但卻很容易將你的助人者生涯描繪成一幅不切實際的圖像。你必須持續對現實做測試以便維持一個平衡的觀點。你可以藉由與不同機構的實務工作者討論來測試你的想像。請他們將日常的工作內容告訴你，詢問他們選擇助人工作並持續下去的動機為何，特別要詢問他們工作上的報償、挑戰、要求與挫折。

當你開始實習後，你就可以試驗你對工作現實面的理想與期待。這是思索你想成為助人者之動機與需求的好時機。在不同機構的觀察以及與不同案主族群的工作經驗，可以為你的職涯將如何滿足你成為助人者的需要提供更精確的圖像。我們曾遇過即便發現自己對這個領域不感興趣，但仍然繼續教育訓練課程的學生。如果你發現你真的不喜歡你所進行的課程，好好想想是否值得繼續下去。記得確認你已對訓練課程的所有面向做過評估，而不是只針對當中某個你不喜歡的課程或規定。

三、決定教育與專業的方向

此時你可能還不確定是否要進入助人專業，假如你被兩年期社區大學的

人群服務課程錄取，你可能會想知道當完成課程後，這對你去找工作是否是最好的選擇。有許多人群服務工作可以選擇，包括社會服務助理員、社區裡的外展社工、和假釋者或矯治機構工作、服務身障者、成癮諮商和社區機構中的眾多職位。一般來說，你的教育程度越高，可選擇的工作就越多。然而，你可能會想在畢業後先工作一段時間以取得經驗，然後再視需求回到學校進修。

大學階段的人群服務課程是要訓練學生進入較廣泛的工作職場，例如家庭及兒童服務、青少年矯治、危機庇護所、生涯諮商、青年方案、居住服務中心、心理健康中心、老人中心、安養院和身心障礙機構。

無論你是大學生或大學畢業生，你可能已經歷過選擇合適課程的焦慮。我們鼓勵學生對新的想法保持開放的態度，尤其是參與實習的時候。並沒有絕對的指導原則或完美的選擇，而且當你進入一個課程時，並不需要存有特定的生涯目標。蒐集不同大學的課程簡介並與教授或學生聊天，和專業人員討論他們的工作經驗可以增廣你的視野，詢問他們給予高度評價的教育課程與實務背景。在選擇課程之前，問問自己以下的問題：「這個課程是否可以提供我在想從事之工作上所需的一切？這個課程的取向符合我的價值觀嗎？我適合這個課程嗎？」

想當助人者有許多途徑可選：社工、心理醫師、伴侶及家族治療師、諮商師、心理學家或學校諮商師。每個專業都有不同的焦點，但共同性都是與人工作。取決於你想做什麼、你想花多少時間在課程上、你想在何處生活，以及你的興趣所在。世上沒有「完美的專業」，每個專業都有優點及缺點。

在學士學位階段，人群服務課程主要是為社區機構工作訓練實務工作者。人群服務工作者一般都在臨床社工、心理學家、有執照之諮商師的督導下，行使特定角色與功能。在碩士學位階段，學生可以在多種不同的課程中做選擇，包括學校諮商、心理健康諮商、成癮諮商、復健諮商、諮商心理學、臨床心理學、伴侶及家族治療，及臨床社會工作。在博士學位階段，則是為想成為實務工作者的人提供四種被認可的課程：社會工作、諮商教育、

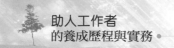
諮商心理學、臨床心理學。每個專業都有各自的觀點，分別強調不同的角色
與功能。

　　不管你對哪個助人專業最有興趣，你可能會在專業裡發現許多不同的位
置。不要因為你還無法決定要選擇哪一個專業生涯，而為做「對的決定」或
延後做決定感到過度焦慮。要將你的專業生涯視為一個發展中的過程，並在
獲得額外的工作經驗時去探索新的可能性。

┃第八節┃　助人專業的概述

　　當你讀到本節所提到的各種實務專業領域時，想一想與你的期待最相符
的特性。每一個專業都有被推薦之處，但你可能會發現你較被某一個專業所
吸引。每個專業的專業組織都有被提及，我們也提供每個組織的聯繫方式，
以便你們進一步詢問該組織之會員資格、大會、倫理守則。

一、社會工作

　　此專業不只是處理人的個別動力，也幫助了解人在情境中。社工（social
work）的碩士學位（MSW）幫助學生為個案工作、諮商、社區處遇、社會政
策與計畫、研究與發展、行政管理做廣泛的準備。此專業之工作層面較諮商
來得廣泛，而且著重於發展處遇的技巧、帶來超越個人層面的社會改變。雖
然臨床社會工作者與個人、伴侶、家族、團體的評估及治療有關，但他們傾
向視環境因素影響個人與家庭問題甚鉅。除了學術課程之外，受督導的實習
也是社工直接或間接服務的養成教育之一部分。

◆ 美國社會工作人員協會（National Association of Social Workers, NASW）

　　NASW的會員對所有的專業社工開放，且另有針對學生的會員。負責出
版屬於會員福利之《社會工作》及《美國社會工作人員協會會訊》的美國社
會工作人員協會出版社，是專業發展上的重要推手。NASW也針對相關議題

提供小手冊。想了解更多詳情，請洽：

美國社會工作人員協會

750 First Street, NE, Suite 700

Washington, DC 20002-4241

電話：(202) 408-8600 或 (800) 638-8799

傳真：(202) 336-8311

網址：www.socialworkers.org

二、伴侶及家族治療

伴侶及家族治療（couples and family therapy）的特點在於著重關係諮商。它是從家庭系統的觀點來評估與治療案主。除了理論課程之外，伴侶及家族治療碩士或博士學程的學生需要參與多種有關評估與治療的課程。他們也需要大量地在成人與兒童、伴侶及家庭領域進行實習。

◆ 美國婚姻與家族治療協會（American Association for Marriage and Family Therapy, AAMFT）

AAMFT 有開放學生會員。該組織每年 10 月舉辦大會。會員資格或進一步的資訊，請洽：

美國婚姻與家族治療協會

112 South Alfred Street

Alexandria, VA 22314-3061

電話：(703) 838-9808

傳真：(703) 838-9805

網址：www.aamft.org

◆ 國際婚姻與家族諮商師學會（International Association of Marriage and Family Counselors, IAMFC）

IAMFC 的會員可以進行線上討論，也可以與其他進行類似研究者形成網

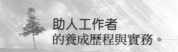

絡。研究主題包括混合家庭、加害人諮商、分居與離婚諮商、物質濫用、家
事調解、婚姻與家族治療訓練、男女同志與雙性戀議題、軍人家庭、性侵害
加害人、精神疾病之系統性處遇、性虐待倖存者、學校中的家庭處遇、多元
文化諮商以及家庭與暴力。想知道進一步的資訊，請洽：

> 國際婚姻與家族諮商師學會
> 美國諮商學會
> 5999 Stevenson Avenue
> Alexandria, VA 22304-3300
> 電話：(800) 347-6647 分機 222
> 傳真：(800) 473-2329
> 網址：www.iamfc.org

三、臨床及諮商心理學

　　雖然臨床和諮商心理學是兩種不同的專業，但它們的專業功能沒有固定
的界線區隔，所以我們放在一起討論。當你擁有碩士學位時，雖然你獲得社
工、諮商師、伴侶及家族治療師的執照，但卻不能自稱是心理學家。諮商及
臨床心理學都需要擁有博士學位才能核發執照（此證照制度為美國之現
況）。**臨床心理學家**（clinical psychologists）著重在為有輕微至嚴重困擾的
人進行評估、診斷及治療程序。他們會與案主進行會談以及撰寫個案研究。
諮商心理學家（counseling psychologists）則是協助相對來說較健康的人解決
發展上的困擾，使他們的生活能更有效能地運作。他們協助案主找到並使用
資訊來幫助自己做出適當的個人、學業及職業選擇。這兩個領域的專業心理
學家經常對個人、伴侶、家庭、團體提供心理治療，他們也可能進行教學與
研究。兩個專業都著重治療及方案的評估，幫助案主發展出行動計畫。臨床
及諮商心理學家通常都在相同的機構工作。

◆ **美國心理學會**（American Psychological Association, APA）

APA設有學生會員部門，而非僅限於學生會員資格。每年 8 月，APA 都會舉辦全國大會。想知道進一步的資訊，請洽：

美國心理學會

750 First Street, NE

Washington, DC 20002-4242

電話：(202) 336-5500 或 (800) 374-2721

傳真：(202) 336-5568

網址：www.apa.org

◆ **美國諮商學會**（American Counseling Association, ACA）

ACA 的學生會員對大學及研究所學生皆開放，包含半工半讀或全時學生。該機構每年 3 月或 4 月舉辦全國大會。ACA出版資源目錄，不但提供許多不同諮商專業層面的資訊，而且提供會員資格、期刊、書籍、在家自學課程、錄影帶與課程光碟，以及責任險的詳細資料。想知道進一步的資訊，請洽：

美國諮商學會

5999 Stevenson Avenue

Alexandria, VA 22304-3300

電話：(703) 823-9800 或 (800) 347-6647

傳真：(703) 823-0252

網址：www.counseling.org

四、學校諮商

Neukrug（2007）追溯學校諮商從最初回應就業輔導的需要到現今成為一門專業的歷史發展。學校諮商的評鑑綱要已實施了 20 年之久，使學校諮商在可信度方面朝向助人專業發展。現在美國各州皆要求需有碩士學位才能進行

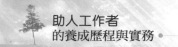

學校諮商，而相關專業機構也倡導取得立法創制權及建立認證制度。

　　學校諮商師（school counselors）在小學、中學、高中扮演多種不同角色與功能，包括個別諮商、團體輔導、團體諮商、會診及協調。除了與學生工作之外，許多學校諮商師也對老師及行政管理人員進行諮商，偶爾也會對家長進行諮商。學校諮商師在廣泛的教育議題上與學生工作，但大部分諮商師也提供個別或人際諮商。從多元文化角度觀之，學校諮商師正面對努力減少語言障礙、為弱勢學生倡導、增加學校社群對文化多元性議題的敏感度、確保教材內容與學生文化相關，以及建立綜合啟發性的諮商與輔導方案等挑戰（Neukrug, 2007）。

◆ **美國學校諮商師學會**（American School Counselor Association, ASCA）

　　ASCA 是致力於學校諮商的主要機構，它提供學生會員資格。想知道進一步的資訊，請洽：

　　美國學校諮商師學會

　　1101 King Street, Suite 625

　　Alexandria, VA 22314

　　電話：(703) 683-2722 或 (800) 306-4722

　　傳真：(703) 683-1619

　　網址：www.schoolcounselor.org

五、復健諮商

　　復健諮商著重為那些有醫療、生理、心理、發展、認知及精神病學方面障礙的人，提供以人為中心的方案與服務，協助他們達成個人、職業及獨立生活的綜合目標。此專業建立在人道主義的思維上，並相信每個人都有其獨特的文化特質。復健諮商是一種全面性及綜合性的方案，包含醫療上、生理上、心理暨社會上、職業上的處遇（Commission on Rehabilitation Counselor Certification [CRCC], 2003）。復健諮商師運用生涯、職業、心理健康、個案

管理及諮商等策略，透過達成個人抱負、具有社會意義、與環境有效地互動運作等方式，來賦權那些患有慢性疾病或障礙的人，使之達到最大限度的獨立以及心理暨社會的調整。

以歷史的角度觀之，復健諮商師在州政府─聯邦層級的職業復健方案下工作時，開始使用「復健諮商師」作為職銜。然而，超過 27 年來，大多數復健諮商師是在其他職銜下成為專業人員及執業，例如物質濫用諮商師、個案管理員、職業或生涯諮商師、職業安置專家以及新近的有執照之專業諮商師（Dew & Peters, 2002; Goodwin, 2006）。

◆ 復健諮商師認證委員會（Commission on Rehabilitation Counselor Certification, CRCC）

今日的復健諮商實務工作，始於 1972 年復健教育委員會（Council on Rehabilitation Education [CORE], 2009）建立其核心內容以及需碩士學位方具備成為復健諮商師的能力時。1974 年 CRCC 成為諮商專業中第一個認證機構（CRCC, 2009）。此機構發展出實務上的專業標準以及倫理守則，建立了碩士級合格復健諮商師（certified rehabilitation counselor, CRC）證書（Stebnicki, 2009a）。

一個關於所有復健教育委員會認可方案的新近研究指出，60%的復健諮商訓練課程均強調專長。最常被提及的領域包括物質濫用諮商、臨床心理健康諮商以及耳聾與聽力損傷諮商（Goodwin, 2006）。想知道進一步的資訊，請洽：

復健諮商師認證委員會

1699 East Woodfield Road, Suite 300

Schaumburg, IL 60173

電話：(847) 944-1325

網址：www.crccertification.com

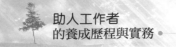
六、酒藥癮諮商

成癮是今日美國主要的公共衛生議題之一。物質濫用助人者積極地參與各種成癮的教育、預防、處遇及治療。這個領域的實務工作者在各種機構提供治療：公私立治療中心、精神療養院、醫院、私人執業及社區機構。

◆ 成癮專業學會（The Association for Addiction Professionals, NAADAC）

NAADAC 是主要致力於成癮專業之倫理標準的全國性專業組織。NAADAC 的任務是引導、統整及賦權那些聚焦於成癮的專業，透過教育、倡導、知識、實務標準化、倫理、專業發展及研究以臻至完美。想知道進一步的資訊，請洽：

成癮專業學會

1001 N. Fairfax Street, Suite 201

Alexandria, VA 22314

電話：(800) 548-0497

網址：www.naadac.org

七、輔助性與無證照之人群服務工作者

顯然地，在社區中並沒有足夠的具證照專業人員能為多元族群的案主提供心理協助，此外，心理健康服務對那些負擔不起的人而言並非易得。面對這些現實，許多心理健康領域認為也可以給予沒有證照的工作者訓練與督導，以提供心理方面的服務。

無證照之人群服務工作者（nonlicensed human service workers）有時也稱為**輔助性專業人員**（paraprofessionals），應有研究所或大學學歷、副學士學歷、某種人群服務的能力認可或是在某些領域受過專業訓練。**輔助性專業助人者**（paraprofessional helpers）提供部分過去由專業且具證照者所提供的助人服務，但他們從事的範圍更廣，例如倡導及社區動員。**輔助性專業人員一**

詞意指「具有專業人員之某些技能與助人天分的人，通常在專業人員的訓練與責任督導下，直接與受協助者一起工作」（Brammer & MacDonald, 2003, p. 17）。

　　輔助性專業人員時常也是**人群服務工作的通才**（generalist human service workers），接受過大學層級的訓練與教育。這些通才擁有多種工作頭銜，其中包括社區支援工作者、人群服務工作者、社工助理、藥酒癮輔導員、心理健康技術人員、兒童照護工作者、社區外展工作者、住宿輔導員、案主倡導者、危機處理輔導員、社區組織者、精神病學技術人員、教會工作者及個案管理員（Woodside & McClam, 2009）。

　　如何有效地提供服務給最有需要的民眾是有爭議的。並非所有的心理健康專業都對增加聘用無證照工作者及輔助性專業助人者感到興趣。有些專家指出未適當訓練的人可能產生傷害多於幫助的危機。還有些專家則認為貧窮者將會受到較次等的服務。更有其他專家擔心會有越來越多的助人者將在沒有督導與訓練的狀況下執業。也有些人擔心若非專業的助人者被允許提供近似專業人員所提供的服務，他們的工作及薪水將受到威脅。

　　儘管對於專業助人者與輔助性專業助人者相對的有效性仍有些爭議，目前的研究證據認為，在助人服務中新增輔助性專業助人者的確有效果（Brammer & MacDonald, 2003），並且在今日心理健康領域填補了關鍵的角色（Trull, 2005）。輔助性專業助人者在人群服務領域展現了正向的影響力，有效地扮演其角色，及承擔那些不被此領域預期的責任（Woodside & McClam, 2009）。服務機構發現，輔助性專業人員確實可以和受過訓練的專業人員一樣有效地提供部分服務——但花費較少的成本。Tan（1997）堅持輔助性專業助人者能夠透過促進社區感及減少許多案主經驗到的孤立感來提供支持。Tan相信他們能在治療計畫及執行上創造獨特且重要的貢獻。

　　增加聘用無證照工作人員及輔助性專業助人者的趨勢，代表有證照的心理健康專業人員將承擔全新及擴展中的角色。Tan（1997）觀察到心理健康專業人員被預期減少直接服務的時間，增加教學、督導、提供輔導社區工作者

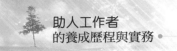

的時間。為初級人群服務工作者及志願服務者舉辦研討會、教育民眾何謂心理健康本質、諮詢輔導、作為促進社區改變的媒介、設計新方案、進行研究以及評估現行方案，都將成為心理健康專業者的工作之一。

◆ **全國人群服務組織**（National Organization for Human Services, NOHS）

　　NOHS 是由各種不同教育及專業背景的成員所組成，任務在於透過教育、學術研究及實務工作，來促進良好的人群服務輸送。招收的會員是以教育者及實務工作者為主，也有學生會員。NOHS 每年 10 月召開研討會。想知道進一步的資訊，請洽：

　　全國人群服務組織

　　5341 Old Highway 5, Ste. 206, #214

　　Woodstock, GA 30188

　　電話：(770) 924-8899

　　傳真：(678) 494-5076

　　網址：www.nationalhumanservices.org

八、成為有證照的專業人員

　　在諮商輔導、輔導教育、社會工作、心理學或伴侶及家族治療取得碩士或博士學位，將是你學習成為一位心理健康專家的旅程開端，而非終點。假如你計畫兼職私人執業或是在心理健康機構工作，你必須獲得執業執照。在多數州可取得的主要證照包括專業諮商師、專業心理健康諮商師、專業臨床社工、專業心理學家、專業婚姻與家族治療師。為取得證照資格，申請者必須先取得專業領域的學位（學歷限制視發照委員會而定）。除了學歷之外，也必須接受一定時數的臨床工作督導，且申請人必須通過筆試，有時還有口試。核發執照的法令決定與管理專業實務工作，並詳細說明有證照者可從事的項目。擁有專業證照的人被認定具有一般臨床工作的基本能力。

　　核發執照是向大眾保證實務工作者已完成基本教育課程、接受過一定時

數以上的督導訓練，並已接受某種形式的評估與檢視。執照無法也不能確保實務工作者有能力進行此執照所允許的所有工作項目。核發執照的主要優點是保護大眾遠離非常不合格以及未受訓練的實務工作者，並正式地向大眾表示實務工作者是此專業的一部分。

證照或認可並不是說明實務工作者有能力處理何種案主或問題，也不是說明助人者有能力運用某種技巧。大多數證照的規章說明：領有證照者僅從事那些他們有能力勝任的治療任務，但前提是領有證照者得在工作中奉行這些規定。假如你有興趣取得更多核發證照過程的資訊，請研究你所在地之州政府核發的專業證照以及申請證照所需的條件。

┃第九節┃ 選擇專業生涯時需考量的價值觀

如同先前所提到的，職業生涯的選擇是一個不間斷的過程，而非獨立事件。當人們在選擇職業時，通常會經歷一系列的階段。來自實務工作者與專家的資訊能幫助你確定專業方向，但選擇職業時你不能只依靠其他人的建議。在現實世界裡，成為一個通才是越來越重要了。如果你能跟不同問題領域的各式案主群工作，那你被照護體系雇用的機會便增加許多。雖然你會在某個專業領域發展出專業知識與技術，但「擁有彈性」在滿足市場多變的需求下是重要的。

最後，你必須為自己選擇最符合自己資賦並能得到最大滿足的職業。在選擇職業的過程中，想想自己的自我概念、動機及成就、興趣、能力、價值觀、職業性向、社經地位、家長的影響、族群認同、性別，以及任何生理、心理、情緒或社交障礙。你的價值觀會影響你的職業選擇，評估、確認、澄清自己的價值觀是否符合你的職業志向是非常重要的過程。

你的**工作價值觀**（work values）與你在工作上希望達成的成就有關。工作價值觀是你整個價值觀體系中很重要的面向。找出為你的生命帶來意義的事物，將有助於你確認具個人價值的職業。幾個工作價值觀的例子包括助

人、影響他人、找到意義、聲望、地位、競爭、友誼、創造力、穩定性、表彰、冒險、生理的挑戰、改變與多元性、旅行的機會、心靈上的滿足以及自主性。由於某些價值觀與某些特定職業有關，它們可成為你與工作之間相契合的基礎。請花點時間完成下面的自我評量，以澄清自己一些與工作有關的價值觀。

請就你的工作來決定下面每一個價值觀對你的重要性。請依序寫下適當的數字。

4 ＝對我最為重要

3 ＝重要但並非第一優先

2 ＝有點重要

1 ＝些微重要或不重要

_____ 1. **高收入**：獲得高薪資或其他經濟上收益的機會。

_____ 2. **權力**：影響、領導或指揮他人的機會。

_____ 3. **聲望**：受到他人尊敬與欽佩的機會。

_____ 4. **工作穩定**：免於失業與經濟狀況改變。

_____ 5. **多元性**：在工作上有機會做許多不同的事。

_____ 6. **成就**：達成目標的機會。

_____ 7. **責任感**：為他人負責的機會；能夠顯示自己是值得信賴的。

_____ 8. **自主性**：沒有固定工時或不受管轄。

_____ 9. **家庭關係**：工作之餘能有時間陪伴家人。

_____ 10. **興趣**：工作與興趣相合。

_____ 11. **服務他人的機會**：有機會使別人的生命有所不同；協助人們自我幫助。

_____ 12. **冒險**：在工作上有更多的刺激。

_____ 13. **創造力**：有機會施行新的想法以及採用創新的方式做事。

_____ 14. **內在和諧**：透過工作得到平靜與滿足。

_____ 15. **團隊合作**：與他人合作一起完成目標的機會。

_____ 16. **智力的挑戰**：有更多進行問題解決與創造性思考的機會。

_____ 17. **競爭**：與他人競爭的需要。

_____ 18. **拔擢**：升遷的機會。

_____ 19. **持續進修**：繼續學習新知的機會。

_____ 20. **結構與慣例**：工作有可預期的流程，需要特定的應對模式。

回顧這份清單並且確認對你最重要的三個價值觀——亦即在你期待之工作中不可或缺的價值觀。你的清單告訴了你什麼？還有哪些價值觀是你認為在工作上也極其重要的？為了澄清其中部分價值觀，問問自己：「我喜歡跟各種不同的人工作嗎？當我遇到困難時，我是否能開口向他人尋求協助？我是否重視在自己生活中做那些我鼓勵其他人去做的事？對於提供協助給那些有困難的人，我有何看法？我在工作計畫中是否對組織、協調、領導其他人感興趣？我是否重視親自參與自己籌畫的企劃？或者我傾向看著別人去完成我曾參與企劃的案子？」你的價值觀與興趣其實是彼此糾纏的，認清它們之後，可以幫助你確認出未來能獲得最大滿足感的工作領域。

▍第十節▍ 開創專業旅程的建議

在 Conyne 與 Bemak（2005）的 _Journeys to Professional Excellence: Lessons from Leading Counselor Educators and Practitioners_ 一書中，15 位諮商領域的領導者分享了他們的個人及專業生涯。他們談到自己如何選擇職業、曾經面臨到的挑戰、促使他們成功或失敗的原因、他們如何平衡工作與私人生活，以及給那些有意進入助人專業的人一些建議。我們從他們的故事中整理出一些具共通性的主題，並將他們的建議提供給學生以及剛進入這個專業的人：

- 找尋可以突破極限的機會，聚焦在自己可以做的事情上，而非在自我的限制上。
- 當有需要時便尋求幫助，不論是私人或專業上的協助。
- 找到一群可以提供支持並鼓勵你的人。
- 至少找到一位良師益友，並和助人專業中的其他人建立緊密的連結。
- 找人提供督導並對回饋與學習抱持開放的態度。
- 持續與那些在你生命中相當重要的人保持聯繫，保留一些時間給你的家人以及內在靈性。
- 盡力整合自己個人與專業的旅程，堅持在各方面照顧自己的需要。
- 學習了解那些與你不同文化的人，使自己具有文化敏感度。
- 保持謙虛與開放的心態，真誠不做作，並從他人身上有所學習，且將所學整合至自己的本貌。
- 傾聽內在直覺的聲音，並且創造屬於自己的一條路。
- 別將犯錯視為失敗，而是視為成長與改變的機會。
- 同時設立短期及長期的目標。
- 認清大部分你所接受的教育在很短時間內便將過時。
- 承認阻礙、挫折及失敗都是增長經驗的時刻。
- 保持幽默感。
- 你是未來的一部分，你能夠造成重要的改變，讓自己成為個人與社會改變的媒介。
- 認真工作並為自己設立高標準。
- 使自己不容易感到沮喪。
- 全球化的視野，在地化的服務。
- 回饋專業，加入專業組織以及參加研討會。
- 閱讀、討論、反思以及撰寫日誌。
- 避免聚焦在工作的經濟層面。
- 發展諮商領域以外的興趣。

- 認清自己的優勢與劣勢，找出自我探索以及有療效的經驗。
- 保持生命的單純與熱情。
- 勇敢做夢並有追求熱情的勇氣。
- 確認你能影響的範圍，當你有能力時便去行動。

有時你可能會感到沮喪，而且要將注意力集中在重要的事情上顯得有困難。回顧這份清單並藉此重獲你的能量，深思讓你最有感覺的部分。不論在個人或專業上你想要的未來是什麼，現在就展開行動去追求你最想要的未來。

第十一節 ▏ 自我評估：助人態度與信念的量表

對所有助人專業而言，自我評估都是一個持續的過程。完成下列量表將能幫助你澄清自己的信念與價值觀。這份量表是基於引導你進入本書所談的議題與主題以及刺激你的思考與興趣所設計。你可能會想一口氣做完這份量表，記得每一題都深思後再回答。

這不是一般所謂「有正確答案」的選擇題，而是針對你面對助人過程裡一些特殊議題之基本信念、態度、價值觀的檢視。寫下在每一題裡最能代表你觀點的答案，有些題目的答案並非互斥，你可以選擇多個答案。此外，每一題都有空白欄，供你寫下更符合你想法的答案。

請留意，每一題都有兩個答案欄，請在左方欄位寫下你剛開始這個探索旅程時的答案，並在旅程的最後再填寫一次這份清單，將答案寫在右方欄位。記得遮住你一開始的填答，以免你被最初的想法所影響。然後你可以看看這個探索經驗是如何影響你的態度。

___ ___ 1. **有效能的助人者**：助人者的個人特質

　　a. 跟助人過程無關。

　　b. 是決定助人過程品質的重要變項。

c. 受到那些心理健康工作者的老師所形塑與影響。

d. 沒有助人過程的技巧與知識來得重要。

e. _____

___ ___ 2. **個人特質**：以下哪一個描述是你認為最重要的助人者個人特質？

a. 樂意做案主的榜樣。

b. 勇氣。

c. 心胸寬大與誠實。

d. 以人為「中心」的觀念。

e. _____

___ ___ 3. **自我揭露**：我相信助人者對案主的自我揭露

a. 是建立關係的要素。

b. 是不合宜的且僅會增加案主的負擔。

c. 應盡量避免且只在助人者確定對案主有幫助時才進行。

d. 有助於顯示助人者在專業關係中對案主的感受。

e. _____

___ ___ 4. **費用**：假如我服務的案主因無法支付我的費用而無法繼續接受服務，我可能會

a. 願意免費繼續服務，但希望他／她以從事社區志願服務作為回饋。

b. 提供一些推薦名單。

c. 建議以某些形式的商品或服務來交換治療服務。

d. 調整我的收費至案主可負擔的範圍。

e. _____

___ ___ 5. **改變**：以下哪一個是決定助人過程能否造成改變的最重要因素？

a. 助人者的個性。

b. 助人者所使用的技巧與技術。

c. 案主改變的動機。

d. 助人者的理論取向。

e. _____

6. **關鍵態度**：你認為以下哪一個敘述是一位有效能的心理健康工作者最重要的特質？

a. 諮商與行為理論的知識。

b. 適當使用技術的技巧。

c. 真誠與心胸寬大。

d. 擬定治療計畫與評估結果的能力。

e. _____

7. **實地考察**：有關於實習的安排，

a. 我並不認為完全準備好才能進行實習。

b. 我會視實習等同於工作。

c. 我期待能限縮於最終我將投入的工作對象群中。

d. 我想與具有挑戰性的案主一起工作。

e. _____

8. **效益**：作為一個有效能的助人者，我相信我

a. 必須對案主的文化背景有深入的了解。

b. 必須在案主的工作領域沒有任何個人衝突。

c. 需要經歷過與案主相同的問題。

d. 必須覺察我個人想進入助人領域的需求與動機。

e. _____

9. **助人關係**：對於案主與助人者之間的關係，我認為

a. 助人者必須保持客觀與中立。

b. 助人者必須成為案主的朋友。

c. 有私人關係是必要的，但不是朋友關係。

d. 私人且溫暖的關係是不必要的。

e. _____

____ ____ 10. **開放度**：我應該對案主敞開心胸且誠實，

    a. 當我喜歡且重視他們時。

    b. 當我對他們有負面感覺時。

    c. 就算有，也很少這麼做，以避免對案主與助人者之間的關係產生負面影響。

    d. 只有當直覺認為這麼做是正確的時候。

    e. _____

____ ____ 11. **倫理的抉擇**：當我遇到倫理上的兩難時，首先我將

    a. 與我的督導討論或尋求諮詢。

    b. 試圖自己解決問題。

    c. 確認問題的本質。

    d. 告知我的案主並努力使他／她一起參與解決這個兩難。

    e. _____

____ ____ 12. **不適當的督導**：如果我沒有得到我認為想要及需要的督導，我傾向

    a. 盡全力處理並且不製造問題。

    b. 請我的督導提供適當的督導。

    c. 學習自信的技巧並且持續地尋求我所需要的督導。

    d. 提議跟同事們組成同儕督導團體來討論所面臨的狀況。

    e. _____

____ ____ 13. **能力**：如果我是一位實習生，且確信督導正鼓勵實習生接受那些超越自己教育與能力所及的案主，我會

    a. 先與督導討論這個議題。

    b. 請督導提供我額外的協助，或是直接與我一起工作。

    c. 因害怕產生負面後果而忽視此情況。

    d. 拒絕提供任何超越我能力所及的服務。

    e. _____

____ ____ 14. **文化能力**：實務工作者不具備多元文化的知識與技巧，這在與文化背景不同的族群工作時，

　　a. 將無法提供任何有效的服務。

　　b. 可能會對不符倫理的行為感到內疚。

　　c. 應該要透過課程、閱讀或繼續教育來獲得知識與技巧。

　　d. 容易使自己落入不當治療的境地。

　　e. _____

____ ____ 15. **困難度高的案主**：如果我與困難度高且抗拒的案主工作，我的策略可能是

　　a. 與案主討論我對他／她的反應。

　　b. 將我的反應隱藏在心中並且找出能使我占上風的方法。

　　c. 與督導或同事討論接觸困難度高之案主的策略。

　　d. 盡力尊崇與尊重案主展現的抗拒，並且鼓勵案主探索他／她的態度與行為。

　　e. _____

____ ____ 16. **做好準備**：我不覺得我已經準備好提供專業協助，除非

　　a. 我已經完成我正在修習的學程。

　　b. 我已經發展出一項專長，讓我在某個特定領域成為一位專家。

　　c. 我覺得非常有自信並且知道我會是有效能的。

　　d. 我已經成為有自我意識的人，並且發展出能不斷重新檢視自己人生與關係的能力。

　　e. _____

____ ____ 17. **處理吸引力**：假如案主對我表現出明顯的好感或厭惡，我認為我會

　　a. 立即與督導討論這個議題。

　　b. 對如何回應毫無頭緒。

　　c. 立即將案主轉介給其他專業人員。

d. 進行自我揭露，讓案主知道他／她所說的話對我的影響程度。

e. _____

___ ___ 18. **多元性**：當實務工作者面對性別、種族、年齡、社會階層或性向
與自己不同的案主時，

　　a. 將不斷地被案主檢視，使得信任關係幾乎不存在。

　　b. 需要去了解案主與工作者之間的差異所代表的意義。

　　c. 如果工作者願意去獲取能使他們成為具跨文化能力之助人者的
知識與技巧，便可能會是有效能的。

　　d. 很可能會因他們的差異而無法對這類案主產生效能。

　　e. _____

___ ___ 19. **首要價值**：當我考慮進入助人專業時，我認為最重要的是

　　a. 我期望的待遇。

　　b. 這份工作能帶來的地位與聲望。

　　c. 我能立即使用在那些想使生命變得更好的案主身上之知識。

　　d. 我想要透過工作得到的個人成長。

　　e. _____

___ ___ 20. **價值判斷**：有關於在助人關係中的價值判斷，我認為助人者應該

　　a. 在對案主的行為做價值判斷時感到自在。

　　b. 在他們發現案主需要獲得不同的價值觀時，主動將自己的價值
觀教給案主。

　　c. 保持中立，並避免自己的價值觀介入助人的過程。

　　d. 鼓勵案主探究自己的價值觀，並決定自己行為的特質。

　　e. _____

___ ___ 21. **助人者的任務**：助人者應該

　　a. 透過塑造案主來教導合宜的行為與價值觀。

　　b. 鼓勵案主審視自己的內在以便發覺對他們具有意義的價值觀。

　　c. 強化社會主流的價值觀。

d. 如果真要做的話，非常細緻地挑戰案主的價值系統。

e. ＿＿＿＿＿＿＿＿＿＿＿＿＿＿＿＿＿＿＿

＿＿ ＿＿ 22. **轉介**：我會將案主轉介給其他專業人員，假如

a. 我確信不論如何我都無法繼續為案主提供有效能的服務。

b. 我對案主所呈現的問題沒有足夠的工作經驗。

c. 在案主與我之間有任何類型的價值衝突。

d. 案主似乎存有抗拒且不願意採納我的建議。

e. ＿＿＿＿＿＿＿＿＿＿＿＿＿＿＿＿＿＿＿

＿＿ ＿＿ 23. **保密**：關於保密，我相信

a. 除非案主能獲得絕對保密的保證，否則信任將難以建立。

b. 當有理由相信案主將傷害某人或傷害自己時，打破保密原則是符合倫理的。

c. 在第一次會談中與個案討論保密原則的目的與限制是必要的。

d. 當案主違法時，通報當局是符合倫理的。

e. ＿＿＿＿＿＿＿＿＿＿＿＿＿＿＿＿＿＿＿

＿＿ ＿＿ 24. **與結案案主發生性關係**：治療師與已結案的案主發生性關係是

a. 符合倫理的，如果治療師能證明這份關係不會傷害以前的案主。

b. 可被視為符合倫理的，如果專業關係已經結束 5 年以上。

c. 只有在案主與治療師討論過這個議題且認同這段關係時才符合倫理。

d. 不管時間已過去多久都不符合倫理。

e. ＿＿＿＿＿＿＿＿＿＿＿＿＿＿＿＿＿＿＿

＿＿ ＿＿ 25. **接受餽贈**：假如案主送我禮物，我將

a. 可能會接受，但只在我與案主充分討論過此議題之後。

b. 會在任何情況下都不接受。

c. 只有在我們結束專業關係時才會接受。

d. 只有在送禮是屬於案主文化的一部分，且拒收會有辱我的案主時才會接受。

e. _____

___ ___ 26. **信仰與宗教價值觀**：關於信仰與宗教價值觀在助人過程中的角色，我傾向

a. 因害怕會不適當地影響案主，而盡力在專業關係中摒除個人價值觀。

b. 對正在思考信仰與宗教如何能為他／她的生命帶來新意義的案主提供建議。

c. 避免在會談中談及這類的主題，除非案主先開啟這類討論。

d. 慣常地在接案會談中評估案主的信仰與宗教信念。

e. _____

___ ___ 27. **助人的目標**：有關誰應決定助人過程的目標之議題，我相信

a. 選擇目標是助人者的責任。

b. 選擇目標是案主的責任。

c. 選擇目標的責任應該是案主與助人者協同的探險。

d. 誰來決定目標應視案主的類型而定。

e. _____

___ ___ 28. **社會大眾**：考量助人者對社會大眾的責任，我相信

a. 助人者應該教育社會大眾關心心理服務的本質。

b. 助人者的主要角色是改變的媒介。

c. 為社會上沒有充分代表的族群發揮倡導者的功能是合宜的。

d. 助人者應該專注於協助案主使用社會上可用的資源。

e. _____

___ ___ 29. **系統**：當在機構或系統裡工作時，我相信

a. 我必須學習如何在系統裡有尊嚴地活著。

b. 我必須學習如何推翻體制以便我可以做我深切相信的事。

c. 機構將會扼殺我的熱情並且阻礙任何真實的改變。

　　　　d. 如果我不能成功完成我的方案，我不能責怪機構。

　　　　e. _____

___　___　30. **理念的衝突**：如果我的理念與我工作所在的機構相衝突，我將

　　　　a. 認真地考慮是否能符合倫理地繼續留在此崗位上。

　　　　b. 用任何方法來試圖改變機構的政策。

　　　　c. 不管此系統對我有何期待我都同意，以便我不會失去工作。

　　　　d. 靜靜地做我想做的事，即便我必須靠不正當的方法來做。

　　　　e. _____

 ## 重點回顧

　　在每一章的尾聲，我們會列出一些本章的重點。這些重要的論點是那些我們試圖傳達之訊息的摘要。在你讀完每一章之後，我們鼓勵你花幾分鐘寫下對你最有意義的主要議題及論點。

- 在教育中積極學習。沒有完美的課程，但你可以做很多讓你的學習更有意義的事。

- 一如你在教育課程中被評估或評分，在專業世界裡你也將被評估。評估會製造壓力，但它是教育課程及未來生涯的一部分。

- 持續探究助人專業中的某一領域是否適合你，在決定是否從事某項專業時，不要太快放棄。要準備好面對質疑與挫折。

- 儘管現實中並不存在「理想的助人者」，仍有許多行為與態度形塑了有效能的助人者。即便你沒有達到完美，你仍可以進步，尤其是樂意去探索你在做什麼。

- 助人者檢視自己進入此領域的動機是必要的。助人者透過工作來滿足自己的需求，而他們也必須意識到自己的需求。案主與助人者同時從助人關係中獲益是可能的事。

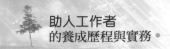
- 進入助人專業的部分需求包括被需要的需求、名聲及地位的需求、造成改變的需求。這些需求在成為有效能的助人者方面可以是助力也可以是阻力。

- 選擇教育課程時，要跟隨你的興趣。要從上課以及擔任志工的經驗中用心去體驗。

- 要有心從其他人如專業人士、大學教職員身上去尋找心理健康領域裡各個專業的資訊，但也要體認到最後你必須選擇一項最適合你的專業。

- 不要認為職業選擇是過去的事，相反地，在整個生命過程中要讓自己對各種工作懷抱可能性。

- 要了解到你必須在工作生涯上跨出第一步。要有耐心並且給自己一些時間以便在助人者的角色上感到舒服。你不可能是一個完美的人或完美的助人者。

- 專業助人者的職業生涯能對你個人帶來很大的幫助，很少有其他工作可以讓你有許多機會去反映出自己生命的品質，並且讓你有機會去影響別人的生命。

你可以做什麼？

　　在每一章的重點回顧之後，我們提供你執行的具體建議。這些被建議的行動是從本章的主要觀點所產出。我們希望在讀過本章內容後，你能找出方法來發展行動計畫。假如你承諾在每一章都要至少採取一個行動，你就會更主動專注在你自己的學習當中。

1. 假如你是一位大學生而且認為自己會想進修碩士課程，至少選擇一個研究所去拜訪，並與教職員和學生談話。假如你正在研究所課程中，與數個社區機構聯繫或參加專業研討會，以便決定哪些專業對你而言是可行的。假如你對取得專業證照有興趣，盡早在修習課程中與適當的委員會聯繫，以便取得資格限制的資訊。

2. 向你認識的助人者請教他／她成為助人者並仍留在專業裡的動機。這個人從幫助案主的過程中得到了什麼？

3. 與在心理健康領域裡和你屬意之工作相近的專業人士進行會談。在會談之前，

擬出你有興趣探索的問題清單，寫下會談中你特別有興趣的論點，並在你的班上與同學分享。

4. 學院或大學裡的職業輔導中心可能有提供許多電腦課程來幫助你決定你的生涯。如果你對更全面性的自我評量有興趣，亦即會敘述你的個人特質與可能的職業或研究領域之間的關係，我們強烈建議你接受 *Self-Directed Search*（SDS）測驗，你可以連線到心理評估資源（Psychological Assessment Resources, www.self-directed-search.com）取得這個測驗。這個測驗需要花上 20 至 30 分鐘來完成，費用是 9.95 美元。你的個人報告將會呈現在你的螢幕上。

5. （為這一章節或後續其他章節）建立你自己的行動或計畫。找出一些能促進採取行動的方法。想一些可以將你所閱讀的內容運用到自己身上的方法。決定一些特定的事情、你現在可以進行的一個步驟，這些可以幫助你更主動地埋首於積極努力中。例如，讀完本章後，你可以決定去反思自己考慮進入助人專業的需求與動機。回顧你生命中一些重大且可能會增加你成為助人者之渴望的轉折點。

6. 假如你正在上一個訓練課程，這正是參與專業機構的理想時機。至少成為本章提及之任一機構的學生會員。參與該組織可以讓你參加其工作坊及研討會，會員資格也能讓你和有相似興趣的其他專業人士有所接觸，以提供你一些提升技巧的概念並幫助你有很好的互動。

7. 我們強調在閱讀本書和進行此課程時記下日誌是相當具有價值的。用自由自在且未編修的方式來書寫日誌。要誠實，並且把寫日誌視為更認識自己、澄清自己對各章節議題的想法，並且去探索自己在助人專業中工作之想法與感受的機會。在每一章的結尾，我們會建議一些議題讓你去反思並涵括在你的日誌書寫當中。針對本章，可以思考下列領域：

- 寫下你想成為助人者的主要動機。你期望如何透過工作來滿足你的需求？
- 寫下有哪些因素會影響你對成為助人者之意義為何之概念的形成。誰是你的角色典範？你曾得到何種幫助？
- 花些時間思考理想助人者的特質。能使你成為更有效助人者的個人優勢為

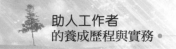
何？你如何決定你對於有興趣之專業的期待有多實際？

- 你對於選擇一個你有興趣追求的教育或專業途徑有何想法？寫下你在選擇職業生涯時會列入考慮的工作價值。

8. 參加由州、地區或全國性的專業團體所提供的研討會，學生會員身分可以擁有許多福利，例如發展工作網絡、實習，以及與有相似興趣的同儕接觸。

9. 帶著你所完成的自我量表到課堂上和同學比較彼此的觀點，這樣的比較可能會引發一些辯論，並有助於使班級專注於正在討論的主題上。在課堂上選擇你想討論的題目時，把那些當你回應時有強烈感覺的項目數字圈選起來。你將會發現去詢問其他人對這些項目的回應特別有助益。

10. 在每一章的結尾，我們提供了相關延伸閱讀的建議。有關每一個列出之資料來源的詳細目錄請見書末的參考文獻。有關助人專業中所面臨的一系列廣泛議題，請見 Kottler（1993, 1997, 2000a）以及 Kottler 與 Jones（2003）。有關於全面性涵括的議題，例如專業身分發展、倫理標準、基本過程技巧、諮商取向、專業諮商師的養成等，請見 Hazler 與 Kottler（2005）、Neukrug（2007）以及 Nystul（2006）。有關於針對新進諮商師各種議題的知識，請見 Gladding（2009）以及 Yalom（2003）。有關各類諮商教師及實務工作者之專業期刊的描述，請見 Conyne 與 Bemak（2005）。

CHAPTER 02
了解你的價值觀
Knowing Your Values

焦點問題・導論・價值觀在助人過程中的角色・分享或強行
輸入價值觀・處理價值衝突・女同性戀、男同性戀及雙性戀
議題・家庭價值觀・性別角色認同議題・宗教與靈性價值觀
・墮胎・性議題・生死抉擇・重點回顧・你可以做什麼？

焦點問題

1. 你對自己核心價值觀的覺察程度有多少以及它們如何影響你對案主的工作？

2. 是否有可能在與案主互動時不做任何價值判斷？你認為進行價值判斷是否恰當？如果是，應於何時進行？

3. 你是否能忠於自己的價值觀且同時允許案主自己做選擇，即便他們的選擇與你的不同？

4. 你是否傾向影響你的朋友與家人做「對」的選擇？如果是，那你可能發揮出助人者功能的意義為何？

5. 你認為將你的價值觀與人分享和強加於別人身上有何不同？

6. 你能給案主多少自我決定的空間，即便你相信若是選一條不同的路，他們將會變得更好？

7. 你會如何適當地決定你與案主之間的價值衝突是否意味著需要轉介給其他專業人員？

8. 當你意識到因價值差異而使你與案主工作有困難時，你將採取何種行動？

9. 你認為哪些價值觀是助人過程中不可或缺的一部分？你將如何與案主溝通這些價值觀？

| 第一節 | 導論

本章是設計來幫助你澄清自己的價值觀,並且確認它們可能如何影響助人者的工作。在本章中我們探究價值觀如何在助人過程中運作。為了幫助你澄清自己的價值觀以及識別它們妨礙有效助人的方式,我們描述了一些你可能會遇到的實際情況。

案主與助人者之間的衝突常呈現在由種族、性傾向、家庭價值觀、性別角色行為、宗教與靈性、墮胎、性議題及生死抉擇等價值觀所建構的討論中。與多元文化族群有關之價值觀議題特別重要,我們將在第七章中討論。

| 第二節 | 價值觀在助人過程中的角色

價值觀深植在治療理論與實務中。一項針對實務工作者心理健康價值觀的全國性調查發現了一個共同性,即一些基本價值觀對維持心理健康的生活方式以及指導與評估治療計畫是重要的(Jensen & Bergin, 1988)。這些價值觀包括假定個人行為的責任;發展有效的策略來因應壓力;發展出愛人與被愛的能力;對他人的感受保持敏感;進行自我控制;生活有目標;保持開放、誠實及真誠;在工作中獲得滿足;擁有認同感與價值感;在人際關係、敏感度及照顧養育方面技巧純熟;對婚姻、家庭及其他關係能做出承諾;有深度地自我覺察及追求成長的動機;以及保持身體健康的好習慣。這些是助人關係根基所在的一些價值觀。

完成下列自我評估,以使你聚焦於思考自己的價值觀在工作上所扮演的角色。當你閱讀完每一句陳述時,請決定**當你身為助人者時**,它能代表你態度與信念的程度。使用下列代號填答:

3＝此句陳述能代表我

2＝此句陳述不能代表我

1＝我尚未決定

      1. 我相信挑戰案主的人生哲學是我的任務。

      2. 我應該對價值觀與我強烈不同的案主保持客觀與有效能。

      3. 我相信在我與案主工作時,保持價值中立是可能且值得的。

      4. 雖然我自己有一套清楚的價值觀,我確信我可以避免不適當地影響
         我的案主去接受我的價值觀。

      5. 只要我不強行灌輸在案主身上,表達我的觀點以及分享我的價值觀
         是恰當的。

      6. 我可能會傾向巧妙地影響案主去接受我的部分價值觀。

      7. 如果我發現案主與我之間有明顯的價值衝突,我會歸因於他。

      8. 我有明確的靈性與宗教價值觀,且會影響我的工作。

      9. 我對於與考慮墮胎的懷孕青少女進行諮商沒有困難。

     10. 我對於性別角色有明確的想法,可能會影響我進行諮商。

     11. 我對於與同志伴侶進行諮商不會感到困擾。

     12. 我視價值澄清為助人過程中的重要任務。

     13. 我對家庭生活的看法會影響我對於正考慮離婚之夫婦的諮商方式。

     14. 我對於想離開子女獨自生活的女人／男人進行諮商不會感到困擾,
        如果這是我案主的選擇。

     15. 通常我願意挑戰我的價值觀。

     16. 我可能會願意對已有穩定關係但有外遇的人進行個別諮商,即便案
        主無意向他／她的伴侶揭露此段關係。

     17. 我十分確信我的價值觀不會干擾我保持客觀的能力。

     18. 我認為我和價值觀與我相近的案主工作時表現最好。

     19. 我認為如果案主向我請求,在會談中與案主一起禱告是合宜的。

     20. 我能有效能地與因靜脈注射藥物或不安全的性行為而罹患 AIDS 的
        案主工作。

這些陳述沒有「對」或「錯」的答案。這個量表是為了幫助你思考自己的價值觀可能會如何影響你執行助人者功能的方式。選擇一些特別吸引你的項目，然後與你的同學討論你的觀點。當你閱讀本章後續的內容時，採取積極的態度並思考你在我們所提及之議題上的立場。

|第三節| 分享或強行輸入價值觀

我們所工作的案主擁有最終的責任去決定要接受哪些價值觀、要修正或丟棄哪些價值觀，以及人生要往何處走。透過助人的過程，案主能學到在做決定之前先檢視價值觀。有時與案主討論並分享自己的價值觀是恰當的。在你這麼做之前，問問自己以下這些問題：「我為什麼向我的案主分享並討論我的價值觀？這麼做對我的案主有何好處？我的案主容易被我過度影響的程度有多少？是否我的案主過度渴望信奉我的價值體系？」假如你真的分享了你的價值觀，評估此舉對案主的可能影響。避免以揭露特定價值觀引導案主來接受你的價值立場是很重要的。應以一種不會傳達出案主應該接受它們的方式來分享你的價值觀——不論直接或間接。

有時你可能不同意案主的價值觀，但你必須尊重案主有權抱持不同的價值觀及擁有不同的世界觀。Richards、Rector 與 Tjeltveit（1999）不認為助人者應該試圖教導案主特定的道德規條及價值觀，因為這麼做會侵犯案主的獨特性並阻礙案主自我選擇。

即使你認為把自己的價值觀強加在案主身上是不恰當的，你仍可能會潛意識地以巧妙的方式去影響他們來贊同你的價值觀。舉例來說，假如你強烈地反對墮胎，你可能不會尊重你的案主有不同想法的權利。在這種信念的基礎上，你可能會巧妙地（或不巧妙地）指示你的案主朝向墮胎以外的選擇。的確，有些研究者發現案主傾向改變成與諮商師一致的價值觀，以及案主經常會吸收諮商師之價值觀的證據（Zinnbauer & Pargament, 2000）。目前一般認為治療上的努力是充滿價值觀的過程，以及在某種程度來說，不論有意或

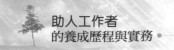
無意，所有的諮商師都會向他們的案主傳遞價值觀（Richards & Bergin,
2005）。因此有必要考量你可能影響案主的方式。

　　有些出於好意的實務工作者認為，他們的任務是幫助人們遵循可被接受
且絕對的價值標準。避免傳遞價值觀給案主並非易事，即使你沒有明確地分
享它們。你在會談中著重的部分將會引導案主選擇探討的主題，你使用的方
法將會提供他們線索去發現你所重視的想法，而你非口語的訊息暗示了你喜
歡或不喜歡他們的行為。由於你的案主可能感受到需要獲得你的認同，所以
他們也許會藉由表現出迎合你的期待來回應這些線索，而非發展自己內在的
指引。

　　必須告訴案主因為你不認同他們的價值體系，故而不能與他們繼續工作
的實例並不多見。你的任務並不是評斷案主的價值觀，而是幫助他們探索及
澄清他們的信念，並用以解決他們自己的問題。美國諮商學會（American
Counseling Association, 2005）清楚地說明：「諮商師要覺察自己的價值觀、
態度、信念及行為，並避免灌輸與諮商目標不一致的價值觀」（A.4.b.）。助
人者需要覺知他們的個人價值觀將會如何影響他們專業工作的許多層面。

我們對助人關係中價值觀的看法

　　在我們的觀點裡，助人者保持中立或將價值觀隔絕於專業關係之外，是
既不可能也不被接受的。從倫理的角度來說，助人者認清價值觀對他們與案
主工作的影響，以及學習強加與分享價值觀的差異是極為必要的。如果你關
心你的案主以及他來看你的原因，你便有開啟「價值觀如何影響案主行為」
討論之基礎。

　　必定會有助人者不同意我們對價值觀角色的立場。其中一種極端便是那
些視助人為一種社會影響過程的人。例如有些助人者擁有明確且絕對的價值
體系，且他們相信自己的功能是影響案主去接受他們的價值觀。另一種極端
是過度擔心不經意地影響案主而努力保持中立的助人者。基於害怕他們的想
法可能會汙染案主做決定的過程，這些助人者在實務上從不在言詞上傳遞價
值觀給案主。

我們的立場是：助人者的主要任務是為那些尋求幫助的人提供回顧自己做了些什麼、決定自己的行為與自己的價值觀一致的程度，以及思考他們現在的行為是否符合他們的需求等所需的推力。如果案主的結論是他們的人生沒有被滿足，他們可以利用助人關係去重新檢視及修正他們的價值觀或行動，他們可以探索一些可能的選擇。案主必須決定他們願意改變什麼以及他們可能想修正自己行為的途徑。

▌第四節▌ 處理價值衝突

當你發現你正因價值差異而處於倫理兩難時，最適當的做法是尋求諮詢。督導是探索與案主之價值衝突的好方法。在督導中探索此議題之後，如果你發現仍然無法有效能地與案主工作，符合倫理的行動是將案主轉介給其他專業人士。

雖然我們可能與案主有價值觀衝突的狀況，但這並不代表一定要轉介，還是有可能成功地解決衝突。你必須確定是什麼樣的案主或特殊價值衝突會促使你想要轉介。在進行轉介之前，先透過諮商來探索你這部分的困難。在你的心裡，是什麼使你無法與一位價值體系和你不同的案主工作？為什麼你和你的案主必須擁有共同的價值觀？為什麼你的案主在特定的生命層面上接受你的價值觀是必要的條件？

如果你發現因為價值衝突而必須進行轉介，與案主討論**如何轉介**是必要的。向案主澄清這是你身為助人者的問題，而不是案主的問題。簡而言之，假如你認為有需要轉介個案，問題較有可能在於你而非特定案主。不要太快進行轉介，並且將轉介視為最後一個方法。

在本章後續的篇幅中，我們將討論你在與各種不同案主群工作時，可能會面臨到的一些充滿價值觀之議題。這些領域包含女同性戀、男同性戀及雙性戀個體；家庭價值觀議題；性別角色認同議題；宗教與靈性價值觀；墮胎；性議題；及生死抉擇。

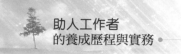

|第五節| 女同性戀、男同性戀及雙性戀議題

　　人類多元性概念不只包含種族的因素,它包含了對於年齡、性別、宗教傾向及性傾向等各種形式的壓迫、歧視及偏見。擁有保守價值觀的助人者在與女同性戀、男同性戀及雙性戀(lesbian, gay, and bisexual, LGB)個體工作時,經常出現挑戰。許多助人者對LGB議題有盲點、成見、負向態度、刻板印象及誤解。負面的個人反應、有限的同理及缺乏了解,是與LGB工作的實務工作者常出現的特徵(Schreier, Davis, & Rodolfa, 2005)。對同性戀擁有負面反應的助人者,很可能會強行灌輸他們的價值觀與態度,或至少強烈表達不贊成。

　　要有效地與這類案主族群工作,你必須開始批判性地檢視自己對特定性傾向的態度、成見及假想。確認及檢視任何你可能有的迷思及誤解,並且了解到你的價值觀以及對於性傾向的可能成見將如何影響你的工作。

　　想像你正與一位男同性戀者進行諮商,並且想要與他討論他與其愛侶的關係,以及他們之間溝通上的困難。當你與他工作時,你開始覺察到對你而言很難接受他的性傾向,你發現你正在挑戰他的性傾向,而非專注於他想要解決的事。你如此專注於他的性傾向,正與你認為道德上正確之性傾向相反,而你與案主都發現你並沒有在幫忙他。當面對這樣的價值衝突時,你可以採取什麼步驟?你是否願意探索價值觀在你與男同性戀者會談中的影響?

◆ 案例:面臨寂寞與孤獨

　　思考你的價值觀可能會如何影響你與 Art——一位 33 歲的男同性戀者——工作。你正與 Art 進行開案會談,他告訴你前來諮商是因為他常常覺得寂寞與孤獨,他不論在與男性或女性的親密關係上都有困難。一旦有人認識了 Art,他便認為這些人一定不會接受他,而且出於某種未知的原因都不會喜歡他。在這個會談當中,你發現 Art 對很少有接觸的父親有著許多痛楚,

他想和父親有較親近的關係，但身為同性戀之事橫亙在當中。他的父親表示對於他「變成那樣」感到內疚，他不能理解為何 Art 不是「正常」的，以及為何他不能像他的兄弟一樣找個女人結婚。Art 主要想解決他與父親的關係，同時他也想要克服被想有進一步關係之人拒絕的恐懼。他告訴你他希望那些他所在乎的人可以接受他的本貌。

你的態度：你對 Art 之處境的第一個反應為何？想想你的價值觀，你是否預期你在與他建立治療關係上會有任何困難？他向你表達他並不想討論他的性傾向，你是否能尊重他的決定？當你思考如何與 Art 進行下去時，不管你的立場為何，反思你對男同性戀的態度，特別去思考你是否會傾向灌輸任何價值觀給他。舉例來說，假如你個人在道德或其他觀點上難以接受同性戀，你是否會鼓勵 Art 變成異性戀？思考你在與 Art 會談中可能會著重的一些議題：他對拒絕的恐懼、與父親有關的痛、希望父親有所不同的渴望、親近男性與女性的困難、性傾向與價值觀。以你所擁有的資訊，你會著重在哪個領域？是否有其他你想與 Art 一起探索的領域？

討論：Lasser 與 Gottlieb（2004）發現性傾向作為一種最長期且令人苦惱的道德爭論，一直困擾著我們的文化。他們表示，大多數的人相信同性戀或雙性戀行為是道德上的錯誤，許多女同性戀、男同性戀及雙性戀（LGB）人士也內化了這樣的觀點，其中有些人在性傾向上遭遇深長的痛苦。Lasser 與 Gottlieb 補充說明，治療師在與 LGB 案主工作時面對多種臨床上及倫理上的議題。倫理議題之一為在同性戀—雙性戀的慾望與行為上，治療師面對著他們自己的價值觀。Schreier、Davis 與 Rodolfa（2005）提醒我們，沒有人能自外於對 LGB 人士負面的社會刻板印象、偏見甚至憎恨的影響。此外，許多LGB 人士內化了這些負面社會訊息，並因此經歷到心理上的痛苦與衝突。特別是有色人種的LGB 人士，他們在生命中不同的層面必須應付一種或多種形式的偏見及歧視（Ferguson, 2009）。

你可能會告訴自己和旁人，你接受別人有權利過他們認為適宜的生活，然而當你實際與案主會談時可能會遇到問題。你情感上所能接受的與你理智

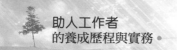
上所能接受的是有差距的。如果你的價值體系與接受LGB者是相衝突的,你會發現自己難以有效地與他們工作。

　　超過一個世紀以來,同性戀與雙性戀被認為是一種心理上的疾病。在1973年,美國精神醫學會(American Psychiatric Association, APA)停止對**同性戀**(homosexuality)——人們尋求與同性別者建立情感及性關係的一種性傾向——貼上一種精神疾病的標籤。今日大多數美國心理健康專業組織肯定同性戀不是一種精神疾病。美國心理學會44分部(American Psychological Association, Division 44, 2000)發展出一系列如何與LGB案主工作的指導方針,但對同性戀及雙性戀的成見及錯誤資訊仍舊持續在社會上廣泛傳播,許多LGB人士面臨社會烙印、歧視及暴力,其中有些來自於助人者。實務工作者應該要熟悉社會上對LGB人士所展現的偏見、歧視及多種形式的壓迫,並與案主一起探索這對他們日常生活所造成的影響(Ferguson, 2009)。往往原生家庭基於家庭、倫理、文化、社會或宗教信念,而未準備好接納LGB的家庭成員,家庭可能需要接受協助,以發展對性傾向的新觀念(American Psychological Association, Division 44, 2000)。

　　與LGB工作的助人者,在倫理上被要求不讓個人價值觀強加在專業工作中。請留意美國諮商學會(American Counseling Association [ACA], 2005)、美國心理學會(American Psychological Association [APA], 2002)、美國婚姻與家族治療協會(American Association for Marriage and Family Therapy [AAMFT], 2001a)、加拿大諮商協會(Canadian Counselling Association [CCA], 2007)及美國社會工作人員協會(National Association of Social Workers [NASW], 2008)的倫理守則都清楚提及,**歧視**(discrimination)或以不同的行為對待以及不公平地對待特定族群人士,是不道德且不被允許的。從倫理的觀點來說,實務工作者必須覺察自己對性傾向的偏見及成見。當案主在治療關係穩固建立後揭露他/她的性傾向時尤其重要。在這種情況下,助人者批判的態度會嚴重傷害案主。

　　女同性戀、男同性戀、雙性戀及變性議題諮商協會(Association for Lesbian, Gay, Bisexual and Transgender Issues in Counseling [ALGBTIC], 2008）確認專業助人者必須對此多元族群特殊的需求有深入的了解。ALGBTIC 為實習生建立一系列特定的能力（可上網查詢），以幫助他們檢視自己個人有關 LGB 及變性者的成見與價值觀。擁有這些能力的助人者在會談中便立於執行適當處遇以確保服務有效輸送給案主族群的位置上。

假如你缺乏與 LGB 工作的知識或技巧，可利用進修教育的工作坊以獲得此領域的能力。假如你沒有獲得特殊族群相關的知識與訓練，你必須在與這類案主諮商前尋求督導與諮詢。

在治療關係建立前，你可能無法覺察到案主的性傾向。假如你期待在社區型機構向多元族群提供服務，你需要對自己性傾向議題的價值觀有清楚的概念。完成下列量表以便澄清你對同性戀的價值觀，使用下列代碼：

3 ＝在多數情況下我同意此陳述

2 ＝我對此陳述尚未有定見

1 ＝在多數情況下我不同意此陳述

_____ 1. 最好由 LGB 助人者對 LGB 人士提供服務。

_____ 2. 同性戀或雙性戀的助人者可能會強加他／她的價值觀在異性戀案主身上。

_____ 3. 我無法和想收養孩子的男同志伴侶或女同志伴侶工作。

_____ 4. 同性戀與雙性戀都是不正常且不道德的。

_____ 5. LGB 或變性者能和異性戀者一樣適應良好（或適應不良）。

_____ 6. 我對於與 LGB 及變性的案主進行諮商時保持客觀不會感到困難。

_____ 7. 我對本地男同性戀社群的轉介資源擁有適足的資訊。

_____ 8. 在我能與 LGB 及變性的案主有效諮商之前，我感覺到有特別訓練及相關知識的需要。

_____ 9. 當尋求諮商的家庭中父親是男同性戀時，我預期我能無困難地進行家族治療。

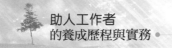

_____ 10. 我認為有色人種的 LGB 人士及變性者常遭受多種形式的壓迫。

當你完成這份量表之後，仔細檢視你的反應以便找出任何模式。有任何態度是你想改變的嗎？有任何領域的資訊或技巧是你想獲得的嗎？

| 第六節 | 家庭價值觀

　　與婚姻有關的價值觀、家庭的維持、離婚、傳統及非傳統的生活方式、性別角色與家庭責任分工、撫育子女、婚外情等，都可能影響助人者的處遇。助人者的價值體系對他們在家庭中見到之問題的闡述與定義、治療的目標與計畫、治療的方向都有重大的影響。助人者可能會在家庭成員中選邊站，可能會將他們的價值觀灌輸在家庭成員身上，或是他們可能會比家庭成員更盡力使家庭保持連結。不論是有意或無意，助人者灌輸價值觀給夫妻或家庭，都可能會造成相當大的傷害。思考下列的案例。

◆ 案例：與不滿的母親工作

　　Veronika 過著受束縛的生活。她於 17 歲結婚，22 歲時已是四個孩子的母親，現在以 32 歲之齡回大學上課。她是一個好學生——活躍、渴望學習並且察覺到她所錯過的一切。她發現她受到年輕的同儕團體及教授所吸引，她正經歷「第二次青春期」，並獲得許多以前從未擁有的肯定。她覺得在家裡不被珍視，家人最感興趣的是她能為大家做些什麼。在學校她是特別的而且因其才智而受到尊重。

　　最後，Veronika 與一位年輕人發生了婚外情，她即將決定離開丈夫及年齡介於 10 至 15 歲的四名子女。Veronika 到大學的諮商中心來見你，並對於該怎麼辦感到一片混亂。她想找出一些解決罪惡感及猶豫不決的方法。

　　你的態度：你對 Veronika 即將離開丈夫及四個孩子做何反應？你是否會鼓勵她要跟隨她內在的渴望？假如 Veronika 對此經過慎重的考慮，並告訴你雖然這對她也很痛苦，但她必須離開這個家，你是否會傾向鼓勵她帶全家人

來參加其中幾次會談？好好思考你的價值體系，如果有的話，你會想灌輸何種價值觀？假如 Veronika 說即使她如此憤恨不平，她正學習留在婚姻及家庭中，你會做何種處遇？假如你曾經離開你的小孩或配偶，這個經驗可能會如何影響你對 Veronika 的工作？

◆ 案例：危機中的家庭

丈夫、妻子帶著三個孩子來到你的辦公室，這個家庭因為最年幼的男孩有偷竊的行為，並且被視為是家庭的問題人物而被轉介。

丈夫不情願地來到你的辦公室，他顯得生氣且抗拒，並讓你知道他並不相信「治療這種東西」。他為男孩找藉口，並表示不論是婚姻或家庭，他都不認為有很多問題。

妻子告訴你她與丈夫有許多爭吵，家中充滿緊張氣氛，孩子們都受了許多苦。她感到恐懼並且表示她害怕家裡將會發生什麼事。她沒有方法支持自己和她三個孩子，並想處理這段感情。

你的態度：你會受到這個家庭怎樣的影響？你會採取何種行動？你對家庭的價值觀會如何影響你對這個家庭的處遇？即使家庭成員沒有詢問你，你也會向這個家庭顯露你的價值觀嗎？如果他們詢問你對這個情況的看法以及你認為他們該怎麼做，你會怎麼回答？

討論：即使你沒有在與這個危機家庭的工作中灌輸你的價值觀，但你對每個成員所說的話很可能都受到你自己核心價值的影響。舉例來說，假如你相信在此情況下妻子面對丈夫應該要果斷、有自信，你可能會鼓勵她挑戰丈夫並冒著可能失去婚姻的風險。

◆ 案例：面對不忠

一對夫妻前來尋求你的婚姻諮商服務。丈夫向妻子坦承他有外遇，且這個意外加速了他們最近的婚姻危機。雖然妻子幾乎抓狂，不過她想維持婚姻，她理解到他們的婚姻需要經營；他們之間雖缺乏情感連結，但值得挽救。他們育有子女，且受到鄰里的尊敬與喜愛。

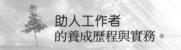

　　丈夫想離開但仍在矛盾的情感中掙扎，且不確定該怎麼做。他非常困惑，並表示他仍然愛著妻子與孩子們。他覺察到自己正經歷某種中年危機，且每天都做出不同的決定。他的妻子處於極大的痛苦中並感到絕望，她一直都依賴她的丈夫而且沒有謀生能力。

　　你的態度：你對婚姻中外遇或堅定之感情關係的價值觀為何？你想對妻子說什麼？對丈夫說什麼？助人者應該建議夫妻繼續維繫婚姻或離婚嗎？思考你可能會與這個家庭進行的方向，想想在你的家庭中，你是否曾處於這個情況。假如有，你認為這個經驗會如何影響你與這對夫妻的工作？如果丈夫說他感到困惑，極度地想要一個答案，並希望你指引他一個方向，你是否會傾向告訴他該怎麼做呢？

┃第七節┃　性別角色認同議題

　　所有的助人者都需要覺察自己對性別的價值觀與態度。與伴侶及家庭工作的助人者，如果能覺察性別刻板印象反映在包括他們自己的眾多家庭社會化過程的歷史與影響，便可以做到更符合倫理。人們對性別的理解與其文化背景有很大的關係。如果你願意評量自己對適當的家庭角色與責任、養育子女、多重角色及男女性非傳統職業生涯的信念，你便可以成為更有效能的實務工作者。你將需要對文化敏感、對性別敏感，並且避免將自己的價值觀灌輸在個體、伴侶或家庭身上。

◆ 案例：職業婦女或家庭主婦？

　　John 及 Emma 最近為了想解決 Emma 在成為全職母親及家庭主婦多年後重返職場的衝突，而開始進行伴侶諮商。兩人都表示「對此爭吵不休」，John 表明他期望 Emma 全天待在家裡，負責照顧兩個年幼的孩子及家務，Emma 則表示當她兼職工作且對家裡有經濟貢獻時會感到比較開心，這讓他們可以雇用更多家務及照顧孩子的服務。她熱愛她的工作及與同事有社交互動，並

且不想放棄。John 相信對孩子來說，母親優於保母，而且因為他的賺錢能力較優，所以 Emma 是應該留在家裡的那個人。Emma 聲明她的看法是：對孩子來說，一個快樂的母親勝過全職的母親，而且她想要有個在家庭之外的工作興趣，這不應與收入綁在一起。John 與 Emma 都願意經營他們的關係，但無法突破這個阻礙。

你的態度：你個人對養育子女及性別角色的價值觀，如何影響你和 John 與 Emma 工作的評估與方法？在這個案例中，治療師價值觀的倫理界限為何？你要如何避免灌輸自己的信念以及說服或指導這對夫婦？

討論：假如你對婚姻與家庭的性別角色有強烈的個人價值觀，你可能很容易把你的價值觀加入這個案子。例如，認為女人應該有選擇且不被傳統家庭角色所限制的信念，可能會引導你與 Emma 結盟，並試圖勸說或說服 John 接受。相反地，認為孩子應由母親在家照顧而非委託其他保母的觀點，可能使你試圖說服 Emma 應該待在家裡且放棄她的個人目標，變成與 John 結盟。身為伴侶助人者，除了虐待與危險之外，治療師決定個體的目標是不符倫理的。當強加他們自己的價值觀時，結盟、共謀及分立三角都是不健康的可能結果，在這個案例中，無疑地，它們對婚姻導致的傷害多於益處。

◆ 案例：在傳統的家庭中養育子女

Fernando 與 Elizabeth 描述自己是「傳統的夫婦」，他們來尋求你的婚姻諮商，是為了解決因養育兩個青春期兒子而導致兩人的關係緊張。夫婦談了許多有關兒子的事，Elizabeth 與 Fernando 都是全職外出工作者，Elizabeth 除了擔任校長之外，同時也是全職的母親與家務管理者。Fernando 說他在家裡完全不做「女人的事」，Elizabeth 從沒想過她有兩份工作，Elizabeth 和 Fernando 對於維護他們所吸收的文化價值觀或刻板印象都不十分在意，他們各自都對男女性「應該做什麼」有特定的想法。他們將注意力放在兒子們的問題上，而不是討論他們的關係或家務的分配。Elizabeth 想尋求如何處理問題的建議。

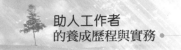

你的態度：如果你覺察到這對夫婦在傳統性別角色上的緊張關係，你在諮商中會提出來讓他們注意到嗎？你是否認為挑戰 Fernando 的傳統觀念是你的工作？你是否認為鼓勵 Elizabeth 期待夫妻關係中之責任更平衡是你的工作？假如你與這對夫婦進行諮商，你認為你會分別對他們說什麼？你的價值觀會如何影響你的工作方向？你自己的性別角色以及你的觀點對你所做的會產生何種結果？

討論：假如你會與伴侶及家庭工作，那麼體認到性別角色刻板印象有其特定目的且難以被修正是必要的。身為一位助人者，你的角色是在檢視性別角色態度及行為的過程中引導案主——假如這麼做是與他們前來尋求建議的問題有關。你與案主之間有效的溝通，會受到男女性該怎麼想、怎麼感覺及表現的刻板印象所破壞。你必須警覺男女性對抗的特定議題以及他們本身的性別觀把他們限制在傳統角色中。你可以協助男性與女性案主去探索與評估他們所接收到有關性別角色期待的文化訊息。你可以促進案主去覺察，並且開拓做自我選擇時的新可能性，但別去決定他們應該做什麼改變。

Margolin（1982）對如何做一位非性別歧視的家族治療師，以及如何面對家庭中負向的期待與刻板印象角色提供一些建議，其中一個建議是：助人者應檢視自己會暗示性別差異角色與身分的行為與態度。舉例來說，助人者能藉由在討論做決定時看著丈夫，討論家務與照顧子女時看著妻子，來巧妙地顯露出他的偏見。Margolin 也強調實務工作者容易有下列偏見：(1)認定維持婚姻對女性是最好的選擇；(2)顯示出對女性職業生涯的興趣不及對男性職業生涯的興趣；(3)鼓勵夫婦接受養育子女是母親唯一責任的觀念；(4)對妻子與丈夫的外遇顯示出不一樣的反應；(5)較重視滿足丈夫的需求，較不重視妻子的需求。Margolin 對那些與伴侶及家庭工作的人提出兩個關鍵問題：

- 當家庭成員似乎同意他們打算處理的目標（從諮商者的觀點）本質上是性別歧視時，諮商者如何回應？
- 助人者能接受這個家庭的性別角色認同定義，而非試著去挑戰並改變

他們的態度到何種程度？

| 第八節 | 宗教與靈性價值觀

　　有效地助人是處理身體、心理及靈性三層面，但助人專業到很晚期才確認靈性與宗教議題。助人者慣常地處理案主生命中許多敏感的議題，包括有關種族及性傾向的難題，可是他們可能沒有詢問過靈性與宗教在個人生命上的影響與意義（Hage, 2006）。自 1970 年代以來，靈性在文獻上獲得越來越多的關注，如今在評估與處遇上已更常關注這些議題（Hall, Dixon, & Mauzey, 2004; Sperry & Shafranske, 2005）。宗教與靈性往往是案主問題的一部分，但它們也可以是案主問題的解決方法之一。

　　宗教信仰或某些形式的個人靈性是許多案主重要的力量來源，假如助人者沒有提出靈性如何影響案主的議題，他們的案主可能會以為這些事情在助人過程中是不相關的。然而，宗教信仰可以找出生命意義的根源，並且有助於促進療癒與福祉。對某些人而言，宗教信仰並不居於關鍵地位，但個人靈性可能是主要力量，靈性價值幫助許多人去理解宇宙及生命的意義。根據 Francis（2009）的研究，靈性可以放在個人探索最終意義與位置的脈絡中來考慮，這種探索包括與自身以外那超越宇宙或是神祇的力量所建立起的關係。因為靈性及宗教價值觀可以在人類生命中扮演重要角色，這些價值觀應被視為助人關係中有潛力的資源，而不該被忽略（Harper & Gill, 2005）。與案主探索靈性價值可以和其他治療工具相整合來促進助人的過程。

　　為了澄清你自己有關宗教信仰與諮商的價值觀，想想以下這些問題：宗教信仰的探索適合放在正式的助人關係中嗎？缺少靈性面向的助人過程是否完整？假如在治療關係中產生了案主在信仰方面的需求，處理它們是否恰當？當助人者決定在諮商中哪些主題可以及不可以被討論時，助人者是否強加自己的價值觀在案主身上？你是否必須有某些宗教信仰或其他任何信念，以便有效幫助在宗教信仰上有困難的案主？

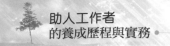
◆案例：在靈性中尋找安慰

　　Peter接受其基本教義信仰的教導，對於是非、罪惡、犯罪、詛咒有明確的信念。過去當他遭遇困難與問題時，他可以禱告並在他與神的關係中獲得安慰，然而最近他為慢性憂鬱、失眠、極度的罪惡感，以及認為上帝將會因他的罪而懲罰他的一種壓倒性之世界末日感所苦。他諮詢醫生並尋求讓他睡得好一些的處方，而這位醫生及他的牧師都建議他尋求諮商。起初 Peter 強烈地認為他應該可以在宗教裡找到安撫而拒絕這個建議，隨著他的憂鬱與失眠持續發作，他躊躇地前來尋求你的諮商。

　　他要求你以禱告來開始這次會談，以便他可以進入適當的靈性精神狀態，他也引述聖經中對他有特殊意義的一節話語。他告訴你有關他對於來見你尋求諮商的疑慮，以及他相信你將不會接受他的宗教信念，然而他將之視為其生命之核心。他探詢你的宗教信念。

　　你的態度：你對 Peter 進行諮商是否會有困難？他正為著信任你及理解諮商的價值而掙扎。你對於他一些特別之觀點——特別是有關於他對懲罰的恐懼——的反應為何？你對他強烈的基本信念是否有所反應？如果你明確地不同意他的信念，這是否會成為與他工作的阻礙？你是否會挑戰他，要他為自己想一想，做一些他認為是對的事？

　　假定你有宗教傾向，你相信神愛世人，而Peter相信這個他所害怕的神。你討論你們對宗教理解的差異，然而你也說希望與他探索宗教信仰對他生活的影響程度，並檢視他的一些信念以及這些信念對他的症狀有何貢獻之間可能的連結。帶著這些假設，你認為你可以對 Peter 有幫助嗎？你是否接受他為案主？現在假定你與 Peter 沒有相同的宗教價值觀，你無法忍受基本教義派的信念，而且你認為這些信念是他問題的來源。帶著這樣的價值觀，你能接受像 Peter 這類的案主嗎？你是否可以客觀地與他工作，或你是否會試著找出一些方法去動搖他、使他放棄他的世界觀？

　　討論：助人者越來越認清將案主的靈性與宗教信仰納入評估與治療的重要性（Hall, Dixon, & Mauzey, 2004）。照顧靈性可以是幫助案主解決衝突以

及促進健康的整合性與全人性努力之一部分，就如同找到生命意義一樣（Sha-franske & Sperry, 2005）。對案主靈性層面充分且完整的評估可以提供必要的背景資訊，以便形成個案概念化及治療計畫（Harper & Gill, 2005）。

　　案主的信念、價值觀以及信仰體系常常是艱困時刻的支持來源，在療癒過程中，它們可以被助人者用來幫助案主（Francis, 2009）。然而，如果助人者打算有效地關注案主靈性與宗教信仰上的擔憂，他們就必須清楚了解自己的靈性與宗教信念或許有所缺乏。倫理實務上要求你避免灌輸特定的靈性或宗教價值觀給案主，你有倫理上的責任去覺察你的信念如何影響你的工作，並確保你不會不適當地影響你的案主。

　　即便靈性與宗教信仰並非案主的關注焦點，當案主探討道德衝突或為了生命意義之問題而搏鬥時，這些價值觀仍可能會間接地進入會談中。你可否將自己的靈性與宗教價值觀摒除於這些會談之外？你認為它們將如何影響你處遇的方式？假如你在靈性方面沒有什麼信念或對宗教組織不具好感，你可否保持無偏見呢？你可否同情那些自認相當具有靈性或對某教會之教導深信不疑的人？

　　當你仔細考慮自己在助人關係裡靈性與宗教價值觀層面的位置時，仔細思考下面的問題：

- 當案主在助人關係中顯露需求時，以開放且直率的態度處理宗教議題是否恰當？
- 在助人歷程的脈絡中，案主是否有權探究他們的宗教議題？
- 如果你沒有任何宗教或靈性信仰，這會如何阻礙或有助於你與多元的案主工作？
- 假如案主有一些問題而你無法適切回答時，你是否願意轉介案主給猶太教祭司、神職人員或牧師？

◆ **案例：諮商與靈性**

　　Guiza 是一位熱中於靈性並且聲稱她的宗教信念正指引她尋找生命意義

的實習醫生。她不想將自己的價值觀強行灌輸給案主，但她認為初步會談裡至少對案主的靈性／宗教信念與經驗做出一般的評估是必要的。Guiza 的案主 Alejandro 告訴她，自己大多數時間都感到憂鬱，且覺得空虛，他想知道自己生命的意義。在 Guiza 與 Alejandro 的會談中，她發現他的成長過程裡，家中沒有任何靈性或宗教引導，且他表示自己是不可知論者，他不曾探索宗教或靈性，這些想法似乎太過抽象深奧，無助於日常生活的實際問題。Guiza 覺察到她有很強烈的傾向想建議 Alejandro 對靈性思考模式敞開心胸，尤其是因為他提到找尋生命意義的問題。Guiza 很想要建議 Alejandro 至少參加一些教會禮拜，看看是否可以從中找到一些意義。她帶著掙扎來見她的督導。

你的態度：想想 Guiza 的處境，就如同你反思你的價值觀如何影響你對案主的態度。如果有這種情形，你何時會建議案主去找神職人員、牧師或祭司？如果你向督導尋求諮詢，你最想要探討或澄清哪些關鍵議題？你可否保持客觀？你何時會因為有關尊重案主的靈性／宗教信念與價值觀的問題而考慮建議轉介？

討論：你可能經歷與案主在靈性範疇上的價值觀衝突。擁有明確的宗教價值觀並不是問題，但希望你的案主接受這些價值觀就成了問題。你可能沒有公然推銷你的價值觀，但巧妙地說服你的案主接受你的宗教價值觀，或是引導他們走向你希望他們接受的方向。相反地，假如你沒有將靈性放在很高的優先順位，也沒有視宗教是你生命中的無聲力量，你可能不會對評估案主的宗教與靈性信念抱持開放的態度。

在一項涵括超過 1,000 位臨床心理學家的全國性調查中，Hathaway、Scott 與 Garver（2004）發現，絕大多數人相信案主的虔誠與靈性是重要的功能面向。然而，大多數接受調查的臨床心理學家並沒有慣常地將靈性納入評估與治療的過程中。這樣的省略可能會限制治療探險中的有效性。

Faiver 與 O'Brien（1993）設計出以診斷、治療及轉介為目的之評估案主宗教信念的表格。當靈性或宗教信仰與案主目前的困擾有關時，他們建議評估過程可以包含有關靈性與宗教信仰議題的提問；宗教信仰與靈性曾經或目

前在案主生活中所扮演之角色的問題；以及靈性／宗教信仰如何與案主的認知、情感與行為歷程有關聯的問題。Kelly（1995b）以及 Faiver 與 O'Brien 一致認為，第一步是將靈性與宗教信仰面向，視為標準接案程序及初期治療過程的一部分。涵蓋有關案主靈性與宗教信仰的問題有三個目的：(1)獲得靈性及宗教信仰與案主之關聯的初步徵候；(2)蒐集助人者在稍後助人過程中可能論及的資訊；(3)向案主表明可以討論宗教信仰或靈性問題。假如案主在評估過程或稍後的諮商中表達任何宗教信仰或靈性問題，這便是一個有用的探索焦點。

◆ **案例：解決價值衝突**

　　Yolanda 是一位虔誠的天主教徒，在 25 年的婚姻之後，她的丈夫離開了她。她現在愛上另一個男人並希望有穩定的伴侶關係，但由於她的宗教信仰不容許離婚，Yolanda 對於她與另一個男人交往覺得有罪惡感。她認為自己身在毫無希望的處境，而且找不到一個令人滿意的解決方式。孤獨過完餘生的處境嚇壞了她，但如果她與此人結婚，她害怕她的罪惡感最終將毀了這段感情。

　　你的態度：思考以下的問題來澄清你的價值觀會如何影響你對 Yolanda 的工作。有關在天主教教會裡再婚之層面，你是否有足夠的知識來提供 Yolanda 可行的選擇？你是否會建議 Yolanda 與神父談一談？為何會或為何不？假如 Yolanda 問你，她該怎麼做或你如何看待她的兩難，你將如何回應？

　　討論：滿足靈性需求有許多的途徑，且指定任何特定的途徑並不是助人者的任務。然而，我們認為助人者有責任覺察靈性是許多案主重要力量的來源。如果案主開啟了靈性的話題，則助人者繼續跟隨靈性的話題就顯得特別重要。助人者需要細緻地調整自己以便能與案主的故事及他／她尋求專業協助的意圖同調，對案主的特殊需求有可得的轉介資源也是相當重要的。

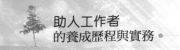

第九節 墮胎

　　助人者可能會在墮胎議題上經歷與案主的價值衝突。正在探究墮胎是否為一種選擇的案主，為助人者在法律及倫理道德兩方面帶來挑戰。從法律的角度來看，心理衛生專業人員被期待行使「合理的照顧」，假如他們沒有做到，案主可以控告他們疏忽。Millner 與 Hanks（2002）指出，當諮商師：(1)缺乏有技巧的表現及隱瞞相關的資訊或提供不正確的資訊；(2)沒有轉介案主；或(3)進行不適當的轉介，會被控告疏忽。例如，一位諮商師進行轉介是為了支持自己的價值觀，而不是為了維持案主的價值觀，便容易面臨訴訟。Stone（2002）採取的立場是當學校採取不禁止討論的政策時，學校諮商師可以與學生討論墮胎議題。Stone 補充表示，將自己的價值觀強行灌輸給未成年學生的諮商師，並非適當、專業或合理的表現。

　　我們建議你務必熟悉該州會影響到你工作的法律要求，特別是假如你的情況是與正考慮墮胎的未成年案主工作時。與未成年者工作，各州之家長知後同意規定各有不同。了解並實行你所工作之機構的政策也很重要。

◆ **案例：平衡矛盾的建議**

　　一名 19 歲的大學生 Connie 因為正考慮墮胎而尋求你的協助。有時候她覺得墮胎是唯一的解決辦法，有時候她感到她想要這個孩子，她也在考慮生下孩子後送人收養的選項。Connie 想要告訴她的父母，但害怕他們對她該怎麼做會有明確的想法，她無法入睡，且因為害自己陷入這個處境而感到內疚。她跟朋友談過並尋求建議，而他們提出許多互相矛盾的建議。Connie 讓你知道她並不完全確定自己該怎麼做並請你協助她。

　　你的態度：就你所擁有的資訊，你會對 Connie 說些什麼？想想你與墮胎相關的價值觀。你是否會勸她不要墮胎並建議其他選項？你認為你可以避免自己的價值觀介入這個會談到何種程度？有時聽到我們的學生說他們會因為

自己的價值觀而轉介考慮墮胎的懷孕案主給其他專業人員，他們不想要影響這位女性，且他們害怕無法保持客觀，這適用在你身上嗎？假如在某個時候，你治療中的案主懷孕了並暗示她考慮墮胎，你會怎麼做？此時你是否會轉介她？假如她覺得你拋棄她呢？在你的行動中你是否看到任何倫理上或法律上的問題？

|第十節| 性議題

你可能會與兩性價值觀及行為和你明顯不同的案主工作。Ford 與 Hendrick（2003）進行了一項研究，評估治療師對自己及案主在婚前性行為、一夜情、婚外性行為、開放婚姻、性傾向及青春期與老年期之性行為等方面的兩性價值觀。他們的研究也提出治療師如何處理會談中發生的價值衝突。

儘管助人者對於性行為有個人價值觀，這項研究發現，當助人者的信念與案主的信念有所衝突時，他們似乎能夠避免強加自己的個人價值觀給案主。然而，有 40% 的人曾因為價值衝突而轉介個案。這項研究支持了先前治療實務並非價值中立的結論，特別是在考量到兩性價值觀時。那些參與這項調查的人指出，他們看待性是愛與承諾、忠貞、一夫一妻制的婚姻關係，以及忠實的人生伴侶關係的一種表達。

◆ **案例：在性教育課程中討論性別**

你在一個青少年機構工作，負責進行個別及團體諮商。你發現許多青少年男女性生活十分活躍，當中有不少人曾經懷孕，且墮胎很常見，也有許多年輕女性留下了孩子，不論她們是否結婚。機構主任請你為避免非預期懷孕設計一個綜合性的教育課程。

你的態度：在思索你會建議的方法時，考慮以下的問題：有關青少年男女性活躍，你的價值觀為何？你對於提供詳細的避孕資訊給兒童與青少年的態度為何？你自己的價值觀將如何影響你的方案設計？

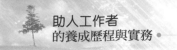
◆ 案例：老人安養院中的性議題

　　你在一間老人安養院工作，並且發現幾位未婚的年長院民之間發生了性關係。在職員會議中，有幾位工作人員抱怨監督不夠嚴格，且未婚院民間的性關係是不被允許的。

　　你的態度：你想在這個職員會議中加入什麼議題？你對年長未婚院民間的性行為有何想法？你自己的價值觀將如何影響你對職員的建議？

◆ 評估你的性別價值觀

　　不僅要去思考你的兩性價值觀，同時也要思考它們從何而來。你與案主討論性議題時的自在程度如何？你是否覺察到任何會妨礙你與案主在性議題上工作的障礙？你的性經驗（或缺乏性經驗）將如何影響你與案主在這方面的工作？你會推銷你的兩性價值觀嗎？舉例來說，假如一位青少女案主四處與人發生性關係，且這個行為主要是出於對她父母的反抗，你是否會面質她的行為？假如一位青少年案主沒有進行任何避孕措施，但經常與許多伴侶發生性行為，你是否會力勸他／她避孕，或者你是否會鼓勵禁慾？你是否會建議他／她在決定性伴侶時更加妥善選擇？

　　儘管你可能嘴上說你很能接受新觀念，而且能接受與你不同的性態度與價值觀，但這其實可能是你傾向於嘗試改變那些你相信正走在自我毀滅道路上的人。評估你對一夜情、婚前性行為、青少年性行為、婚外性行為的態度，你對一夫一妻制的態度為何？你對擁有多重性伴侶在身心方面風險的看法如何？你在這些議題上的看法，將會如何影響你與透露出性議題之案主工作的方向？

　　當你進行這個評估時，問問你自己是否可以客觀地與那些兩性價值觀與你截然不同的案主工作。舉例來說，如果你對性行為的觀念是保守的，你是否能接受一些自由派案主的看法？假如你認為這些道德價值觀是造成他們在目前生活中經歷困難的原因之一，你是否會傾向於說服他們接受你的保守價值觀？

　　從另一個角度來看，假如你認為自己擁有自由派之兩性態度，你認為你將如何回應有著保守價值觀的案主？假設你未婚的案主說他想要有更多的性經驗，但在他的宗教信仰上，婚前性行為是有罪的教導卻深植於心，每當他快要有性經驗時，他的罪惡感便打消了一切，他想要在不違背他的價值觀的情況下，學著不帶罪惡感地享受性愛，你會對他說什麼？你可否在不強加你自己的價值觀及增加他困境的狀況下，幫助他探索自己的價值衝突？

▎第十一節▎　生死抉擇

　　助人者必須準備好去與臨終者及其家屬工作。Herlihy 與 Watson（2004）主張，助人者將掙扎於面對法律體系責任時如何維持保護案主有自主與自我決定的權利，以及保持忠於自己的道德與倫理價值觀之平衡的倫理困境中。Herlihy 與 Watson 強調，助人者檢視自己價值觀與信念的意願，決定了他們是否能夠以及願意去考慮協助死亡的請求。

　　心理服務對想要規劃未來照顧的健康個體是有用的，這樣的服務對於患有末期疾病的人、需要提供臨終照顧的家庭、遺族以及經歷壓力與耗竭的健康照護提供者，也是有益的（Haley, Larson, Kasl-Godley, Neimeyer, & Kwilosz, 2003）。從事助人專業的人們需要獲得臨終照顧中有關心理、倫理、法律考量的知識，他們可以在幫助人們做有關要如何死亡以及在做與此選擇有關之倫理議題的決定時，扮演關鍵角色（Kleespies, 2004）。Bennett 與 Werth（2006）表示，助人者在有關臨終生死決定個案中的角色，是「幫助案主滿足其需要、使案主獲得最大程度的自我決定、幫助案主在獲得充分資訊下做決定，以及進行評估或轉介案主以獲得有關他做臨終生死決定之能力的完整評估」（p. 227）。Werth 與 Rogers（2005）建議，可以為有自殺想法而做生死決定的人進行同樣的評估。如同憂鬱、絕望和社會孤立會增進一個人自殺的傾向一般，這些狀況同樣也可以影響處於疾病末期者的決定過程（Bennett & Werth, 2006; Werth & Rogers, 2005）。

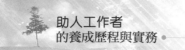
對自殺態度的研究顯示，對於決定結束生命的意義有很大的分歧。有些人認為這是人的基本權利，其他人則認為這是一種道德罪惡或社會病理學的徵兆（Neimeyer, 2000）。身為助人者，當案主帶著這樣的考量來找你時，你必須願意討論臨終生死決定。假如你拒絕在此議題上的任何個人檢視，你會中斷這些對話、中斷案主探索他們的感覺，或試圖將植基於你自己的價值觀與信念之解決方法提供給案主。

現在你可以思考下列問題，在個人決定有關活著或死亡的權利方面，你的立場是什麼？你擁有何種宗教、倫理及道德信念，讓你能夠支持案主在某些狀況下加速他／她死亡的決定？在幫助案主做出決定的過程中，你的信念是什麼？澄清自己有關臨終生死決定的信念與價值觀是你的責任，如此一來，你可以幫助案主在他們自己的信念與價值觀體系中做決定。一旦你了解你自己對臨終生死決定的觀點，你就可以聚焦在案主的需求上。

想像你自己在一間老人安養院中，感到越來越混亂及精神錯亂，你沒辦法閱讀、進行有意義的交談或外出，且你因一連串的中風而部分肢體癱瘓。你會認為你能夠在這樣極端受苦的狀況下找到意義嗎？不論何種代價你都想要繼續活著嗎？或你想要結束生命？你會認為這麼做是情有可原嗎？你會因何種原因而不這麼做？

現在將這個思考方式應用到人生的其他情境。假設即便你試過各種方式使生命具有意義，你仍感覺到想結束生命，想像你感到猶如一切都沒有用，一切都不會改變，你會怎麼做？你會繼續活著直到有自然因素促使你死亡嗎？你是否相信有任何理由能合理化你取走自己的生命？

◆ 案例：選擇死亡的權利

一位 30 多歲的男士 Walfred 發現他的 HIV 檢查結果為陽性，他說他希望在進入無法忍受的狀態前由醫生安樂死。他有許多朋友都死於 AIDS，他發誓他會採取積極的舉動以確保自己不會那樣死去，因為他是理性的人且知道自己想要什麼，他相信採取這個行動是合理的，而且符合他的基本人權。他

成為你的個案已有數個月，並且成功地探索他生命中的其他議題。當他最近得知HIV的檢查結果時，他看不到未來，只覺得前途渺茫，他真的想要在做決定一事上有你的幫助，但他明顯地傾向結束生命這條路。

你的態度：你會對 Walfred 說些什麼？因為 Walfred 是理性的人而且能夠做出影響他人生的決定，他應該因為變成末期病人而被允許採取結束生命的行動嗎？他應該因為他還未重度生病而被阻止結束生命嗎，即便這代表奪走他做決定的自由？考慮到你與 Walfred 工作已有一段時間，你會尊重他的自我決定嗎？或者你會強迫他在生命這個階段去尋找其他替代自殺的方式？身為一個助人者，如果沒有法令要求你要呈報他的意圖，你認為試圖要求 Walfred 改變主意是合理的嗎？專業助人者在與考慮以某種形式加速死亡的人工作時，其角色是什麼？助人者帶領案主往某個特定方向前進是恰當的角色嗎？助人者個人的價值觀應該進入這個情境中嗎？當助人者與案主的價值觀在這件事上出現衝突時，有何種倫理方針可以依循？你的角色是阻止他／她採取加速死亡的行動嗎？

◆ 案例：正視死亡的權利

40 歲出頭的 Esmeralda 正為惡化中的類風濕性關節炎所苦，她有持續性的疼痛，許多止痛藥都有嚴重的副作用，這是一個使人日漸衰弱的疾病，也看不到改善的希望，她失去活下去的意志而來看你──她多年的治療師。她說：「我太痛苦了，我不想再忍受下去了，我不想讓你牽涉其中，但身為我的治療師，我想讓你知道我最後的願望。」她告訴你她服用過量藥物的計畫，一個她認為比繼續忍受痛苦來得較為人道的行動。

你的態度：想想你的價值觀將如何影響你在這件案子上的處遇。你對於 Esmeralda 想結束自己生命的渴望有多少同理？你的信念在你的諮商中扮演何種角色？

在這個例子中，你是否看見任何倫理與法律的衝突？你是否有任何倫理與法律上的責任去阻止 Esmeralda 執行她的計畫？在上一次會談中，你知道

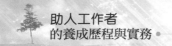
Esmeralda的父母親相信自殺永遠是錯的，你應該將Esmeralda想結束生命的決定通知她的父母親嗎？假如你完全同意她的願望，這將如何影響你的處遇？

◆ 案例：助人者於法律與倫理的保護責任

　　Park醫生過去的一位案主——65歲的Peter回來看他。他現在是鰥夫，唯一的孩子也過世了，而他沒有任何其他仍在世的親屬。他已經被診斷出有慢性、痛苦的末期癌症。Peter告訴Park醫生他正仔細考慮結束自己的生命，但希望探索這個決定。假如Peter決定結束生命，Park醫生擔心那些保護他的潛在法律與倫理責任將使自己陷入兩難。Peter每週都來與諮商師討論許多事情，談論他死去的美麗妻子與女兒。他謝謝Park醫生的仁慈以及他這些年來的幫助，他已經決定在近日結束他的生命，在道別後他便回家了。

　　你的態度：你是否認為Park醫生應該呈報此事以作為保護Peter的方法？在這案子中你會怎麼做？說明你的價值觀脈絡在決定結束生命上的立場。

◆ 案例：與盤算自殺的患病青少年諮商

　　尚未成年的Buford與他的新繼父相處不來，因此搬去獨居祖母的公寓與之同住。不久之後，Buford得了一種侵犯神經系統的疾病，使他虛弱到無法上學。學校所指派的家庭教師將Buford提到他不想帶著這個疾病繼續生活一事告訴學校諮商師，諮商師便拜訪Buford並發展出工作關係。Buford的情緒似乎有所提振，但三週內他又提到自殺，並表明他不要死於這個疾病。Buford告訴諮商師他計畫吃祖母的藥丸，並乞求諮商師不要告訴他的祖母或父母。

　　你的態度：你會如何處理這個狀況？這個案例中最凸顯的議題是什麼？這位諮商師是否有責任通知Buford的父母？為什麼有或為什麼沒有？

◆ 處理臨終生死抉擇議題的原則

　　Werth與Holdwick（2000）提出，不應該強迫抱持反對加速死亡之價值觀的助人者提供專業服務給想探索此議題的案主。然而，對已經在與這些案

主工作的助人者，Werth 與 Holdwick 提供下列處理臨終生死抉擇議題的原則：

- 評估你的個人價值觀以及專業信念對基於理性之自殺的可接受度。
- 如果可行的話，對未來的案主提供有關協助自殺之保密原則限制的資訊，以作為知後同意的過程之一。
- 在整個過程中善用會診。
- 記下所有風險管理取向的記錄。
- 評估案主做出有關醫療照護之理性決定的能力。
- 回顧案主對他們狀況、預後及治療選擇的了解。
- 致力於使案主的重要他人加入諮商過程。
- 評估外界強制力對案主做決定的影響。
- 確定案主的決定與其文化以及靈性價值觀的一致程度。

當你思量你自己在面臨有關臨終生死抉擇之關鍵問題的立場時，想想這些原則：個體是否有權利決定生或死？假如你個人或專業的價值觀系統不接受個人結束自己的生命，你和考慮以某種形式加速死亡的案主工作是否合乎倫理？在你協助案主做出決定時，你的信念會有何影響？有關個人做臨終生死抉擇的自由，你是否清楚你所在州郡的法令與你所隸屬之專業機構的倫理標準？

 重點回顧

- 假如助人者與案主之價值觀嚴重分歧，倫理守則要求助人者嚴正地思考他們的價值觀對案主的影響以及可能引起的衝突。
- 終究來說，選擇未來的方向、吸收何種價值觀以及修改或丟棄何種價值觀是案主的責任。
- 助人者維持中立或使自己的價值觀隔絕於專業關係之外，是既不可能也不被期

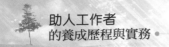
待的。

- 逼迫案主接受助人工作的價值觀體系不是助人者的角色。

- 有時，助人者對案主坦露自己的價值觀是有幫助的，可是強行灌輸這些價值觀給案主，會有不良後果也不合倫理。

- 你不認同案主的價值觀並不代表你不能有效能地與他工作，關鍵在於你是客觀的、不批判的且尊重案主自主的權利。

- 你的價值觀與案主的價值觀可能在許多層面發生衝突，你可能因為這些差異而需轉介一些案主。然而，轉介必須出於謹慎且視為是最後的選擇。

你可以做什麼？

1. 花一些時間仔細思考，你期待自己的價值觀在你與不同案主工作時，扮演何種角色。你的價值觀將如何為你工作？或是不利於你？仔細想想你的價值觀從何而來，你是否清楚自己在本章所提到的價值觀議題上採取何種立場？在你的探索旅程中，寫下你對這些問題的一些想法。在哪些情況下你會傾向與案主分享以及可能會探究你的價值觀與信念？你可否想出一些你這麼做會有不良後果的情況？

2. 細想當你與案主工作時，會阻礙你保持客觀的一種價值觀。選擇一種你非常相信的價值觀且挑戰它，並藉由到一個與你有相反價值觀的地方來進行。舉例來說，假如你強烈地相信墮胎是不道德的，考慮去一間墮胎診所並與那裡的人聊一聊。假如你因你的價值觀而對同性戀者感到不舒服，去校園或社區裡的一個 LGB 組織，並與那裡的人聊聊。假如你認為你與有宗教信仰的案主工作有困難，進一步去了解一個宗教觀點不同於你的團體。

3. 參閱本書最後的參考文獻，以便取得以下所列各項來源的完整書目資料。有關在助人過程中處理靈性價值觀角色的書籍，請參閱 Burke 與 Miranti（1995）、Cashwell 與 Young（2005）、Faiver、Ingersoll、O'Brien 與 McNally（2001）、Faiver 與 O'Brien（1993）、Frame（2003）、Kelly（1995b）、Miller

（1999）、Miller 與 Thoresen（1999）、Richards 與 Bergin（2005），以及 Sha-franske 與 Sperry（2005）。有關臨終議題的絕佳處理，請見 Werth、Welfel 與 Benjamin（2009）。

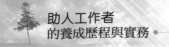

CHAPTER 03

認識你自己
Helper, Know Thyself

焦點問題・導論・治療工作對你個人的影響・自我探索的價值・在個別及團體諮商中認識自我・探索你的原生家庭・認識生命週期・重點回顧・你可以做什麼？

焦點問題

1. 你相信人有可能改變嗎？你認為改變的歷程對你而言會是什麼樣子？對那些你想要幫助的人而言，改變歷程又是什麼樣子呢？

2. 你如何看待自我探索在成為一位助人者歷程中的重要性？

3. 你對原生家庭如何影響你的發展有多少了解？而你對你父母、祖父母及其他親人的生命經驗有所知悉嗎？

4. 原生家庭中的經驗如何影響你目前的關係？而這些經驗如何影響你扮演專業助人者的角色？你是否能辨識出那些存在於你與家人之間，有可能影響你專業工作的未解決的議題（unresolved issues）？

5. 哪些你私人生活中的未竟事宜（unfinished business）可能在你處理案主的諸多問題時帶來困擾？你能採取哪些步驟來應付這些課題？

6. 你能描繪出哪些生命經驗，足以幫助你了解那些你將會遇到的各式各樣的案主問題？

7. 到目前為止，你對生命中關鍵的過渡階段之影響處理得如何？當你回顧你的生命發展模式時，哪些事件對你目前的態度與行為影響甚鉅？

8. 你目前的生活可說是你許多早年決策的成果。哪些較早期的決策特別影響了今日的你？

| 第一節 | 導論

我們多數人成長的家庭中，包括至少一位父母親或親職角色人物、具一定規模的家庭結構，及一連串的角色以使我們適應生活並且面對挑戰。案主帶來的許多問題即是根源於孩童期家庭成長的經驗。作為一位有效能的助人者，你必須認清原生家庭是如何影響了你，以及你的早年背景將如何影響你的專業工作。不論你準備和個人、團體、夫妻或家庭工作，重要的是你得熟悉你自己原生家庭的課題。你對這些受助者的知覺與反應，常常受到你自己的家庭經驗所影響。倘若你未覺察這些敏感的領域，將可能會誤解案主，或引導他們朝向一個不會引發你自身焦慮的方向。反之，若你覺察到這些情緒課題可能會啟動你的防衛機制，你就可以避免捲入案主的問題裡。

當你每週深入地與案主工作，你可能會被他們的痛苦所影響。一旦你的痛苦浮現，這些掙扎變得具有壓倒性時，你得為自己尋求協助。用麻木來處理這些痛苦是得付出代價的。你必須意識到你的工作本質讓你很難逃避，因為助人專業的生涯發展過程與你成為一個人的成長過程密不可分。

本章中我們所呈現的素材是很個人化的，能夠幫助你檢視家庭經驗的許多面向。請你解開你與原生家庭那份神秘的連結，讓你可以發展出一種欣賞的態度，去看待你受童年時期建立的模式所影響到的各個層面。這種知識能在你執業時預防反移情的發生。我們不得不強調這個議題——「認識你自己」。如果你想成為他人生命中一個治療性的媒介，你必須了解自己，而且在必要時能夠療癒你自己。

我們訓練新手助人者的方式之一，是協助他們專注於自己成為一個人的發展過程。我們為他們設計圍繞著個人課題的訓練工作坊。受訓者被要求閱讀某些生命議題、思考他們自己的發展與轉捩點，並且回憶他們做出的關鍵選擇。這些主題包括了處理每個發展過渡階段，從童年期、青少年期到成年的生活；在友誼間掙扎；愛與親密關係；寂寞與孤獨；死亡與失落；性、工

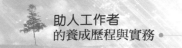

作與娛樂；以及生活的意義。這其中有一些將會是案主帶進諮商階段裡的議題。助人者會被案主談論這些方面的議題所影響。如果助人者對自己的掙扎所知有限，他們可能會難以發揮效能。在訓練工作坊中，參與者發現他們自己的生命經驗影響了他們的案主，相對地，也發現他們案主的生命經驗如何影響到助人者。

|第二節| 治療工作對你個人的影響

在我們與助人工作者的談話中發現，不少人無法將他們自己與工作分開。不論新手或有經驗的實務工作者都會發現，他們很難將私人生活與專業生活清楚劃分。助人者如果希望維持自身心理健康且持續有效地接近他們的服務對象，他們就會需要了解專業工作如何影響他們個人。自我了解（self-knowledge）是個很基本的起始點。Jaffe（1986）論及健康專業人員必須了解，他們無法單純地給予並持續從自己的感覺抽離。反之，他們必須向內看見自己的需求。Jaffe 提到一種錯誤的想法，就是治療者（healer）不應該有需求，也不該涉及個人的感受，而當助人者正在處理他人的痛苦時，應該學著去忽略他們自己的痛苦——就像是希臘神話中負傷的治療者一般。這類治療者應該具備生與死的智慧，然而他們卻無法治療自身未被療癒的傷。根據Jaffe的概念，專業助人者需要承認與苦難者工作對自身的影響力。他們必須覺察內在反應，並學著用一種建設性的態度來處理自身的痛，使他們的專業工作更為有效。

除非你已經確認導致你脆弱的根源，且某種程度地處理了讓你心理受傷的經驗，否則你可能會持續地被案主的故事所觸發。舊傷口會被開啟並影響你的私人及專業生活。可以肯定的是，治療性的實務工作會重啟你的早年經驗，並且喚醒未解決的需求與問題。一旦這些課題在工作中被他人觸發時，對你來說，重要的是必須願意去處理你自己的個人議題。

◆ **案例：觸發個人傷痛的治療**

Nancy 是機構內的新手諮商師，她被要求擔任一個成人悲傷團體的協同領導者。Nancy 相信這份工作確實有必要，熱忱地接受了協同領導者的角色。她失去先生的悲傷歷程走得很坎坷，不過她覺得自己已經充分經驗了喪夫之痛，也接納了這份失落。在團體初期，她跟成員工作得非常好。她表現出同情、支持與同理，也能幫助他們處理一些痛苦。然而幾週之後，Nancy 注意到她不再期待去這個團體。她覺得有點沮喪，也發現自己對成員變得無動於衷。

你的態度：如果你發現自己害怕去接觸一個不久前你才很熱切地想帶領的團體，你會怎麼辦？你要如何探索這些感覺？你會尋求同事或個人治療的建議嗎？你會繼續帶領這個團體嗎？

討論：雖然 Nancy 的某些舊傷已被治療，但接觸這麼多人強烈的痛苦已經重新開啟她的傷痛。因此，她能倖存的唯一方法即是讓自己對他人的痛苦麻木。麻木導致 Nancy 的沮喪，也使她無法有效地與案主工作。她忽視自己在失落的痛苦中仍然很脆弱，也忽視自己在重新經驗到這個傷痛時需要去表達與處理。

單就 Nancy 重新經驗到舊傷痛一事，並不足以表示她就不適合跟這種團體工作。相反地，如果她接受了她仍然受傷並探索這些感覺，就可以治療自己的傷痛，同時也促進了其他人的治療過程。她示範了悲傷歷程那種持續進行的本質，並且教導成員們雖然痛苦不可能完全消除，但可以較為鬆綁些。如果恰當，Nancy 可以分享她目前的反應與感覺。然而即使她選擇不對團體揭露她的經驗，她仍可以用她的經驗作為橋樑，連結到他人的掙扎。

此外，Nancy 可以選擇尋求個人治療。如果她一再地擱置個人的情感，不論是否在團體中，她勢必會變成一個無效的助人者，若持續這種態勢長期下去，她極有可能經驗到耗竭。Nancy 的挑戰在於學習去傾聽她的內在經驗，以此作為自我成長之路以及與他人聯繫的途徑。

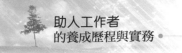

|第三節| 自我探索的價值

　　你將會發現，與個人或家庭工作會重啟你生命中的主題，其中某些主題可能你以前並沒有覺察到。如果你未覺察的議題是源自你的家庭經驗，你可能會想辦法去避免承認和處理案主這些潛在的痛苦區域。當你的案主面臨到引發他們痛苦的事件，你自己的痛苦回憶也會被刺激到。比方說，你可能對父母離異一事仍感到非常痛苦。也許在某種層面上你相信他們會離婚是你的錯，或是你應該做些什麼好讓父母仍在一起。假如你正在做的夫妻諮商考慮到要離婚，也許你會想引導他們朝向為了孩子而維繫婚姻的方向思考。你給他們的解決之道其實源自於你蓄積的痛苦。在某種層面上，你可以保護孩子免於你所面臨的痛苦處境，那是你尚未充分理解或體會的處境。重要的是要認清你對他人的療癒能力，根基於你願意經驗自己的痛苦並且治療你自己。

　　辨認並解決與原生家庭有關的未竟事宜將有助於你建立關係，而非重蹈互動中的負面模式。當你在本章中回顧自己的家族歷史時，你必定會對你「習以為常」的原生家庭模式獲得一些啟發。你的自我治療經驗將幫助你理解這些過往的衝突仍然在影響著你。

　　當你開始執業諮商，你會發覺你正選擇了一個和你在家中所扮演的角色相似的專業角色。比如說，你認清你得透過擔任其他人的照顧者才能滿足一種維持和平的需求。在童年期，你扮演著「保母」般的成人角色。現在，當你在專業工作中，你很可能會持續這個模式，而比你的案主承擔更多改變的責任。

　　移情與反移情在治療過程中是很常見的。**移情**（transference）根源自案主與重要他人間未解決的個人衝突。由於這些未解決的事件，案主可能曲解助人專業，而將過去的關係帶進目前的諮商關係中。移情能引領案主深入了解他／她如何在各種關係中運作。相對於案主這方，對案主的移情感受即是助人者的**反移情**（countertransference）；意即，對案主的情緒－行為反應源

自於助人者生命中某些部分。想想你自己可能有的反移情來源。比方說，如果你害怕你將要死亡或父母的年老與死亡，很有可能你和老年人工作時會遇到困難。這類案主的掙扎可能會啟動你的潛意識歷程，如果你喪失你的覺察，這些掙扎可能會干擾你精確助人的能力。

大多數的情況下，家庭會種下潛在反移情的種子：成長的家庭中有著難以預期的暴力、從未挑明的衝突、不惜任何代價被保護著的秘密、害怕身邊的亂倫、沒有界限，和心理上刻意忽視的一些特殊事件（諸如家庭成員重病或死亡）。舉例來說，如果你認為不論你做了多少，永遠都不足以贏得你母親的認同，你會對那些讓你想起你母親的女性的意見十分敏感。如果你允許你父親全然肯定或否定你身為人的價值，你會很敏感於男性權威形象怎麼看你。你賦予他們權力來讓你自覺完整或不完整。童年的你若是常感到被拒絕，你現在便會創造一種讓自己覺得被撇下的情境或是讓你自己顯得格格不入。反之，若你總是被讚美，到現在你還會認為不論何時何地都應該這樣持續下去。你可以在諮商情境中辨認出這些狀況，並且尋求協助，以處理這些心理上被困住的部分（移情與反移情在第四章中有進一步的討論）。

┃第四節┃ 在個別及團體諮商中認識自我

當你開始覺察到自己帶著原生家庭經驗中的模式進入你的專業生活，個別和團體諮商可以提供一個安全地帶，供你探索和談論跟這些個人經驗有關的時而痛苦的回憶。理想上，你可以考慮參加個別與團體協同的治療方式，因為這兩種治療取向能相輔相成。

個別治療提供你一個機會去看清自己到某個深度。它作為你實習（internship）經驗的一部分，當你與案主進入深度工作時，你會經驗到舊的情緒傷口被重啟。像是未表達及未解決的失去重要他人的悲傷感受，或是被激起對性別觀點和文化刻板印象的挑戰，你的治療性工作會將之帶到檯面上來。個人諮商能支持健康的成長與發展，並在需要時提供矯正之道。如果你在實習

期間進行個人的諮商，你就可以把這些問題帶進治療階段中。根據 Norcross（2000）的研究，大多數的心理衛生專業人員都有自己的個人治療，而且他們之中大部分人對個人治療的結果評價十分正向：「我們的研究一致發現到，心理治療師經常會建議、尋求也很肯定將個人治療作為一種建設性的自我照顧方法」（p. 712）。Norcross（2005）所蒐集到個人治療的自陳報告，顯示了在許多層面的收穫，包括了自尊、工作職能、社交生活、情緒表達、個人內在衝突以及病症的嚴重程度。當實務工作者在個人治療經驗中覺察到它們變成特殊的持續性課題時，最常出現的反應是呈現在人際關係及心理治療的動力中。某些課題正是溫暖、同理與個人關係的核心；對於作為一個被治療的對象感同身受；此外，也將會意識到學習如何處理移情與反移情的重要性。

Dearing、Maddux 與 Tangney（2005）主持一個關於如何增進訓練中的治療師尋求心理協助機會的要素研究。他們強調同儕、督導及導師（mentors）有責任在教育訓練新人時，提供自我照顧及預防傷害的適切方式。Dearing 與研究夥伴建議，受訓者在訓練期間接受心理治療，將對個人與專業兩方面帶來潛在益處：作為減緩個人困擾之道、得到啟發以成為一位有效能治療師的方法，以及健康的發展與持續實踐自我照顧的方法。Norcross 與 Guy（2007）相信，自我照顧（包括進行個人治療）對心理衛生實務者而言是一種道德上之必要。Foster 與 Black（2007）提到，治療師常忽略照顧他們自身的創傷、甚至是他們案主的創傷。Foster 與 Black 還提到「有部分實務工作中的倫理，與諮商師們有意識地去維持他們自身的健康與幸福有關」（p. 223）。

除了個別或個人治療，團體諮商是另一種自我覺醒的方法。團體治療可提供一個機會讓你去聽、去想別人給你的回饋。團體經驗幫助你對自己的人際型態變得警覺，也是個讓你在團體中實驗新行為的機會。你從他人得到的回應可以幫助你了解自己擁有的特質，這些特質可能在你的助人工作中是份助力或限制。你在孩提時獲得的許多模式在今天對你來講可能仍然是有問題的。你可以在團體治療裡有效地處理任何與父母有關、與向來接受的家庭規

則有關，或是你覺得被困住的情境等等未解決的議題。

　　治療——以個別、團體或家庭來進行——不單是為了治療性的目的或只想治癒根深蒂固的人格困擾。我們視治療為一種手段，以持續深化你的自我認識，並觀照你的需求及你的工作相關狀態。進入某種形式的深度自我探索治療，將誘發你去評估你的需求和成為助人者的動機，這部分在第一章中已有列出。不要以為治療在你完成正式教育後就告終結。在需求出現時，有專業承諾的助人者對終生持續自我探索應抱持開放的態度。Baker（2003）倡導個人心理治療對受訓者及有經驗的實務工作者均有益，他主張治療在不同的生命階段可提供不同的目的，甚至於在治療結束後，關注你一舉一動的過程仍舊不會終止。

　　雖然個別與團體治療都是很值得探索的方式，以獲得自身深度的認識，然而其他較不正式的個人或專業發展途徑也都應該去探索。包括反思你生活及工作的意義；對生活中重要他人給你的回應保持開放；旅行並沉浸在異文化裡；參與靈性活動例如靜坐；參加體能挑戰活動；以及花時間與家人朋友相處。透過參與各種形式的自我探索，你可以得到第一手的知識以理解你的案主可能經驗到了什麼。這個過程能增進你尊重案主及他們的掙扎。如果你沒有親身體驗過，你很難從治療關係中教會別人有關成長的喜悅與傷痛。如果你不曾參與過自我探索的旅程，你又如何能引導別人呢？

　　我們發現某些助人者寧願看他們案主的動力而不去看他們自己的。雖然說，想找出更好的方法去跟案主工作並沒有錯，不過若是你允許自己對自身的生活經驗盡可能地開放，這將會是最好的學習方法。因此，當你採取行動去更加認識自己時，這同時也是在準備你自己，以便在他人走在自我認識的探索途中提供更好的協助。

▍第五節▍ 探索你的原生家庭

　　有一些婚姻和家族治療的計畫要求學生修習關於原生家庭的課程，他們

假設這些未來的實務工作者在投入個人、伴侶和家庭等專業工作前，有需要了解**原生家庭**（family of origin）如何影響他們的現在。（在美國）某些州法定這類課程是取得伴侶和家族治療師執照的條件。有一些作者建議，（新手／職前）訓練計畫要把對原生家庭的探索（family-of-origin work）放到成長團體的經驗中（Bitter, 2009; Lawson & Gaushell, 1991; Wilcoxon, Walker, & Hovestadt, 1989）。還有一些作者討論了如何把對原生家庭的探索，應用在伴侶和家族治療師的個人成長訓練中（Getz & Protinsky, 1994）、童年初期的家庭影響與諮商效能的關聯性（Watts, Trusty, Canada, & Harvill, 1995），以及探討在諮商師訓練時運用家族自傳的倫理考量（Goodman & Carpenter-White, 1996）。透過探索原生家庭動力，助人者得以較有效地連結到他們在臨床實務接觸到的家庭所呈現的主題。

Lawson 與 Gaushell（1991）建議，訓練計畫要在接受報名者進入訓練之前，先行處理他們的家庭議題。他們建議申請資料中就要包括家族自傳。從中可以獲得家族代間特質（intergenerational family characteristics）相關的有用資訊，它們跟助人者與家庭工作的能力息息相關。Lawson 與 Gaushell 強調下列受訓諮商師的家族代間特質：

- 已解決負面家庭經驗的臨床工作者比較能夠幫助案主，尤其是那些有相同課題的案主。
- 協助受訓者辨認並處理他們自身有問題的家庭課題是很基本的，以促進他們的心理功能及身為助人者的效能。
- 早年家庭經驗中未被滿足的需求持續操弄他們與家族成員間緊張而衝突的心結。
- 助人者早年扮演和事佬的角色，導致後續與重要他人的親密關係中產生矛盾。
- 受訓諮商師的原生家庭經驗可能導致他們目前關係中的困境。

一、辨別你的原生家庭議題

　　家族治療師通常會假設他們進行家庭處遇時，難免會遇到他們自己原生家庭的動力現象。家族治療界的先鋒 Virginia Satir 常說，當她走進有著 12 個人的房間裡頭，她會發現每個人都似曾相識。在你諮商一對夫妻或一個家庭時，其實許多人都參與在這個互動中。換句話說，你不會總是全新且毫無偏見地去覺知每個個體。當你越能覺察這些模式，對你的案主就越有利。這點非常關鍵，你要清楚知道自己正在回應誰：是你面前的這個人？還是來自你過往的某個人？

　　你可以嘗試以下這個活動，Satir 曾用它來示範人們在生活中持續地再訪朋友及所愛的人。請站在某個人（人物 A）前面，他是你目前生活中讓你感興趣或是相處上有些困難的人。這個人可能是案主、同事、家族成員或是朋友。如果這個人不在身邊，你可以用想像的。然後好好看著這個人，並在你腦海中形成一個圖像。現在，讓你過往生活中某個人的圖像浮現（人物 B）。你想到了誰？當時你幾歲？而人物 B 幾歲？你跟這個人現在或以前的關係怎麼樣？對這樣的關係，你有什麼感覺？你認為人物 B 怎麼樣？好，現在再一次檢視你對人物 A 的反應。你是否發現人物 A 所激起你的，與人物 B 喚起你的過往感受有任何關聯性？你可以自己應用這個活動，透過想像，用在你對他人有強烈情緒反應的時候，尤其當你還不清楚這些情緒時。這個活動可以幫助你開始承認，過往關係的效應可能會影響你此時此刻（here-and-now）的反應（Satir, Banmen, Gerber, & Gomori, 1991）。也許最重要的就只是要你覺察將過往經驗帶入當下互動的情形。

　　在這一節中，我們邀請你辨識原生家庭的經驗，越多越好，並且反思這些生活經驗對此時的你和你的**角色**（*who* and *what* you are）產生的影響力。Goldenberg 與 Goldenberg（2004）寫了一本工作手冊，專門設計來激發學生思考他們在原生家庭和目前的家庭所扮演的角色，看這些角色如何持續發揮以維持他們的態度、價值與行為模式。他們寫道：「我們相信從你自己學習

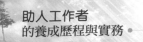
到越多，尤其是從家族的觀點來學習的話，你就越能幫助他人、未來的案主從他們的家庭生活脈絡中洞悉他們」（Preface）。你未必會被早年經驗所命定，你目前的重要關係也不必非要置入早年經驗的模板裡。你可以轉換你的觀點，不過這是要在你承認並且處理好你的經驗以後。此外，當你跟一個家庭工作的時候，你會以經驗性的起點，邀請他們檢視自己在家中身為一個系統以及身為個人所發揮的功能。

本節其他部分多半是基於我們對家族歷史的觀點，並採取以下幾項素材修正並整合過：(1)Adler 取向生活型態評估法（Corey, 2009c; Mosak & Shulman, 1988; Powers & Griffith, 1986, 1987; Shulman & Mosak, 1988）；(2) Satir 家族工作的溝通取向（Satir, 1983, 1989; Satir & Baldwin, 1983; Satir, Bitter, & Krestensen, 1988; 亦見 Bitter, 1987, 1988）；(3)家庭系統的概念（Bitter, 2009; Goldenberg & Goldenberg, 2004, 2008; Nichols, 2008）；(4)家系圖的方法（McGoldrick, Gerson, & Petry, 2008）；(5)家族自傳的方法（Lawson & Ga-ushell, 1988）。當你讀到下列的素材，請試著將這些資訊予以個人化。首先，我們將提供一些方法讓你理解自己的家庭素材並進行探索。接下來會提供你一個基礎，用以理解你專業工作中的個人與家庭。

◆ **你的家庭結構**

家庭生活的模式有很多種，包括核心、延伸、單親、離婚及混合家庭。**家庭結構**（family structure）一詞也意指家庭系統的社會心理組織，包括出生序以及家庭脈絡中個人的自我知覺等因素。透過仔細地回答下列的問題，可以拓展你對原生家庭的覺察：

- 你在哪一種家庭結構中成長？你的家庭結構曾隨著時間改變嗎？如果是，有什麼改變？有一些重要的家庭價值嗎？哪些是在你家庭生活中較突出的？這些經驗對今天的你有何影響？

- 你現在處於哪種家庭結構？你是否仍投入於你的原生家庭中，或是你現有的家庭結構不一樣了？如果是，有什麼角色是你在目前家庭中扮

演、同樣也在原生家庭中扮演的？你是否帶著某些原生家庭的模式進入現在的家庭？你如何看待你自己在這兩個家庭中的差異？

- 畫出你的原生家庭圖。要包括所有成員並辨別他們重要的結盟關係。指認出你在小時候與每個人的關係，以及現在跟他們的關係。

- 列出手足清單，從最大到最小的。寫下每個人的簡短描述（包括對你自己的）。手足中最突出的是誰？哪一位手足與你最不同？你們是如何不同呢？哪一位手足和你最相像？如何相像呢？

- 你描述自己在原生家庭中是什麼樣的孩子？你從前最怕些什麼？有些什麼希望？有什麼抱負？學校對你而言像是什麼？你在同儕團體中扮演什麼角色？指認出童年期任何關於生理、性心理及社會發展階段的重要事件。

- 指出你個人的奮鬥史。你跟家人的關係對這奮鬥的發展與存續有何貢獻？你還有哪些選擇足以創造實質的改變？還有什麼方法能讓你在家中有所不同？

- 列出你的優勢能力清單。你的家庭對這些優勢能力的發展有何貢獻？

◆ 父母形象及與父母的關係

父母是你發展當中很重要的人物。父親或母親可能自你的早年家庭生活中缺席了。如果是這樣，有沒有任何替代人物出現？如果你生長於單親家庭，單親家長是否同時扮演父親與母親的角色？你可能成長於同性別的雙親家庭，那麼關於你自己及這世界，你學到了什麼？別人對你擁有同性雙親是如何反應呢？社會上對你同性雙親的歧視是否影響到你的生活？

如果你成長於同性雙親家庭中，透過雙親的行為示範，他們所教你的婚姻與家庭生活是什麼？花點時間想想你的父母形象（parental figures）以及你與他們的關係。專注於你透過觀察及與你父母互動中所學到的，以及你從他們彼此互動中所觀察到的。他們怎麼吵架或解決問題？他們如何向對方表露情感？由誰做決策以及怎麼做？誰管理金錢與家中的財務？雙親各自如何與

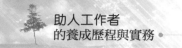

每個孩子互動？而你的手足又是怎麼看待及回應你的雙親呢？

　　描述一下你的父親（或替代他的那個人）。他是什麼樣的人？他對每個孩子有何抱負？小時候你是怎麼看他的？你現在又怎麼看他？你像他嗎？你哪裡不像他？當你父親讚美或批評你時是怎麼說的？小時候他對你的建議是什麼？他現在又會給你什麼建議？你現在做了什麼會讓他失望？你可以做些什麼去取悅他？他以前跟孩子們的關係怎麼樣？他現在跟你們手足的關係如何？哪一位手足跟他最像，又是怎麼個像法？你的父親跟你談過哪些跟你有關的事（不論直接或間接的）？生？死？愛？性？婚姻？男人？女人？你的出生？有什麼關於你或你所做的，你並不想讓父親知道？

　　現在，描述一下你的母親。用同樣的問題清單，改成關於你的母親（或替代她的那個人）。勾勒出你眼中母親的圖像。

　　你的雙親曾是你生命中的「航管人員」。他們生下你、教導你並幫助你生存下來。他們是你賴以生存的人，你可能覺得在與他們的關係中，自己沒什麼長大。你會發現當你跟他們在一起的時候，你會用小時候的方式反應，而不像個心理上的成人那樣運作。重要的是你要記得，對許多人來說，最終他們要處理的關係正是與他們雙親的關係。

◆ 成為你自己

　　一個健康的人能同時做到與他的家庭在心理上分離但仍保有親密感，這就是我們所知的**個體化**（individuation），或者有時稱為**分化的自我**（differentiated self）（Bowen, 1978）。個體化的過程涉及與原生家庭間歸屬與分離的平衡。隨著家庭分化的程度增加，你愈能為自己所思、所受、所感與行動以承受個人責任。它減少了情緒反應或是讓別人——不論是家庭內或家庭以外的人——激怒你的情況。個體化或是心理上的成熟並不是一個固定目標，一旦達成就一勞永逸；反之，它是終其一生的發展過程，透過再檢視和解決你與所愛之人間的內在衝突和親密課題來達成。你不會在孤立中發現自己；反之，自我探索的過程跟你和他人連結的關係品質密切結合。做你自己並不

意味著「做你自己的事」而不管你對所接觸的他人產生什麼影響。相反地，自主意味著你質疑過你賴以生存的價值，並且使之變成你自己的價值；這過程包含了關心你所愛及所關聯的人們的福祉。

你可以藉由自己去做那些小時候你期望別人為你做的事情，以承擔起責任。如果你變成一個分離的個體，你仍然與家人維持聯繫、向外界拓展、與家人分享，並在關係中貢獻自己。成為一個整合的人意味著你承認自己多樣與多變的面貌，表示你對自己的正面與負面都能接受，同時，你也不會去否認自己的任何一部分。

關於個體化、獨立、自主與自決的觀點都是西方的價值，但並不是所有的文化都重視這些價值。強調獨立與自決有種傾向於減少原生家庭重要性的意味。Sue（1997）指出在華裔美國人的家庭中，孝道對於孩子如何表現具有重要的決定性，甚至延續到成年。服從、尊重、扶養義務與責任沒留下多少空間可以容納自決。舉例來說，男性被期待對他的父母忠誠，即使在他結婚有自己的家庭後。個體化和離家的觀念容易導致家庭關係衝突。舉例而言，一個兒子可能在家庭角色的範圍之外，很難做他自己。他可能總是首先想到他是兒子，想到他在家庭樹（family tree）的位置。對這樣的人而言，個體化既不理想也不具有什麼功能。他比較容易在家庭脈絡中發現自我，而不是在家庭脈絡之外。這相當清楚地顯示，在採取各種行為時文化價值扮演了關鍵角色，反映出個人主義或集體主義的精神。在這點上，請你反思下列問題：

• 是什麼文化價值影響你力求自主的程度？你想保有哪些源自你文化的價值？是否有任何價值會讓你想去挑戰或修正它？

• 從哪些方面你能看到自己擁有清楚的認同，並且在心理上與原生家庭分離？此外，如果有的話，在哪些方面你的心理上是與原生家庭融合的？這份關係中是否有任何方面是你想要改變的？

◆ 因應家庭衝突

如果你很難處理你目前關係中的衝突，其中一個原因可能是衝突並未在

你的原生家庭中被直接地處理。你可能被教導應該要不計一切地去避免衝突。當你看到家中的衝突沒有解決，或是大家在衝突後幾個星期都不跟對方交談，你可能會很害怕衝突再度發生。衝突是屬於全家的，雖然父母常把孩子描述為問題根源。成功關係的關鍵不在於沒有衝突，而是承認衝突的根源並且有能力去直接處理導致衝突的情境。否認衝突容易讓關係惡化與緊張。請你反思一下，你從你的家庭衝突中學到什麼。它如何被表達跟處理呢？它的根源為何？你在當中是什麼角色？你是否被鼓勵直接跟對方解決衝突？你可以安全地承認並直接處理你與家人間的爭議嗎？

二、家庭是個系統

家庭具有某些規則掌握著人際互動。這些**家庭規則**（family rules）不僅僅是規定而已，像是小孩出去約會幾點前一定要回家。它們還包括潛規則（unspoken rules）、父母傳達給孩子的訊息、禁令、迷思與秘密。這些規則的措辭常是「應該」或「不應該」。當父母擔心或無助時，他們容易去訂下一些規則好讓情境受控制。這些家庭規則一開始幫助孩子管理情緒、無助感和恐懼。它們企圖要提供孩子一個安全網，迎接他們來到這個世界（Satir et al., 1988）。

小孩子的成長過程中不可能沒有規則或禁令，而孩子也是基於家庭規則來做出早期的一些決定。他們決定要接受或是反抗家庭規則。這裡有一些家庭規則的範例：「不准跟爸爸生氣」、「臉上要隨時保持笑容」、「不可以質疑你的父母，但要盡可能地讓他們高興」、「不要跟外人講家裡的事」、「囝仔人有耳無嘴」、「功課全部做完了才可以玩」。

規則或訊息由父母或其代理人傳遞出來時，也會用到「這樣做、那樣做」這類的措辭。看看以下的「這樣做」訊息：「聽話」、「實際一點」、「盡全力表現得得體」、「要就要做到最好的」、「替家人爭光」、「要比父母更強」。

請想一想你成長過程中在家裡聽過的應該和不應該，以及你如何回應。

- 你接受了哪些訊息或規則？

- 你曾反抗過哪些規則？

- 你認為哪些早年決定對目前生活的意義最為重大？你在什麼樣的家庭脈絡下做了決定？

- 你是否聽過你自己對別人講的話，是跟你早年從父母那裡聽來的一模一樣？

Virginia Satir（1983）認為，我們學到的家庭規則常常以一種缺乏選擇且難以實行的型態出現。「我必須從不生氣」是這類家庭規則的例子之一；還有「我必須永遠當最好的」或是「我必須一直很和善」。認知治療會要求案主挑戰這類字眼「必須」、「一直」和「從來不」的非理性面，Satir 反而傾向讓案主進到一個規則轉化的過程。這個轉化過程是這樣的：

1. 從學到的那個規則開始：「我必須從不生氣」。

2. 把「必須」改成「可以」：「我可以從不生氣」。這仍然是有問題的句子，但至少這裡頭有了選擇。

3. 把「從不」或「永遠」改為「有時候」：「我可以有時候生氣」。現在，這樣聽來更真實。下一步就是要把它個人化。

4. 想出至少三個你可以生氣的情境。例如，當我看到並經驗到別人的不公平對待時，或是當別人自以為知道我的想法或感受而要幫我說話時，或是我看到有人虐待動物時，我可以生氣。記下來，在這些時候生氣並不需要你情緒化的反應或暴怒。有許多方法可以表達生氣，不必用暴怒來傷害你的心。

你從家中學到什麼規則？你可能不曾聽他們大談規則；規則通常會透過家中對行為的反應來制定並控制。看看你能否辨認出三個你在家中學到的家庭規則，然後每個規則都跟著 Satir 的規則轉化過程走一遍。

健康的家庭中規則不多，並且會一致地運用規則。規則會盡可能人性

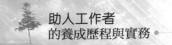

化、貼切且有彈性（Bitter, 1987）。根據 Satir 與 Baldwin（1983）的說法，最重要的家庭規則是掌管個體化（獨特性）和分享資訊（溝通）。這些規則讓家庭有能力以開放的方式運作，並允許所有成員有改變的可能性。Satir 提到許多人發展出一系列的方式，用來因應家庭規則壓迫下所產生的壓力。

Bitter（1987）拿功能良好的家庭結構與失功能的家庭結構做比較。在**功能良好的家庭**（functional families）裡，每位成員被允許擁有各自的生活，同時與他們的家庭團體分享生活。給予空間來發展不同的關係。改變是預期中、受歡迎的，而非視為威脅。當分化導致意見不合，這種情況會被視為成長的機會而非對家庭系統的打擊。功能良好的家庭系統結構有著自由、彈性及開放溝通等特色。家庭裡每位成員有自己的意見且能為自己發言。在這種氣氛下，個人去冒險與探索世界時能感受到支持。

相對地，**失功能的家庭**（dysfunctional families）其特色是封閉式溝通、父母一方或雙方均是低自尊，並且有嚴格的互動模式。規則是用來掩飾對差異的害怕，不僅很嚴格且常常不適當地回應情境。在不健康的家庭中，成員被期待以同樣的方式去思考、去感覺、去行動。父母試圖用害怕、生氣、處罰、罪惡感或支配來控制家人。最終這個系統會故障，因為規則不再能讓這個家庭結構保持原樣，而將導致強烈的壓力。

當壓力因為家庭系統故障而加深的同時，成員會傾向採取防衛的姿態。Bitter（1987）描述一致性的人如何因應壓力。他們不會千篇一律只採用防衛來處理壓力；相反地，他們會將壓力轉化為挑戰，想出方法來滿足挑戰。這種方式以人為本，避免讓自己像變色龍一樣隨外界改變顏色。他們的用詞符合自己的內在經驗，也能做出直接清楚的描述。他們以信心和勇氣面對壓力，因為知道他們擁有的內在資源足以有效地因應並做出正確決定。他們感受到歸屬感和與他人的關聯性。他們受社會利益的原則所激勵，這代表著他們不只對自我提升有興趣，同時也覺察到要對公眾利益有所貢獻。

思考一下，家庭規則是怎麼出現在功能良好與失功能的家庭結構中。與其把你的家庭標記成「功能良好」或「失功能」，不如先思考在家庭系統中

有哪些特殊面向不如你所預期的健康。此外，也思考你的家庭生活中有幫助的、有功能的而且健康的其他面向。把前面有關家庭結構與家庭規則的討論應用到你自己的經驗裡。以下所建議的幾本書可以提供你更多關於這個主題的細節資訊：*Conjoint Family Therapy*〔中譯本《聯合家族治療》（Satir, 1983）〕、*The New Peoplemaking*〔中譯本《新家庭如何塑造人》（Satir, 1989）〕，以及 *Satir: Step by Step*（Satir & Baldwin, 1983）。

家庭秘密（family secrets）也可以影響家庭的結構與功能。秘密格外具有毀滅性，因為隱藏的通常會比公開的更具有威力。一般而言，造成家中困境的並非公開談論的事，而是那些被隱藏的事。如果家中有秘密，這會讓孩子們想找出家裡到底發生什麼事。你曾懷疑過在你家裡藏著秘密嗎？如果是，你對永久保密有什麼感受？對洩露秘密呢？你認為秘密對家庭氣氛會產生什麼影響？

◆ 家庭的重大發展

你會發現描述家庭生命週期是很有用的。你可以用圖表畫出足以凸顯你家庭發展特色的重大轉捩點。其中一種方法是看家庭相簿，看看照片透露出什麼訊息。讓它們刺激記憶與反思。當你看你父母的、祖父母的、手足的和其他親戚的照片時，找找看有什麼模式能提供你家庭動力的線索。在繪製家庭發展的變遷圖時，請你反思以下的問題：

- 你的家庭曾面對的危機為何？
- 你能回想起任何非預期的事件嗎？
- 是否曾有因工作、服兵役或坐牢而使得家人分離的時期？
- 在家中誰比較會有問題？這些問題是怎麼出現的？家裡其他人如何回應這位問題人物？
- 出生序怎麼影響到家庭？
- 你的家人中有沒有任何嚴重的疾病、意外、離異或死亡？如果有，那它們對家中個別成員以至於整個家庭有什麼影響？

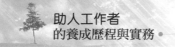
• 是否有身體、性或情緒虐待的家庭史？

深究上述範疇將使你有能力去斷定那些已改變你的力量，並且將轉為你與案主工作的助力。

三、謹慎行事

如果你的家庭不曾經歷過嚴重的創傷，你只要單純地反思我們所提出處理家庭歷史的問題，這麼做本身就具有治療性了，即使這可能啟動某些東西。但如果家庭生活中曾有嚴重的創傷，我們會建議你透過個人諮商來進行有關家庭的探索。如果你決定進一步深入這個探索過程並且訪問家庭成員，請你要敏感於他們的感覺和反應。這得走上很長一段路，以減少你使家人失和的可能性。

在第七章裡你將會學習到，對案主及其家庭生活裡的一些文化主題保有敏感度是很基本的，不然你可能會對案主的文化到底怎麼影響他們的選擇與行動感到不解。當你接近你家人時也適用這個原則。對你家庭結構裡的文化規則保持敏感度，並且考慮角色、規則、迷思、儀式等概念是如何在家中運作的。在有些家庭裡，當孩子問起某個阿姨、叔叔的事情，會冒犯到母親或父親。一位日本研究生做家族自傳作業時去訪問了他的父親，而這位父親卻不願參與分享重要的家族素材，不管這位學生如何堅持得到這些知識對他是多麼的重要。所以，請向你的家庭成員解釋你問這些問題的理由。

當你檢視家庭史時，你要有心理準備，在你身上或在你的家庭裡，將有可能產生危機。深入到這種程度時，可能引出一些你尚未準備好去面對的意外和發現。有一個學生發現她是被收養的，她面臨到處理對於未被告知的憤怒與失望情緒。你可能得知家庭秘密，或是了解到你的「理想家庭」其實並沒有你想像中那麼完美。你可能發現到你的家庭同時具備有功能良好與失功能的層面。許多學生之所以進入到我們的個人成長團體，是因為他們在別的課堂中得知有關他們自己或家庭系統的事而變得焦慮或沮喪，覺得有需要去

談談自己受到的影響。

你可能會發現消息的來源很稀少，即使是關於祖父母。例如，我（Jerry）對我父親在和我母親結婚前的生活所知有限。從父親這裡，我略知他初到這個國家的辛苦。在 7 歲時，他跟兄弟從義大利來到紐約。我的祖父（我所知甚少）在妻子去世後帶著兩個孩子來到這個國家。而關於我祖母的資訊幾乎是沒有，我甚至不知道她是怎麼去世的。我祖父似乎打算請一位在這裡的親戚幫他照顧孩子，不過這位親戚也無能為力，因為他也有自己的家庭責任。結果我父親進了孤兒院。我回想起他告訴我的一些故事，是關於他小時候在機構裡的寂寞，以及到這個國家連一句英文都不會講是多麼辛苦。真正觸動我的是，我怎麼對我父親那方的家庭所知這麼少，這也顯示著還有多少事情是被否認與被封存的。因為我父親去世 40 多年了，我必須從我母親那裡、還有一些知道他從前生活的親戚那裡，尋求一點點關於我父親成長史的訊息。

相較之下，Marianne 的家庭史就很容易追溯到 1600 年代早期。多年來，我（Marianne）就聽過很多故事，足以編織出一面我的家族史掛毯。我成長於德國鄉村一個大家庭裡，許多親戚與鎮上的人談著幾代以來的事情。我注意到我父親家族的一個模式。在那個家族中的人特別容易生氣，而且用情緒上的斷絕讓彼此之間不再接觸。令我很傷心的是看到這個模式延續到我兄弟身上，不論我如何努力地接近他，他似乎依循著這種跟人保持距離的傾向。這個經驗教導我，家庭模式會一直被複製，而我們無法改變他人。但我們確實有能力允許自己被別人的行動與決定影響到什麼程度。

如果你要做家族的助人工作，這個程度的自我探索是非做不可的事。承諾去做將使你更有能力欣賞治療過程中案主家人所走過的歷程。我們鼓勵你堅持探索的過程，並且最好是在有督導的情況下進行。這將幫助你能夠跟他人談談你所學到的事。

改變不會在無痛無感中發生。你對自我探索和改變的承諾可能為生活中的重要他人帶來不適。進到一個助人者的訓練計畫會對你目前的關係帶來一

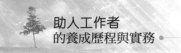

些危機。你的父母、手足、丈夫、妻子、孩子或其他親戚可能會因你的某些改變而受傷。你得相信並承認處理傷痛的價值，且因你的觀點改變，你會想要你的父母或手足也採用新的意見甚至改變他們的方式。也許他們會避開傷痛，也沒有興趣擾亂現有的模式。即使這樣面對他們的處境，能夠導致本質上的改變和讓生活更豐盛，但他們到底該不該有所改變，這並不是你可以決定的。

當你從訓練計畫中學習人際關係，也在生活中做出正向的改變後，你會很難了解為什麼家人能安於這個也許無害、但很侷限的生活。你可能會問：「如果我連自己的家庭都幫不了，我怎麼去幫助別人的家庭呢？」如果你把改變你的家人視為你的責任，你將會以挫折感收場。

一個研究生在諮商計畫中接觸到我們的一位成員，他說到將課堂中所學用到自己家裡讓他覺得很有負擔。我們問他，在結束一週的治療團體後希望能達到什麼自我探索目標時，他說：「我感到我很急著要在一週的工作坊結束時清理我所有的家庭問題。畢竟，如果我自己跟家人有問題的話，我要如何幫助我未來的案主解決他們的問題？」雖然這位同學被鼓勵去處理他的問題，但他卻試圖去滿足一個不切實際的期待，反而讓自己陷入失敗中。更重的負擔來自於他的信念——他相信他的責任就是要去改變他生命中的重要他人。如果家人沒有動機去做出某些改變，他就必須明白，不管他有多聰明，他絕不可能幫他們做這件事。他所能做的是專注在自己身上並對自己真誠，才有可能以身作則邀請他們改變。他可談談自己做出的改變，也可以讓其他人知道他如何被他們的行為所影響，及他希望跟他們維持什麼樣的關係。

重點是要避免採取一種別人都應該改變的態度。耐心與尊重是關鍵。我們絕不能做我們自己家人的諮商師，而且在我們的生命中最難被我們接納的，往往是我們的父母（Jim Bitter, personal communication, March 17, 2009）。

為你的生命做出改變時，你可能得通過自己好幾層的防衛。這需要時間與耐心，允許你自己變得脆弱，進而開啟新的可能性。請允許生命中其他人也擁有同樣的空間去思考他們的改變。

┃第六節┃ 認識生命週期

在這一節中，我們討論的重要生命主題，是從嬰兒期到老年期諸多的人類發展階段。**個人轉化**（personal transformation）需要你覺知到，過去你是如何處理發展任務，以及現在你會如何應付這些課題。透過描繪你過去和目前的生命經驗，你就能處在一個較佳的位置欣賞案主的掙扎，讓你能對他們做出更有效能的處遇。

我們的目標是讓你反思你的生命週期，以及你在那些關鍵時機做出的重大決策。這是一個重大的挑戰，你得處理像是結婚或離婚、孩子的出生或死亡、失去工作或退休等劇變。所有這些轉捩點考驗著你是否有能力去處理不確定性，離開已知的與安全的環境，並選擇一個新的人生方向。能不能成長就看你是否願意受苦，並且從中學到生命給你的教訓。如果你的目標是不計一切地過著安逸的生活，那麼你可能會失去非常多的機會成為你有可能成為的那種人。

透過認識每個生命週期的挑戰，你將能理解人格發展的初期階段如何影響你後續生活中的選擇。每個發展階段在不同人身上有相當大的差異存在。你的原生家庭、文化、種族、性別、性取向以及社經地位，都跟你通過發展階段的態度有很大的關係。以下編列的年齡層只是個參考，供做對照情緒、生理與社會性年齡之用。

人生階段的理論基礎

有許多理論取向可用來理解人類的發展，它們對於從嬰兒期到老年期各階段的概念略有不同。人是如何發展出各方面的功能，這些理論提供了理解的路徑圖。在這一節裡，我們提出三種可供選擇的觀點來闡述終生人格發展：我們會描述 Erik Erikson（1963, 1982）人類發展的心理社會理論模式；加入 Thomas Armstrong（2007）在每個生命階段的「天賦」說；再強調「脈

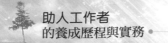

絡中的自我取向」（self-in-context approach）裡的一些重要觀念，此取向重視用系統的觀點看待個體的生命週期（McGoldrick & Carter, 2005）。**系統觀**（systemic perspective）根植於一個假設，就是經由我們在原生家庭中的角色與位置來學習，最能幫助我們理解自己是如何成長的。系統的觀點是指個體若是離開他們身為其中一份子的家庭系統，將無法獲致真正的理解。

我們將描述從嬰兒期到老年期的 9 個發展階段，並指出每階段的心理社會任務，也會簡單描述一下當任務未能掌握時可能發生的人格發展潛在問題。在任一個生命時期發生急性與慢性疾病，將會打斷往下一個生命階段轉化的過程。舉例來說，青少年期糖尿病可能干擾正常的孩童期經驗；脊髓損傷、癌症與 HIV/AIDS 會破壞中年生涯與社會性發展。你必須知道你個人的發展將如何成為你助人時的資產或是負債。當你閱讀並反思這些發展階段時，請問問你自己，你對於每個發展時期中重要的**心理社會任務**（psychosocial tasks）掌握得如何？

Erikson的模式是全人的，視人類為涵括生理、社會及心理的個體。**心理社會理論**（psychosocial theory）提出一個概念架構以理解發展趨勢；每個生命階段的主要發展任務、重要的需求以及滿足或挫折；各生命階段可能的選擇；重要的轉捩點或發展危機；以及可能導致後來人格衝突的問題人格發展根源。Erikson的理論主張，我們在每個生命階段均面臨到在我們自己與社會環境之間建立平衡的任務。

Erikson依照不同的發展階段來描述人類一生的發展，每一個階段會指出一個有待解決的特殊危機。對 Erikson 而言，危機意味著生命的轉捩點，是轉化的時機，其特徵在於此時有往前或倒退發展的潛在可能性。我們生命中的重要轉捩點受到多種因素影響，諸如生理的、心理的及社會性的因素。雖然我們並不能直接控制發展中某些關鍵要素，例如早年經驗和基因，不過我們仍能選擇如何詮釋這些經驗，並運用它們進一步自我成長。在生命的關鍵轉捩點中，我們可能成功地解決基本衝突或是卡在發展的路程中。這些轉捩點同時代表著危險與機會：危機可視為是需要被滿足的挑戰或是剛好發生在

你身上的大災難。每個發展階段建立在前一階段的心理成果上，有時候個人沒有辦法解決衝突，以至於就退化了。生命是有連續性的；個人目前的生活相當程度地反映了早期選擇的結果。

在 *The Human Odyssey: Navigating the Twelve Stages of Life* 一書中，作者 Thomas Armstrong（2007）主張，每個生命階段對人類福祉而言都同樣地重要且必需。每個生命階段有其獨特的**天賦**以貢獻於世。Armstrong 相信我們應該滋養人類的生命週期，正如同我們為了保護環境免於全球暖化與其他威脅所做的努力一般。他主張，透過支持每個發展階段，將有助於確保人們被照顧到並發展他們的潛能於極致。

McGoldrick 與 Carter（2005）評論 Erikson 的個體發展理論，對人際領域以及與他人連結的重要性部分闡述得不夠充分。脈絡性因素對我們形成個人清楚的認同，還有能和他人連結，扮演十分關鍵的功能。由 McGoldrick 與 Carter 提出的**脈絡中的自我觀點**（self-in-context perspective），考慮到種族、社經地位、性別、族群與文化在影響個人生命週期中的發展過程是相當核心的因素，這些因素影響了孩童對自我的信念以及與他人情緒上連結的方式。為了有健康的發展，我們有必要在每個生命階段與他人連結的脈絡下，清楚地覺知到我們的獨特自我。

階段一：嬰兒期

從出生到 1 歲的**嬰兒期**，基本的任務即是發展出對自己、他人與環境的信任感。嬰兒充滿活力，看起來有無限的能量（Armstrong, 2007）。這個時期核心的掙扎在於**信任與不信任**（trust versus mistrust）。如果嬰兒生命裡的重要他人提供所需的溫暖與關注，孩子就會發展出信任感。這種被愛的感覺是最佳的防護，免於害怕、不安全及匱乏感。

如果這個家缺乏安全感，人格問題可能會接著發生。缺乏安全感的孩子將這個世界視為潛藏著害怕與危險的地方。他們害怕接觸他人、害怕愛與信任，也無法形成或維持親密關係。被拒絕的孩子學到不信任這個世界，眼中

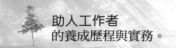

所見盡是這個世界會傷害他們。一些嬰兒期被拒絕的影響還包括了在兒童後期的害怕、不安全、嫉妒、攻擊、敵意與被孤立。

Daniel Goleman（1995）相信嬰兒期是建立情緒智能的起點，他對**情緒智能**（emotional intelligence）的定義是指控制衝動、同理他人、形成負責的人際關係以及發展親密關係的能力。他指出教導情緒能力最重要的因素就是時機，尤其是在原生家庭及原生文化中的嬰兒期。他特別提到，兒童期與青少年期擴展了人類能力的學習基礎。後期的發展提供了重要的機會以養成基本的情緒模式，足以掌控我們的餘生。

◆ 反思與應用

當你反思本階段的發展任務時，請想想最初那幾年你所有的基礎為何，以及這些經驗如何裝備或是妨礙你目前生活中所要面對的任務。考慮以下的問題：你從原生家庭中學習到如何在世界上生存嗎？你難以信任他人嗎？你能信任自己，並且相信自己有能力成功嗎？你害怕別人會讓你失望、而你也得小心翼翼地表現嗎？

階段二：兒童前期

1到3歲的**兒童前期**（early childhood）最關鍵的任務是展開自主的旅程。這個時期的核心掙扎即是**自主與羞愧、懷疑**（autonomy versus shame and doubt）。從被別人照顧進展到能照顧自己的需求，孩童對相互依賴的認識增加了，也發展出一種包括能延宕滿足的情緒能力。

孩童如果未能掌握好自我控制的任務並適應他們周遭的環境，將會發展出一種羞愧感，並產生對自己能力懷疑的感覺。父母幫孩子做得太多，會妨礙他們的發展。如果父母堅持讓孩子依賴，這些孩子將會懷疑自己的能力有什麼價值。這段時期重要的是讓敵意、生氣、恨意等感覺被接納而非被評價。如果這些感覺不被接納，孩子後續將可能無法接納他們自己的負面情緒。他們長大成人後會認為自己必須否認所有「不被接受」的感覺。

◆ 反思與應用

　　有些助人者很難承認或表達生氣的感受。於是，他們也很難允許他們案主擁有這些「不被接受」的感覺，也操縱案主遠離這些感受。如果這個描述符合你的情況，你是否能找到從憤怒中退縮以外的方法？有一個做法能讓你有不同的表現：當案主直接對你生氣時，請讓你的身體與心理都留在諮商室裡。在之後的督導中，你就能處理心中被激起的害怕。假如這些感受與態度妨礙你對案主的處遇，你就需要在個人治療中處理它。

階段三：學齡前期

　　3 至 6 歲的**學齡前期**（preschool），孩童會去尋找他們能做什麼。這個時期的核心掙扎即是**主動與罪疚**（initiative versus guilt）。學齡前期開始學著給予與接受愛和情感、學習基本的兩性態度、學習更多複雜的社交技巧。根據 Armstrong（2007）的研究，這個生命階段的天賦是**嬉戲**。當小小孩玩耍時，他們重新創造了世界。他們把**現實**與**可能性**結合在一起做成新的事物。根據 Erikson 的理論，學齡前期的基本任務即是建立勝任感與主動感。如果允許孩子有合理的自由去選擇他們自己的活動並且自己做出一些決定，他們往往就能發展出一種正向的特質，有信心自己能夠主動並且貫徹下去。根據脈絡中的自我觀點，這個階段開始對「差異性」有所覺察，也就是從性別、種族和有沒有能力這些角度去區辨差異。此時的關鍵任務便是增加對他人的信任感（McGoldrick & Carter, 2005）。

　　如果孩子被過度限制或不被允許替自己做決定，將會發展出罪疚感，對生活的主動姿態最終會退縮回去。父母對孩子的態度會從語言與非語言兩個層面透露出來，孩子們常會因為父母的負面訊息而發展出罪疚感。比方說，小孩子可能會挑出一些細微的訊息，用來證實他們自己和他們的衝動是不被接受的，接著很快就會對他們自己的本能衝動和感覺產生罪疚。持續到成年生活後，這些態度足以妨礙他們享受兩性的親密。

　　這個時期奠定了性別角色認同的基礎，孩子們開始形塑出適切的男性與

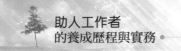
女性行為取向。在某些時候，不論女性或男性都會想擴展他們的自我概念，也就是自己到底想成為怎麼樣的人。然而，早期的制約常導致自我概念的擴展變得有點困難。所以許多人會去尋求諮商協助，因為他們經驗到的問題正與性別角色認同有關。

◆ 反思與應用

在你準備將本階段的發展任務應用於生活中時，請先探索你目前的態度與行為模式中，有哪些可能源自於學齡前期。想一想下面的問題：你是不是已經成為你期待中的女人或男人？你所謂適當的性別角色行為標準是從哪裡學來的呢？有哪些童年期的衝突影響你至今？你目前的行為與衝突是否顯示出一些未竟事宜呢？

階段四：兒童中期

Erikson 提到 6 至 12 歲的**兒童中期**（middle childhood），其主要掙扎在於**勤奮與自卑**（industry versus inferiority）。這個階段的核心任務是要達成一種勤奮感；倘若失敗了，會導致一種匱乏感。孩童需要擴展他們對世界的認識，並繼續發展適當的性別角色認同。勤奮感的發展包括了專注於開創目標，例如在學校裡接受挑戰並獲致成功。根據 Armstrong（2007）的看法，**想像力**是本階段首要的關鍵天賦。孩子會發展一種內在的主觀自我意識，而且這種自我意識會隨著外在環境對他的印象而鮮活起來。下一個關鍵特質則是**機智**。大一點的孩子們需要一定的社交技巧與技術，才足以面對與日俱增的壓力。

從脈絡中的自我觀點來看，這正是孩子們增加自我認識——包括性別、種族、文化與能力——的時機。此外，也會更加認識自我與家庭、同儕及社區之間的關聯性。這時的關鍵任務在於發展出同理心，或是能夠採取他人的觀點（McGoldrick & Carter, 2005）。

孩童若是在學齡早期遭遇到失敗，常會在往後的生活中經驗到重大障

礙。這些早期有學習問題的孩子可能開始覺得自己很沒用。這種感覺常顯著地影響他們與同儕之間的關係,然而同儕關係在此時極為重要。源於兒童中期的問題包括了負向的自我概念、對於建立與維持社交關係感到自卑、價值觀衝突以及缺乏主動性。

◆ 反思與應用

你在學校最初的幾年中有什麼特殊表現嗎?你覺得自己有沒有能力去當一個學生呢?學校在你眼中是個令人興奮或是令人想逃避的地方?有哪些具體的例子讓你覺得自己很成功,或感到自己是個失敗者?在學校的頭幾年裡,你養成什麼樣的做人處事態度?回想這個時期生活裡的重要他人,有誰帶給你正面或負面影響。試著去回想他們對你的期待,並回想他們對於你的價值與潛能是怎麼說的。這些訊息如何影響現在的你?

階段五:青少年期

12 至 20 歲的**青少年期**(adolescence),是一個尋求認同、持續發掘自己的聲音,以及在照顧自己與照顧他人間取得平衡的時期。此時的核心掙扎在於**自我認同與認同混淆**(identity versus confusion)。Armstrong(2007)描述本階段獨特的天賦正是**熱情**。青少年身體上一連串強而有力的改變,反映出性的、情緒的、文化的與精神層面的熱情,以及一股內心深處對生命的熱忱。從脈絡中的自我觀點來看,關鍵的發展任務包括了處理身體的突然變化以及身體形象的議題、學習自我管理、發展個人的性別認同(sexual identity)、發展生命哲學及精神層面的認同、學習處理親密關係,以及拓展人際關係中的自我認識(McGoldrick & Carter, 2005)。

對 Erikson 而言,青少年期的主要發展衝突在於想弄清楚你是誰、你要去哪裡,以及你要怎麼到達那裡。這種掙扎集合生理面與社會面的改變於一身。青少年會覺得很有壓力,他們要早點做出生涯決策、要去就業市場競爭或是上大學、要經濟獨立,還有要對生理與情緒上的親密關係許下承諾。同

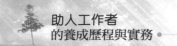

儕團體壓力是很重要的力量,而人們也很容易在順從朋友的期待中失去自我。許多青少年經驗到持續增加的壓力,自殺的念頭並不少見。

在青少年時期形成認同的過程中,一個重要的部分是從家庭系統中分離出來,並且從自己的經驗中建立新的認同。與父母分離的過程會是個體化的掙扎中很令人苦惱的一部分。雖然青少年採用父母的許多價值觀,不過為了個體化,他們必須自由地選擇這些價值觀,而不是不經思索地全盤接受。

◆ 反思與應用

花一點時間回顧你的青少年期經驗。那時候你對自己有什麼感覺?回想這些年,你的經驗如何幫助或阻礙你跟案主的工作?思考一下你在青少年期獨立的程度與相互依賴的程度。請關注於是什麼為你的生命帶來意義。並且問問自己下列問題:在生命中這段時期,我是否清楚知道自己是誰以及要往哪裡去?我在青少年的那些年曾為哪些重大抉擇掙扎過?當你回顧這段時期,請把焦點放在你的青少年經驗如何影響你今天成為怎麼樣的人。

階段六:成年前期

根據 Erikson 的看法,我們掌握住青少年期認同的衝突後,便會進入約 20 到 35 歲的**成年前期**(early adulthood)。然而,我們的認同感到了成年期會再次受到考驗,意即遭遇到此時的核心掙扎:**親密與孤立**(intimacy versus isolation)。形成親密關係的能力大多仰賴有清楚的自我概念。一個自我功能薄弱(weak ego)或是認同感很不明確的人,很難對他人付出。親密關係涉及到分享、付出自我、靠自己的力量與別人建立關係,以及想跟某人一同成長的渴望。假如我們很少想到自己,我們能帶給別人意義的機會就少之又少。無法達成親密關係常導致一種與人隔離的感覺和疏離感。

Armstrong(2007)指出,**事業心**的原則是此生命階段的關鍵特質。年輕人要想完成他們所面對的任務(例如找到一個家、一個伴侶或建立事業)時,事業心是必要的。一旦我們進入社會打算開創自己的一片天,這個特質

在任一個生命階段都用得上。

Erikson跟其他早期的發展心理學者認為，青少年期大約在18到20歲結束，但是近期研究指出，青少年的心智持續成長並且在 20 幾歲時才發展良好。男孩跟女孩在不同時間點發展出不同的能力，其中，年輕男性發展最晚的一項能力即是承諾的能力 —— 通常會在他們 20 幾歲的後期（Strauch, 2003）。

成年早期的主要目標是能夠進入到親密關係以及找到滿意的工作。此時的發展議題包括了照顧自己和別人、關注於長程目標、養育他人並兼顧身體與情緒層面、發現生命的意義，以及為了達成長程目標而發展出延宕滿足的容忍力（McGoldrick & Carter, 2005）。

打從結束青少年期進入成年前期，我們的核心任務就變為接受更多的責任與獨立。雖然我們大多搬離我們的父母親，但在心理上我們並非全然離開他們。我們的父母或多或少仍持續影響著我們的生活。文化因素在決定父母影響我們生活的程度時，扮演了重要的角色。例如，某些文化並不鼓勵發展獨立的精神。反之，這些文化崇尚與人合作的價值以及相互依存的精神。在某些文化中，甚至在子女進入成年期後，父母仍持續對他們產生重大的衝擊與影響力。尊重並榮耀父母會比成年子女的個人自由更為人所讚揚。在這些文化下，自主的掙扎就會定義在個人在家庭中的位置，而不是個人是否從家庭中分離出來。

自主（autonomy）是成年早期的關鍵發展任務，意指成熟的自我管理。如果你是個自主的人，你能運作良好，便不需要一再的認可與保證，你能敏感於他人的需要、能有效地回應日常生活的要求、必要時願意尋求協助，也能夠提供他人支持。身在家中，你同時兼顧著內在世界與外在世界兩個部分。雖然你想著要滿足自己的需求，不過你不會犧牲周遭他人來滿足需求。你會覺察到你的行為可能會影響別人，考慮到你的自我發展時，你也會顧及別人的福祉。為你想要的生活品質做出決定並且肯定這些決定是自主性的表現。自主同時也表示你願意接受你的決定所帶來的責任與後果，而不是當你

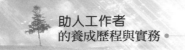
對生活不滿意時要別人負起責任。更進一步地,在獨立與相互依存之間達到一個健康的平衡點,這不是一蹴可幾的事。自主與相互依存間的掙扎從兒童早期就展開了,並且會終其一生地持續下去。

脈絡中的自我觀點寫到真正的成熟時,McGoldrick 與 Carter(2005)提醒我們,西方社會的終極目標是要發展出一個成熟且相互依存的自我。而要在與他人連結的脈絡下建立一個堅定的獨特自我感是一大挑戰。這種系統觀基於一個假設,所謂的成熟應該具備同理、溝通、合作、連結、信任與尊重他人的能力。McGoldrick 與 Carter 主張,我們能跟各方面(如性別、階級、種族與文化等)與我們不同的人形成有意義的連結到何種程度,「將取決於這些差異與連結,在我們的原生家庭、社區、原生文化及整體社會中如何被處理而定」(p. 28)。

◆ 反思與應用

假如你是中年或年紀更大的人,你曾在成年前期做過什麼決策?你認為這些決策會如何影響你跟案主工作的方式?你曾對你所做的選擇有任何後悔嗎?你有沒有想過,你個人的掙扎或沒有掙扎可能會影響你跟那些很難為自己的生活或職涯下決定的案主進行工作?

階段七:成年中期

介於 35 到 55 歲之間的**成年中期**(middle adulthood),其特徵在於「從現況出走」(going outside of ourselves)。此時的核心掙扎是**生產與停滯**(generativity versus stagnation)。這是學習如何創造性地與自己和他人生活的時機,而且它可以是我們生命中最有生產力的時期。這段期間,人們可能會理性地重新檢視他們的生活,進而重新改變他們的工作與他們的社區參與(McGoldrick & Carter, 2005)。Armstrong(2007)指出沉思是成年中期的天賦。中年人會反思他們的生命意義,這種反思不論在任何年齡都會是豐富生命的重要資源。還有其他任務,諸如養育與支持他的孩子、伴侶和年長的家

庭成員。他們面臨到一個挑戰，即是承認目前的成就表現並且接受現實的限制。所謂的生產力不僅僅是指教養孩子，還包括在職涯中的創造力、發掘有意義的休閒活動，以及建立施與受兼備的重要人際關係。

跟每個階段一樣，這個時期有危險也有機會。危險包括了落入安全卻陳舊的生存方式，以致無法利用機會讓生活更加豐富。許多人經歷到中年危機，整個世界顯得很不穩定。中年期有時會出現一段憂鬱期。當人們開始認為某些願景永難實現，他們可能就會放棄過更好生活的期望。此時的問題就在於無法達到一種有生產力的感受，這會讓人覺得停滯。重要的是這個人要明白他們生命中有什麼選擇，並且看到他們可以做出什麼改變，而不是就放棄了，好似他們是生活處境裡的受害者。

◆ 反思與應用

如果你已經到了成年中期，你會運用哪些掙扎與決策成為你的資源？如果你還不到中年，你現在最想達成的生活目標是什麼？你對人際關係的期待為何？你想從工作中得到什麼？你可以做些什麼以保持活力、避免因循守舊？

階段八：中年晚期

Erikson 並沒有區分中年期跟中年晚期，不過倒是有一個概括的階段橫跨30 幾歲中期到 60 幾歲中期這段期間。對 Armstrong（2007）而言，這段時期的天賦即是慈悲。其他人能從他們的例子裡學習到一些方法，致力於讓世界變得更好。McGoldrick 與 Carter（2005）則區分了中年期裡的這兩個階段。對他們而言，**中年晚期**（late middle age）從 55 歲到 70 歲，是許多成年人開始考慮退休、尋找新的興趣，並多加思索能在餘生做些什麼的時候。這個時期可以發展一些新的興趣，隨著淡出養育子女或負擔家計的責任，這種可能性大增。這時，人們會變得較常關心死亡這件事，也較常反思自己過得好不好。這是個重新評估的時機，人們正站在生命的十字路口。他們可能會開始

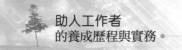

質疑到底此生還剩下些什麼，他們也許會重組生活裡的優先順序，或是改變他們過往的承諾。人們在中年晚期到達了人生的頂峰，開始覺察到自己必須踏上往下坡的旅程。這可能會使他們痛苦地經驗到，他們年輕時的夢想，與嚴苛現實中所達成的生活是有落差的。此時的挑戰在於面對這個真相：並非每件事都能盡如人意。人們必須要放掉某些夢想，接受自己的有限，不要再留戀於那些辦不到的事，而是去關心那些可以做到的事（McGoldrick & Carter, 2005）。

　　一旦邁入 50 幾歲中期，人們通常會開始為進入老年期預做準備。許多人正處在社會地位與個人權力的巔峰，正是人生得意的時期。成人在此時常會有許多反省、沉思、重新定位與自我評估，讓他們得以繼續發現新的人生方向。

◆ 反思與應用

　　用一點時間想想，當你到了中年晚期，最希望實現哪些個人方面與專業方面的成就。如果你可以在此時創造一個新的人生方向，那會是什麼呢？

階段九：成年晚期

　　成年晚期（late adulthood）是指 70 歲以上，此時期的特色在於其核心掙扎：**統整與絕望**（integrity versus despair）。遭遇父母的死亡以及失去朋友和親人，促使我們面對一個現實：我們得為自己的死亡做好準備。成年晚期的基本任務是從客觀的角度來回顧整個生命，並且接納我們是誰以及我們的所作所為。從 Armstrong（2007）的觀點來看，成年晚期的天賦即是**智慧**。老年人代表著人們的智慧泉源，幫助我們避免犯下以往的錯誤，並從生命教訓中獲得好處。在此同時，靈性擔負起新的意義，提供我們一種有目標的感覺，即使這時我們越來越需要依賴他人（McGoldrick & Carter, 2005）。成年晚期常見的主題包括失落、寂寞與社交孤立、被拒絕感、尋找生命意義的掙扎、依賴、無能感、失去希望與絕望、害怕死亡與臨終、哀傷他人的死亡、

對身體與心理的退化感到難過,以及對過去感到後悔。現今,這許許多多的主題呈現在 80 幾歲中期的身上,比 60 幾歲和 70 多歲的人更為明顯。

自我統整成功的人能夠接納他們曾有過的生產力,以及他們曾遭遇過的失敗。這樣的人可以接受他們的生命過程,不會永無止境地去想所有他們做過的、可能做過和應該要做的事。相對地,有些老年人未能達到自我統整。他們會檢視所有他們未曾做到的事,他們常渴望有別的機會去過不同的生活。

成年晚期變化之大,正如中年早期一般。其實每個發展階段皆有很多個別差異存在。許多 70 幾歲的老年人跟很多中年人一樣充滿能量。在成年晚期,人的看法與感受不僅僅是生理年齡的問題,更重要的是態度的問題。生命力受到心理狀態的影響,遠遠超過生理年齡的影響。

◆ 反思與應用

如果你還不到老年期,想像一下你在那個階段。你希望可以怎麼描述你的人生?屆時你最希望能建立怎樣的人際關係?請特別注意你對老化的害怕以及你希望到時候成就了些什麼。你對後面這幾年有什麼期待?你現在做些什麼將可能影響到你老年成為一個怎麼樣的人?你能否想出有什麼後悔的事想要講出來?當你如預期地變老,請想想你現在能做些什麼以增加一些機會,使你可以在老年時達到統整感。你是否正在發展興趣與關係,作為往後幾年滿足感的來源呢?

假如你發現自己擱置許多現在想做的事,問問你自己為什麼這麼做。評估你對目前自己的滿意程度。最後,評估現階段你對老年案主工作的能力。如果你自己還不到這個年紀,有哪些經驗是你可以用來了解老年案主的世界?即使你不曾有過相同的經驗,你是否了解你可以怎樣連結到他們某些與你非常相似的感覺呢?

我們多數人可以回顧我們的生活並且記得許多事,足以有效地反省過去的轉換階段與經驗,但我們只能預期大約 10 年後的生活。如果你正在青少年

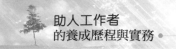
晚期或是成年前期,可以去訪問在不同發展階段的長者,以便對未來有更多的認識。用心去聽,這些人可以教你關於人生以及關於尚未發生的哪些事?

重要的是,要了解並反思你生命中的轉捩點,你才會有一個參考架構去跟案主工作。自我探索與自我認識是持續不斷的過程。假如你希望成為別人生命中療癒的媒介,你就需要認識你自己。正如我們告訴我們的學生,「你不可能帶案主深入到超越你自己願意探索生命的深度。」

重點回顧

- 有些訓練計畫為學生提供了原生家庭的作業,使他們更加懂得他們的家庭經驗如何影響自己成為什麼樣的人。這類的訓練使助人者能更有效地連結上他們在臨床實務中接觸的家庭。

- 為了增加你與家庭工作的效能,重要的是你得解開你自己跟原生家庭連結的謎團,同時你得覺察到你不斷地重演那些童年建立的模式。

- 當你開始詮釋你在家庭中成長經驗的意義時,去想想家庭的結構、你跟父母手足的關係、家裡的關鍵轉捩點以及你父母傳承下來的訊息,會很有幫助。

- 擔任專業助人者時常會重啟你自己的心理傷痛。如果你不願意處理你的未竟事宜,你恐怕要重新考慮一下你是否願意陪伴案主走上他們處理舊傷的旅程。

- 個人諮商,包括個別與團體工作,對於增加你的自我覺察與提供機會讓你探索未解決的衝突都很有價值。透過開始參與諮商,你越能夠去領悟到那些影響你助人工作的個人議題。

- 家族治療與個人治療能點出你自己移情與反移情的部分,並開拓你的視野,看到原生家庭經驗像個模板一樣框定你往後的人際關係。你在治療過程中的經驗能增進你覺察某些思考、感覺與行為的模式。

- 九個生命階段各代表著一個轉捩點,是個人面臨到實現命運的挑戰。不論助人者或案主均需要了解到,個人的轉化得要有意願忍受痛苦與不確定性。成長不會總是平順的,多少會有些騷動。

- 每個生命階段都得做出一些決定。你早年的決定會影響你現在的樣貌。

- 特殊任務及特殊危機從嬰兒期到老年期都會發生。請回顧你的成長史，這將使你更能看穿案主通過發展的掙扎。如果你能理解自己的生命經驗與脆弱，你將站在一個很好的位置來理解案主的問題並與之工作。

- 你因應自己生活危機的情形將會是個很好的能力指標，顯示你幫助案主通過他的生活危機的能力。如果你面對並運用所有可用資源來處理你的問題，你可以將之呈現給身處危機的案主。你對選取內在資源的知識，可幫助你引導案主發現他們自己引發改變的內在資源。

 ## 你可以做什麼？

1. 深入探索你的原生家庭是基本功，即是訪問你的父母與任何從小就認識你的人。你可以訪問他們關於你的一系列具體問題。這個活動的重點在於你能蒐集到讓童年圖像更加完整的事件或情境。每個人記得最多關於你的是什麼？你能否覺察受訪者描述中關於你的任何主題？

2. 設計一個問題清單，幫助你了解你的父母在成長過程中是什麼樣貌。比方說，你可以問父母在他們 6 歲、14 歲或 21 歲時，跟他們父母的關係是怎麼樣。這個活動的目標不是要為難他們或要他們揭露秘密，而是想更了解他們在童年期、青少年及年輕時的希望、目標、關心、害怕和夢想。你可以跟你父母談談他們的早年經驗如何影響他們扮演父母親的角色。跟他們討論你觀察到他們與你之間的任何模式。

3. 如果可行，可考慮跟你的祖父母訪談。同樣地，想想你希望他們回答的問題，敏銳地察知他們對於分享私人生活會有什麼反應。你可能僅要求他們分享一些他們比較能自在談出的事件或回憶。與其只問他們問題，你也可以考慮分享一些你成長過程中與他們有關的重要回憶。他們教會了你什麼？如果有的話，你看到哪些相似的模式是傳承自你的祖父母、到你的父母、到你，甚至傳給你的孩子？

4. 你可以考慮做一本私人日誌，蒐集你原生家庭裡的重要資訊。在彙整這份日誌時，你要注意本章所提出的自我探索問題。你甚至可以用幾段文字描述你各個生命轉捩點。做這件事時，如果放上你跟父母、手足、祖父母或其他親戚朋友的照片會很有用。包括任何來自於你父母、祖父母及其他親戚的貢獻，將補足你原生家庭經驗中的許多細節。請你找出一些主題與模式，這將使你對至今仍影響你的力量有較清楚的理解。

5. 本章有很多部分提供你反思的素材，是有關你的原生家庭經驗如何影響現今的你。花點時間想想你個人從閱讀本章中學到哪些關於你自己的事？是否有任何私人議題是你認為尚未解決而你也承諾加以探索的？如果有，把這個未竟事宜寫在你的日誌裡。你在家庭議題中掙扎且未解決的私人議題又是如何影響你的個人工作能力呢？

6. 寫下個人成長的資源清單，以及增進你自我覺察的方法。想想你可以提升自我探索的途徑。你是否願意做一些事情鼓勵自己去反省生命的品質？

7. 回想你生命中最困難（痛苦）或是最興奮（喜悅）的時刻。你從這些經驗中學到了什麼？如果這個時刻發生在兒童期，找一個從小就認識你的人，跟他談談他／她記得你的什麼事？這些生命經驗對你作為一個助人者有什麼含義？你的某些生命經驗如何影響你去跟與你相似的人工作？或與你不同的人工作？

8. 反思你的生命經驗，你認為哪些有助於你對案主的工作。運用你的日誌記錄下你的生命轉捩點。你能不能想起一、兩次你面臨做出重大決定的情形？如果有，這個轉捩點如何能至今仍影響你的生活？你從那次決定中學到什麼教訓？而這個經驗如何使你更能指出案主的掙扎？

9. 在小團體中，花點時間探索你的家庭經驗如何影響你對家庭以及對個人的工作。哪些與家庭生活有關的態度會出現在你的專業工作中？

10. 想知道這些資源的完整文獻書目，請參照本書最後的參考文獻。Thomlison 有一本很好的家庭評估工作手冊（2002）。關於脈絡中的自我發展取向，強調個體生命週期的系統觀，可詳閱 McGoldrick 與 Carter（2005）。參考 Armstrong（2007）討論生命週期的各個發展階段。Newman 與 Newman（2009）是從心

理社會的觀點概述一生的發展。至於詳盡而精心編著之關於家族治療的書籍，可參考 Bitter（2009）。有關兒童期、青少年到成人期所處理的主題與選擇，可參考 G. Corey 與 Corey（2010）。

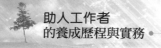

CHAPTER 04
新手助人者的共同議題
Common Concerns of Beginning Helpers

焦點問題・導論・對專業能力的自我懷疑與害怕・移情與反移情・了解與處理棘手個案・確認自己的能力與學習轉介・重點回顧・你可以做什麼？

焦點問題

1. 作為一個助人者，你如何有效處理棘手個案，如：充滿憤怒情緒、無求助動機，以及沉默或退縮的個案？

2. 當你面對充滿憤怒的個案，你如何處理？你如何有效地處理個案的抗拒行為，讓他們可以更正視自己的行為而非以防衛的方式表現？

3. 你如何避免將個案的問題帶回家？你如何對個案的困境保持開放和敏感度，又同時能和個案的問題保有適當的距離？

4. 你如何處理被不同類型的個案所引發的反應？

5. 你認為什麼樣的個案最難處理？為什麼？

6. 當你與棘手個案（或困難度高的朋友）工作時，你一般性的處理原則是什麼？

7. 你過去的經驗或未竟事物，會如何影響你與某些類型的個案工作？對於你自己的心理創傷，你做了什麼樣治療性的處理呢？

8. 哪一種個案是你最有可能轉介給其他專業人員的？這對你而言有什麼樣的意涵？

9. 當你個人感到被威脅時，你如何回應？對於辨識自己的抗拒模式，你有多少開放度？假若你在工作中處理的個案都很像你自己的情形，你如何看待？

10. 在個人的專業發展過程，你有多大的意願將「檢視自己的個人議題」視為專業成長的一部分？

┃第一節┃ 導論

第三章強調的是助人者自我了解的重要性，以及如何運用個人的生命經驗作為一種工具，以增進對案主的了解。本章我們談到的是助人者的工作性質，很可能對你產生個人性的影響。當你面對如本章所提到的防衛性高的案主，你內在所浮現的種種，將反映在你能力的展現與意願的開放度上。

從事助人工作，在你的專業生涯中不免遇到一些特殊的狀況，但某些問題會讓你特別感受到壓力。重要的是，你必須理解與學習如何有效處理這些感受，尤其是被案主所引發的反應與感受。即使是有經驗的助人工作者，仍要有志於學習創新的方法來處理棘手的案主，特別是高度防衛的個案。在本章中我們將提及一些重要的議題，如：移情、反移情、抗拒的案主，以及當你與棘手的個案工作時，你如何了解及掌握自己的感受及行為。

有些助人工作者會過於關注在如何改變善於防衛的案主，當與這些令他們感到困難的案主互動時，反而疏於覺察在過程中的內在動力與反應。把注意力等量地放在案主及自己身上一樣重要。不要認為你應該在每一種錯綜複雜的情境中，都能精確地知道該怎麼做。在你的專業訓練中，你將有很多機會去學習並練習在助人情境中所需的實用技術。在實習及接受督導的時候，討論本章關切的議題以及練習各種介入技巧是很理想的機會。若你已開始你的專業訓練計畫，我們並未期望你能立即運用所學的知識或技巧有效地處理本章所提到的某些案例，但至少這些案例可以提供你進一步的思考。

本章所提出的「問題」很可能遠多於提供的「解決之道」。在你面對各種可能的助人情境中，並無一套放諸四海皆準的因應方法。我們的目的主要是讓你了解新手助人者經常會面臨到的共同議題。

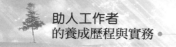

第二節 對專業能力的自我懷疑與害怕

　　許多學生在助人服務訓練課程中會提及以下幾種狀況：擔憂自己能力不夠、想要努力達到完美，及其他個人關切的議題。這些學生在面對案主時，常常表現出他們的焦慮。他們自問：「我的個案想要什麼？我有能力給他們想要的嗎？若我不知道該如何回應會怎麼樣呢？他們會想要再來嗎？」我們必須了解，面對未曾遇過或具有挑戰的情境免不了會感到焦慮，但過多的焦慮會使得實習新手無法完全專注於案主身上。因此，對助人者而言，學習處理個人的焦慮是很重要的一件事。另一個對許多學生與實務工作者值得關切的是，他們往往期望自己能夠幫助所有的案主，因而背負著這樣的信念：他們必須盡可能地做到完美無缺，以免犯錯而傷害了案主。

　　開始助人工作的初學者，在實習課程或實習期間，時常會聽到他們自我懷疑的聲音。試著運用以下這些句子詢問自己，確認你如何看待及關切這些問題的程度。若你認為句子的陳述是正確的，就在題號前面填上「是」，若句子的陳述與你實際狀況不符之處較多，就在題號前面填上「否」。

_____ 1. 我害怕我的個案因為我的錯誤或我不確定如何做而遭受傷害。

_____ 2. 我經常覺得我應該知道比我目前所知道的更多。

_____ 3. 在諮商過程中我對於沉默會感到不舒服。

_____ 4. 對我而言，知道我的案主正持續地進步是很重要的。

_____ 5. 對我來說，處理要求太過度的案主是有困難的。

_____ 6. 我很可能有困難與缺少改變動機或非自願的案主一起工作。

_____ 7. 我有困難決定改變的責任有多少是屬於我的，有多少是案主應負起的。

_____ 8. 我覺得我應該對我的案主負起全部責任。

_____ 9. 在諮商過程中，我有困難自在呈現自己及相信自己的直覺。

_____ 10. 我害怕進行面質，而且我認為這可能有礙於我的助人工作。

_____ 11. 我擔心案主會因為我是新手而認為我無法勝任。

_____ 12. 我不是很確定在諮商的過程中我可以顯露多少個人的真實反應。

_____ 13. 我容易擔心自己是否做了適當的介入。

_____ 14. 我擔心自己太過於認同案主的問題，變得好像是發生在我身上一樣。

_____ 15. 在諮商的過程中，我發現自己很想給予建議。

_____ 16. 我害怕自己可能會說些或做些什麼而大大地妨礙了案主。

_____ 17. 我擔心與那些和我的價值觀與文化背景截然不同的案主工作。

_____ 18. 我擔心案主是否喜歡或贊同我。

_____ 19. 對於要錄影我的諮商過程，我會感到焦慮。

_____ 20. 我擔心要討論結束諮商會談或有關諮商關係的議題。

針對上述問題，再次回顧並選出最能代表你關切的議題。當你關切的議題無法如你所願時，你內在不斷對自己說的是哪些負面訊息？如果這些負面訊息無法幫助你學習，你會如何批判與評價它們呢？

│第三節│ 移情與反移情

完成前面的問卷後，你更能明確指認出你所擔心與害怕的議題，而這些可能影響你與案主工作的效能。許多助人者都非常關切的是：如何在有效地處理案主於諮商過程中的各種反應時，能同時兼顧人性與專業的考量。其中很核心的任務在於你必須覺察到，有時你被觸發的反應是來自你自己內在的衝突，而非來自案主的內在動力。

一、移情的各種型態

在前一章已經介紹移情與反移情的概念，本章將對此主題再進一步說

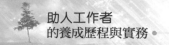

明。你可以從回想自己的原生家庭經驗中，了解這些移情作用如何影響了你的處遇與介入。**移情**（transference）通常在潛意識的層面運作，意指案主將過去生活中對重要他人的情感或態度投射在助人工作者身上。

典型的移情源自於早期的童年經驗，這些過去的經驗素材一再複製並重現於現在。「在治療關係中會反映出舊有經驗的固著模式，而這些也同樣顯現在他們的生活當中」（Luborsky, O'Reilly-Landry, & Arlow, 2008, p. 46）。這種舊有模式造成案主知覺的扭曲並投射在助人者身上。案主可能對你有許多的情緒與反應，也許同時混雜著正向與負向的情感。在不同的時候，同一位案主也可能表現出愛意、愛慕、怨恨、狂怒、依賴以及矛盾的感受。移情即使在短期的諮商中也會發生。重要的是要能理解這些移情的意義，並且能夠有技巧地處理它。

在我們針對學生及心理衛生工作人員的訓練工作坊中，參與的成員常提出棘手個案的行為進行討論。我們著重於理解這些問題行為對案主有何功能、檢視案主防衛行為所帶來的好處，並了解這些方式如何解決案主的焦慮，而不是把焦點放在探索這些棘手個案的內在動力以及如何去處理這樣的問題。我們致力於協助助人者能更加覺察、理解並探索他們面對這些情況時的反應。我們鼓勵並教導這些參與的成員，試著用好奇和尊重的態度，而非缺乏耐心或採取批判的方式接觸這些防衛的行為。

以下是一些你可能會遇到移情狀況的案例。試著自問，當案主對你有這些情感和看法時，可能會引發你哪些感受與反應。

◆ 案主以扭曲的方式看待你

有些案主會將你視為完美理想的父母形象，期待你能做到他們父母從未對他們做到的照顧。當案主把你當成父母的角色，甚至希望你能收養他們時，試著問問自己這些問題：當案主認為我有這些不切實際的特質時，我覺得舒服或不舒服嗎？當案主對我有不切實際的期望時，我的感受如何？當案主對我有理想化的描述時，對我而言是否具吸引力？

另一些案主可能直接對你表現出不信任，因為你讓他們想起以前的配偶、吹毛求疵的父母或是一些他們生命中重要的人。例如，一位女性案主由男性治療師接案，而這位治療師得知案主對男人的輕蔑態度；她生命中的男人都是不可信賴的，因為治療師也是男性，所以對她而言，治療師很可能也會背叛她。若你遇到案主依據過去經驗而對你預先做出評斷，你會如何回應？你能否辨識出案主的行為是移情反應並且能不帶防衛的處理它呢？你要如何讓案主知道你和她過去生命中的男性是不同的？無論你和案主有多麼正向的互動，如果她仍告訴你，你最終還是會讓她失望時，你要如何回應？

有些案主因為早期童年被遺棄的經驗而不讓自己在情感上和你太靠近，他們將過去的經驗強加在你身上。假設你的個案來自一個父母離異的家庭，不知為什麼，她堅信父母的分開是她造成的。因為過去被遺棄的經驗，且難以忘卻當時的痛苦，案主必須提防著你進入她的生命。她害怕若是和你太靠近，不知道接下來會發生什麼，況且你也可能會遺棄她。與這樣的案主工作時，必須考量以下的問題：我如何使她信服我不會遺棄她？怎麼樣的回應和表現會讓我看起來像她的父母？在這樣的情境下，我該如何處理？

◆ 案主視你為完美無缺的人

想想以下這位男性案主：他常用最高級的形容詞來描述你，認為你總是可以全然了解和支持他。他確信你有美滿的家庭，且無法想像你個人可能也會遇到困難。他相信是你在他諮商的歷程中帶給他轉變。你如何面對與處理給予你大量奉承和讚賞的案主？

◆ 案主對你提出不切實際的要求

有些類型的個案是他必須先了解你的想法後，才願意做接下來的決定。他們可能想知道是否可以在任何時間打電話給你；可能會要求你延長每次會談所預定的時間；他們會提到覺得與你有多麼親近，而且很想要成為你的朋友；他們希望你能確切地讓他們知道，他們有多特別。即使理智上你了解這些不切實際的要求背後的意涵為何，你如何想像這些要求會在情緒的層面上

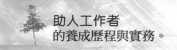

影響你？你可以用什麼方式協助這些案主發現，他們對待你與對待過去生命中重要他人的方式之間的關聯性？

◆ 案主將憤怒轉移到你身上

某些案主會以猛烈抨擊的方式將憤怒轉移到你身上。假若你面質他們，他們會對你感到惱怒。當你對他們的行為提出你的觀察和回應時，他們會表達對你的怨恨。我們必須確認案主對你的憤怒是合理的反應或是過度的表現，同時避免與其產生爭論。若你太過於個人化地看待案主的反應，你必然會以防衛的方式面對案主。身為助人工作者，面對這種類型的案主，你如何處理自己的情緒感受？你要用什麼樣的方式回應案主，才能不使他們變得更加防衛？面對這樣的案主，你可能需要向督導或值得信任的同事求助，並處理你自己的感受。

◆ 案主愛上你

有些案主會把你當作情感投射的對象。他們會告訴你，這世界上沒有人像你讓他們有這樣的感覺。他們確信只要找到像你一樣能愛他們、接受他們的人，就能解決目前所遇到的問題。面對如此的奉承，你要如何反應？而案主的回應，會讓你曲解或是增加你的自我覺察呢？

二、移情議題的了解與處理

從這些移情反應的例子可得知，在助人過程中覺察你的自我需求與動機是很重要的事。如果你對自己的內在動力缺乏覺察，你將困在個案對你的投射中，並迷失在他們對你的扭曲知覺裡。你很可能企圖自我防衛，而避免聚焦於重要的議題。注意你面對這些習慣先入為主並對你有不合理要求的案主所帶給你的感受，這些感受將有助於你了解案主的行為如何影響其生命中的重要他人。

當案主似乎非常努力地想讓助人者放棄他們時，比較有用的做法是：試著探索案主從這種自我打擊的行為或種種可以遂行其目的之行為中獲得了什

麼。若掌握得宜，案主能在其中體驗並適當地向你表達對生命中重要他人的種種感受。當這些感受能被有效地探索，案主可以更加覺察他們如何在現有的種種關係中固著他們舊有的模式。透過關注案主對你的行為和反應，你可以從中開始了解他們如何對待生命中的重要他人。

　　一個錯誤的觀念是，你認為案主對你所有的感受都是移情的反應。有時候案主確實因為你所做的、所說的或應做而未做的部分對你生氣。他們的憤怒並非全是因為過去情境所引發的不合理反應。例如，若你在個案會談的過程中接電話，她可能會對於你的中斷以及不專心感到生氣。她的怒氣可能是一種正常的反應，不應該「理所當然」地認為這不過是案主移情的表現。

　　同樣地，案主對你的情感並非都是移情的反應，有可能是他們真誠地喜歡你的某些特質，並享受和你在一起的感覺。當然，有些助人者急於將正向的感受解釋為真實的，而將負向的感受視為扭曲的。你可能都會犯下這樣的錯誤：不是無條件地接受案主所告訴你的，就是把他們所告訴你的一切都解釋為移情的表現。

　　在團體中，我們發現讓參與者逐步覺知他們對其他成員及團體領導者的移情反應是有幫助的。在團體一開始進行時，我們請成員特別注意在團體中他們最先注意到誰。我們透過一些問題來協助成員增進他們對他人感受的覺察：

- 在團體中，你最常注意到誰？
- 你是否發現自己易受某些類型的人吸引？
- 是否覺得某些人似乎特別會威脅到你？
- 是否發現自己容易對其他人很快地形成假設？例如，「他看起來很愛批評的樣子」、「她讓我有威脅感」、「我想我可以相信他」、「我確定我很想遠離她」、「這三個人似乎已經形成一個小團體了」。

　　我們特別注意到，團體成員通常難以察覺自己對某人有特別強烈的反應。人們在「看見」他人的某些特質時，往往否認自己也擁有這些特質。這

種投射的過程形成了移情的基礎。雖然我們請團體成員覺察自己對他人的第一個反應是什麼，但我們並未要求他們立即顯露對其他人內在的想法或反應，反倒是建議成員在與他人有機會互動後，再分享他們的反應是什麼。透過這些反覆出現的正向或負向反應的自我揭露，成員就有機會對自身未覺察到的部分有更深一層的理解。一個有療效的團體能提供一種環境，以促進個人覺察在某些模式上的心理弱點。團體的成員因此能洞察到自身為了無法解決的內在衝突，而創造出某些不適當的行為模式。透過在每次團體的進行中聚焦於當下所發生的種種，團體則能對於成員們在團體外的行為提供一種動力性的了解。這種洞察包括讓成員理解他們在童年時期如何受到重要他人的影響，以及他們現在又是如何對待他們認為重要的人。藉由這些新的洞察，當日常人際互動中的固有模式變得愈加明顯時，成員就更能覺察自己的狀況。他們現在可以選擇用不同的方式因應，而非自動化的反應。因此，當一位男性習慣用服從的方式應對多數具權威角色的女性時，透過這樣的覺察，就可以阻斷他自己總是讓這些女性表現得像他母親的樣子。然後他可以依著這些不同女性的真實表現，而有更多元選擇的回應。

有些人對於移情的概念則抱持懷疑的觀點。其中一位就是 Carl Rogers，他是個人中心取向（person-centered approach）諮商與治療學派的創始者。Thorne（2002）在描述 Rogers 的移情觀點時提到：「基本上 Rogers 將移情概念視為一種非常複雜的手法，足以阻止真實關係的發展，並且在治療師與個案探索兩人之間實際發生的種種感受時，可以避免治療師捲入其中」（p. 56）。而完形治療學派的創始者之一，Erving Polster（1995）則認為，移情的概念會讓治療師離開此時此刻的關係，而產生去除個人情感涉入的結果。所以移情的觀點容易簡化在治療情境中實際發生的種種，也減少了關係的連結。因此，Polster 才會強調個案與治療師之間真實接觸經驗的重要性。

三、反移情議題的了解與處理

移情很容易引發助人者的情緒反應，而這些反應若是導致反移情的狀

況，就很可能產生問題。所謂的**反移情**（countertransference）是指治療師對個案產生潛意識的情感反應，而導致對個案的行為產生扭曲的知覺。這種現象發生在如：助人者以極度防衛的方式回應，或是當他們因自身內在的衝突被引發而在助人關係中失去客觀性，因而導致不當的影響產生。重要的是能警覺反移情出現的可能，並預防助人者對案主出現不適當的反應而妨礙了他們的客觀性。若你希望助人過程更有效能，你必須考量到反移情可能是遭遇困境的潛在來源。不必急著解決問題，比較重要的是了解你自己的問題和反移情是如何影響你和案主之間的關係品質。

反移情並非都是有害的。你可以採用有療效的方式運用你的反應，就好像你終於明白你反移情的來源是什麼。相較於精神分析學派，我們要從一個較寬廣的角度來看待反移情。精神分析取向認為反移情不過是個人未解決之內在衝突的反映，堅信若要與案主有效能地工作，就必須先克服這些狀況。Brockett 與 Gleckman（1991）則廣義地看待反移情，包括助人者對個案反應當中所有的想法和感受，無論是由個案自身或是助人者生命中的重要事件所引發。Ainslie（2007）也提到目前大家所理解的反移情是指：「以更寬廣的角度看待治療過程中的感受、回應以及對於案主種種素材的反應，即使這些表面上看來並無問題，但是相對地都被視為用來理解案主經驗的有力工具」（p. 17）。所以，反移情的出現對於案主或助人者都可提供重要且有意義的訊息。

而助人者的任務在於專注自己與案主互動過程的經驗感受，並且能辨識這些情緒反應的來源為何。重要的是助人者在與案主會談的過程中，能監控和檢視自己的感受，並運用助人者自身的反應作為理解案主的訊息來源，藉此協助案主能更加了解自己。當助人者在過程中能覺察到個人的議題，將有助於助人者能適當地處理反移情，也就是他們出現的個人反應不會因此干擾了助人關係。Brockett 與 Gleckman（1991）相信，藉著運用督導的協助、誠實的自我反思以及必要時尋求個人諮商等方式，對於進一步了解反移情現象是非常有用的方法。

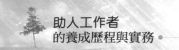

　　但是，並非因為對案主產生感受，就理所當然地認為是反移情的作用。例如，你可能對某些案主的生命遭遇與處境產生很深的同情和憐憫。反移情主要發生在當你覺得自己在這樣的助人關係中有極度不可或缺的位置，或是發生在當案主引發你過去的創傷時。就像案主對你有些不合理的反應，並將他們個人未解決的議題投射在你身上，同樣地，你也可能對你的案主產生不合理的反應。

　　仔細思考你與某些個案工作時被引發的情緒，想想自己如何被這些你感到特別困難的個案影響。面對這些不同形式的移情反應，你要如何回應？哪一種類型的個案容易引起你的反移情？對於表現防衛的個案，你是否以個人慣性的方式回應？你是否自責自己的助人技巧不足？當你和棘手的個案工作時，會讓你想征服他們嗎？

　　請你看一看自己對待個案的態度、行為與反應，有時可能會如何地助長了他們的防衛。無需過度地自我批判與苛責，檢視你對個案的種種回應，將決定你所做的究竟是減少或增加了個案的問題行為。作為一個助人者，很重要的是你願意省察自己可能促進個案問題行為表現的部分。

　　假如你能運用自身的真實感受作為了解自己、個案以及你和個案之間關係的一種方式，這些感受就變成一種有助益且具治療性的力量。即使你可能已具備洞察及自我覺察的能力，這樣的運用，在助人專業的要求上是很重要的。當你和個案之間存在這樣情緒強烈的關係時，就有可能將你個人內在未解決的衝突浮上檯面。由於反移情的產生是一種你與個案產生關聯的形式表現，很容易就迷失在個案的世界中而使你的助人效能受限。以下是一些關於反移情的實例：

- 「讓我幫助你。」你的個案有一段非常辛苦的生命歷程，無論他如何努力，即使用盡他最大的力量，事情也難以改善。你發現自己對個案特別地投入與協助，導致他變得很依賴你。
- 「希望個案能取消會談。」你因為個案對你或其他人直接地表現憤怒

而感到驚嚇。當你面對個案時，你感到不自在且顯得謹慎小心與防衛。當個案取消會談時，你發現自己鬆了一口氣。

- 「你讓我想起某個人。」你的個案們常常會讓你想起生命中某個重要的人。將自己置身在以下這些情境中，當你面對個案時，想像一下你會如何回應，以及你回應的可能是誰：

1. 你是一位中年的治療師，你的丈夫因一位年輕的女人離開你。而你目前工作的女性案主正與一位中年已婚男子交往。現在，請你仔細想想以下狀況：若你的個案正是上述這位中年男子，且他正與一位非常年輕的女人有婚外情。

2. 你是一位性侵受害者，而你的案主透露她曾遭到性侵害。或是你的個案告知你他在多年前曾強暴一個女人。

3. 你幼年時曾受到虐待，而你的個案在與你工作數個月後告訴你，他曾經虐待自己的孩子。

4. 你才剛在家應付完一個叛逆又難搞的青少年女兒，接著今天面對的第一個案主是一個明顯表現敵意和不友善的男孩。

5. 你的祖父過世了，你並未真正地走過這段歷程，並設法強忍自己對祖父過世的悲傷。而你有一位年長的個案，正處於健康狀況惡化且幾近死亡的情形。當他談論到自己的感受時，你覺得極度不適且無法適度地回應他。你只能試圖一再地向他保證一切都會很好。

- 「我從你身上宛如看到自己。」某些個案像是有責任般地提醒你，讓你想到一些自己不願承認的特質。即使你確實清楚自己具有某些特質，但你發現當個案提到他們面臨的問題和處境與你非常相似時，仍令人感到不安。例如，個案可能是一個工作狂，而你也看到自己常常太過投入工作。所以，你發現自己很可能會花很多力氣協助個案在生活中放慢步調，不要太緊繃。

- 「我用自己能接受的方式來回應你。」有時你的案主可能會表現出痛苦並流淚。他們極度痛苦的表現可能讓你感到焦慮，因為這會讓你想

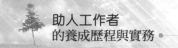

到一些過去或目前生活中你想要逃避的處境。你也許企圖以提問的方式介入以中斷個案的情緒。但很重要的是，你能了解這樣的介入是為了讓助人者覺得好過一些，而不是以案主的最佳利益為考量。

沒有人能免於反移情的發生，重要的是你能留意其中細微的訊息。你可能發現某些案主會引發你表現出父母式的反應，引起你對他們行為的批評。當你了解自己有這樣的情形時，將使你在面對自身所投射的議題，或是處於被強烈影響的狀況下，較能夠超然地處理與面對。

處在這些反移情的影響當中，最容易受到傷害的，可能就是那些照顧嚴重疾患或隨時可能死亡的個案工作者。這些照顧者長期不斷地面對死亡的現實議題，在他們的工作中看著這些人被死亡圍繞著。除非這些照顧者能夠深入地處理他們自身面對這些狀況的種種反應，否則這樣的工作將造成他們情緒上的耗損。如果缺少對於死亡、失落、分離以及悲傷等議題的自我探索，當你與個案工作時，這些感受就很容易被引發。在我們訓練學生的經驗中，發現許多人難以和臨終病人或老人一同工作，因為這將不斷地提醒他們自己的死亡議題。與這些個案工作可以是一件有價值的事情，但也可能會引發焦慮和壓力（Brockett & Gleckman, 1991）。

同理心疲勞（empathy fatigue）源自於助人者過度暴露在個案所表達的痛苦中而出現的一種反移情類型，特別是當助人者並未覺察到自身未解決的個人議題時（Stebnicki, 2008）。Stebnicki注意到，助人者因為傾聽許多個案關於悲傷、壓力、失落以及創傷的故事，很容易經驗到其中強烈的情緒與感受。助人者可能因此迷失在個案創傷與痛苦的議題中，或者以解離的方式，將自己和這些被悲傷和無助感淹沒的個案保持距離，而產生自我防衛的機制。

你或許無法全然消除反移情的產生，但是，你可以學習辨識反移情所顯現的樣貌，並將它視為**你自己的問題**而非個案的問題來處理。當反移情的產生沒有被認出、理解、監控與管理，才會變成是一個問題。在學習如何處理

反移情之前，最重要的第一步就是辨識出反移情的發生。這裡提供一些辨識自己是否出現反移情的訊息與線索：

- 你開始因為某些個案而變得極度惱怒。
- 和某些案主工作時你經常超過時間。
- 你發現自己想要借錢給某些遭遇不幸的案主。
- 你想要領養一個受虐的孩子。
- 你會想辦法讓處在悲傷中的個案離開痛苦的感受。
- 你與狀況特殊的個案會談後通常會感到沮喪。
- 你對你的個案逐漸產生性方面的慾望。
- 你容易對某些個案感到厭煩。
- 你常常比你的個案還更努力參與。
- 你經常對某些個案產生過度的情緒反應。
- 你提供個案很多建議，並希望他們能依照你認為應該做的方向去做。
- 你會很快地拒絕某些類型的個案，或是即使你在對個案所知甚少的情況下仍建議轉介。
- 你發現自己對某些個案會表現出教訓或與其爭論的行為。
- 你需要從某些個案獲得認可或讚美。

須切記的是，感受的出現並不是問題。更確切地說，因某些感覺而引發的行為表現才是我們需要關切的部分。在處理反移情時，你必須採取接納的態度，能開放的自我覺察、自我規範，並且願意適時以有療效的方式分享你自己的反應（Brockett & Gleckman, 1991）。也就是說，以接納而非自責或批判的方式對待任何你所經驗到的感受。

當你開始理解到某些話題或議題會激發你增加某些感受或特殊的反應時，你必須盡力了解究竟是什麼讓你產生這些過度或不恰當的反應。這時運用自我探索與諮詢，對於進一步自我了解是非常好的途徑（Brems, 2001）。

自我的管理與監督，對於學習如何有效處理移情與反移情的產生是一個

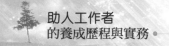

很重要的因素。你可以在接受督導的期間將焦點放在自己身上,更加覺察自己的反移情。試著花一些時間在你和個案會談時說說你自己的感受,而非只是一味地討論個案的問題。另一個很不錯的方法是:藉由和同事及督導討論你對個案的感受,而擴展你對潛在性反移情的覺察。

持續地督導將使你能夠為自己的反應負起責任,同時也避免你讓個案為會談的方向或目標負起全責。自我了解是有效處理移情及反移情作用最基本的工具。值得牢記在心的是,幫助別人改變也將在某種程度上改變你自己。假若你不願意解決你個人的問題及衝突,當你在邀請個案更深入地探索他們關切的議題時,你將缺乏足夠的說服力。

|第四節| 了解與處理棘手個案

專業助人者與學生同樣都關切的是如何處理棘手的個案。因為這些個案讓他們無論在個人或專業上都感到壓力沉重,而希望能學到處理這些個案的技術。對於這些個案,並沒有簡要而單一的技術存在。在訓練課程中,我們幫助這些參與者能更加覺察並理解自己面對這些所謂的問題行為的反應,並教導他們以建設性的方式,分享自己面對這些個案的反應。

一、處理問題行為及棘手個案的態度問卷

花幾分鐘完成這份問卷,檢視你面對案主的抗拒及問題行為有怎樣的態度。運用以下的等級量尺,針對每一題表達你的立場:

1 =非常同意
2 =有些同意
3 =有些不同意
4 =非常不同意

_____ 1. 棘手的個案迫使我仔細思考，並進一步探索我自己未解決的一些問題是如何影響我成為一個有效的助人者。

_____ 2. 對於個案的問題行為最好以感興趣、好奇的方式來接觸。

_____ 3. 個案所表現的抗拒行為通常在助人歷程中導致無效的結果。

_____ 4. 當我遇到個案的抗拒時，我通常會探究是否是自己促使此行為的產生。

_____ 5. 非自願個案很少從專業的助人關係中獲益。

_____ 6. 當個案出現沉默時，這表示他們對治療缺乏合作意願。

_____ 7. 個案出現防衛通常代表個案缺乏處理移情關係的能力。

_____ 8. 處理個案防衛最有效的方法就是極力面質個案。

_____ 9. 一種與棘手個案工作的方式就是專注於我們的感受。

_____ 10. 標籤化或論斷個案的問題行為容易使其行為更加牢固。

現在回顧一下你的回答，並試著確認你對於防衛及問題行為的既有看法為何。就這個部分而言，想想個案的問題行為通常如何影響你，而你又會如何有效地處理呢？

二、用了解與尊重面對案主的抗拒

多數的個案習慣以某些方式測試你，以確定和你的關係是否安全。重要的是你能鼓勵案主試著開放，使其能表達他們的猶豫與焦慮。大部分的個案在求助過程的不同階段，往往會經驗到矛盾及防衛。這是因為個案對於要選擇待在安全的區域範圍裡，還是試著冒險讓你更了解他們，很容易出現混合的複雜感受。你和案主都需要了解抗拒及防衛的意義，並停下來探究這些行為在助人關係中的意涵。

從精神分析的觀點來看，抗拒（resistance）意指個人不願將過去壓抑或否認的一些具威脅性的素材帶入意識的層面去覺察，也可以說是阻止個人處理潛意識的素材。從一個更寬廣的角度來看，抗拒可被視為是一種避免探索

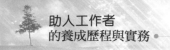

個人內在衝突或痛苦感受的行為。也就是說，抗拒是一種我們試圖保護自己免於焦慮與痛苦的方式與功能運作。

　　案主可能會以各式各樣的問題行為表現其抗拒。要學習尊重案主的抗拒以及因為逃避而出現的各式行為樣態，並努力理解這些行為的意義為何。Teyber（2006）建議助人者可以把個案的抗拒理解成一種他們早期的因應策略，這些方式在當時提供了他們自我保護及適應生存的功能。Teyber 強調助人者面對個案的抗拒能採取尊敬的態度，並以一種欣賞的角度看待這是個案在面對困難處境時所能選擇的最佳因應策略。以求生存的機制來看待個案的症狀及問題行為時，助人者和案主就能認同某些抗拒的表現絕對是正常而且可以說得通的。所以根據 Teyber 的說法，將個案的抗拒視為說謊或缺乏動機的表現並不是很恰當。他認為抗拒在治療歷程中是很自然的一部分，需要進一步被探索與理解：「抗拒的發生只不過是個案未覺察到的複雜及矛盾感受，這些都是在個案尋求協助、探究困難議題或是成功地改變並變得更好等過程中，被引發出來的」（p. 100）。Teyber 鼓勵助人者從最初的會談開始，即和個案一起探索他們在每次晤談中所經驗到的事。除非助人者能邀請個案談論在助人歷程中任何可能的問題，否則他們所關切的部分也許就無法有機會表達。

　　你不會立即就能得到個案的尊重，也不是僅僅憑藉著專業證書就能為你贏得真誠的關係。相反地，如果你用同理、關懷及尊重的方式靠近個案的抗拒，他們會因此放下一些防衛並開始相信你。所以關於尊重抗拒，某部分的意思是指你能欣賞這些防衛所帶來的功能。若你能成功地幫助個案放棄一些防衛，你是否能夠協助他們發展出更好的方法來因應他們生活的要求？有時候人們會需要運用他們的防衛機制在危機的情境下求生存。在這種時候，你需要做的是支持，而不是讓你的個案放棄他們的自我防衛。

　　或許理解案主各種防衛行為的關鍵在於注意你的反移情，尤其是被個案行為所引發的部分。此時，身為專業助人者，你不能因此表現得脆弱。你要做的是給你的個案一些指引，盡量不以防衛的方式去回應他們所展現的任何

問題行為。如果你能記住個案找你的目的是尋求協助，也許你會更有耐心地與他們工作。

在處理棘手個案時，監控你自己對他們行為的反應。如果你用一種攻擊或嚴厲的方式回應，這種具有張力的情勢可能會讓狀況更加惡化。假如個案在一開始就表現出不信任，試著將這種狀況視為一種契機和可接納的方式，這讓你有機會可以在助人歷程中善用個案的謹慎和小心。這個例子說明了一個看似劣勢的狀況，事實上卻可以用一個優勢的觀點來重新予以概念化。個案對於不願合作並拒絕協助都有他們自己的理由，助人者和個案都必須要知道這些理由是什麼，並有機會在助人關係中表達和分享。你的任務就是用一種不同的方式來接近這些棘手個案，並和他們形成工作同盟，由此他們可以學習新的而且更有效的因應方式。

當你將個案視為棘手或具有挑戰性時，可能讓你產生自我懷疑、無能、覺得自己不夠格、感到生氣。如果面對挑戰你的個案你很快就變得惱怒，很可能會切斷你與他們連結的管道。我們希望你能避免先將個案標籤為「抗拒」，而是描述你所觀察到的行為。無論你看待個案是驚恐的、因悲傷而深受打擊、小心謹慎的或受到創傷，你都可以藉此重新架構任何他們出現的問題行為模式。就僅僅是將「抗拒」這個詞改以更為描述性且不帶批判的專業用語時，對於出現所謂「棘手」的個案，你的態度也很可能有所改變。當你改變你看待個案行為的鏡框時，你將更容易採取一種理解的態度，並鼓勵個案去探索抗拒對他們的意義為何。不要將他們的行為視為阻礙你工作的絆腳石，而是試著以感興趣和好奇的真誠態度來接近與了解這些行為。

假設你的案主 Enrique 表現出不友善的行為，仔細想想如何以新的架構重新看待這個經驗：「很有趣的是，Enrique 多麼努力地想讓我對他生氣，我很好奇他的行為想達成什麼樣的目的，而他是否發現有其他更直接的方式來獲取他所想要的。」看看另一個 Maribel 的例子，每次會談她大多是沉默地坐著。「Maribel 看來似乎很恐懼。會談中的沉默，可能是因為她不了解對於自己的問題要如何尋求協助。」描述你如何看到個案對待你的行為，並邀請

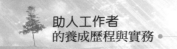
他們探索這些行為的意義。讓個案知道他們的行為如何在某種程度上影響了你，可能是一種很適當的方法。當你對此分享了你個人的回應後，案主就更可能願意探索其他的可能方式，從你和其他人身上獲取他們想要的東西。

三、棘手個案的類型

　　Albert Ellis（2002）曾描述過助人者與他們所謂「難搞的顧客」（difficult customers）工作時，所出現的各種抗拒類型。理情行為治療（rational emotive behavior therapy, REBT）認為某些抗拒是很正常的反應，因為害怕是屬於改變歷程的一部分。依據 REBT 的觀點，抗拒源自於個案自身多樣的因素（例如：非理性信念），但是助人者的態度與行為也可能致使個案產生抗拒。Ellis 曾提及如何處理你心中最棘手的個案——你——的抗拒。他的主要論點在於助人者是凡人而且也會犯錯。助人者如同他們的個案一樣，都存有非理性信念且相信這些假設是無庸置疑的。例如，當助人者遇到抗拒的個案時，通常會認為自己該對此負起全責，並堅信他們如果是個勝任的助人者，個案就會很樂意合作。

　　若你想要有效地處理棘手個案，請培養耐心並給予個案空間演練，以確定個案是否有興趣改變他們視為有問題的行為模式。如果個案堅持不想改變某個行為，或者認為此行為對他們的生活未造成問題，就算你努力地想協助他們改變，也可能徒勞無功。

　　在和你認為有問題的個案工作時，切勿只將注意力放在他們身上。不要持續地把注意力放在個案出現的問題行為上，而是省思你對個案的反應是什麼。看看這些反應在告訴你什麼，包括你自己的也包括你個案的。不管個案出現了哪一種特定的行為，重要的是你能了解自己的反移情反應。某些個案對你而言是更有難度的，因為他們容易引發你的反移情。想想以下所描述的棘手個案，有哪些特徵對你來說是非常大的挑戰。

◆ 非自願個案

你所工作的個案不會都是自願來找你求助的。有些是法院送來的，有些是他們的父母送來的，有的來自配偶的強迫下，有些則是其他助人者所轉介而來。非自願個案可能對改變幾乎毫無動機，對你提供的協助也許認為毫無價值。例如，Herman參加一個專為那些因酒醉駕駛而遭判刑的駕駛所開的課程。他參加此課程的主要動機是達成法官的指令，他認為參加課程總比入監服刑好。雖然他願意來參加這個活動，但他告訴你他不認為自己有問題。更確切地說，他把酒醉全都歸因於一連串不幸的命運，他並未看到自己確實需要改變。

面對這樣的個案，作為助人者的角色，你很可能不是變得防衛就是認為自己做的不好而感到自責。我們認為，為了一位非自願個案正坐在你的會談室而感到自責的想法是錯誤的。一個不是出於自願的個案可能會有參與的困難。有時個案勉強尋求協助，是因為他們對於助人歷程的必然過程有所誤解，或是他們對於諮商曾有負面的經驗。你如何接近這樣的個案，將決定他們變得更願意或是減少合作的程度。就以上案例來說，探索Herman的抗拒，並且展現你很願意告知他關於你所提供服務內容的相關訊息，他的抗拒也許會減少並提升參與的可能性，Herman將對你必須提供的協助更有興趣。這時你們可以做的是一同針對希望讓工作有收穫的部分，進一步討論具體明確的合約。

◆ 沉默與極度害羞的個案

這種個案幾乎不說話到令人焦慮的程度。想像這樣的個案坐在你的會談室：他大多數時間都看著地板，對於你的提問有禮且簡短地回應，沒有任何主動提供的訊息。對你而言，這個會談似乎永遠都不會結束，而你感覺到自己好像不存在似的。你可能會問他：「你真的想來這裡嗎？」他一定會回覆：「當然，為什麼不？」如果你問他生活想要什麼樣的改變以及想談論什麼樣的主題，他通常會說他不知道。

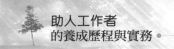
讓個案說話是你的責任嗎？你認為沉默是他個人的因素嗎？你會想辦法鼓勵他說話嗎？在你承擔過多的責任之前，或在你不適當地評論他的沉默之前，嘗試從某些脈絡來看待他的沉默。你可以問問自己，甚至是你的個案，這些沉默指的是什麼。他的沉默可能代表著以下的含義：他很害怕。他把你視為專家並等著你問他問題，或告訴他要做些什麼。他覺得自己像啞巴一樣，他可能在腦海中排演著每一個想法，然後又苛刻地批判每一個回應。他對於向人求助感到羞恥。他所回應的是關於過去「被看見但不要被聽見」的制約反應。他的文化可能對沉默存有一種價值觀，也許他曾被教導要尊敬地聽人說話而且只要回答問題就好。再者，你的個案可能變得安靜且不顯眼，因為這樣的模式足以保護他可以一直當個小孩子。換言之，所有沉默的形式都不應該被解釋成拒絕與你一起合作。

在團體諮商情境中，沉默的個案可能以許多方式影響你和其他成員。你可能會評斷自己，認為自己如果可以知道說些或做些什麼正確的事情，你的個案就會更開放並充分地表達。你可以試著和你的個案對話，或持續地想辦法把他從這樣的狀況中拉出來。說一些像是這樣的話可能是有幫助的：「我注意到你在這個團體很安靜。你似乎很專注地聽其他團體成員說些什麼，但是我很少從你這裡聽到什麼。我很想知道更多有關於在這個團體中的你是什麼樣的情況。」假如這位個案不認為他的沉默是個問題，你嘗試想改變他的努力可能就白費了。這個沉默的團體成員會有很多理由保持安靜。如果他沒有看到自己的沉默是個問題，你可以與他一起探索這樣的行為方式所造成的問題。如果你承擔起拯救他的所有責任，那麼他就不需再為自己沉默背後的理由而努力奮鬥了。

◆ 話說太多的個案

相對於沉默寡言的個案，你也會面對一些不停說話的人。有些個案容易沉溺於說故事當中。他們告訴你所有的細節，好讓他們不會被誤解。然而，你可能疑惑故事的重點到底是什麼。他們說的並不是如何被特定的情節影

響，而是提及一些無關的事情，讓人淹沒在這些資訊中。

看看 Bertha 這位個案，她就是用如洪水般的瑣碎資訊壓垮你。你採取了任何企圖使她慢下來的方法，但她仍告訴你，她想要確認你是否了解她說的是什麼。她非常忙於「他說……」以及「她說……」的故事獨白中。Bertha一直說個不停，因為她若慢下來並經驗一些她正在說的事情時，可能會感到焦慮。

和 Bertha 工作，你可能覺得被一堆資訊淹沒且不知要如何介入。即使提到的是痛苦的情境，她也用一種隔離且像是排練過的方式來表達。因為擔心中斷個案說話的後果，你可能對於打斷她說話顯得有所保留。你的功能之一，就是協助 Bertha 能覺察她自己的行為是如何助長其防衛機制。這裡提供了一些很實用的例子，可供你參考使用：

- 我注意到當你提到你和母親的關係時，你就像是被撕裂了一般。然後你會很快改變這個話題並討論另一個主題。
- 我很難跟上你說的這些。我比較好奇你到底想告訴我什麼。
- 你願意在這裡先停一下並告訴我你此刻的感覺是什麼嗎？
- 你真的很努力提供我許多細節好讓我更了解你。我是很想了解你，但是這麼多瑣碎的訊息對我而言，反而難以聽到你真正想告訴我的是什麼。
- 假如你必須用一句話表達所有你想要告訴我的內容，你會怎麼說？

如果對於像 Bertha 這種用許多話語把你淹沒的個案，你著實覺得難以忍受，這時運用你真實的感受回應、處理可能是比較有效的一種方式。Bertha在她的生活中可能也以相似卻更為誇張的方式，就像影響你一樣地影響許多人。如果她決定要讓事情變得不一樣，關於她如何表現自己的部分將有機會獲得回饋。假如你持續地壓抑你對她真正的反應，並假裝用一種無條件積極關注的方式傾聽她，反而會強化她多話的特質。

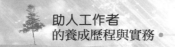

◆ 問題多到快被壓垮的個案

某些個案有很多的困擾與問題且長期而持續地壓垮他們，而他們可能也會以此方式壓垮你。這樣的個案通常像是儲存了無止境的困擾與問題。他們每週都來晤談，往往一開始就激動地說：「先等一下，我要告訴你這禮拜發生在我身上的事。」雖然他們敘述某些痛苦的情境，但你仍懷疑他們如此激動是因為要報告這冗長的問題清單。你需要積極且保持敏感地介入，否則他們可能同時壓垮自己也壓垮了你。你也許不知道要從何開始切入，也可能對這這麼多的問題感到沉重，特別是當你覺得你必須幫忙解決這些問題時。

如同其他無效的溝通方式，像是你和個案一直去探究他們做了什麼而造成這些問題，以至於他們覺得快要被壓垮了等等。說一些像這樣的話可能是比較有用的：「我知道你今天想談很多讓你感到很有壓力的事情。我建議你先安靜坐一會兒，深思一下你最想從這個會談中討論什麼？選擇一個在此刻你所關切的事情當中覺得最有壓力的一件事情。」藉由把焦點轉回到個案身上，你也許能協助此人免於溺死在如大海一般的問題中。

◆ 總是說「是的，可是⋯⋯」的個案

你會遇到一種個案具有異常的天分，能創造出各種理由讓你無法有效地介入。作為一個助人者，面對像這樣的個案，你會很快地感到耗竭。無論你分享什麼樣的洞察或直覺，或者你給予什麼樣的提議，最後的結果都一樣：個案會很快地用反對的理由來反駁你。以下是一些關於「是的，可是⋯⋯」的症狀案例：

助人者：我建議你選一次諮商會談，帶你的太太一起來。

個　案：「是的，可是你並不了解我的太太。」

「我同意這樣做可能有用，但是我太太大概會覺得備受威脅。」

「但是我太太不可能會改變。」

「我很願意告訴她，但我不認為這樣做有用。」

助人者：每次我給你建議，你就會有理由來駁斥我的建議是怎麼樣的沒有用。我很懷疑你是否真的想要改變。

個　案：「是的，可是你實在不了解我的處境。」

「你對我期待太高了。我試過了，可是事情就是不能如我所願。」

「我當然想改變，但是就是有很多事情讓我沒辦法改變。」

當你試圖想協助這一類個案，很容易會感到沮喪。其實你不用如此惱怒。即使你很願意幫助這樣的個案，他仍確信沒有人可以幫得了他，最後你可能會覺得無助而且想放棄。當你意識到你比個案還要努力時，這代表了該是和他重新商議的時機，了解他究竟想要的是什麼，又為了什麼來找你。

◆ 總是把責任歸咎於他人的個案

有些個案對於多數發生在他們身上的事情都採取歸咎於環境和其他人。Carrie 是一個最能代表此類個案的例子，她總是很快地對於她的不幸找出不屬於她的責任，卻不易對她的痛苦遭遇承認屬於她自己要負責的部分。她認為她對自己的生命完全無法掌控，主要是因為她總是只看到自己以外的部分，卻沒有想到她在創造自身不幸時所扮演的角色。以下是一些她認為要為她不幸的生命負責的幾個外在因素：她的丈夫不了解她；她的孩子都很自私而且不會考慮到別人；她有很嚴重的過敏症使她無法做她想做的事；她因為太沮喪了實在無法減肥。

只要 Carrie 把她的問題焦點都放在她自己之外，這表示她的人生不可能改變，除非其他人能改變。對你而言，你可能很想幫助她改變，但你發現不僅無法從她所有可工作的議題著手，也無法改變她生命中其他相關的人。

如果 Carrie 對你生氣，這一點都不令人驚訝。你可能致力於與她辯論，並用各種方式挑戰她，是她使自己的生命陷於不幸。若她持續拒絕去認清自己在其中所扮演的角色，你可能會很想將她轉介。當面對許多像這樣類型的問題行為時，你可以面質她某些行為，與她分享你的反應，聽聽她的說法，

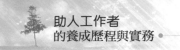
詢問她願意做些什麼來獲得她想要的東西。

◆ 否認自己需要協助的個案

有些人就是看不見自己有問題。他們可能因為想幫助自己的配偶而尋求伴侶諮商，卻不願意在這段有狀況的關係中檢視自己的問題。若嘗試要說服這些堅持自己沒問題的個案承認自己有問題，恐怕很難有成效。

例如，假設你問 Roy 他想從你這裡獲得什麼，他可能會回應：「我太太希望我來諮商，我是為了她才來這裡。」如果你接受他的觀點，把他的話當真並認為他的確沒有問題，你可能就讓 Roy 過了這一關。透過詢問他是如何被他太太的問題影響時，你最後得到的答案可能還是否認是他的問題。而另一種選擇是詢問他何以會想要來找你會談。若他的回應是：「喔！沒事，一切都很好。」你可以回應：「當你快抵達會談室時，你有想到什麼嗎？」或者你可以問：「你說你到這裡來是為了幫助你的太太。有關於這部分，你認為她需要的幫忙是什麼呢？」或是你可以這樣說：「你告訴我你沒有任何問題，而你太太今天卻要你到這裡來。這種情況對你來說是個困擾嗎？」

一些和我一起工作的學生會提到他們多麼想幫助別人，但他們似乎還不太能確認自己生命中的個人議題。我們過去已經聽過這樣的學生談及他們的問題。他們願意承認自己有一些問題，但他們堅持已經處理並解決這些問題了。在一些你所上的課程中，你或許有機會去經驗關於個人成長的活動。你可以想想，當你與他人探索自己生命中的任何問題時，你有多開放？你的防衛程度如何？對於他人給你的回饋，你抱持什麼樣的動機傾聽與回應呢？如果你發現要坦承你生命中的潛在議題是很困難的一件事，你是否想過，你能夠有效地挑戰個案對於真正困擾他們的問題做一番誠實的自我評估嗎？

◆ 表現被動攻擊行為的個案

某些個案已經學到用間接迂迴的方式應對他人，以保護自己免於受傷。他們運用敵意及諷刺作為他們避開傷害的一種方式。特別是遭受面質時，他們非常懂得如何逃避。如果你給予回應，他們可能會說：「好吧，你真的不

需要有這樣的感覺。當我做出那樣的評論時，我只是開玩笑的。是你把我說的話看得太認真了。」

表現被動攻擊行為（passive-aggressive behavior）的個案有一些常見的特徵：他們經常遲到；他們說得很少；你可以看到他們臉上不對勁的表情，卻又向你保證一切都很好；當你說話時他們咯咯地笑；他們揚起眉毛，皺著眉，嘆著氣，搖頭，看來很無聊，以及其他種種非語言的反應，卻否認任何發生在他們身上的事；他們長期以來習於獲取注意，但是當他們獲得了注意，卻什麼都不做。

表現出被動攻擊行為的個案處理起來可能較為困難。把他們標籤化並告知說「你這是被動攻擊」的行為詮釋是毫無效用的。直接處理這樣的行為並不容易，因為行為本質就讓人難以理解。然而，你面對這種不友善、經常語帶諷刺以及喜歡玩「打了就跑」（hit-and-run）遊戲的案主時，還是必須要有一些回應。一種徹底切斷此種間接迂迴行為的方法，就是覺察這種情形引發了你什麼反應並提供你的回應。避免做出評斷，但描述你所觀察到的，並告訴案主他們的行為是如何影響了你。同樣有用的是，可邀請他們若是覺察到自己出現這樣的情況時，能告訴你這些行為代表的意義為何。例如，你可能會說些像這樣的話：「我有注意到當我說話時，你有時會微笑或轉動你的眼睛並頻頻回頭。我發現自己在當下會好奇你是否有什麼事情想告訴我。」這些意見提供案主一個機會，能更直接地面對並解釋他／她自己行為的含義。

以下是一些助人者可以再思考的問題：某些顯現敵意的個案是否讓我想到自己生命中的任何一個人？當人們不用直接的方式且讓我感覺到有一些事情他們不願意告訴我時，我的感覺是什麼？對我而言，現在是否是一個恰當的時機以便向懷有敵意的個案表達我真實的回應呢？

◆ 過於理性的個案

一個習於用理智的方式概略描述其情緒並呈現他們自己，是另一種棘手個案的類型。任何時候只要他們快靠近自己的情緒，就會想辦法迴避這些感

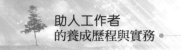

受，轉而將它們停留在相對安全的認知範疇內。他們不斷地嘗試想理解自己何以會有這樣的問題。他們擅長自我診斷，並將自己功能障礙的部分以一種「理論化」的方式，推論其問題的本質為何。他們知道只要將其功能主要都放在理智的層面上，就能安全過關了。如果他們允許自己感受嫉妒、痛苦、沮喪、憂鬱、生氣或任何其他情緒時，他們就會感到不安。為了避免經驗到焦慮，他們學會的方式就是隔離自己的情緒感受。

不要責難這樣的個案，而且要堅持讓他們能接觸到自己的感受層面。你可以讓個案了解當他們極少表現感受時，對你在當下來說會有什麼樣的反應；若試圖要去除他們的防衛則一點幫助也沒有。當他們覺得準備好可以更釋放自己時，他們就會這麼做。想像你正在處理一位總是過度理智的女性案主，而你是怎麼被影響的：假如你成功地讓她放棄對自己的防衛，你後續還能幫助她嗎？當她降低自己的防衛並連結到自己多年壓抑的感受時，你能夠與此人在當下同在嗎？你會被她的痛苦情緒給淹沒覆蓋嗎？當她表達自己的害怕時，如果你無法與其當下同在，這對她而言是否更證明了她的情緒表現是不能信任地交託給任何人呢？

◆ 利用情緒表現作為防衛的個案

相對於善用理智作為防衛的案主，就是常用情緒來防衛自己的個案。他們的行為可能讓你陷於困境。你對於是否要相信他們的情感表現感到困擾。你可能變得容易惱怒，覺得被操弄或懷疑他們並不是真誠的。

我們並不建議當個案真誠地表達情緒時要視為抗拒的表現，我們討論的重點在於個案利用其情緒表現作為一種防衛方式。當你面對這一類個案時，試著反映出他們對你所做的是什麼。一種可能的方式是，某些非常容易訴諸於情感表現的個案，可能讓你想起生命中某些也曾運用他們的情感來操弄你的人。例如，你的一位姐妹，當她哭著且如暴風雨般衝出房間時，可能曾因此成功地讓你感到內疚不已。而此刻，當你與這些出現此類行為的案主工作時，你可能會覺得無法同理他們，接著就開始懷疑自己是否缺乏同理心。

四、有效地處理防衛行為

學習專注地傾聽並秉持尊重的態度，去面對個案的害怕、有所保留、矛盾，以及勉為其難。當個案表現出問題行為或出現防衛的訊息時，想想你可以介入的方式是什麼。這裡提供你一些可以再深入思考的參考指引：

- 能夠尊重地表達出你對案主的回應。
- 避免用挖苦的方式回應案主諷刺性的言詞，或者懷有敵意地回應案主不友善的評論。
- 提供案主必要的資訊，好讓他們可以從助人歷程中獲得更多。
- 鼓勵案主去探索自己的擔憂和猶豫，而非期待立即的信任關係。
- 避免評斷案主，而是描述你觀察到的這些試圖自我挫敗的行為。
- 以一種暫時性的方式陳述你的觀察和直覺，以避免太過武斷的觀點。
- 能敏銳察知案主與你在文化上的差異，避免因他／她的文化而對案主形成刻板印象。
- 監控你自己反移情的反應。
- 避免運用你的知識、專業技術以及權力來威嚇那些前來尋求協助的人。
- 不要用過度個人化的方式看待案主的反應。

當我們在工作坊中談論到處理棘手個案的行為時，參與者總是興致勃勃地想學習特定的策略，以處理他們最感到挫折的個案行為類型。我們在這裡的討論重點是，避免建議可以如何改變個案的技術，而是將焦點放在你身上，也就是作為一個人及一個助人者的角色。你無法直接改變個案的防衛行為，但是你可以學習了解他們行為背後動力的相關課程，也可以更加了解你自己的防衛機制。

把焦點放在為什麼個案必須來找你，他們希望獲得什麼，而你如何教導他們用更好的方式滿足其需求。如果你用負向的方式回應個案的負面行為，

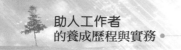
這將會阻礙你的助人效能。若你不把意圖放在攻破他們的防衛,並且能避免標籤化或評斷他們,就能降低他們防衛的機率。假若你能承認自己對這些個案的種種回應,你將更可能有效地與他們工作。關於如何有效地理解與治療棘手個案的工作主題,我們推薦閱讀 Fred Hanna(2002)的 *Therapy With Difficult Clients*。

|第五節| 確認自己的能力與學習轉介

一般而言,新手助人者經常會懷疑自己是否具備基本的能力水準。事實上,即使是有經驗又心理健全的實務工作者,有時也會質疑自己是否具有個人及專業能力、知識及技術,足以與他們的某些個案工作。而比較讓人憂慮的反倒是:當助人者極少質疑自己是否具備足夠的專業技術。在考量這件事情上,你可能會從此極端跳到另一個極端,有時候深受自我懷疑的苦惱折磨,有時候則認為你可以處理個案呈現的任何問題。

致力於專業能力的充實是終生的努力目標(Barnett, Doll, Younggren, & Rubin, 2007),最佳的思考是把專業能力當作是持續不斷的歷程,而非一旦達成就永遠不變。也許你在某個獨特的領域達到能力上的水準,但你仍需要設法在你整個專業生涯中維持該有的專業知識及技術水準。而要維持專業能力的品質,其中最重要的一種方式,就是在我們的專業生涯中致力於與其他的專業人員定期諮詢(Bennett et al., 2006)。

一、評估你的專業能力

所有的專業倫理守則都詳細說明,你不得開業從事超出你能力範圍外的工作。

專業能力的評估並不是一件容易的工作。許多人即使完成博士學位,仍缺少達成某些治療工作的相關知識或技術。很顯然地,僅有學位的獲得並不保證具有任何及所有的助人工作能力。作為一個助人者,你很可能遇到各種

背景和類型的案主,而需要不同的技術和能力來工作。你需要評估自己有多少把握能安全地陪伴個案走到多遠、何時需要尋求諮詢,以及何時需要將個案轉介給其他專業人員。審慎的自我監控是一個有效的方法,以確保你的服務品質。假如你缺少處理某些特殊問題的經驗時,很重要的是學習何時需要諮詢其他專業人員。

二、了解轉介的時機與方法

當你面對像本章所描述的棘手個案時,你可能會相當懷疑自己的能力且有轉介的打算。我們期望你不是為了要甩脫棘手個案,而依照一般的例行基準將案主轉介給其他專業人員。

多數專業機構的倫理守則對於轉介的規定,乃基於適當的考量之下,專業助人者有轉介的責任。

但,你知道何時需要轉介以及要如何做轉介嗎?個案可能會受到什麼樣的影響呢?你為什麼想要轉介?什麼樣的轉介可能是最恰當的呢?若沒有什麼資源可轉介,你會怎麼做呢?對你而言很重要的是,當個案工作已超出你的能力範圍時,就表示需將個案轉介到其他資源。當你接案後未見任何成效與進展,則是另一個考慮轉介的因素。其他情況也可能導致你開始懷疑是否做轉介是更適當的選擇。你和某位個案可能共同決定是因著價值觀的衝突或某些其他因素而讓你們的關係沒有進展,致使個案可能希望與其他的助人者合作。因著這些及其他的理由,你需要發展一個評估的架構以決定何時要轉介個案,而你也需要學習用什麼樣的方法做轉介,好讓你的個案願意開放地接受你的建議而非因此受到傷害。

當你太快進行轉介,個案可能會受到負面的影響。假若你在工作的進程中轉介所有你認為有困難的個案,你可能很快地就幾乎沒有個案了。一個很好的建議是,想想促使你建議做轉介的理由是什麼。如果你承認有經常轉介的慣常模式,那麼你可能需要檢視你這麼做的原因。

假使你受限於經驗的不足,特別重要的是保持開放的態度去請教其他的

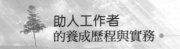

專業人員以獲取或提升你的技術。我們期望你可以這樣告訴個案：「我不曉得接下來應該要怎麼做，但我知道我們可以到哪裡獲得一些需要的幫助。」助人者在工作初期有時會認為他們隨時都必須要知道該怎麼做，並猶豫著是否讓個案知道他們可能不確定要怎麼做才能達到最好的進展。雖然我們並不期望你知道所有的事情，但期許你可以在接受督導的情況下學習更多。

三、保持專業的更新

學校的課程總會提供你一些基本的訓練，然而很重要的是設法以各種方式超越你原本的學習以擴展你的專業教育。除非你採取措施隨時跟上最新的專業發展趨勢，否則你的知識與技術將很快就過時了。

在助人專業領域中一些當前的議題及其處遇的方法越來越受到注意和認可，如：物質濫用；飲食疾患；男同性戀、女同性戀、雙性戀及跨性別的議題；創傷壓力；自然災害的倖存者；身體殘疾者；家庭暴力；對兒童生理、心理以及性的虐待；對老人及配偶的虐待；成癮行為的復健；HIV/AIDS；衝突的解決技能；親職教育；青少年自殺；校園暴力；多元文化的個案族群；以及法律和倫理上的議題等等。許多專業性的職業對他們的會員都設有要求繼續教育的規定，以更新執照或換發證照。利用機構內提供的進修以及繼續教育課程，以學習新興的趨勢潮流。透過修習關於特殊個案族群及新的介入處遇的專業課程及工作坊，你可以隨時保持並跟上最新專業發展的腳步。另一種在你的領域中保持對當前趨勢發展的掌握就是透過閱讀。想要了解你感興趣的特殊主題，除了專業期刊和書籍外，有關其他文化的小說及非小說作品，也可以對你的繼續教育有所助益。

保持你自己隨時在專業上的更新狀態，或許最好的方法就是和同業共同組成專業性的網絡，讓大家都願意像是教師的角色一樣，彼此互相學習與指導。對於專業從業人員而言，當他們採取新的觀點面對實務工作上遇到的困境時，這種同儕團體可以同時提供挑戰性和支持性的協助。這些專業人員之間所建立的網絡，對於確認與指出負向感受以及失去客觀性的來源也提供了

一致性的意義。發展這樣的網絡的一種理想做法，就是加入你最感興趣的專業組織，並參與這些組織所提供的屬於州的、地區性的以及全國性的研討會議（參閱第一章）。

 **重點回顧**

- 有效的助人者必須能發覺個案的移情及其自身的反移情。並非要去除這些因素，而是能夠有效地理解與處理。

- 反移情是指治療師對個案不合理的反應，而這些反應可能干擾其客觀性。一種更能覺察你潛在的反移情的方式，就是尋求個人治療。另一種方式，則是在你的督導過程中，將焦點放在你自己以及你對個案的反應上。

- 防衛行為和抗拒表現有很多種形式，了解這些方式如何保護個案是有必要的。並非所有的謹慎小心或抗拒都是由個案的頑固所造成的。有些可能是或至少是助人者的態度及行為所造成或促成的。

- 助人關係的目標並非是去除抗拒，而是理解它所提供的功能，並運用它作為進一步探索的重點。

- 棘手個案有很多類型。有些個案會引發你反移情的反應。當這種情況發生時，你也將成為問題的一部分。

- 倫理守則很明確地說明，執行超出你專業能力範圍以外的工作是不合倫理的。重要的是你能夠對你的專業知能與技術形成準確的評估，以決定你的能力能有效地與某些特定的個案工作。你需要學習了解你最擅長與什麼樣的個案工作，並且知道何時轉介是最適當的。

- 身為一個實習生或是在你的工作崗位上，都可能被要求要能承接個案的狀況，或是必須提供可能超出你專業訓練和經驗範圍之外的治療策略。因此，要學習堅定自信的態度，面對自己的限制所在。

- 轉介的資源有時是不足的，特別在某些人口少且缺乏心理健康相關設施的地區更為明顯。為了要有更好的轉介，對於可能取得且能提供給個案的資源，就要

更精確地了解運用。

- 從一連串的訓練課程畢業並不表示學習已達終點，反而是專業成長和發展歷程的開始。為了要維持你的專業效能，繼續教育是必要的。

- 保持個人專業工作的優勢，其中最好的方法就是積極參與同儕團體，它提供每位專業人員有機會分享自己所關注的議題並且彼此相互學習。藉由這樣的同儕團體，助人者可以主動提供自己或同業夥伴關於個人及專業上的發展概況。

 你可以做什麼？

1. 選擇一個你所能想像最棘手的個案，並仔細思考這個個案可能會用什麼樣的方式向你呈現其問題。對你來說，是什麼使得這個個案顯得很棘手？若你真的有這樣的個案，你大概會怎麼做呢？假如你覺得無法和他／她工作時，你可能會怎麼做？

2. 仔細思考你自己有什麼類型的防衛行為。對於接受你自己的限制，你開放的程度有多少？若你自己是一個正接受諮商的個案，想像你可能會發展出什麼樣的防衛方式來面對「改變」這件事？假如個案的狀況和你非常相似，你想那可能會是什麼樣子？試著和一位同儕討論，是否認可或是反駁你的觀點。

3. 仔細檢視前面所描述的棘手個案行為，並確認在助人關係中，你發現自己最難處理的幾種特定行為類型。然後對於個案所表現的某些行為，寫下你從自己的回應中學到的是什麼。

4. 在分組團體中探索你認為什麼樣的標準，足以決定一個助人工作者是否有稱職的能力。列舉一些明確具體的準則，並與班上其他人分享內容。你們能否全班一起確認一些能夠決定是否具有能力的共同標準呢？

5. 在小組中討論你可能決定何時及如何做轉介的主題。嘗試以角色扮演的方式進行轉介，由一位學生扮演個案，找另一位扮演諮商員。經過幾分鐘後，由這位「個案」以及其他學生提供給這位「諮商員」關於他／她在處理這種情況時的回饋。

6. 再次看看本章一開始所提到的項目清單，這主要是協助你確認作為助人者的角色時，你對自己專業能力的自我懷疑與害怕。從這些關注的議題中選擇一至兩項並寫下你的看法。當你處理最在意的考量時，你可能會採取哪些步驟？

7. 回顧一下與抗拒及棘手個案工作時的態度問卷。寫下你如何能更有效地處理抗拒和棘手個案的想法。

8. 對於這裡所列的每一項書目的出處來源，可查閱本書最後面的參考文獻。有關移情和反移情的治療，可以參閱 Luborsky、O'Reilly-Landry 與 Arlow（2008）。關於認知、情緒及行為取向應用在處理抗拒的討論，可參閱 Ellis（1999, 2002）以及 Ellis 與 MacLaren（2005）。關於面質及處理抗拒議題的方法，可參閱 Kottler（2005），而對於什麼使得個案變得棘手以及如何處理棘手個案的成功治療，可參閱 Kottler（1992）。對於尊重個案的抗拒之深入性討論，可參考 Teyber（2006）。而什麼使得個案變得棘手以及關於和棘手個案有效工作的相關討論，請參考 Hanna（2002）。

CHAPTER 05

助人的歷程
The Helping Process

焦點問題・導論・檢視你對助人歷程的觀點・我們對於助人歷程的信念・照護體系在助人歷程上的影響・助人歷程的階段・重點回顧・你可以做什麼？

焦點問題

1. 你對於人們改變的能力抱持著什麼信念？如何讓改變更容易發生？什麼是有效的幫助？什麼是評估案主改變程度的最佳方法？

2. 你對人性的哲學思維如何連結到你和求助者的工作取向？

3. 關於助人歷程，你持有哪些基本信念？你認為這些信念如何影響你的實務工作？

4. 在建立助人關係時，你有哪些獨特的才能和資源可以使用？你有哪些不利的條件或限制可能會妨礙你和某些特定類型的案主建立工作關係？

5. 假如一位案主在與你的助人關係中呈現退化的現象，你會問你自己和你的案主哪些問題？

6. 你對於助人階段的了解程度如何影響你對案主的工作？

7. 當你面質案主時，你有可以依循的準則嗎？面質的目的是什麼？你可否料想當你面質案主時會遭遇到哪些困難？

8. 助人者的自我揭露在助人關係中有何重要性？你會依據什麼準則來確定你的自我揭露是恰當的？你能想像任何關於自我揭露的困難嗎？

9. 你會如何跟案主一起規劃出助人關係的目標？你會如何跟案主一起發想出行動計畫？

10. 你會使用哪些準則來幫助你有效地結案？你能夠想到任何會造成你有困難與案主結束治療的因素嗎？

| 第一節 | 導論

　　本章的目標在於幫助你更清楚自己在助人過程中各個階段的角色。我們會把重點關注在你所需要的技巧、知識，以及為了實踐這些技巧所需要的個人特質。我們會指出具體的技能，特別是助人關係中各個階段的相關技能，並且建議你對自己的技巧發展程度做出評估。我們有個基本的假設是：你是一個什麼樣的人，以及你在助人關係中所抱持的態度，是決定服務品質的最大因素。

　　在我們的觀念中，要成為一位有效能的助人者，你必須結合知識、技巧以及你自己這個人。光是具有知識本身是不夠的，可是缺乏知識也不行。假如你主要專注於技巧的養成而忽略理論及知識，這些技巧會變得沒有價值。有效的助人者必須對於助人過程之中的人際互動保持敏感，才能在每一種狀況中有效地應用他們的技巧和知識。若缺乏自我覺察，即使是技術熟練的助人者，他們在案主的生命中創造改變的能力也會非常有限。助人是超越技巧的；它同時也展現了助人者本身是一個什麼樣的人。專業助人者奠基於科學的知識，並且要能夠以富有創意和個人獨特性的方式將它運用出來。簡言之，助人是一門藝術也是科學。

　　在本章中，我們藉由以下這些問題來幫助你釐清助人的觀念：在助人關係中，究竟是誰要對改變負起責任？助人者分別在助人歷程的不同階段中扮演什麼角色？而案主自己在確立個人目標和達成目標的過程中又扮演什麼角色？對於要專注於感覺、想法和行為這三個面向，並且保持恰當的平衡，你會如何做出最好的決定？在提供結構或非結構的選擇過程間，如何維持最佳的平衡？在挑戰與支持之間，如何找出最恰當的平衡？你是否相信案主有能力為他們自己的問題尋找解答？你要如何創造並且維持好你和案主之間的合作關係？

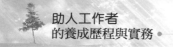

┃第二節┃ 檢視你對助人歷程的觀點

　　你如何看待助人歷程，很大程度上是來自於你如何看待人性，以及你對人們會如何改變的信念。在你接受任何機構的職位之前，了解這個機構的價值理念是非常重要的，因為這將影響這間機構的運作。甚至有時候機構會將特定的觀念強加於你。舉例來說，你可能在一個採用行為改變策略的政府單位中工作。或者，有些機構可能廣泛地運用某一種診斷架構，而你會被要求與每一位案主初次訪談時，都必須完成特定的診斷項目。假如機構對你的助人者角色與你對自我角色的期待觀點無法並存相容，你將會感覺到衝突。我們最好是可以站在一個起點上：先確認並釐清你對於如何提供最佳的協助所抱持的觀點。

一、你的信念對工作的影響

　　你對人性的觀點和信念，與你未來和案主工作時使用什麼樣的助人策略有很大的關係。譬如，假設你認為人們基本上是良善的，你就會相信你的案主可以為他們的人生方向負起責任。假如你是透過比較負面的鏡頭看待人的天性，你就比較可能會採取這樣的助人者角色：企圖矯正人們本質上的缺陷。以下這個量表的設計，是為了幫助你釐清你對人性的觀點。

　　5 ＝非常同意

　　4 ＝同意

　　3 ＝不確定

　　2 ＝不同意

　　1 ＝非常不同意

＿＿＿＿　1. 人需要指引才能解決他們的問題。

＿＿＿＿　2. 人有能力在他們自身中找到答案。

_____ 3. 人創造了他們自己的不幸。

_____ 4. 人是外在環境或情勢的受害者。

_____ 5. 人基本上是良善的，也因此是值得信任的。

_____ 6. 人有趨於掙扎的傾向，因此需要旁人許多指導。

_____ 7. 人是源於自我選擇的產品；也就是，他們是自己人生的創造者。

_____ 8. 人被命運所塑造。

_____ 9. 人不會改變，除非他們受苦。

_____ 10. 人因自己的目標而產生動力。

_____ 11. 人的行為被早期童年經驗所決定。

重新檢視你的選擇，以便察覺你對人性的觀點可能會如何影響你的助人風格。如果你期待看到人們的好，他們就很可能為你展現他們最好的一面。如果你對待人們如同他們有能力了解和解決自己的問題，他們便很可能自己找出答案。透過和你的案主一起發展合作的夥伴關係，你等於在告訴他們，他們可以將這段助人關係視為通往重新創造自己生活的途徑。

有效的助人者對人抱持著正向的信念；擁有健康的自我概念；將處遇扎根於價值準則；尊重文化差異；能夠完全地傾聽和理解；具備同理心、一致性、溫暖、憐憫、真誠與正面的關懷。他們檢試他們的信念，並仔細檢查他們的處遇是否表達了他們的核心信念，而且設想人們可能如何經歷改變。相反地，無效的助人者傾向於表現出死板嚴苛又批判、習慣告訴案主要怎麼思考和怎麼解決他們的問題。他們不認為案主擁有掌握自己人生的方法。無效的助人者不願意挑戰自身的假設，反而傾向從案主的行為中去尋找得以支持他們偏見和信念的部分。

假如你和某類棘手的案主群一起工作了很多年，你可能會開始假定人們通常都抗拒改變。如果你歸納出這樣的看法，並且將它套用在你所遇到的所有案主身上，你也許會看見越來越多可以證實你所預期的行為。你會在那些強化你的假設的案主身上，培養出自我應驗預言的能力（self-fulfilling proph-

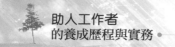

ecy）。試試看對自己發問：我有多麼固執地抱持著某些特定假設？我以有限的經驗作為基礎，然後很快下結論嗎？我是否傾向於很快對人做出評斷而且以偏概全？我是否願意認真檢查我的假設，又是否願意做出部分改變呢？我的假設是否隨著時間的改變而調整？保持對於最初假設的質疑並在必要時修正它們，將會使身為助人者的你日漸成長茁壯。

二、學習批判性地評估你的假設

我們曾經在政府機構提供一系列的在職訓練工作坊。雖然我們幸運地遇到一些既熱忱又有效能的助人者，但我們也遇過一些富批判性和無效率的助人者，他們似乎認為案主一無是處。機構中有少數的工作人員頗為坦率地說出他們所相信的，包括他們的病患抗拒治療、沒有改變動機、之所以騰出時間只是因為被法院要求。假如案主在會談過程中沒有開口，他們就被標籤為「抗拒」；如果案主講話了，他們往往被視為是「操控的」。

在我們的訓練工作坊中，我們強烈要求參加的工作者暫時放下他們的批判（至少在他們提供治療的這段時間內）。我們鼓勵他們給案主多一點機會去呈現自己，而非那些已經被認定的問題。假如工作者願意敞開心胸，去看看這些案主特質中的其他面向，也許會發現他們能夠找出案主生命中的努力奮鬥。我們要求這些助人者小心地檢視他們那些看來無益於治療效果的假設，並且保持開放，讓他們得以用不同觀點看待案主及助人的歷程。

如果你正在做出我們剛剛提到的那些假設，請思考這些假設將如何影響你接觸案主的方式。你對於你自己、與你一起共事的人，以及助人歷程本質的信念，都會比我們已經強調過的假設產生更潛移默化的影響。然而，無論你的這些信念是隱微的或激烈的，你的行為都容易奠基在這些信念之上。如果你並不相信你的案主可以理解和處理他們的問題，你就會運用一些策略讓他們接受你的評估，並遵從你的指示。

當你對於你抱持的觀點和假設更覺察之後，你就可以開始觀察你的觀點是如何展現在你的行為舉止上。接著你可以評估這些觀點和行為如何對你產

生影響與如何幫助你的案主。我們建議你審慎檢查你信念的來源，這些信念是關於一個個體創造具體改變的能力，以及助人者和案主之間的專業關係要如何帶來改變。請徹底地思考、澄清與質疑這些信念，並且將其變成一個持續的自我檢視過程。

關於助人歷程，你也許並沒有清楚的信念。你可能已經以一種不假思索和無意識的方式接受你的信念了。你的信念有可能是狹隘的，且尚未被測試以確認是否有效果或者能否發揮功能。如果你生活在一個被保護的環境，又很少踏出你的社交文化群體，你甚至無法意識到你的信念系統有多窄化。生活在一個僅允許你看見符合自己所相信的價值體系的封閉環境中，是很有可能的事，這被稱為**確認偏誤**（confirmatory bias）。

一個可以讓你確認並澄清自己信念的好方法是，將你擺在一個能讓你質疑信念的環境中。假如你和酒癮者的接觸很有限，可以考慮去類似戒酒無名會的方案中學習；假如你很少有和某些文化及種族的群體交流的經驗，可以選擇一個多元文化的族群，去那裡當義工或實習；假如你意識到對於老年人有刻板印象，試著到服務老人的部門或療養院去當義工。想要更認識那些你可能存有刻板印象的族群，最好的方式就是直接去和這些你不熟悉的對象接觸。最重要的是：帶著開放的心去經驗，並避免只是想要找出那些鞏固你舊有評斷的證據。一個開放的立場將會使你發展出一種截然不同的助人方向。

| 第三節 | 我們對於助人歷程的信念

我們花了不少時間才學習到，關於接觸案主這件事並沒有一種所謂正確的方式。與其去找出該做或該說的正確的事，我們寧可努力去找出讓我們更有成效地接近案主的方法。在這個過程中，我們將會信任自己的直覺並且發展出我們自己的工作方式。如果我們對某位案主的直覺不正確，只要我們留意與案主的關係，就會立即顯而易見。我們會一直學習到，和案主討論彼此對於「我們之間發生了什麼」的看法，是相當重要的事，這個技巧被稱為**立**

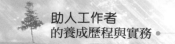

即性（immediacy）。有時，當我們難以和特定的案主連結，此案主正反映出我們內在不願意接受的某些部分。也許這樣想會有幫助，就是將案主當作我們的一面鏡子，它反映出我們自己的一些面向。我們不盡然非得要改變什麼，但它確實可以幫助我們辨識出與案主之間經常會出現的模式。

我們不將「決定助人關係的焦點」視為自己全部的責任。與其非常努力地去思考案主可能想要什麼，不如經常詢問他們真正要什麼。我們經常會問：「你目前正在做的對你有幫助嗎？如果沒有，你願意做什麼樣的改變？」如果他們目前的行為大致上可以讓他們過得不錯，他們也許就不覺得有需要去改變特定的習慣。我們可以提醒他們留意，他們可能需要為這些行為付出哪些代價，接下來由他們決定是否要改變。我們不認為決定案主要過什麼樣的生活是我們的責任；反之，我們的角色是去鼓勵他們自我評估，接著由他們來決定在與我們建立的專業關係中，他們最想要探索什麼。

假如案主在這段助人關係中獲益不大，我們仍然要透過詢問自己對此案主的投入和冒險的意願，來檢視此結果中屬於我們職責的部分。也許可以問案主：「我現在所做的事當中，有什麼妨礙了你的進展嗎？」我們也和案主一起探索，面對難以進展的狀況時，哪些部分屬於案主自己的責任。我們知道自己無法讓案主想要改變，但我們可以創造出一種氛圍，讓雙方一起找到做出改變之後的優點和缺點。我們視助人歷程為合作的努力，由雙方一起分擔創造改變的責任。

▌第四節▌ 照護體系在助人歷程上的影響

照護體系（managed care）是指美國現今的醫療照護輸送系統，由第三方付款人調整和控管服務提供的期程、品質、成本及期限。很大程度上，專業分級未能有效控制成本上升，已使其被外部的醫療保險行業（managed care industry）所控制。那些支持照護體系的人聲稱，會致力於盡可能縮短服務供給以改善目前的問題。在照護體系的環境下，重點是對案主的問題做出相對

快速的評估，以及設計短期處遇，而這些處遇是為了讓案主減緩問題的症狀，而非去幫助案主加強自我探索以達到長期的行為改變。

以上提到關於服務背景的改變，將會影響到身為助人者的你。你會被期待在極少的次數下和案主工作。你將被要求發展出適合短期以及看得見具體行為改變的處遇。**短期處遇**（brief interventions）強調的是時間限制、問題解決焦點、有結構及有效的策略，讓案主賦權而達成他們所渴望的具體行為改變。除了針對各種案主設計的短期處遇之外，你也許還會被期待要參加一些預防方案，譬如自信訓練、壓力管理、親職教育、職業諮商、伴侶諮商和健康計畫。Miller 與 Marini（2009）描述了短期諮商模式的主要特色：重點是在第一次會談時，從案主的敘述中發現最迫切的關注。治療師試圖回答這個問題：「為什麼這位案主決定在此時來尋求諮商？」執行短期治療模式的從業者，從一開始便積極參與、與案主建立合作關係、始終留意結案、摘要每次會談、和案主一起擬定回家作業，讓他們帶回去利用會談之間的時間完成。假如案主想在未來生活調適及可能面臨的挑戰方面獲得協助，則會邀請他們考慮在結案數個月甚至數年之後回來接受諮商。

即使照護體系引來許多批評，但也有人認為照護體系是一個服務消費者很有效的方式。Koocher 與 Keith-Spiegel（2008）列舉了照護體系為社會帶來的利益：降低服務和保險成本、減少保險的道德風險、增加從業者的壓力使其更謹慎地評估治療計畫的所有面向。Bobbitt（2006）聲稱，照護體系已經對於「品質改進程序」的發展和實施，以及醫療照護系統的整體評估提供了重大貢獻。

短期策略的目標是教導案主問題解決技巧，使其能運用於現在及未來的問題上，思考一下，你可以如何將短期策略發揮到最大的效益。問問自己，在你工作的機構中，怎麼做才能使得服務品質和成本控制兩者達到最佳平衡。當你繼續閱讀下一節助人歷程的階段時，仔細思考，如果你工作的機構要求你考慮短期處遇的方式，你要如何運用上述提及的技巧。

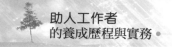

|第五節| 助人歷程的階段

本節的設計是為了幫助你確認當你預備成為一個助人者時，你該具備的條件和能力。我們呈現一個關於各種技巧發展取向的概念，而這些技巧發展是源自一群已經以此主題出版書籍的作者們。這些作者包括了 Brammer 與 MacDonald（2003）、Brems（2001）、Cochran 與 Cochran（2006）、Cormier 與 Hackney（2005）、DeJong 與 Berg（2008）、Egan（2010）、Hackney 與 Cormier（2005）、Ivey、Ivey 與 Zalaquett（2010）、James（2008）、Moursund 與 Erskine（2004）、Murphy 與 Dillon（2008）、Okun 與 Kantrowitz（2008）、Shulman（2009）、Teyber（2006），以及 Welfel 與 Patterson（2005）。我們的重點在於提出一個模式，這個模式描述了助人歷程中的階段和助人者在每個階段將會面臨的主要任務。這個技巧發展模式提供了一個助人歷程階段的通用架構，而且沒有和任何特定的理論取向結合。你可以套用任何現今的諮商理論（見第六章）於這個助人模式中。

Egan（2010）利用以下四個基本的案主問題為背景，以架構助人模式的各個階段：

1. **發生了什麼事？**我最想處理的是哪些問題或困擾？

2. **我需要或想要什麼？**我希望我的生活在哪些方面不同？我最想做出哪些改變？

3. **為了滿足我的所需所想，我必須做什麼？**怎樣的計畫能幫助我得到我要的？

4. **我怎樣才能有成果？**我怎樣才能將我的計畫付諸行動，且達成目標？有哪些方法可以持續前進並且維持動力？

這四個問題形成了助人階段的重點。每一個階段由一系列的主題構成，而這些主題能夠幫助案主學會因應他們的擔憂，並形成改變的契機。

助人歷程模式有五個階段，各有其特定的任務需要達成。歷程當中的每

個階段，都需要助人者以特定的技巧勝任不同的角色和任務。每個階段的不同功能彼此又有相當程度的重疊。與其將這個模式視為線性發展中分隔的步驟，還不如把它當作一個決策產生的循環過程。Ivey、Ivey 與 Zalaquett（2010）指出，一個圓圈沒有開始也沒有結束，可被當作一個平等關係的象徵，在這樣的關係中，案主和助人者形成一個夥伴關係，為他們共同決議的議題而努力。

助人者的理論導向，大大地影響了不同階段所發生的事。無論案主的文化背景為何，他們在歷經的不同階段當中不一定會覺得舒服，也並非所有案主都會進展到每一個階段。建立關係、建構、定義問題、建立目標以及評估進展，這些議題在助人關係的期間都十分重要。我們提供的架構會幫助你評估你在助人關係中與他人互動的能力。

當我們在詳述這些階段時，我們在意的是你是一位助人者。你必須評估你自己的資格，以確定你的興趣與能力是在幫助他人。了解助人關係不僅僅是一個技術過程，而是一個深刻的人性奮鬥歷程（personal human endeavor）。身為一位助人者，你將積極地涉入你的案主或那些被你所協助的人的生活當中，而他們是讓你利用所學、即時和適當地運用技巧和處遇，讓你用你自己和他們創造出重要關係的對象。無論你是在諮商或是社會服務單位的管理部門，都是如此。我們所描述的人際（助人）關係技巧對於所有機構的所有助人者都是重要的。假如你無法運用一些基本的人際關係技巧，那麼你要能夠和那些你本該協助的對象創造並維持適當的和諧關係，機會就非常渺茫了。雖然我們主要的討論重點是運用於助人關係的種種技巧，你也同樣可以將這些技巧使用在諮商以外的其他各種人際交往的情況。

階段一：建立工作關係

助人第一階段的主要任務是建立治療關係，治療關係是指透過開放的溝通、真誠和信任作為促進案主自我探索的方式（Welfel & Patterson, 2005）。這是一個建立和組成助人關係的時期。在此關係建立的階段，重點是幫助案

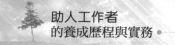

主為助人歷程做好準備、陳述和澄清案主的擔憂、形成契約以及提供結構（Okun & Kantrowitz, 2008）。這個初始階段，為後續的助人階段的所有其他處遇扎下根基。

當人們體認到他們無法滿意地解決問題時，通常會尋求專業人士協助。助人者被期待能創造一種關係，使案主說出他們的故事、了解他們想要的改變，並獲得處理問題的新方法。有些人求助於心理諮商，是因為他們因自我懷疑而掙扎、覺得自己受困於恐懼以及因某些失落而受苦。其他人求助則不是因為他們被什麼重大困擾所折磨，而是因為他們並沒有過著如自己所期待的那樣有效率的生活，或者因為他們生命中缺少了什麼。他們也許會覺得陷入一個毫無意義的工作中、由於尚未實踐他們自己的目標或理想而感到挫折，或者對於個人生活感到不滿。簡單說，他們並沒有對生活做出最好的管理。他們不能有效地處理生活中的問題，而且沒有發揮全方位的潛力，或利用那些可取得的機會。有兩個助人的普遍目標來自兩種假設：一個目標連結到案主更有效地管理自己的生活，另一個目標則連結到案主應付現實問題及發展機會的能力（Egan, 2010）。

並非所有來找你的案主都是自願的。非自願的案主也許沒有接受幫助的意願，他們甚至不相信你可以幫助他們。和非自願案主工作是非常困難的，因為他們對問題帶著相當程度的淡化和否認。你的任務是度過案主初期可能表現出的策略：「恐嚇」，接著找出一個能夠提高他們意識到自身問題的機會之工作方式。去了解「為何他們會**這個時候**來見你？」以及「他們對你的期待為何？」是一個好的起頭方法。處理他們的猶豫和懷疑，而非忽視這些感受和態度，是和非自願案主開始進入工作的最好方法之一。

當你要處理建立工作關係會遭遇的障礙時，你必須能夠辨識出你自己及案主雙方的防禦和抗拒（見第四章）。去了解案主抗拒所代表的各種意義，而不是將抗拒視為案主失敗或自己這位助人者失敗的象徵，此點非常重要。假如你將大部分心力放在防衛自我，來對抗案主在你面前的各種棘手的行為，你就剝奪了案主探索自己行為真實意義的機會。

　　下面的例子將會說明，如何沒有防衛地回應案主的問題行為，以及探究其行為意義的一種方法。你和一位非自願案主初次見面，她對你有強烈的敵意，而且告訴你她既不想要也不需要你的協助。她攻擊了你作為心理諮商者的能力。身為一位有效的助人者，你不能讓自己沉溺在被拒絕的感受中。反倒得用一種無防禦的方法，陪著這位案主探索關於她來見你的不情願和困難。如果你有耐心，你也許會發現這位案主有很好的理由不去相信像你這樣的專業人士。她也許感覺曾經被一個諮商師背叛，而且她害怕她提供給你的訊息會對將來不利。關於卸除防禦地與非自願和抗拒的案主一起工作的傑出文獻，請見 Egan（2010）以及 Teyber（2006）。

◆ 創造改變的氣氛

　　你所工作的族群中，無論是自願或非自願案主，他們對於投入自我探索的意願，與你在初期的幾次會談中所營造出的氣氛有很大的關係。假如你太過用力、問了太多問題並很快提供解決方法，案主參與的動機將會降低。你的角色是與你的案主創造出合作的夥伴關係，也就是說，案主承擔了一份公平的責任分攤，這個責任包括在會談之內和會談之外所發生的一切。在會談的初期，你可以透過教導案主如何評估自身問題以及尋求自己的解決辦法，來積極協助案主。在 *The Elements of Counseling* 這本書中，Meier 與 Davis（2008）建議如下幾個與案主第一次會談的準則：

- 接觸這個「人」。
- 發展工作聯盟。
- 向案主解釋助人歷程。
- 說出在這個會談中正在發生什麼事。
- 調整步調並引導案主。
- 說話簡潔；有時沉默是金。
- 在面質與支持之間找到平衡。
- 個人化或獨特化你的助人方法。

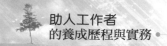
- 注意抗拒。
- 當你疑惑時，專注於感受上。
- 於助人關係的初期就做結案計畫。

◆ 建立關係

為了建立有效的助人關係，助人者的重點是去幫助案主更能察覺他們具備的資源和優勢，而不是為他們的問題、不足和不利的條件擔憂。為了讓案主能自在地述說他們自己，你需要提供注意力、積極地聆聽，還有同理心。案主必須要能感受到你對他們的尊重，而你可以透過態度與行為表露出來。當你關心案主的福祉、視他們為有能力掌握自己命運的人，並且對待他們為獨特個體，而非定型、刻板化他們，即是對案主展現出尊重的態度。透過行為展現出你對案主的尊重，譬如積極地聆聽和理解他們、暫停批判性的評價、表達適當的溫暖和接納、向他們傳達出你了解他們所經驗的世界、在支持與挑戰之間提供連結、協助他們培養改變的內在資源，以及幫助他們思考改變所需要的具體步驟。

為了展現你的尊重，你得透過自我的真誠去幫助案主訴說他們的故事。要做到真誠，並不代表要衝動行事或說出每個想法或感受。你對案主展現真誠，是表現在避免讓自己躲藏在專業角色中；即使你感覺被威脅了，依然敞開而不防衛；在「你所想、所感受和所重視的」以及「你的言語和行為」這兩者之間呈現一致性。以下是初期會談時會被提出的典型問題：

- 什麼使你來到這裡？
- 最近發生了什麼事促使你在這個時候尋求專業人士的協助？
- 在此之前，當你遭遇問題時你曾做過什麼？
- 你對於求助的過程有什麼期待？
- 你有哪些希望、恐懼和不願被碰觸的部分？
- 在這幾次的會談當中，你最想要完成的是什麼？

James（2008）敘述了在一般的架構下，危機處遇的初期階段是要能夠傾聽。在危機處遇工作中，第一步驟是從案主的角度來看問題是如何被定義及理解的。為了做到這個，助人者必須具備傾聽和陪伴（attending）的技巧。助人者幫助案主清楚辨識其問題的能力，取決於他們以同理、真誠、尊重、接納與關懷的方式去理解和回應的能力。下一步則是要確認目前正處於危機中的案主之人身安全，這涉及對危機損害力的評估，得確認案主在身體、情緒和心理安全所受威脅之嚴重程度。另一個步驟包括支持危機中的案主。助人者除了用話語，更需要用聲音和肢體語言展現他們的支持。

在治療關係的建立方面，能夠將你所有的注意力放在對方身上是很重要的。如果你忙於安排自己的工作步驟，就很難了解對方所經驗的世界。你的存在對案主而言是一個真正的禮物。問問你自己有多擅長關注別人、全然地傾聽他們，並同情他們的掙扎。當你需要揣摩案主內在的主觀世界時，先評估你自己所具備的特質是否有助或者有害於此。請思考這些問題：

- 你有能力注意到案主包括語言和非語言所傳達的訊息嗎？你主要會注意到人們告訴你什麼（內容），或是你也會留意他們**如何傳遞訊息**（過程）？

- 你有辦法暫時將你自己的偏見放在一旁，試圖進入案主的世界嗎？譬如，當案主告訴你她很滿意自己作為家庭主婦的傳統角色，即使你不同意她的性別角色觀點，你仍願意接受嗎？

- 當案主說話時，你有能力傾聽並察覺核心訊息嗎？你如何和案主確認你了解他／她的意思？

- 你能夠幫助案主聚焦在他們想要探索的議題上嗎？即使案主看起來非常沒有條理，或者對你提出要求，你仍然能夠保持你個人的中心立場嗎？

- 你能夠對案主傳遞你的了解和接納嗎？

- 當你面對案主的警戒訊息時，你能夠以非防衛的態度工作嗎？你可以

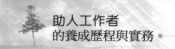

利用案主非自願的部分，作為幫助他們更深入探索自身議題的一種方法嗎？

儘管只是傾聽別人這件事可能看似簡單，然而企圖了解其他人所見的世界是很高難度的。尊重、真誠和同理被視為最佳的「存在方式」，而非使用在案主身上的技巧。假如你投入太多的力氣試圖要使自己展現得很真實，你可能會干擾案主想要表達自己的意願。舉個例子，你也許想要向案主證明你也是一個活生生的人，而且你也為了自己的問題而辛苦奮鬥著，為了展現你的「真實」，你也許將焦點從你的案主身上轉移到自己身上，描述了很多自己故事的細節。問問自己，為何你會做出這樣的自我揭露，以及你揭露的程度對你的案主是否有助益。

與案主建立工作關係意味著你在行為上是真誠及尊重的、彼此關係是雙向的過程，且案主的利益至上。這意味著你得避免為案主做他們自己有能力做的事。例如，假設有一位青少年案主告訴你，他想要用更多的時間與他的父親相處，但是在父親身邊又覺得受威嚇且害羞。他害怕接近他的父親。當你鼓勵他去冒險接近他的父親，並且教導他採取行動的一些方法時，你是在呈現你對此案主的尊重。但假如你自己將此承擔下來，去和他的父親說明此事，即使是你的案主要求你介入，你表現的卻是對他的能力缺乏信心。

為了和案主建立親密和合作的關係，助人者需要掌握基本的助人技巧，例如專注、傾聽、反映、澄清、形成問題、獲取重要細節、詢問開放式問題、總結、簡述語意、注意非語言行為，以及留意逐步發展的過程。有許多書籍針對基本的會談和諮商技巧提供了非常有益的討論，以下是部分參考書籍：Brems（2001）、Cochran 與 Cochran（2006）、Cormier 與 Hackney（2005）、DeJong 與 Berg（2008）、Egan（2010）、Ivey 等人（2010），以及 Welfel 與 Patterson（2005）。

◆ 教育案主並獲得知後同意

教育案主關於如何在助人關係中得到最多收穫、如何因應他們的問題以

及澄清他們期待的整個助人過程,是通往符合道德及有效工作的途徑。要在給予案主過多以及不足的訊息之間取得平衡。讓案主有機會談論他們希望在會談當中獲得什麼。要使案主感受到足夠的信任以促使他們有意義地表達自己,他們至少需要得知一些關於助人關係本質最低限度的訊息。在初期的幾次會談中,討論內容應該鎖定在案主的關切、利益和問題上。治療師可能要和案主一起探索類似這些問題:如何維持保密性,以及保密的限制是什麼?治療過程是怎麼運作的?身為一位助人者,你的主要角色是什麼?會談過程大概需要多長的時間?結案將如何處理?案主主要的權利和責任為何?會談當中有可能的好處和風險是什麼?當然,並非所有這些主題都能在一次的會談中被處理。教育案主並取得知後同意是從第一次會談就開始,並且在整個助人過程的期間無論如何都要持續。我們將在第八章針對知後同意做更充分的討論。若想獲得更多關於知後同意完整的討論,請參考 Corey、Corey 與 Callanan(2011)。

階段二:確認案主的問題

在第二階段,中心任務是蒐集資訊、進行評估,並確認案主的問題和資源。一般而言,人們成為案主,若不是因為他們發現需要外界協助了解,並且因應他們所遭遇的問題;就是因為有人建議由專業來介入。案主通常需要被協助的是澄清與分辨他們生活中不順暢的部分,助人者的角色則是去協助案主確認問題的現況,或為了達到全面發展而錯失的機會。這是案主與助人者雙方都需要洞察案主的優勢、不足、渴望、需求、未解決的衝突和人際互動的時刻(Welfel & Patterson, 2005)。

在助人歷程中,關鍵在於盡快教導案主如何辨別和澄清問題的範圍及如何掌握解決問題的技能,使他們能在日常生活的各種困境中運用這些技能。身為助人者,你的角色不是去辨別案主問題的本質,而是協助他們自己做到。從第一次的會面開始,你給案主最大的幫助,就是鼓勵他們去尋找那些能使他們將生活管理得更好的可用資源和優勢。有效的助人者也會促使案主

去接觸社區中的外在資源，他們可以使用這些資源來滿足他們每天的生活需要。假如案主確知你能欣賞他們內部和外部世界的兩種資源，對你的信心會隨之增加。

透過了解案主的文化背景，你正在積極地建立一個治療性的工作關係，此關係的建立是從最初期的會談就開始了。雖然你並不需要深入了解案主的文化和世界觀，但是假如你希望對此人有所助益，那麼你必須對他的基本信念和價值有一些了解。假如你無法察覺到那些左右著案主的行為和決策的核心觀點及價值觀，你的案主很快就會發現這個狀況，並且很可能再也不會來後續的會談了。關於了解案主文化價值的重要性，在第七章會有更多詳細的討論。

◆ 了解環境背景

案主來找你，也許不是為了解決內在的衝突，而是想了解和處理來自環境的外在壓力。有些人來找你服務，可能是需要你幫忙他們和社區中的資源做連結。他們可能需要法律協助或你的幫忙，來因應每日的生存議題，例如找到一份工作、安排照顧子女，或照顧依靠他們的父母。當危機情況中的案主面臨尋找外在資源以有效地應對這個危機時，會需要立即的方向指導。

當你在聆聽你的案主時，不要假設他們僅需要去適應問題情況。他們可能會因為某些社會因素而感到沮喪和憤怒，譬如在工作職場上，因為他們的年齡、性別、種族、信仰或性取向而受到歧視。如果你鼓勵他們在被壓迫的環境下勉強接受不正義的對待，你將會幫倒忙。你可以開始支持你的案主以他們的力量在社區中採取行動、帶來改變，而非僅僅解決案主提出的問題。當然，要做到這個，意味著你必須擔任各種助人的角色：教育者、倡導者、社會改變的媒介及決策影響者。關於你在社區中扮演影響改變的角色，在第十三章中會呈現更多詳細的討論。

◆ 進行初步評估

評估（assessment）包括對案主生活的相關因素進行評估，以確認在諮商

過程中更進一步探索的主題。這種評估並不一定要在接案晤談（intake inter-view）或甚至助人的早期階段完成，也不是助人者對案主所下的論斷。為了獲得最準確的評估結果，首先必須建立密切和有結構的關係，而這是第一階段的任務。理想情況下，評估是案主和助人者之間互動的一部分，是兩者合作的成果，兩者都應該參與發掘案主呈現的問題之本質，這個過程開始於第一次會談，而持續到這個專業關係結束為止。這裡有一些提問，對於早期評估階段的考量有所助益：

- 什麼事情看起來好像持續在案主現在的生活中發生？
- 什麼是案主主要的資產和不利條件？
- 誰是案主生活中的重要他人？他們能夠被信任並給予支持嗎？
- 這是一個危機狀況，或是一個長期的問題？
- 案主在治療關係中主要想獲得什麼？如何能夠最佳地實現它？
- 造成案主目前問題主要的內部和外部因素是什麼，可以做些什麼減緩它們嗎？
- 如何從了解案主的文化背景來協助你發展或設計解決案主問題的計畫？
- 過去有什麼重要的事件影響了案主現在發揮功能的程度？
- 什麼是被期待的重要改變，以及我們將如何確知這個改變已經發生了？

　　助人工作者將會發展出暫時性的假設，隨著進程的發展，他們可以和案主分享這些假設。更多的訊息勢必會及時浮現，而促使助人工作者修改原本的評估。這種評估的過程並不必然會導致將案主依臨床類別做分類，相反地，助人者可以描述他們觀察到的行為，鼓勵案主思考其含義。如此一來，評估便成為和案主一起思考議題的過程，而非由專業人士單獨完成的事。這種方式的評估是非常重要的處遇，它會幫助助人工作者將一個案例概念化。

　　診斷（diagnosis）有時是評估過程的一部分，包括根據症狀模式辨別出

一個具體的心理或行為方面的問題。**心理診斷**（psychological diagnosis）是一個統稱，它包括了辨識一個情緒或行為問題以及針對案主現況做出陳述的過程。這個過程還包括：辨別此人的情緒、心理和問題行為的可能起因、建議適當的治療方式、有效地處理已辨識出的問題，並且預估成功解決的機率。美國精神醫學會（American Psychiatric Association, 2000）所出版的《精神疾病診斷與統計手冊》第四版（*Diagnostic and Statistical Manual of Mental Disorders,* DSM-IV-TR）是辨別不同心理疾患的標準參考，這個傳統的診斷方式之基本原理，是允許治療師為案主的特殊需求量身訂製處遇計畫。

診斷是否應該成為心理治療實務的一部分，是一個具有爭議的議題。有些精神醫療專業人員認為，診斷在任何治療計畫中是必不可少的步驟，但也有其他人反對依據DSM-IV-TR的假設，以標籤及刻板的診斷方式將人分類。即使你也許還不需要去面對診斷案主的實務問題，但將來在工作中的某個時刻，你可能需要和這個爭議達成協議。現在有越來越多機構，為了費用計算的目的而依賴初次評估和 DSM-IV-TR 診斷。由於大多數機構需要某種形式的官方評估和診斷，能夠稱職地履行這些職能很可能是你的工作職責中不可或缺的部分。Herlihy、Watson 與 Patureau-Hatchett（2008）表示，雖然 DSM 系統有其限制，但此時最好維持現狀。他們補充，問題不是從業者**是否**要使用 DSM 系統，而是**如何**使用它，才能在文化敏感的情境下對案主有利。

在我們的觀念裡，診斷未必會成為分類案主的事；反之，助人者可以更寬廣地思考、描述行為並思量它的意義。如此一來，診斷成為**與案主一起思考關於案主**自身狀態的一個過程。診斷可被視為一般性的描述說明，它確認了案主的運作風格，然而就如同知後同意，診斷也被視為一個持續的過程。

Ivey 與 Ivey（1998）提議，透過額外關注多元文化議題、問題起源和處遇方式，得以重新建構診斷模式。Ivey 與 Ivey 建議，診斷系統在人類現實經驗的部分需要更多平衡和關注。在他們所發展的諮商和治療理論模式當中，心理上的痛苦被視為生物性和發展性因素的結果。雖然壓力源可能存在於個人內在，但為了達成有意義的評估，更大的系統和文化內涵必須被考慮進

去。舉例而言，憂鬱症的痛苦通常是一個人在其環境中交互影響的結果。憂鬱症發生在女性或某些文化族群時，可能來自於文化種族歧視或性別歧視。曾經被歧視過的個體可能會得到憂鬱症，而這是來自於環境因素的結果。對臨床工作者而言，了解到邊緣（少數）族群的憂鬱症經常與他們日常生活中所經驗的種族歧視或性別歧視有關，是非常重要的（Zalaquett, Fuerth, Stein, Ivey, & Ivey, 2008）。以具啟發的角度來看，包括像是民族、種族、性別、性取向和靈性這些文化相關的議題，對於精準的評估和診斷而言，是必不可少的。Ivey 與 Ivey（1998）主張，「當一個診斷不以文化為中心，缺少了多元文化脈絡觀點的覺察時，這個診斷即是不完整的，而且極可能是危險和誤導的」（p. 336）。2005 年，《ACA 倫理守則》（*ACA Ethics Code*）首次聲明，當我們不替案主診斷反而能為案主創造最大利益時，諮商師可以不做 DSM 診斷（Kaplan, 2009）。

即使你在實務工作中發現，診斷並非必要或無益處，但對你而言，為了轉介案主，可能還是需要對診斷有充足的認識。例如，當你診斷出某位案主有長期憂鬱症且可能有自殺傾向時，你就需要做出適當的轉介，即使你沒有在這個問題範圍內工作的權限或職責。

◆ 幫助案主聚焦

有些案主前來求助時，感覺像是被很多問題淹沒覆蓋。他們試圖在一次會談中談論每一件困擾他們的事，這也許會使助人者感到難以負荷。這時候為助人過程提供一個方向便顯得很重要，這會讓案主和助人者雙方知道從何處開始。為了達成這個目的，重要的是針對案主最關切的事做出評估。你可以對一位帶著一長串問題的案主這麼說：「我們沒辦法在一次會談中處理你所有的問題。當你最後決定要來求助時，你的生活中發生了什麼事？」這裡還有其他的焦點提問：「目前你的生活中，什麼似乎是最困擾你的？」「你說你常在半夜醒來，你發現自己當時在想什麼？」「當你早上不想起床時，你最想要逃避的是什麼？」「如果你今天只能處理一個問題，你會挑選哪一

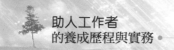

個？」

　　作為助人者，藉由鼓勵案主訴說他們的故事，並探索他們在經驗上、感受上以及行為上的核心議題，你可以發揮協助的作用。透過聚焦於目前最顯著的議題為何而避免停留在過去，你可以幫助案主釐清他們的問題和改變的契機。在我們舉辦的訓練工作坊中曾有一位參與者表示，她開始明白，帶有治療價值地訴說生命故事，和使人難以招架地在他們的陳述中迷失，這兩者之間細微的差異。她也學習到，案主揭露私人訊息的目的，並非滿足助人者的好奇心。案主的揭露呈現出此人受苦掙扎的程度，這將幫忙助人者確認會談的方向。

　　有時，你需要反省自己是否讓案主更易於訴說某方面的生命故事。你讓案主說他們的故事，還是你不耐煩地想要打斷他們？你是否出於自己的好奇而鼓勵案主詳細地說出故事？你是否容易迷失在故事情節中，而錯過他們艱難受苦的主因？你是否能夠以開放式問句幫助案主，讓有意義的故事更完整充實？

◆ 確認案主問題的例外時刻

　　當助人關係更深厚，且案主告訴你關於他們生活的訊息時，需幫助他們辨別並且跨越他們自己扭曲的觀念。這是一個鼓勵案主去看見他們充滿問題之人生的例外時刻。問問他們，為了處理問題他們可以做些什麼，以及他們已經做過什麼。請案主將焦點放在有可能的解決方案上，而非根據他們所呈現的問題去定義他們自己。藉由重新定義一個特定的問題，你能協助案主獲得新觀點，而這會導致實際的行動。有些案主需要發想出各種替代方案以因應某個問題，但當案主只看到很少的選擇時，你可以挑戰他們。你可以協助他們辨別出哪些是他們可以做的，哪些可能是他們有困難做到的。然後你可以邀請他們延伸他們的界限，你也可以鼓勵案主為他們自己做出選擇，並且願意為他們的選擇承擔責任。藉由提供案主支持和挑戰，你讓他們改變的過程更容易了。欲了解以辨識出個人問題的例外時刻為主題的處遇，可參考De-

Jong 與 Berg（2008）。

階段三：幫助案主創造目標

在第三階段，助人者和案主一起合作建立目標，目標來自於確定了某個被期待的具體改變。幫助案主規劃出有意義的目標是助人者的角色。依據這些目標，才能設計出行動計畫，並且加以實施及評估（Cormier & Hackney, 2005）。如果案主希望做出實際的改變，他們必須願意去超越談論和計畫的階段，進而將計畫轉換為具體行動。

目標（goals）是關於助人歷程中助人者和案主都同意的、期待的結果。以優勢面為著眼點，助人者會更加注意哪些是案主擅長且想要提升的部分，同時也留意有哪些問題需要被探索和解決（Murphy & Dillon, 2008）。為了釐清目標，助人者經常會問這些問題：你想要從我們的合作中達成什麼？在你的生命中，此時你想要往何處去？有哪些特定的感受、想法和行為是你最想要改變的？你想要從你的生命中減少或移除什麼？你想要獲得你現在所缺少的什麼特質？針對你現在面臨的問題，你想像中最理想的解決方式是什麼？假如你可以從你的生活中消除一個關鍵問題，事情會有哪些不同？你最期盼自己有什麼樣的未來？

Brian是一位年輕的勞工，他前來找你的原因是他想要獲得幫助以便進入大學。思考一下你有可能如何幫助 Brian 設定他的目標。他已經將申請大學的事情延宕很多年了，然而一想到倘若真的被錄取的話，其實也令他很驚慌。但是，他對工作的不滿是如此大，以至於已經開始影響他的私人生活了。測驗結果顯示，Brian 的表現遠遠低於他的智能。在他與你的工作中，Brian說出他已經接受了一些來自他父母親的早期訊息，認為他是無知而且永遠不會有出息，且他們將他早期在學校的障礙歸咎於他的懶惰。他能察覺到自己下意識地接收了這些早期信念是很重要的。身為一位助人者，你很可能錯將焦點放在他對父母的感受，且無止境地探索他感到自己不夠好的原因。其實你可以藉由幫助這位案主找出朝向目標的步驟，而對他提供更好的服

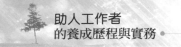

務。在這個狀況下，他已經覺察到至今是什麼阻礙了他達成目標。他知道在他能成功進入大學之前，他需要學習更好的閱讀和寫作技巧。現在他已經很清楚一系列的新目標，而他的任務就是去確認達成目標的具體步驟。

案主需要陳述他們的目標：在目前的狀態下，一是案主和助人者雙方清楚被期待的改變為何；二是雙方將有一個架構，可用來評估目標達成的程度。目標的建立、精簡和修正是費時的，且需要持續的努力，然而這麼做將為助人的歷程提供方向。當目標被共同合作制定出來之後，下一個關鍵在於要想出幾種可以處理特定問題的選擇方案。在腦力激盪的過程中，助人者引導案主創造出各種和他們價值觀一致又可被執行的觀點。重要的是，這些目標要能夠被測量、以案主的資源而言是實際的，且可供案主做選擇。

◆ 幫助危機中案主的策略

身處危機中的案主可能感覺僵住了，且可能無法檢視那些對他們而言可使用的選項。事實上，他們可能看不到任何選擇。有效的助人者致力於教導案主去了解到他們是有選擇的，有些選擇比其他的更好。James（2008）論述了協助危機案主考慮現成的選擇之三個策略：(1)確認**情境中的支持**（situational supports），包括案主在生活中面對危機時能讓他們獲得力量的人；(2)討論**因應辦法**（coping mechanisms），意指那些可以讓案主使用而度過危機的行動、行為或環境資源；及(3)強調**有建設性的和具體的思考模式**（positive and constructive thinking patterns），這包括透過本質上改變案主對於問題的觀點，以重新建構一個能減輕壓力和焦慮的情境。危機處理的工作者處在一個需要檢視各種可能性的位置，他們可以幫助案主發展出不同的觀點，尤其當案主覺得他們的處境是絕望的、缺少選擇的時候。針對使用治療關係技巧來掌握案主的危機有更多完整的討論，請參閱Cochran與Cochran（2006）。

◆ 問題解決方法

助人者想要幫別人解決問題的需求，很容易會阻礙他們去聆聽案主想表達的。我們在受訓者身上觀察到的一種普遍錯誤，正是他們傾向於中斷案主

對於感受的探索，而急於想要解決案主目前的問題。這樣以問題解決為焦點的方法，中斷了案主想表達和處理感受及想法的努力，甚至也中斷了終於出現的、對案主最佳的替代選項。假如你太急切於為每個問題提供解答，可能是因為你全神貫注於自己想成為一位稱職的助人者的需求，而只想看到結果。也許你對於案主受苦感到不舒服，在缺乏適當探索的狀況下，想要趕快得到解決方式。如果你是這樣的助人者，在 Brian 的案例中，你不會花時間傾聽和探索他對於自己沒能力的深層感受；你也將不會協助他檢視，是什麼讓他長時間一再地無法在學業上成功。帶著你的問題解決方向，你會催促他貿然地申請大學。假如 Brian 沒有機會表達和探索他的恐懼和自我懷疑，假如他沒有獲得任何關於他造成了自己的失敗的覺察，他不太可能在大學中成功。

階段四：鼓勵案主探索並採取行動

助人的第四階段要處理的是探索選擇、確認行動的策略、選擇哪些策略組合對案主的目標最有利，以及將這些計畫整合為實際的行動方案。助人者的角色是去幫助案主獲得新的觀點、以不同角度看事情，以及鼓勵他們以不同的方法做事（Murphy & Dillon, 2008）。這個階段的任務之一，是促使案主將會談中所學的普遍化，並轉移到每天的生活中。

一旦助人者－案主關係（helper-client relationship）之目標被確認之後，決定能夠達成這些目標的各種不同途徑，就成為必要之務。知道你想要改變**什麼**是第一步，而知道**如何**帶來這個改變是下一步。助人者首先幫助案主發想和評估可使願景成真的行動策略，為了達成改變案主的思維、感受和行為的任務，探索替代的選擇項目及面質案主的不一致通常是必要的。這個助人階段可能是最耗時的，而這也是涉及漫長的個人動力探索的時期。助人者的任務是去探索可能性，且協助案主找到新的方法，在世界上更有方向地行動（Ivey et al., 2010）。面質和自我揭露兩者都是推動案主自我探索非常重要的方式，可以帶來新的洞見，也可以鼓勵案主採取行動以達成他們個人的目

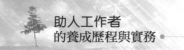

標。此階段的關鍵也是關於共同創造一個行動計畫，這個計畫是在會談中被討論過且能在日常生活中實行的（Egan, 2010）。

◆ **面質（或挑戰）案主**

案主通常會經驗到停滯的感覺。助人者需要學會關懷及溫和地面質案主行為的技巧，當作促使他們進展的方法。如果面質是出於真誠地關切，並且以一種負責的、建設性的方式，則可以被視為「關懷式的面質」（care-frontation）。**面質**（confrontation）邀請個人去檢視自我的矛盾、不一致、扭曲、藉口、防衛行為和逃避，這些因素阻礙他們採取行動來改變他們的生活。

缺乏面質往往導致停滯。如果沒有某些程度的挑戰，案主會堅持自我挫敗的行為而無法發展出新的方法或技巧來使改變發生。如果助人者所做的完全都是支持，那麼他們將不再成為他人成長的有效催化劑。面質是一個經常被誤解的做法，這是我們使用**挑戰**這個詞彙代替面質的原因。面質不應該被當作一種對支持性關係的侵略或破壞。不幸的是，有很多對於面質之目的和價值的誤解。有些助人者認為面質產生了案主的防衛和退縮，或者視它為他們與案主之間的對抗態度，從而導致助人關係過早結束。有時候助人者視面質為有潛在破壞性的負面行為，即使它恰好是他們需要提供給案主作為改變推動力的方式，也不惜一切代價避免它。

問問自己，當此舉可能有幫助時你是否願意面質別人。假如你發現自己難以面質別人，了解原因是很重要的。這可能是因為你想要被案主喜歡和認同。你也許會害怕他們對你生氣或再也不回來。即使挑戰案主對你而言並不容易，但假如你希望案主在他們的諮商中可以超越僅僅「說說而已」的階段，它還是一個你必須學會的技巧。去挑戰別人或者被別人面質時會感到焦慮並非是不尋常的，當你理解到這點時也許會有幫助。雖然會感到不舒服，但想要發展面質技巧的其中一種方式，就是處理自己的困難之處。

想要有效地面質案主，助人者需要專注於案主對自身的思考、感受和作為的覺察。換句話說，你描述你所觀察的。如果這樣做有效，案主就能看到

他們正在做什麼，並且可以在生活情境中發展出新的觀點。基於這樣的自我了解，他們也會被影響而做出改變。因此，面質的用意在於使案主積極地和完全地參與他們幫助自己的過程。當助人者具備敏感度時，他最終可以使案主發展出自我面質的能力，此能力是他們往後要解決問題時所必備的。

　　關於有效地面質，這裡有一些建議。首先，獲得面質的權利。了解你面質的動機是因為你想要更深入地了解另一人，還是因為你想要掌控他人？你在意你和案主的關係嗎？只有當你感覺這是對於案主的投資，以及當你有時間和力氣持續建立你和案主的關係時，你才面質他們。假如你和案主尚未建立工作關係，你的面質很可能會引起案主防衛。你面質案主的程度，取決於他們有多信任你以及你有多麼信任他們（Egan, 2010）。

　　要願意面質你自己。假如你在諮商關係中示範了沒有防禦的立場，你的案主會更願意聽你的。在你面質別人之前，想像你是這些談話的接收者，你給出訊息的語調和慣常的態度將會大大影響別人怎麼聽你說。用一種試探性的方式提出你的面質也有幫助，這方式與發布一則武斷的宣言剛好相反。面質是你的一個機會，激發案主去檢視他們最想要改變自己的是什麼，並且了解是什麼妨礙了這個改變。

　　面質的目的不是為了攻擊案主的防衛，而是邀請他們審視自身的問題，並持續走向更有效的行為。面質不應該是關於他人是如何的武斷陳述。這裡有一個絕對會提高案主防衛和引起抵抗的面質範例：「我已經厭煩了每個禮拜聽你抱怨你的生活有多麼糟糕。我懷疑，你永遠不會改變。」我們提供一個可能使案主更有效地探索自己困難的做法：「我注意到你每個星期都在抱怨你的生活有多麼糟糕，但是看起來你似乎在阻止自己跨出改變的第一步。你是否意識到這一點，而你願意挑戰自己嗎？」

　　這裡有另一個建議，是要面質一位希望自己父親改變的案主：「你已經說過好幾次，你最渴望的是可以成功、覺得自己很好、對自己的成果感到自豪。然而，很多你所說的和做的卻阻止了你成功。你已經這樣做很久了，而且你告訴我，感覺不好對你而言是非常熟悉的。你的父親從未給你贊同，在

他身邊你覺得自己微不足道。你是否願意談談你的失敗和你們父子關係有關的可能性呢？」

同樣地，在伴侶諮商中，這樣對先生說是沒有益處的：「安靜，聽她要說什麼！」這樣的面質也許會讓他在剩下的會談中都保持沉默，但是，去描述你在他們之間看到了什麼會是更有幫助的：「你說想要你太太說出她對你的感覺，但是每一次她這麼做的最後十分鐘，你會去打斷她，而且告訴她不該那樣感覺的所有理由。你有察覺到這一點嗎？敘述你太太的行為，但不要標籤它。你是否願意在接下來的幾分鐘內讓她說，並且不要去想你打算怎麼回應？當她講完之後，我會希望你告訴她，她所說的對你造成什麼樣的影響，到時候會多一點焦點在你身上，換你來告訴她你的事。」被面質的人如果被告知，他們對別人造成了什麼影響，而非僅僅被批評和標籤，他們就比較不會產生防衛。

有些案主對於他們成為現在的樣子有很多理由。你可以要求他們為他們所做的承擔責任，而非依賴那些他們之所以沒有做的藉口。你可以協助案主去重新定位，將關注力從別人身上移回到他們自己身上。某些案主可能有這樣的假設，認為他們必須從每個人身上得到批准。再說一次，你對他們信念系統的質疑，可以幫助他們發現他們停滯的原因，以及這個信念是否對他們有益。

你也可以邀請案主去思考他們擁有卻沒有在使用的優勢，強調優勢通常比總是停留在弱點來得更有成效，而且越具體越好。避免籠統的評斷，側重於具體的行為。記住，要對案主敘述你看到他們做了什麼以及這個行為如何影響你，鼓勵案主與你對話也是有用的。你對於他們反應的敏感度，是決定他們是否將接受你的面質的關鍵因素。

有一個例子是關於助人者挑戰一位沒有善加利用自己優勢的案主：「過去幾個星期以來，你已經為了要聯繫一位朋友而做了詳盡的計畫。你說過，當你和人們接觸，他們通常是喜歡你的，而你沒有任何理由害怕朋友會拒絕你。然而你還是沒有聯絡她，而且你有許多沒這麼做的理由。讓我們探討一

下是什麼阻礙了你聯繫她。」

為了使面質的議題更具體，我們提供其他形式的面質範例。前面的句子闡明了無效的面質；而後面的一句則是有效面質的一種選擇。

- 「你總是那麼冷淡和孤傲，你讓我覺得你好遙遠。」這句話可以改成：「當你和我說話時我覺得不舒服。我想試試看我們是否能用不同的方式對待彼此。」
- 「你總是在笑，那顯得很不真實。」有效的面質是：「當你說你很生氣時，你常常在微笑，我有點難確定你到底是生氣還是開心。你有意識到這一點嗎？」
- 「如果我是你先生，我會離開你。你充滿敵意，而且你會毀掉任何關係。」更有效的說法是：「我對你的憤怒感到害怕。我發現要對你敞開心胸是困難的。你所說的很多話都有傷害性而且造成我們之間的距離。你是否有察覺到這一點，而這是你會想要改變的嗎？」

在無效的例句中，被面質的一方聽到別人說他們是怎樣的人，某種程度上是被貶損的。在有效的語句中，助人者藉由透露自己對案主的觀點及感受來面質，而這過程是描述案主的行為如何影響了助人者自己。

假如你想要學習更多關於面質案主的部分，我們推薦 Egan（2010）的 *The Skilled Helper*。他用了三章的篇幅講述面質的本質、具體的面質技巧和挑戰的智慧。我們也推薦Ivey等人（2010）處理面質技巧的篇章，他們強調在面質時要給予支持。

◆ 適當地使用助人者自我揭露

與案主工作時，適當且及時的自我揭露可以是一個強而有力的處遇，讓案主更容易進行他們的自我探索。以「全有」或「全無」的觀點來審視自我揭露是錯誤的；它可以被視為漸進的過程。在以下兩者之間是有差別的：助人者的自我揭露陳述（self-disclosing statements，透露關於自己的個人資

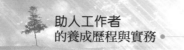
訊），以及自我涉入陳述（self-involving statements，在助人關係中，以此時此刻為背景的脈絡之下，透露自己對於案主的想法、感受和反應）。在治療關係中，你一定對於你的案主有很多反應。努力讓你的案主知道，你所察覺及經驗到的他們是怎麼樣的。

　　讓你的案主知道你是如何被他們的話語和作為所影響，通常比你告訴他們關於你自己個人的生活有更多益處。舉例而言，假如你有困難好好聽一位案主說話，讓案主知道可能會有幫助。或許你可以這樣說：「我有時注意到，對我而言，要對你正在說的話保持連結是困難的。當你談論你自己或你的感受時，我可以專注地聽著，但是當你談論到你女兒做什麼或不做什麼的種種細節時，我發現我沒有興趣聽。」在這樣的陳述中，案主並沒有被標籤或被評斷，但是助人者正在針對他聽到案主談論其他人這件事給出回應。沒有幫助的回應的例句是：「你讓我厭煩！」這個回應是對案主的批評，而且助人者認為他不必為自己的缺乏興趣負責。

　　如果對於案主有益處，談論你自己也許是有治療效果的，但是不需要為了和別人建立信任關係，而透露你過往生命故事的細節。不適當地自我揭露你的個人問題，容易讓案主從自我探索中轉移開。檢查你的揭露對其他人的影響，並且誠實地面對你自我揭露的動機。如果你經常妨礙案主探索他們的議題，就是你可以從你自己的治療中獲益的時候了。

　　有些助人者不恰當地使用自我揭露，作為他們自己宣洩壓力的方法。他們將注意力從案主身上轉移到他們自己關切的事。如果你的感覺和前面描述的很雷同，而這阻止了你將注意力完全放在案主身上，那麼不妨讓案主知道你分心了，而且這是你的問題，不是他的，這樣做可能會對你和案主都有幫助。依據你和案主的關係，你也許可以分享你自己某部分的狀況，或者僅僅透露案主目前的困擾碰觸到你個人的議題，但不需要說太多細節。

◆ 確認和評估行動策略

　　缺少行動的洞察力價值不大。自我認識及看見可能選擇的範圍，對於改

變的過程可以是重要的，但案主也需要訂定出他們能做到並且願意在日常生活中採取的具體行動。案主之所以無法達成目標，通常是因為他們的策略不切實際。在助人的這個階段，其中一個功能是去協助案主想出達成目標的各種可能性。助人者和案主可以同心協力地想出處理問題的相關選擇、衡量這些策略的可行性，以及挑選出最佳行動計畫。助人者引導案主去認識他們要付諸行動所需的技能。假如他們缺少某些技能，他們可以在助人過程中學會，或者學到他們可以運用的資源。

在助人的這個階段，強調的是去要求案主想出為了帶來改變，他們在今天、明天和後天將會做的具體計畫，並且預估什麼可能會阻擋他們的計畫。在**選擇行動策略**（action strategies）的部分，案主會考量他們內部與外部的資源及限制，然後確定哪些策略最適合自己的能力。助人者和他們一起工作，確保這些策略和現實是和他們的目標有關，而且與他們的價值觀一致。這個過程對於在危機情況中的案主尤其重要。再者，與案主共同合作對他們是有益的，如此他們將對於自己的計畫負起某些程度的責任。即使在危機處理中，制定計畫的關鍵因素是不要讓案主感覺他們的權力和獨立性被剝奪了（James, 2008）。

創造並且採取行動的過程，讓人們開始有效的掌控他們的生活。這個時期顯然是在助人歷程中的教學階段，最適合藉由提供新的訊息和協助案主發掘達成目標的有效方式來引導他們。在整個規劃階段，助人者不斷敦促案主為他們自己的選擇和行為負責。

Wubbolding（1988, 2000）寫道，在任何改變的歷程中，規劃與承諾的核心是強調：當案主在做規劃並且按照計畫執行時，他們就是在透過重新掌握他們的能量和選擇行動方案來為其生命負責。根據 Wubbolding 提出，有效的計畫具有以下的特點：

- 計畫應該設定在每位案主的動機和能力的限制範圍內。計畫應該是實際的且可以實現的。當計畫太過雄心勃勃或不切實際時，助人者要做

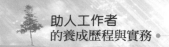

好提醒案主的任務。

- 好的計畫是簡單且易於了解的。雖然計畫需要具體並可測量，當案主對於他們想要改變的特定行為有更深的認識時，計畫也需要是彈性且可以修正的。

- 計畫應該要包含積極的行動，並且確定是案主願意做的。

- 鼓勵案主擬定他們可以獨力完成的計畫，這一點將很有幫助。若他人的行為成為計畫中的條件之一，會使案主感覺他們並不是在駕駛自己的一艘船，而是獲得他人的憐憫。

- 好的計畫是明確而具體的。助人者可以提出以下這類問題，幫助案主發展出明確性，譬如：「什麼？」「哪裡？」「和誰一起？」「何時？」「頻率是？」

- 有效的計畫是重複的，且理想的狀況是每天進行。要幫助人們克服憂鬱、焦慮、負面思考或身心失調的抱怨等症狀，很重要的是以新的思考和行為取代這些症狀。案主可能每天選擇一門課，這將讓他們意識到正在為自己的生命負責。

- 計畫應盡快完成。助人者可以問類似這樣的問題：「你今天願意做什麼來開始改變你的生活？」「你說你想要停止壓抑自己。你現在想要做什麼來達成這個目標？」

- 有效的計畫涉及以過程為中心的活動。譬如，案主可能說他們將要做以下任何一件事：申請一份工作、寫信給一個朋友、上瑜伽課、以營養的食物取代不營養的食物、每週花兩小時當義工，或者放自己一個想了很久的休假。

- 在案主開展他們的計畫之前，先去評估這個計畫是否是實際的、可達到的、可以反映他們需要和想要的，將會是個好主意。當計畫已經在現實生活中實施之後，再去評估一次也有幫助。助人者可以向案主提出這樣的問題：「你的計畫有幫上忙嗎？」如果計畫沒有起作用，可以重新評估並考慮替代的選擇。

- 為了讓案主對他們的計畫許下承諾，寫下它會有幫助，以便讓承諾更堅定穩固。
- 發展行動計畫的一部分，涉及了每個策略的主要成本和效益的討論，以及可能觸及的危險和成功機率的討論。助人者的任務是和案主一起工作，以建設性的態度處理他們對於組織或執行計畫所可能產生的任何猶豫。

決議和計畫沒有任何意義，除非決定要貫徹落實它們。案主對自己承諾一個明確的、可實際達成的計畫是非常重要的。訂定計畫和貫徹完成計畫的最終責任取決於案主。如何於助人關係之外，在日常生活中實施這些計畫，也是由每位案主決定。有效的助人是促成自我引導、心滿意足和負責任的生活的催化劑。

◆ 實施行動方案

案主因為看見自己積極地嘗試新方法的價值而被激勵，而不是消極地聽任機緣。讓案主培養出積極態度的方法之一，是去制定一份明確的同意書。在這樣的方式下，案主不斷被面質，思考他們想要什麼以及他們願意做什麼。同意書也是評估助人成果的有用參考架構。討論可以集中在這個同意書的內容達成了多少，以及它可以怎麼被適當地修改。

如果特定的計畫效果不佳，它可以成為後續會談時一個探索的主題。例如，一位媽媽沒有按照她的計畫處理在學校惹麻煩的兒子，諮商師可以和她一起探討是什麼阻礙了她執行。應急計畫也需要被訂定，諮商師或許以各種方式角色扮演，讓這位母親去處理可能的挫折或缺乏配合度的兒子。用這樣的方式，案主將學習到如何應付失敗和如何預測未來可能出現的障礙。

階段五：結案

本階段要幫助案主將助人關係中的利益最大化，並且決定他們如何能夠持續改變的過程。在這個階段，案主鞏固他們的學習，並且做出長期計畫。

助人者在此階段的角色則是幫案主為結案做準備、鼓勵他們表達出對於要結束關係所產生的任何感受或想法、討論他們已經達成的、談一談也許錯過了什麼，同時也說說對於未來的計畫（Moursund & Erskine, 2004）。

正如同在初期會談時要為助人關係設定基調，結束的時期是讓案主以最大的限度從關係中獲益，並且決定他們可以怎麼持續改變的過程。身為助人者的目標是，以案主可以盡快結束專業關係且繼續自我改變的方式來與案主一起工作。如前所述，當以短期治療為標準時，特別重要的是結案和關於時間限定的議題，此議題是在初次會談時就要處理的。舉例而言，假如機構政策明確指明案主只能做 6 次會談，案主有權利在一開始就知道這個規定。

以短期處遇為工作取向時，助人歷程的最後階段應該始終列為考慮。在短期處遇中，目標是盡可能快速而有效地教導案主他們所需要的自我導向生存的因應技巧，並且提高案主不再持續需要你的機會。關鍵在於需要記住，如果你是一個有效的助人者，最終要「讓你自己與此事無關」——至少在面對你現在的案主時。記得你的角色是讓案主靠他們自己有效地發揮功能，而非讓他們依賴你的協助。假如你可以教導你的案主找出他們自己的問題解決方式，他們可以利用所學來處理不僅是現在的困擾，還有任何未來發生的問題。

◆ **幫助案主為結案做準備**

在有結構及有時間限制的諮商中，你和你的案主雙方從初期就知道你們將進行大約幾次的會談。傳統的短期治療提供 12 到 25 次的會談，視案主情況而定（Miller & Marini, 2009）。然而，有很多機構的案主也許受限於更少的會談次數，可能只有 6 次這麼少。雖然案主在認知上也許明白他們的諮商有限定的次數，但在情感上，他們也許會否認諮商經驗有此約束。結案應該在第一次的會談中就被討論，且必要時，在助人關係的整個過程中都要被提出來探討。這樣的話，結案對案主而言就不會是一件驚訝的事。

時間上的限制，可以幫助你和案主兩方建立短期的、務實的目標。在每

次會談接近尾聲時，你可以詢問案主，他們看見自己達成目標的程度有多少。透過檢視治療的過程，案主站在一個位置，這個位置能夠讓案主辨別被協助的過程中，哪些對他們有效、哪些無效。每次會談都可以被評估，而評估方式是依據完成預設目標的特定會談次數。

理想上，結案是一個由案主和助人者依據助人過程中所設定的目標被完成而相互決定的結果。有效的結案提供了案主總結他們的經驗，並刺激他們持續將助人關係中所學的運用於眼前的挑戰（Welfel & Patterson, 2005）。

◆ 當案主沒有受益時的結案

依據倫理標準之陳述，如果很明顯地案主並沒有得到益處，那麼持續專業關係是不恰當的。重點是要評估案主究竟有沒有真正受到幫助。看看這個例子：你已經持續見了一位案主一段時間，這位案主總是說她在會談中沒有什麼好說的。你在諮商中已談過關於她沒有意願多敞開自己的事，然而案主還是繼續她的行為。最後，你建議結案，因為以你的角度，她並沒有從這個諮商關係中得到好處。儘管她在會談中無法投入，她還是不願意結案。假如你遇到這樣的情況你會怎麼做？

當一位不願意進步的案主不希望結案時，Younggren 與 Gottlieb（2008）建議諮商師採取一個開放、合作的立場。當案主似乎並未受益於諮商時，很重要的是諮商師與案主一起探索進展不足的原因。然而要確定進一步的進展是否可能發生以及結案是否適當，最終還是治療師的責任。Younggren 與 Gottlieb 警告助人者在這類情況下有治療不當的風險：「我們主張，當沒有進展時，僅因為案主重視這個關係就持續治療案主，這是一個很重大的錯誤。相反地，為了案主和助人者雙方的利益，結案必須在一個敏感而謹慎的態度下執行，而且可能包括及時和適當的轉介。我們擔心假如不這麼做，會增加反對心理治療師的法律／控管行動之風險」（p. 502）。

◆ 採取措施以避免促成依賴

助人者可以用很多微妙的方式養成案主的依賴態度和行為。有時助人者

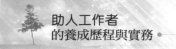

實際上是在阻止案主結束專業關係。助人者也許為案主做了太多，而非幫助案主找到他們自己的方向，結果導致案主為自己的行動和改變承擔極少的責任。雖然案主可能只是暫時變得過於依賴你，如果你促成他們的依賴而且實際上也阻礙了他們的進步，那麼在臨床上和道德上的爭議就出現了。問問自己這些問題，以確認你是否在鼓勵案主依賴或獨立：

- 我很難終止一位案主嗎？我對於「失去」案主有困擾嗎？我擔心收入減少嗎？

- 我有鼓勵案主思考專業關係的結束，且我有協助他們為結案做準備嗎？

- 我可能需要一些案主勝於他們需要我？我有被需要的需求嗎？當案主表達他們依賴我時我感到高興嗎？

- 我會挑戰案主去做他們可以為自己做的事嗎？當他們催促我直接給答案時，我如何回應？

- 在何種程度上我鼓勵案主往他們內在看到潛在的資源，找到自己的答案？

　　有些助人者可能藉由養成案主的依賴，讓自己感覺是重要的。他們說服自己，認為自己特別優秀，有能力指導案主的人生。當案主變得被動且要求得到答案時，這些助人者以問題解決為導向，太過迅速地全部回答。長期來看，這些行為也許不是有幫助的，因為案主被強化去依賴你。身為助人者，你的主要任務是去鼓勵案主依靠自身的資源而非依賴你。透過加強案主對你的依賴，你等於是在告訴他們，你不相信他們能夠自立自強，或他們無法不依靠你而獨立運作。

◆ 結束助人關係的技巧

　　基本上，結案的處遇涉及到協助案主鞏固他們的學習，並確認他們在停止治療或處遇後如何持續前進。以下是為了有效完成這些任務的注意事項：

- 提醒案主和你的會談逐漸接近尾聲，而這應該在距離最後一次會談的前兩次提出。你可以請案主想一想是否有任何未完成的議題，而他們最希望在最後兩次和你討論什麼。你甚至可以在倒數第二次時提問：「如果這是我們最後一次的會談，你想談些什麼？」

- 如果你沒有受限於指定的會談次數，而你和案主雙方都決定結案是恰當時機了，有一種選擇是將最後幾次的會談隔開。取代原本的每週見面，案主可以每隔 3 週會談一次。這樣的時間表允許更多練習的機會並且為結案做準備。

- 檢視治療的過程。案主學會了什麼？他們如何學會的，以及他們打算怎麼運用所學？他們認為在會談中最大的幫助是什麼？他們怎麼看待自己在這個過程中的參與？

- 鼓勵案主談談他們對於分離的感受。如同他們可能對於尋求協助感到害怕，他們也可能對於要結束和你一起工作感到恐懼。

- 要清楚地知道你自己對於結案的感受。助人者經常對於讓案主離開感到矛盾。無論出於何種原因，因為你自己拒絕結束而將案主留住是有可能發生的。你要經常反思，你對案主的需求是否高於他對你的需求，這點十分關鍵。

- 開門政策（open-door policy）是一個好方法，意思是往後案主在任何時候覺得有需要做更進一步的學習時，都鼓勵他可以回來。雖然專業協助最好被視為一個有終點的過程，但案主在發展的後期可能準備好要處理新的問題或議題，且採用他們在初期諮商時不願意嘗試的方法。案主也許只需要少數幾次的會談來重新聚焦。

- 在助人的行動和結案階段，協助案主將他們所學習的轉化為行動方案是最重要的任務之一。假如案主已經成功了，那麼結案階段是一個**新的開始**；現在他們處理問題時有新的方向可依循了。此外，案主獲得了一些持續自我成長時必要的工具和資源。基於這個原因，結案時期更需要及時地與案主討論可使用的服務方案並完成轉介。以這樣的方

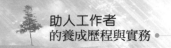
式運作，結束即帶來新的開始。

若想了解關於結束治療關係的有用指引，可參考 Cochran 與 Cochran（2006）。

 重點回顧

- 想要成為一位有效的專業助人者，技巧和知識很重要，但是你的個人特質也同等重要，它們決定了你是否是成功的助人者。

- 你對於助人歷程的觀點，很大程度上是源自於你看待人性及人們如何改變的信念。

- 有效的助人者對於人抱持積極的信念；擁有健康的自我概念；將他們的介入立基於價值信念上；具備同理心、一致性、溫暖、慈悲、真誠和無條件的正向力量。

- 助人者對於案主所抱持的概念，容易使助人者培養出自我應驗預言的傾向。假如助人者認為案主高度依賴，且無法找到自己的道路（指問題的解答），案主很可能會照著這樣的期望行事。

- 檢視你的假設，以確認它們是否有助於案主。質疑你的信念，並且透過自我檢查的過程讓它們成為你個人的信念。

- 助人歷程中有五個階段。第一階段是在關係中創造和諧與結構。第二階段包括了幫助案主辨識並且澄清他們的問題。在第三階段，案主與助人者共同合作以創造目標。第四階段包含鼓勵案主自我探索並且以改變為目的發展行動計畫。這個時期是採取行動以及協助案主將他們在諮商中所學轉化為每天的生活情境。第五階段是處理結案以及鞏固學習。每個階段各自要求特定的助人策略。發展這些策略需要時間和被督導的練習。你個人的生命經驗扮演了至關重要的角色，影響你與案主工作時保持在當下和發揮效率的能力。

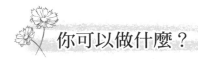

你可以做什麼？

1. 在你閱讀本章之後，挑選出幾個你自己的重要信念和假設。為了檢視你是怎麼獲得這些信念和假設的，去找一位你認識並且和你有類似信念的人談談。接著去找另外一位擁有不同觀點的人，和這兩人討論你如何發展出你的這些信念。

2. 思考有效助人所需的技巧，並選出一個你認為自己具備的最主要優勢，和一個你主要的限制，然後把它們寫下來。你認為你的主要條件如何使你成為一位有效的助人者？你的主要限制有可能怎麼妨礙你成功地與其他人工作？你可以在你受限的部分做些什麼？或許你可以請你熟識的人來檢視你對自己的描述，他們所認為的你是否和你認為的自己一樣？

3. 用一頁的篇幅描寫你個人對於助人抱持什麼觀點。你可以想像有一位督導要求你描述你對於諮商的觀點，或者在工作面試時你被告知：「簡要地告訴我們，你如何看待助人的過程。」你也可以想像某位對你的領域不精通的人對你說：「哦！你是一位諮商師，那你做些什麼呢？」

4. 在你反思了自己關於人以及關於助人歷程的信念之後，在日誌中寫下你的信念對於你介入案主生活所扮演的角色的一些關鍵想法。你的信念如何影響你給案主的建議？你的信念又如何成為你和案主群互動的策略基礎？

5. 當你回顧助人歷程的各個階段時，問問自己，你認為對你而言，每個不同的階段最重要的任務是什麼。在日誌上寫下你預期不同階段與案主工作時會面對的一些挑戰。舉例來說，結案對你而言可能是困難的階段嗎？你有困難適當地和案主分享你的生命經驗嗎？你有可能無法面質案主嗎？在每個助人階段中，為了發展有效處遇所需要的個人特質和技巧，你可以怎麼做？

6. 為了得到每項原始資料的完整書目，請參考本書後的參考文獻。若欲了解助人歷程各個階段更廣泛的概要、系統性技巧的發展描述，以及處遇的策略，可參考 Cochran 與 Cochran（2006）、Cormier 與 Hackney（2005）、DeJong 與

Berg（2008）、Egan（2010）、Ivey、Ivey 與 Zalaquett（2010）、James（2008）、Moursund 與 Erskine（2004）、Murphy 與 Dillon（2008）、Okun 與 Kantrowitz（2008）、Shulman（2009）、Teyber（2006），以 及 Welfel 與 Patterson（2005）。若欲獲知關於危機處理策略的優秀調查報告內容，可參考 James（2008），以及 Kanel（2007）提供了危機諮商技巧的實用指南。

CHAPTER 06

理論在實務中的應用
Theory Applied to Practice

焦點問題・導論・以理論為藍圖・我們的理論取向・心理動力取向・經驗與關係導向取向・認知行為取向・後現代取向・家庭系統觀・助人歷程的整合取向・重點回顧・你可以做什麼？

焦點問題

1. 為何理論與實務有關？

2. 心理動力取向（psychodynamic approaches）強調了解童年經驗是如何影響你成為現在的自己。你認同了解過去就是了解現在的關鍵嗎？你如何從過去、現在和未來的角度來看待你的案主？

3. 經驗取向（experiential approaches）強調案主直接經驗的價值，勝過於被諮商師所教導的價值。你對於案主在助人關係中具備引導方向的能力有多少信心？

4. 在經驗取向中，案主與諮商師的關係是治療結果最重要的決定因素。助人者可以做哪些特定的事，以形成和案主之間的合作工作關係？

5. 認知行為取向（cognitive-behavioral approaches）主要著眼於思考是如何影響我們的感覺和行動。你認為專注在案主的思考過程有價值嗎？

6. 後現代取向（postmodern approaches）不再強調治療師是專家，反而認為案主是專家。你怎麼看待這樣的立場？

7. 家庭系統取向（family systems approaches）考量整個家族而非單一個體。當你以案主的原生家庭為基礎來處理案主的議題時，你看見了什麼獨特的價值？你想多學習如何與家族工作嗎？

8. 短期治療模式的優勢和缺點是什麼？短期及焦點解決的處遇策略是如何符合美國照護體系（managed care programs）的要求？

9. 你如何確定你即將執行的處遇計畫是適合你自己還是適合案主？

10. 藉由在助人歷程中發展自己的整合性觀點，你了解到什麼？你對於從不同的理論取向中有效地整合一些基本的觀點和技巧有何看法？

| 第一節 | 導論

本章的目的是提供一些主流諮商理論的精簡概要介紹，這些理論在各種助人關係中都有其實用性。我們認為理論的角色就是引導有效的實踐。我們將介紹以下五種普遍的理論取向：心理動力模式、經驗與關係導向取向、認知行為療法、後現代取向和家庭系統觀。我們也會以本章大部分理論中精選的概念為基礎，提出我們自己的整合取向，強調人類行為中思考、感受和行動的角色。

你的理論取向將提供你規劃處遇的藍圖，而發展這樣的理論觀點需要相當長的時間和經驗。一個理論提供了組織案主資訊的架構、設計適當的處遇，以及評估成效的依據。我們認為重要的是發展出符合你個性而且有個人風格的諮商方式，同時具備足夠的彈性以滿足你所服務的案主群以及他們的獨特需求。本章的目的是去激發你思考如何設計一個你能運用自如的諮商架構。

| 第二節 | 以理論為藍圖

有許多不同的理論取向幫助我們理解是什麼讓助人過程發揮效果。不同的助人者在與同樣的案主工作時可能會有不同的做法，大部分是基於他們所選擇的理論。這些理論提供他們一個架構，以便理解治療關係中發生的諸多相互影響歷程。有些助人者聚焦於感受，他們相信案主最需要的是去辨識和表達出那些被壓抑的感受。有些助人者則強調獲得洞察和探索行動的原因，以及詮釋案主的行為。有些助人者並不關注於案主發展洞察或表達感受，他們的焦點是行為，並協助案主發展特定的行動計畫以改變他們的作為。有些助人者則鼓勵案主把重點放在檢視他們對自己及對世界的信念；這類助人者相信當案主可以消除錯誤的思想，並以建設性的想法和自我對話取代時，改

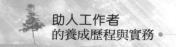

變就會發生。

助人者可以聚焦於過去、現在或者未來。最關鍵的是去思考你是否認為聚焦於過去、現在或未來具有建設性？這不僅僅是一個理論概念。假如你相信案主的過去是一個需要被探索的關鍵部分，你的很多處遇就很可能是設計去協助他們了解過去。如果你認為案主的目標和努力是重要的，你的處遇很可能著重於未來。如果你以此時此刻為方向，你的處遇就會強調案主當下的所思所為。

每一個選擇代表了一個特定的理論取向。企圖在沒有理論的原理情況下去實踐，就像在沒有任何飛行計畫之下駕駛一架飛機。假如你在理論真空的狀況下工作，就無法利用理論來支持你的處遇，你很可能在幫助別人改變的嘗試中驚惶失措。

理論不是一個去規定每個步驟，或規定你身為助人者應該要做什麼和怎麼做的死板結構。確切地說，我們視理論為一個概略的架構，可幫助你理解諮商過程的許多面向，如同提供一個藍圖，指引你言行的方向。歸根結底，最大的意義在於讓理論成為你的價值觀和個性的延伸。你運用的理論需要適合於你的案主群、機構和你提供諮商的類型。理論並非要你從本性中抽離出來。最好的情況是使理論成為你本人不可缺少的一部分並展現你的獨特性。

▎第三節▎ 我們的理論取向

很少人會百分之百地接受任何單一理論。反之，我們在一個整合性的框架下運作，在實踐中繼續發展和修改。我們借鑑大多數當代諮商模式的概念和技術，並依據我們的特質選擇適合的理論。我們的概念框架包含了人類整體經驗中思考、感受及行為的層面。因此，我們的理論取向和風格反映出我們自己是誰。

我們重視那些強調思考方面的取向。我們的典型做法是挑戰案主，要他們去想想關於他們為自己做的決定。他們的某些決定，有些或許是在兒童時

期為了心理上的生存而必須有的，但是現在可能已喪失功能。我們希望案主可以做必要的調整，允許他們更充分地做自己。我們使用的其中一種方式是請案主注意他們的「自我對話」（self-talk）。以下是一些我們鼓勵案主問自己的問題：「我對自己、對他人和對生命所做的假設，如何實際造成我的問題？我如何透過我所抱持的想法和信念創造了我的困境？我可以如何謹慎地評估我對自己重複說的話語，以開始釋放自己？」我們所使用的許多技巧是設計來發現案主的思考過程，幫助他們回顧生命中的事件以及他們如何詮釋這些事件，接著在認知層面下工夫，以便改變他們某些信念系統。

　　思考只是我們和案主一起工作時注意的一個面向。**感受**面向也極為重要。我們透過鼓勵案主去辨識和表達他們的感受，來強調人類經驗的這個面向。由於未表達和未解決的情感問題，案主常處於情緒麻木的狀態。如果他們允許自己去經驗他們的感受，並談論某些議題是如何影響他們，會幫助他們的療癒過程。如果他們覺得被傾聽和被了解，他們將更可能表達出原本藏在內心的感受。

　　思考和感受是助人歷程中很重要的部分，但最終案主必須在**行為**或**行動**方面展現自己。案主可以花很多時間獲得洞察和表達被壓抑的感受，但在某些時刻他們需要參與「以行動為目標的改變方案」，如此他們的感受和想法才能夠被應用在真實生活的情境中。檢視當前的行為是助人過程的核心。我們常會提出這類問題：「你正在做什麼？你怎麼看待自己的現在和未來？你現在的行為是否有合理的機會讓你得到你想要的？是否會帶你前往你想要前進的方向？」如果助人歷程的重點在於案主當下的行為，那麼他們將會有較大的機會改變他們的思考和感受。

　　除了強調思考、感受和行為面向，我們幫助案主鞏固他們所學習的，並且將這些新的行為應用於他們每天面臨的狀況。我們使用的策略有小冊子、指定家庭作業、行動計畫、自我監督技巧、支持系統和自我導向的改變方案。這些方法都在強調案主對於練習新行為所做的承諾，透過遵循實際可行的改變計畫，發展出可以運用到日常生活中的務實方法。

以專注於思考、感受和行為的整合基礎之下，是傾向於存在主義取向的哲學概念，主要強調的是改變歷程中選擇和負責的角色。我們邀請案主仔細看見他們**確實擁有的**——無論多麼受限——選擇，並且接受他們要為自己的選擇負起責任。我們幫助案主發現他們內在的資源，並學習如何使用這些資源來解決他們的困境。我們不提供答案給案主，但藉由過程引導案主增加更多察覺的能力，去找出他們可以運用在解決現在和未來問題的知識和技巧。

我們治療工作的基礎，大多是建立在假設人們可以行使他們的自由以改變狀況，即使這個自由的範圍可能受限於外在因素。重要的是，助人者要做得比假設案主有能力改變自己的內在世界還要多。當社會或社區情況直接導致案主的問題時，助人者也要擔起對外部環境帶來改變的任務。

如果不認真去思考影響每個案主的各種系統——家庭、社會團體、社區、教會和其他文化力量，案主將無法被理解。為了讓助人歷程更有效，關鍵點是去了解案主如何影響他們的生活圈，以及被他們的生活圈所影響。因此，有效的助人者需要透過整體性的取向觀點以掌握案主所有經驗的各個層面。

當我們與案主工作時，並未有意識地思考我們正在使用什麼理論。我們要讓自己所使用的技巧滿足案主的需求，而非要案主配合我們的技巧。在決定要使用什麼技巧的過程中，我們考慮一系列有關案主群的因素。我們考量案主是否已經準備就緒要面對某個議題、案主的文化背景、案主的價值體系，以及案主是否信任身為助人者的我們。一個引導我們實踐的總體目標是幫助案主辨識和體驗任何他們正在感受的，找出影響他們自身感受和表現的假設，並嘗試其他的行為模式。我們對於使用的技巧是有根據的，而我們的處遇通常源自於本章後續內容將論及的理論觀點。

了解各種主要的理論取向如何應用於諮商過程的一種方式，是從當代治療理論體系中的五大類別來了解。它們分別是：(1)**心理動力取向**，強調諮商中的洞察（精神分析和阿德勒治療學派）；(2)**經驗與關係導向取向**，強調感受和主觀經驗（存在主義、個人中心學派和完形治療學派）；(3)**認知行為取**

向，強調思考和行為的作用且傾向於行動導向（行為治療、理情行為治療法、認知治療和現實治療）；(4)後現代取向，強調治療師採取合作和協商的立場（焦點解決短期治療和敘事治療）；以及(5)家庭系統取向，強調對個體的理解必須同時考量其整體的系統。

雖然我們已將各種理論分為五個群組，但這樣的分類其實是有些武斷的。重疊的概念和主題使我們難以整齊俐落地劃分這些理論取向。以下是這些方法的簡要概述，包括基本假設、主要概念、治療目標、治療關係、技術、多元文化的應用和貢獻。

｜第四節｜ 心理動力取向

心理動力取向（psychodynamic approaches）提供了一個讓往後許多不同理論得以發展的基礎。雖然大多數助人者沒有實際精神分析學派的訓練，然而此學派的觀點有助於了解案主內在動力及治療本身能如何幫助案主處理深層次的人格問題。精神分析治療已進展到超越 Freud 當年的觀點；很多與精神分析有關的現代形式能夠適用於短期治療取向。

如同 Freud，Alfred Adler 在心理動力取向的治療方面也有重大的貢獻。儘管受到 Freud 許多思想的影響，Adler 依然發展出一個非常不同的治療方法。Adler 學派將焦點放在個體再教育與社會重塑。Adler 是主觀心理學取向的先驅，關注個人行為的內在因素，如價值觀、信念、態度、目標、興趣和個人對現實的知覺。他是主張整體論、社會性、目標導向、系統論和人本取向的先行者。你將會看到，Adler 的許多重要概念出現在較晚發展出來的其他理論中。

一、精神分析取向

◆ 概述和基本假設

精神分析取向（psychoanalytic approach）是依據以下假設：正常人格發

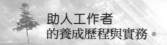
展的基礎奠定於有效地處理性心理（psychosexual）和心理社會（psycho-social）的發展階段。有缺陷的人格發展，是來自於發展過程中某些衝突事件被不當處理之結果。精神分析取向的助人者對於案主的早期歷史很有興趣，以此作為了解過去情況如何影響案主現在問題的方式。

◆ 主要概念

精神分析取向著重於對人格做深入且長期性的探索。形成此理論的一些重要概念包括人格結構（structure of personality）、意識和潛意識、焦慮的處理、自我防衛機制的運作，以及貫穿整個生命的各個發展階段。

◆ 治療目標

主要目標是將潛意識化為意識，亦即著重於人格重建而非解決眼前的問題。在治療中童年經驗極被重現，且這些經驗被探索、詮釋以及分析。精神分析治療的成功意指對個人人格與性格結構做出重大的修正。

◆ 治療關係

精神分析取向的治療師會嘗試以溫暖的距離感做客觀的連結。移情和反移情是關係中核心的面向。治療的重點在於治療過程中的抗拒、對於這些抗拒的解釋以及修通（working through）移情的感覺。透過這個過程，案主探索過去和現在經驗之間的相似處，並獲得新的理解，成為人格改變的基礎。

◆ 技術

所有的技巧是被設計來幫助案主獲得洞察，並且將壓抑的部分帶到表層，使其可以在有意識的情境下被處理。這些主要的技巧包括維持分析的架構、自由聯想、解釋、分析夢、分析抗拒以及分析移情。這些技術都是為了增進覺知、獲得洞察，並展開達成人格重建的修通歷程。

◆ 多元文化的應用

心理社會取向強調人生各個階段的轉折點，有助於理解不同的案主群。

治療師可以協助案主去辨識和處理環境對他們人格發展所造成的影響。短期心理動力治療的目標，是針對目前存在的問題提供新的理解。利用此精神分析取向治療的短期形式，案主可以放棄舊有的模式，並在他們目前的行為上建立新的模式。

◆ 貢獻

此理論提供了一個全面且詳細的人格系統。它強調決定行為因素的潛意識之合理地位、凸顯出早期童年發展的顯著影響，並提供接觸潛意識的技巧。有幾個要素可以讓非精神分析取向的助人者應用，譬如了解抗拒如何表現且可被有療效地探討、早期創傷如何能被成功地處理，以及理解治療關係中移情和反移情的表現形式。許多其他的理論模式乃是因著對精神分析取向的反對而發展。

二、Adler 取向

◆ 概述和基本假設

根據 Adler 取向（Adlerian approach），人類是社會的動物，會被社會的力量影響及刺激，人性是有創造性的、積極的且有能力做決定。此取向側重於人的整體性以及了解個體的主觀看法。個人生活型態（或個人風格）的基礎是由其特定的生活方向與主觀決定所組成。**生活型態**（lifestyle）包含了我們對他人、對世界和對我們自己的信念及假設；這些觀點導致我們採取了獨特的行為來追求我們的人生目標。我們可以藉由冒險及在面對未知的狀況下做決定，來塑造我們自己的未來。案主不被視為「生病」或受苦於某些疾病而需要被「治療」；反之，他們被看作是沮喪的，並在以自我挫敗和自我限制的基本假設中運作，這樣的假設造成了持續的問題和自我保護的行為。因此，案主被視為需要被鼓勵以修正對自己和他人的錯誤觀點，並且學習開始新的行為互動模式。

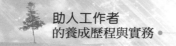
◆ 主要概念

意識——而非潛意識——是人格的中心。Adler取向以成長模式為基礎，強調個體完全生活在社會中的積極主動能力。其特色在於人格的統合性、理解個人的世界是從主觀的有利位置出發，以及強調生活目標引導行為的方向。**社會興趣**（social interest）是此理論的核心，涉及人類的認同感、歸屬感和關心更美好的社會。**自卑感**（inferiority feelings）經常成為創意的泉源，激勵人們為了權力、優勢和完美而努力。人們試圖彌補劣勢，包括想像的和實際的，而這個企圖幫助他們克服障礙。

◆ 治療目標

諮商不只是一個熟練的治療師開出一個改變的處方，它需要案主和治療師一起合作，為了雙方都能接受的目標而努力。改變是以認知和行為兩個層次為目標。Adler 學派主要關注於面質案主錯誤的想法及錯誤的假設。與案主合作時，治療師會試著鼓勵案主發展對社會有益的目標。一些具體目標包括：增長社會興趣、幫助案主克服沮喪的情緒、改正錯誤的動機、調整錯誤的假設，並協助案主去感受人與人之間的平等性。

◆ 治療關係

案主和治療師的關係是相互尊重，雙方都是積極的。案主在這個平等的關係中是積極的夥伴。透過這樣的合作夥伴關係，案主認知到他們需要為自己的行為負責。重點在於檢視案主的生活型態如何呈現於案主所做的每件事情中。治療師會經常藉由說明案主的過去、現在以及朝未來努力的目標之間的關聯性來解釋生活型態。

在治療過程中，與案主所有基本的**生活任務**（life tasks）運作相關的層面都會被探索——社會的、親密關係、職業和精神上的——以更充分地了解案主生活狀況的社會脈絡。Adler 學派治療師嘗試與案主合作，發展出對於案主基本人格結構更深入和更完整的理解。這涉及到聚焦於個人的生活型態——亦即個人企圖要了解生活以及做出行為選擇的認知架構或基模。具體而

言，治療師試圖看清楚，那些與案主自身、其他人和生活有關的錯誤及自我挫敗的觀點和假設，如何使案主帶入治療中的問題行為模式持續。

◆ 技術

Adler 學派學者已經發展出多種認知、行為和經驗上的技術，適用於各式各樣的環境與形式之下的案主。他們不需要依循特定的步驟或流程；相反地，他們可以開發創造力，運用他們認為對每位案主最適當的技巧。他們經常利用的具體技巧是：傾聽、鼓勵、面質、摘要、家庭經驗的詮釋、早期回憶、建議和指定回家作業。

◆ 多元文化的應用

Adler 取向的人際觀點最適合用來諮商不同背景的人。此取向提供了一個認知和行為導向技術的範疇，可以幫助人們在文化脈絡中探索他們的議題。Adler 學派的實踐者是靈活有彈性的，他們的處遇可適用每位案主獨特的生活情境。Adler 理論以心理教育為重點，是現在和未來導向，也是一個簡短、有時間限制的取向。所有這些特色，使得 Adler 取向適合用在廣泛的案主問題上。

◆ 貢獻

Adler 是心理學領域中人本取向的創立者之一。Adler 觀點最偉大的貢獻，也許是他的基本概念整合到其他治療取向的程度。Adler 理論和當代的治療理論之間有顯著的連結存在。

第五節 經驗與關係導向取向

治療經常被視為諮商師和案主一起經歷的旅程，在旅程中，案主深刻地探究他所感知和經驗的世界。這個旅程被治療情境中人與人交會（person-to-person encounter）的品質所影響。治療關係的價值是所有治療取向的共同

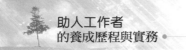

點，然而有些取向比其他取向更強調作為治療因素的「關係」角色，尤其存在主義、個人中心學派和完形治療更是如此。這些關係導向取向（relation-ship-oriented approaches）（亦稱為經驗取向）皆立基於以案主—諮商師關係之品質為主，技巧則是其次。這些經驗取向（experiential approaches）的基本假設是，治療關係可培養出一種創新精神，創造出提升覺察力的技巧，以幫助案主改變他們思考、感受及行為的模式。

在所有的經驗取向中，一些共同被認為與有效治療相關的重要概念包括以下內容：

- 在治療情境中，人與人交會的品質是積極改變的催化劑。
- 諮商師的主要作用是在治療時與案主在當下同在。這意味著諮商師與案主有良好的接觸，並且位於自己的中心（centered）。
- 諮商師示範真實可靠的行為，是邀請案主自我成長的最佳方式。
- 治療師的態度和價值觀，與其知識、理論或技術一樣重要。
- 無法敏銳地將自身反應與案主調和的諮商師，可能有成為技術匠而非藝術家的風險。
- 「我與你」（I-Thou）的關係使案主經驗到冒險時所需要的安全。
- 覺察會出現在諮商師與案主真實交會的情境，或是在「我與你」的相關脈絡中。
- 治療的基本工作是由案主所完成。諮商師的工作則是創造一種氛圍，使案主更願意去嘗試新的方法。

這些有所重疊的概念，給了治療關係極為重要的意義。諮商師在關係導向的架構下運作時，將會在使用「正確的技巧」方面免除很多焦慮。他們的技巧最可能用來增強案主探索的一些面向，而非用來刺激案主以特定的方式思考、感受或行動。

一、存在主義取向

◆ 概述和基本假設

　　存在主義的觀點（existential perspective）認為我們透過自己的選擇來定義自己。雖然外界因素限制了選擇的範圍，但我們終究還是自己生命的創作者。我們被拋擲於一個無意義的世界，但我們面臨的挑戰是接受我們的孤獨和創造一個有意義的存在。由於我們有覺察的能力，基本上我們是自由的。然而，伴隨自由而來的是對所做選擇的責任。尋求治療的人經常導致**存在受制**（restricted existence）的狀況，或是在自我覺察受侷限的情況下運作；他們處理生活現況時僅能看到很少的選擇，而且常感覺受困。治療師的工作是讓案主正視他們自己所選的受限的人生，並且幫助他們更加覺察自己如何創造這樣的處境。治療的結果是案主能夠認識自己生存的舊有模式，而開始接受改變自己的未來並承擔責任。

◆ 主要概念

　　存在主義的治療有六項基本主張：(1)我們有自我覺察的能力；(2)因為本質上我們是自由的，我們必須接受伴隨自由而來的責任；(3)我們在意維護自己的獨特性和認同；藉由了解他人及與其他人互動來認識我們自己；(4)我們存在和生活的意義從未永久固定不變；相反地，我們透過自己的投射（projects）重新創造我們自己；(5)焦慮是人類狀態的一部分；(6)死亡也是一個基本的人類狀態，而對死亡的覺察則為生命帶來意義。

◆ 治療目標

　　主要目標是挑戰案主認清並接受他們擁有的自由，成為生命的創作者。當案主逃避他們的自由以及責任時，治療師便需要面質案主。存在主義取向主要強調的是去了解案主的現有經驗，而非治療技巧。

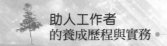

◆ 治療關係

案主－治療師關係的重要性是至高無上的，因為「我與你」交會的品質，為改變提供了脈絡基礎。與其重視治療的客觀性和專業距離，存在主義的治療師更推崇全然地與案主在當下同在，他們努力營造與案主之間充滿關懷的關係。治療是一個合作的關係，包括案主和治療師都投入了自我探索的旅程。

◆ 技術

存在主義療法拒絕將治療視為一個定義明確的技術體系；它認可那些成就我們人性的特質，並且以這些特質作為基礎展開治療。本取向著重於了解案主當下的經驗。存在主義的治療師可依據自己的個性和風格自由調整處遇方式，同時也關注每位案主需要什麼。治療師不受限於任何規定的程序，甚至可以使用其他治療模式的技術。處遇是用來服務案主，擴大他們所處世界中的生活方式。技術則是為了幫助案主更覺察於自己的選擇及採取可能行動的工具。

◆ 多元文化的應用

由於存在主義取向是基於人類共通的議題，也因為它沒有規定看待事實的特定方式，所以非常適用於多元文化的背景。與多元文化的案主工作時，重要的是認知到案主之間的共同點和相似之處。譬如關係、尋找意義、焦慮、痛苦和死亡都是超越文化隔閡的議題。接受存在主義治療的案主被鼓勵去檢視他們此刻的存在方式如何被社會和文化因素所影響。

◆ 貢獻

人與人（person-to-person）的治療關係減少了非人性化（dehumanizing）治療的機會。無論諮商師的理論取向為何，此取向都能提供他們一些觀點；不管諮商師偏好哪種特定理論，此取向均可被併入實務工作中。它提供了一個觀點，去理解焦慮和罪惡感的價值、死亡的角色和意義，還有對於孤獨及

為自己做選擇的創新想法。至於應用於**短期治療**（brief therapy），存在主義取向強調鼓勵案主審視類似以下議題，如承擔個人責任、拓展對目前處境的察覺，並做出決定和行動的承諾。有時間限制的架構，可以催化案主充分地投入他們的治療過程。

二、個人中心取向

◆ 概述和基本假設

個人中心治療最初是由 Carl Rogers 在 1940 年代時，為了反對精神分析治療學派而發展的。基於對人類經驗的主觀看法，**個人中心取向**（person-centered approach）強調案主的資源，以提高自我覺察和解決個人成長所遭遇的阻礙。它將案主，而非治療師，置於治療過程的中心。主要帶來改變的是案主。Rogers 並沒有提出此取向的最終模式，反而期待這個理論和實務能夠與時推移。藉由在治療關係中的參與，案主實現他們在成長、完整性、自發性以及內在引導（inner-directedness）的潛力。

◆ 主要概念

關鍵概念是案主有能力有效地解決生活中的問題，無須專業治療師的介入和引導。案主不需要有很良好的結構和治療師的帶領，就有能力改變。此取向強調當下此刻的全然經驗、學習自我接納，並決定如何改變。

◆ 治療目標

主要目標是在治療場域中提供一個安全與信任的氛圍，讓案主透過治療關係達成自我探索，能夠對於成長的障礙有更多覺察。案主往往朝向更開放、更多自我信任以及更有意願成長，而不是處於停滯的狀態。案主學習依照自己內在的標準過生活，而不是按照外界所暗示他應該成為的樣子。治療的目標不僅僅是解決問題，也需要協助案主成長，使其更有能力因應現在和未來的困境。

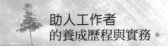

◆ 治療關係

　　個人中心取向強調治療師的態度和人格特質，以及案主—治療師關係的品質，因為這是治療結果的主要決定因素。對於治療關係有決定性影響的治療師素質，包括了真誠、非占有性的溫暖、正確的同理、無條件地接納和尊重案主、寬容、關愛，以及將以上所有態度傳達給案主的能力。有效的治療就是以治療師和案主之間的關係為基底。案主有能力將他們在治療中學習到的，運用到與其他人的關係上。

◆ 技術

　　此取向強調，案主—治療師關係是帶來改變的必要及充分條件，因此，它所指定的技術很少。技術，永遠都次於治療師的態度。此方法將直接的技巧、解釋、提問、探測、診斷和蒐集歷史資料減到最低程度；將積極傾聽、表達同理、對感受的反應和澄清發揮到最大化。

◆ 多元文化的應用

　　對於普世、核心狀況的強調，為個人中心取向提供了了解多樣世界觀的框架。同理、與案主同在和尊重案主的觀點，這些都是在與多元文化案主諮商時必備的態度和技巧。個人中心學派的諮商師傳遞的是，對於各種形式的差異和價值懷著深深的敬意，以接納和開放的方式理解案主的主觀世界。

◆ 貢獻

　　身為第一個打破傳統精神分析的治療方式，個人中心取向重視案主的主動角色和責任。這是一個積極和樂觀的觀點，並且強調考慮一個人的內在和主觀經驗之必要性。此取向認為治療師的態度有至關重要的作用，使治療歷程以關係為中心，而不是以技術為本。

三、完形治療

◆ 概述和基本假設

完形治療（Gestalt therapy）是經驗性及存在性的取向，它的基本假設為：個人和他們的行為必須在所處環境的脈絡之下被理解。治療師的任務是促進案主探索他們當下的經驗。案主透過參與實驗，盡可能持續他們自己的治療，這些實驗是設計來提高覺察力和投入於接觸。當案主增加了「是什麼」（what is）的覺察時，改變自然發生。提高覺察也會幫助案主將自己破碎或未知的部分做出更多整合。

◆ 主要概念

本取向聚焦於此時此刻、直接經驗、覺察、將過去的未竟事宜帶到現在，以及處理未竟事宜。其他的概念包括能量和能量凍結、接觸和抗拒接觸及關注非語言線索。案主藉由重新經驗過去的情境，如同此刻正發生似的，來確認發生於過去但至今仍妨礙他們的未竟事宜。

◆ 治療目標

目標是獲得覺察和更大的選擇空間，覺察包括認識環境、認識自己、接納自己和有能力做接觸。案主會被協助於注意自己的覺察過程，因此他們可以負責地、有選擇地、有辨別能力地做出決定。帶著覺察，案主將有能力意識到自我被否定的部分，並開始朝向整合所有的部分。

◆ 治療關係

此取向強調「我與你」關係。焦點並不在於治療師所運用的技巧，而在於治療師如何作為一個人，以及關係的品質。所強調的因素包括：治療師的當下同在、真實的對話、溫柔、直接表達自我，以及更加信任案主正在經驗的過程。諮商師協助案主更完整地體驗所有的感受，並讓他們做出自己的詮釋。技巧的專業是重要的，但是治療師的投入參與才是最高原則。與其幫案

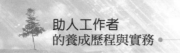
主解釋這些經驗的意義，治療師更需要關注的毋寧是案主行為所呈現的「什麼」（what）和「如何」（how）。

◆ 技術

　　雖然治療師具有引導和催化的功能，會提出實驗和分享觀察，但基本的治療工作還是由案主自己完成。治療師並不強迫案主改變；相反地，他們在此時此刻的架構之下，以「我與你」的對話為脈絡來創造實驗。這些實驗是體驗式學習的基石。即使實驗是由治療師所建議，但這是一個需要案主全心參與的合作過程。**完形實驗**（Gestalt experiments）採取多種形式：針對案主和其生命中重要他人之間，設置一場象徵性的對話；透過角色扮演，演出一位關鍵人物的特質；痛苦事件的再體驗；誇大一個手勢、姿勢或非語言的習慣；或持續一場個人內在衝突的對話。

◆ 多元文化的應用

　　假如處遇方式是靈活且及時的，完形治療是可以被有創意且細膩地運用於不同的文化族群。完形助人者強調了解案主，而非使用技巧。實驗是在案主的合作以及企圖了解案主文化的背景之下所完成。

◆ 貢獻

　　完形治療認為，從此時此刻的觀點來理解過去是有價值的。相對於用抽離的方式只是在問題上討論，這個理論更強調做（doing）和體驗。完形治療注重非語言和身體的訊息，從而拓寬了助人關係領域中可被探索的素材。它提供了成長和提升的角度，而不只是治療疾病。探索夢境是一個創造性的途徑，可提高對於生活中關鍵訊息的覺察力。

┃第六節┃ 認知行為取向

　　本節介紹一些主要的**認知行為取向**（cognitive-behavioral approaches），

包括行為治療、理情行為治療、認知治療和現實治療。雖然認知行為取向非常多元,但它們確實有共同的特質:(1)案主與治療師之間為合作關係;(2)其假設為心理困擾絕大多數是來自認知過程的干擾;(3)強調改變認知可產生在情感和行為上所渴望的改變;以及(4)是一個有時間限制和教育性的治療方式,聚焦於特定的目標問題。認知行為取向的基礎是結構化和心理教育的模式,其強調家庭作業的功能、將責任歸屬於案主、期待案主在治療期間之內或之外都扮演積極的角色,並採用各種認知和行為技巧以促使改變發生。在所有的治療模式之中,認知行為治療已成為最普及的療法,越來越常被應用於廣泛的多樣性案主群、各式各樣的問題和許多不同情境的實務工作上。

一、行為治療

◆ 概述和基本假設

行為取向認為,人們基本上是透過學習和社會文化環境兩者所形塑而成。由於此取向多元的觀點和策略,與其認為它是一個單一的方法,更精確的是將它視為多樣化的行為治療方式。在行為治療的領域中,將眾多觀點聯合在一起的核心特質是聚焦於顯著的行為、目前的行為決定因素、學習經驗帶來改變,以及嚴密的問題評估和成效評量(assessment and evaluation)。

◆ 主要概念

行為治療(behavior therapy)強調當前的行為而非歷史事件、精確的治療目標、針對這些目標而設定的不同治療策略,以及治療效果的客觀評量。治療重點在於當下和行動方案的行為改變。觀念和步驟被明確地指定,依據經驗而測試並不斷修訂。還有一個重點是,在處遇介入之前和之後測量一個明確的行為,以判斷這些行為的改變是否為執行步驟的結果,同時判斷改變的程度。

◆ 治療目標

行為治療的一個特徵是,在治療過程的初期就確認具體的目標。一般的

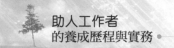

目標是去增加個人的選擇,和創造新的學習環境。目的是去消除適應不良的行為,以建設性的模式取代之。一般而言,案主和治療師會共同詳細地訂定出具體的、可測量的和客觀的治療目標。

◆ 治療關係

雖然此取向主要強調的並非案主-治療師關係,然而良好的工作關係仍是有效治療的重要先決條件。熟練的治療師可以將問題行為概念化,並利用治療關係帶來改變。它的假設是,案主的進步主要是因為案主採用的行為技巧,勝於案主與治療師的關係。治療師的作用在於透過提供指示、示範和回饋成果,教導具體的技巧。治療師往往是積極和直接的,又具有顧問和問題解決者的功能。案主必須自始至終積極地參與治療過程,且被期待要配合持續的治療活動,在治療情境之內和之外皆然。

◆ 技術

評估和診斷在初期就進行,以確認治療計畫。行為治療的處遇,是依據不同案主所經驗到的特定問題而個別化設定的。任何被證實能改變行為的技術,都可能被納入治療計畫。此取向的優勢在於有許多為了產生行為改變的不同技巧,其中一些技巧是放鬆方法、系統減敏感法、現場減敏感法、洪水法、自我肯定訓練,和自我管理方案。

◆ 多元文化的應用

當特定文化的常規已經被發展出來時,行為治療可以被適當地融入於多元案主群的諮商。此方法強調對治療過程的教學,並著重於具體行為的改變。案主學習到,透過發展出他們自身的問題解決技巧,便可處理他們文化背景之下所面臨的實際問題。

◆ 貢獻

行為治療是一種具有廣泛應用性的短期治療取向,強調所使用技巧的研究和評估,從而建立責信(accountability)。特定的問題被確認和探索,且

案主經常被提醒關於治療的過程和已經獲得的益處。在助人功能的眾多方面，此取向已被證實它的有效性。它的概念和步驟很容易被理解。治療師是一個明確的強化劑、顧問、模範、老師和行為改變的專家。

二、理情行為治療（REBT）

◆ 概述和基本假設

Albert Ellis 被公認為理情行為治療之父，以及認知行為治療的始祖。**理情行為治療**（rational emotive behavior therapy, REBT）認為行為改變的基礎是建立在思考、評價、分析、質疑、行動、練習及重新決定的前提下。REBT 假定人們與生俱來就有理性思考的潛力，但他們也毫無選擇地接受了不合理的信念。認知行為取向的基本假設是，個體自我陳述（self-statements）的重組將導致其相對應行為的重組。

◆ 主要概念

REBT 認為，雖然情緒困擾是植根於童年，但人們不斷重複著不合理和不合邏輯的信念。情緒問題是個人信念的產物，而非事件，因而這些信念需要被改變。案主被教導生活中的事件本身並不會擾亂我們，我們對事件的詮釋才是關鍵。

◆ 治療目標

REBT 的目標是消除對生活觀點的自我攻擊、減少不健康的情緒反應，並習得更理性和寬容的人生哲學。REBT 的兩個主要目標是，協助案主逐步達成無條件的自我接納和無條件的接納他人。為了實現這些目標，REBT 為案主提供切實可行的方法來找出他們根本的錯誤信念，再審慎評估這些信念，並以建設性的信念取而代之。案主得以學習如何以彈性的選擇來替代需求。

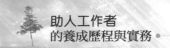
◆ 治療關係

在 REBT 中，溫暖的案主與治療師關係並非必要。然而，案主需要從治療師那裡感受到無條件的關懷及尊重。治療是一個再教育的過程，而治療師必須積極和直接地擔負起老師的功能。隨著案主開始了解他們持續地造成自己的問題，他們需要努力地練習改變自我攻擊的行為，並把它轉換為理性的行為。

◆ 技術

針對大多數的案主，REBT 廣泛地使用認知上、情感上和行為上的多種方法。這個取向融合了一些技巧，用以改變案主思考、感受和行為的模式。技巧是設計來引導案主嚴格審視其目前的信念和行為。REBT 聚焦於特定的技巧，以改變案主在具體情境之下的自我攻擊想法。除了修改信念，REBT 也幫助案主了解他們的信念如何影響他們的感受與行為。

從認知的角度來看，REBT 對案主證明了讓他們混亂失常的是他們的信念和自我對話。REBT 助人者經常使用的**認知技巧**（cognitive techniques）包括：教導 ABC 理論（A-B-C's of REBT）、積極辨識錯誤的信念、教導自我陳述之因應、心理教育方法和認知家庭作業。

情緒技巧（emotive techniques）包括：無條件接納、理情想像（rational emotive imagery）、使用幽默感、打擊羞愧感練習（shame-attacking exercises），以及理情角色扮演（rational emotive role playing）。雖然這個取向並不優先處理感受，但隨著案主探索他們的想法和作為時，感受經常會浮現。當感受確實顯露時就能被處理了。

行為技巧（behavioral techniques）包括：自我管理策略（self-management strategies）、示範（modeling）、使用增強和處罰、在日常生活中完成回家作業，以及練習廣泛的因應技巧以處理各種挑戰。行為技巧效果最好的時候，往往是在它與情緒和認知方法結合使用時。

◆ 多元文化的應用

　　促使 REBT 對多元文化的案主群有效的因素包括：針對每一個個體量身訂做的處遇、處理外界環境的作用、治療師積極且直接的角色、強調教育的重要、依靠經驗證據、聚焦於現在的行為，還有此取向之精簡。REBT 的助人者有老師的功能；案主則學習各種用來處理生活問題的廣泛技能。它教育的重點訴諸於：讓有興趣學習實際而有效方法的案主可藉此帶來改變。

◆ 貢獻

　　REBT 是一個全面的、綜合的取向，治療的目的是改變思考、感受和行為的困擾。REBT 教導人們如何藉由改變思考而改變情緒。諮商期程是短期的，並強調積極地練習新的行為，讓內在觀察被帶入實際行為之中。

三、認知治療（CT）

◆ 概述和基本假設

　　Aaron Beck 是認知治療的始祖，他對於憂鬱和焦慮等心理失調的理解和治療有很大的貢獻。*認知治療*（cognitive therapy）的前提是：認知是我們如何感受和行動的主要決定因素。認知治療假設案主的內在對話在行為中具有重要影響。個體對自我的監控和命令以及對事件的詮釋，讓諸如憂鬱和焦慮的心理障礙之內在動力被照見。

◆ 主要概念

　　根據認知治療，心理問題源自老生常談的過程，譬如錯誤的思考、在不適當或不正確的訊息基礎上做出不正確的推論，以及無法區分虛構和事實。認知療法的內涵是：利用修改不準確和失常的思維，來改變失常的情緒和行為。

◆ 治療目標

　　認知治療的目標是利用案主的自動化思維接觸其內在的核心輪廓，並開

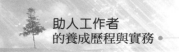
始重建此輪廓,藉此改變案主的思考方式。人們信念和思考過程的變化,往往導致其感受及行為的變化。在認知治療中,案主被鼓勵去蒐集並推敲出支持他們信念的證據。透過合作式治療的共同努力,他們學會了區辨哪些是自己的想法,哪些是現實中發生的事件。

◆ 治療關係

認知治療強調由治療師和案主雙方共同努力,以可被證實或推翻的假設為架構,建構起案主的推論。認知治療師持續積極地和謹慎地與案主互動;他們也在所有的治療階段中,致力於促使案主積極參與和合作。

◆ 技術

認知療法強調蘇格拉底式的對話,以幫助案主發現他們對自己的錯誤想法。透過引導式的探索,治療師發揮催化劑和導引的功能,幫助案主了解他們的思想與感受和行動之間的連接。認知治療師教導案主如何成為自己的治療師,這包括教育案主了解問題的本質和過程、認知治療如何發揮作用,以及他們的思考如何影響其感受和行為。認知治療的技術旨在辨識和測試案主之誤解和錯誤假設。家庭作業經常被使用於這種合作的治療關係中,它是依據案主具體特定的問題而量身訂做的。家庭作業通常以一個試驗的樣貌呈現,案主被鼓勵去創造出他們自身的自我協助功課,以便持續處理那些在治療過程中浮現的議題。

◆ 多元文化的應用

認知治療往往具有文化敏感度,因為它使用個體的信念系統或世界觀作為自我改變的方法之一。認知治療的合作特質提供了很多案主想要的架構,然而治療師仍然盡心竭力獲取案主在治療過程中的積極參與。由於認知治療實行的方式是著重於爭取案主的充分參與,它非常適合用在與多元背景的案主工作。

◆ 貢獻

　　認知治療對於焦慮、恐慌和憂鬱的治療方法已被證實是有效的。這個取向已經受到臨床研究者大量的關注。豐富的經驗顯示，在教導案主改變他們的信念系統這方面，很多具體的認知技術已獲得證據佐證它們的效用。

四、現實治療

◆ 概述和基本假設

　　由 William Glasser 於 1960 年代創立和發展的現實治療，其假設是人要為自己的行為負責。基於存在主義的原則，現實治療認為我們選擇了自己的命運。**選擇理論**（choice theory）假設人類是被內在動機所驅使，根據內心的目的而興起意圖控制所處世界的行為。選擇理論——實踐現實治療的基本哲理——提供了一個框架，解釋了人類行為中的為何及如何。**現實治療**（reality therapy）假設人類有改變的動力是基於：(1)當他們確定現在的行為無法讓他們得到想要的；和(2)當他們相信選擇其他行為將會讓他們更接近於他們想要的。案主被要求要評估自己目前的行為，以確定他們可能要改變的具體方式。

◆ 主要概念

　　此治療取向的核心理念是，行為是我們為了控制自己對外在世界的感受或觀點，使這些感受及觀點符合我們內在世界的最好嘗試。**整體行為**（total behavior）包括四個無法分割但有區別的組成：行動、思考、感覺和生理，這些都伴隨著我們的行為。現實治療和選擇理論的一個主要概念是：無論我們的情況可能多麼悲慘，我們始終有一個選擇。現實治療的重點是承擔個人責任，並面對當下。

◆ 治療目標

　　此治療取向的總體目標是幫助人們找到滿足生存、愛與歸屬、權力、自由和樂趣這些需求的更好方式。行為的改變應該帶來基本需求的滿足。案主

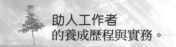
被期許自我評估目前的行為、思考、感受是否讓他們得到他們想要的,並且協助他們找到更好的運作方式。

◆ 治療關係

治療師透過逐步參與案主與創造支持性和挑戰性的關係,作為治療過程的開始。他們教導案主如何與其他人做重要的連結。整個治療過程中,諮商師要避免批判案主、拒絕接受案主對於不貫徹原本同意的計畫的藉口,並且絕不放棄案主。反之,諮商師持續請案主評估其選擇之成效,確定是否可能有更好的選擇。

◆ 技術

將現實治療做法概念化的最佳方法是透過**諮商的週期**(cycle of counseling),其中包括兩個主要組成:(1)諮商環境;(2)導致行為改變的具體程序。現實治療是積極的、指導的和教導的。熟練的詢問和各種行為技巧被用來幫助案主進行全面的自我評估。

現實治療中有些具體的程序已由 Wubbolding(2000)發展出來。這些程序被簡化為 **WDEP 模式**(WDEP model),意指下列策略的群組:

W =慾求(wants):探索慾望、需求和覺知

D =方向與行為(direction and doing):聚焦於案主現在正在做的事,和此事將帶領案主前往的方向

E =評估(evaluation):督促案主評估他們的整體行為

P =計畫與承諾(planning and commitment):協助案主制定切合實際的計畫,並做出承諾、貫徹落實

欲更詳細了解導致改變的程序內容,可參考 Wubbolding(2000)。

◆ 多元文化的應用

現實治療師透過幫助案主探索目前的行為對他們自己和他人而言的滿足程度,來展現對案主文化價值的尊重。案主完成自我評估之後,治療師辨識

出那些對案主不利的生活區域。接著案主要制定具體和切合實際的計畫，這些計畫要與他們的文化價值觀一致。

◆ 貢獻

　　以一個短期取向而言，現實治療可被使用於各類型的案主。現實治療法包括許多簡單、清晰的概念，很容易讓許多助人者理解，而且它的原則可以讓家長、教師和神職人員運用。作為一個積極和行為導向的方法，它適合用在許多被視為治療困難的案主類型身上。此方法教導案主專注於他們能夠做到的，並願意從現在開始改變他們的行為。

▎第七節▎ 後現代取向

　　本節介紹了兩個主要的**後現代取向**（postmodern approaches）：焦點解決短期治療和敘事治療。在這兩個取向中，治療師推翻了探索的角色，寧願採取更多合作和協商的立場。焦點解決短期治療和敘事治療兩者都有一個樂觀的基本假設，就是人們是健康的、有能力的、資源豐富的，並具有能創造改善生活的解決和替代方式之能力。

一、焦點解決短期治療（SFBT）

◆ 概述和基本假設

　　焦點解決短期治療（solution-focused brief therapy）假設治療師並非案主生活的專家；相反地，案主本身才是自己生活的專家。複雜的問題並不一定需要複雜的解決方式，治療師幫助案主認知到他們已經具備了哪些能力。改變是持續和必要的，而且小的改變會帶來大改變。治療師將注意力聚焦於案主曾做過什麼來幫助自己的潛力、優勢和資源。

◆ 主要概念

　　SFBT 的核心概念包括從談論問題到討論與創造解決方案。治療保持簡

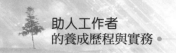

單和簡短。每個困擾都有例外，藉由討論這些例外，案主能夠在很短的時間內克服主要的問題。

◆ 治療目標

焦點解決模式強調的是案主要建立自己的目標和偏好，而這將在相互尊重、對話、詢問並能給予案主肯定的治療氛圍中完成。治療師和案主在合作關係中一起工作，兩者共同發展出實用和有意義的治療目標，且最終案主會建立能帶來更美好未來的、具有意義的目標。

◆ 治療關係

SFBT 是一個合作的冒險事業；治療師致力於和案主一起完成治療，而非在案主身上做治療。治療師認知到案主才是他們自己經驗的主要詮釋者。焦點解決治療師採取「不知道」的立場，或非專業的立場，以使案主站在成為自己生活專家的位置。「治療師是專家」被「案主是專家」所取代。案主和治療師共同建立清楚的、具體的、務實的以及符合個人意義的目標，而目標引導著治療過程。這種合作的精神開闢了當下和未來改變的可能性。

◆ 技術

焦點解決治療師使用一系列的技巧。有些治療師要求案主將問題外化（externalize），並且聚焦於優勢或未使用的資源；另一些治療師激發案主探索可能奏效的解決方案。技巧著重於未來及如何解決問題最好，而非理解問題的成因。焦點解決短期治療經常使用的技巧包括治療前的改變、例外問句、奇蹟問句、評量問句、家庭作業和摘要回饋。

焦點解決短期治療師經常在第一次會談時問案主：「自從你打電話來預約之後，你做了什麼讓問題有些改變的事情？」詢問**治療前的改變**（pre-therapy change）往往會鼓勵案主減少對治療師的依賴，而更倚重自己的資源來達成目標。

例外問句（exception questions）帶領案主回到過去問題不存在於生活的

那些時刻。探索例外提供案主去發掘資源、善用優勢以及創造可能的解決方案。

奇蹟問句（miracle question）允許案主去描述沒有問題的生活。此提問著重於未來，鼓勵案主思考不同樣貌的生活，而非那個被特定問題所控制的生活。奇蹟問句聚焦於案主搜尋解決方法。例如，「你將如何知道事情已經改善了？」和「當生活變得更好的時候，你會注意到哪些事情不同了？」

評量問句（scaling questions）要求案主透過 0 到 10 的量表，具體說明某個特定層面的進步。這個技巧使案主看到他們以明確的步驟和程度所達成的進展。

治療師可以透過真誠的肯定或指出案主已經呈現的具體優勢，來提供**摘要回饋**（summary feedback）。

◆ 多元文化的應用

焦點解決治療師從案主所經驗的世界來了解案主，而非以治療師自己先入為主的觀點理解案主的世界觀。焦點解決治療師採取非病態的立場，不認為案主哪裡出了問題，而是強調創意的可能性。與其追求讓改變發生，焦點解決短期治療師傾向於創造一個了解和接納的氛圍，允許案主以多元化的方式去使用他們的資源，創造具體的改變。

◆ 貢獻

SFBT 的關鍵貢獻是樂觀地認為人們是有能力的，並且能夠創造出更好的解決方案。問題被視為一般的困難和生活的挑戰。這個治療方式的優勢是使用提問，尤其是未來導向的問題，可促使案主思考如何解決未來的潛在問題。

二、敘事治療

◆ 概述和基本假設

敘事治療（narrative therapy）的基礎在某種程度上是細查人們述說的故

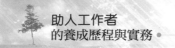
事以及了解此故事的意涵。每一個故事內容對於說故事的個體而言都是真實的;沒有絕對的現實。敘事治療師致力於避免對案主獨特的故事和文化傳統做出不尊重的假設。

◆ 主要概念

敘事治療的主要概念包括探討問題如何擾亂、控制或打擊一個人。治療師企圖讓案主與他們的問題區分開,不再採用固定僵化的觀點看待他們的特質。案主被邀請以不同的角度看待他們的故事,最終共同創造出不同的生命故事。案主被要求找出可以支持自己新觀點的證據,如同他們有足夠的能力跳脫問題的操控,並且被鼓勵去思考假如他們是有能力的,會期待什麼樣的未來。

◆ 治療目標

敘事治療師邀請案主以新的措辭來形容他們的經驗,往往可以打開新局面。從敘事治療的角度看,治療過程的核心包括辨識人們如何內化社會標準和期待,以至於壓抑和限制了人們原本可能有能力過的生活方式。敘事治療師與案主合作,幫助他們體驗增強的行動感,或在世界上採取行動的能力。

◆ 治療關係

敘事治療師不會假定自己對於案主的生活特別了解。案主是他們自身經驗的主要詮釋者。在敘事取向中,治療師試著了解案主的生活經驗,同時避免去預測、解釋或者視其為病態。透過系統觀的聆聽、帶著好奇的、堅持不懈的態度並尊重案主的提問,治療師與案主共同合作去探索問題對他們的影響,以及他們做過哪些事可降低此影響。藉由這個歷程,案主與治療師共同建構生氣蓬勃的另一個生命故事。

◆ 技術

敘事治療強調治療關係的品質和關係中技巧的創意使用。敘事治療最具特色之處,是這句引人注目的句子:「人不是問題,問題本身才是問題。」

（The person is not the problem, but the problem is the problem.）敘事治療師利用外化對話（externalizing conversations）與案主交會，其目的是將「人」的自身和問題分開。這裡的假設是一旦案主將他們自己和他們的問題區隔開，案主就可以發展出不同的和更具建設性的故事。

◆ 多元文化的應用

由於強調多重真實，且假設所謂的真實是社會結構之下的產物，敘事治療很符合多元的世界觀。敘事治療師抱持的假設是，問題是在社會的、文化的、政治的以及關係的脈絡之下被界定，而非僅存在於個體之內。

◆ 貢獻

當敘事治療師傾聽案主的故事時，他們關注於一些細節，這些細節可證明案主具有能力，可針對受壓迫的問題表達堅決反對的立場。問題不被視為病理表現，而是一般的困難和生活的挑戰。在敘事治療實踐中，沒有處方、沒有固定流程，也沒有確保會達成預期結果的公式可循。此治療方式鼓勵治療師在與案主工作時運用創造力。

┃第八節┃ 家庭系統觀

家族治療（family therapy）涉及從個體動力到系統內互動的概念轉換。家庭系統觀（family systems perspective）視家庭為一個運作的單位，也是一個實體，其本身加起來超過其成員的總和。當聚焦於個體的內在動力而不充分考量人際關係間的動力時，只揭露了個體不完整的圖像。家族治療師所同意的基本概念為：家庭即系統，治療取向有必要全面地面對其他家庭成員與被「認定」的案主。Goldenberg 與 Goldenberg（2008）指出，治療師需要去看到所有的行為，包括個體在家庭和社會的脈絡之下所表現的症狀。Goldenberg 與 Goldenberg 補充，系統取向並不排除處理個體內在的動力，但此取向拓寬了傳統的重點。在沒有觀察個體與其他家庭成員以及更大的社區和社會

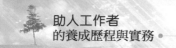
範圍的互動狀況之下，要精準地評估個體的擔心掛慮是不可能的。

　　家庭治療不僅是與家庭一起工作的方法；它是一個隨著時間推移而關照著個體和家庭發展的觀點。它還提供了一個鏡頭，透過鏡頭來看見與世界的連結。它考慮到個體的鄰居、社區、教會、工作環境、學校和其他系統的影響。事實上，從家庭系統的角度認為，除非案主的親密關係網絡被考慮在內，否則個體顯著的變化不太可能發生或維持。即使個體改變了，如果從家庭和其他社會關係得到的支持很薄弱，或者有人反對，那麼這些改變也不太可能繼續。

家庭系統治療

◆ 概述和基本假設

　　家庭系統取向（family systems approaches）的假設是：理解個體最好的方式是透過評估整個家庭的互動。它也根據以下假設為基礎，認為案主的問題行為可能是：(1)為家庭提供一個有功能或目的的服務；(2)一個家庭無法有效運作的產物，特別是在家庭發展週期的過渡期；或(3)跨越世代傳下來的不正常模式之徵狀。所有這些假設都挑戰了傳統個體治療概念化人類問題和成因的框架。

　　系統觀的原理之一為，症狀是呈現家庭系統——而非個體——內部的功能障礙，而功能障礙往往跨越了好幾個世代。家庭提供了理解個體行為的背景脈絡。任何家庭成員的行為都會影響所有其他成員，而他們的反應也將交互影響這個個體。

　　系統觀的另一個原理是，每個家庭成員是整個派餅的一部分，即使成員很容易認為他們自己是各自獨立的一片派餅，沒有與整體連接。系統呈現了它自己的個性，你無法將自己從你的家庭系統中拔除，因為在動力上你是與其連結的。如果你只侷限於自己的內在動力，不考慮你的人際互動，你將無法看到自己的全貌。

　　從系統的角度來看，一個健康的人，既包括於家庭系統中，也同時具有

分離感和獨立感。一個個體發揮功能的程度,可被看作是這個家庭運作方式的顯現。

◆ 主要概念

家族治療是一個尊重各種觀點、技巧和方法的多元領域。這裡所提出的主要概念,含括了一些混合不同系統方法的議題。

家族治療往往是短期的,因為尋求專業幫助的家庭通常要解決的是問題的症狀。除了是短期、以解決問題為焦點和行動導向之外,家族治療往往會處理現在的互動。它和許多個別治療方法不同的是,它強調目前的家庭關係如何促成了症狀的發展和維持。

幾乎所有的家族治療師都會關注家庭系統此時此刻的互動。藉由處理此時此刻的互動,已存在相當時間的模式能夠被改變。家族治療的觀點強調語言和非語言的溝通。家族治療師對於家庭互動的過程及傳授溝通模式有濃厚的興趣。有些家族治療取向認為,溝通的核心目標是在人際關係互動中獲得權力。

◆ 治療目標

家族或關係治療的目標是幫助成員改變不順暢的關係模式,幫助家庭創造新的互動方式。普遍的目標是在系統內帶來改變,其肯定地假設如果系統改變了,那麼系統內的個體亦然。具體的目標則由治療師的明確方向或由此家庭和治療師合作的過程來決定。

一個完整的家族治療實務方法必須包括指導性的原則,有助於形成目標、互動、觀察以及推動改變的方式。有些理論專注於感知和認知的改變,有些主要處理感受的變化,還有一些理論強調行為的改變。

◆ 治療關係

家族治療師的功能如同示範者、老師和教練。雖然治療師的技術非常重要,但治療師能夠與整個家庭成員建立和諧密切的關係並創造工作關係的能

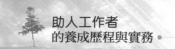
力，才是最有價值的。大部分取向的共同點是，它們承諾去幫助家庭成員學習新的、更有效的互動方法。

家庭系統方法的關鍵是，無論個人或家庭都不會因為出現功能障礙而被指責，家庭在辨識和探索互動模式的過程中會被賦權。如果改變是來自家庭或家庭成員之間，那麼這個家庭一定可覺察到影響他們的這個系統。

對 Bitter（2009）而言，治療師與一個家庭所創造的關係，遠比他／她採取的技巧重要。Bitter指出有效的家族治療師具備以下的個人特質和方向：同在；接納、關注和關懷；自信和信心；勇氣和冒險；用開放的態度面對改變；留心一個家庭的目標和目的；與家族的互動模式工作；欣賞多樣性的影響；真誠地關心別人的福祉；關心家庭及其成員的心理狀態；參與、投入及滿足於和家庭工作。這些個人特質影響了技巧被傳遞的方式。

◆ 技術

家族治療師有各式各樣的技巧可以使用，然而他們使用的處遇策略最好考慮結合他們的個人特質。治療師使用適合自己個性和適切於治療目標的技能和技術，是至關重要的。Bitter（2009）、Goldenberg 與 Goldenberg（2008）以及 Nichols（2008）強調，技巧是實踐治療目標的工具，但這些處遇策略並不會塑造出一位家族治療師。

面對臨床實務的要求，治療師需要靈活選擇處遇策略，滿足特定的治療目標，並為具體的成果做出貢獻。很多治療程序可以自各種理論中借用，端視哪個對於被服務的家庭最有可能奏效。家庭的最佳利益是核心考量。

今日，家族治療師探索包括家庭中的個體文化和家庭歸屬之更大的文化這兩者。他們期待在其中的文化可以告知他們與家庭工作的方法。治療性的處遇不再處處通用，不只是文化因素的介入，更是由於家庭系統其實是社區的一部分。

◆ 多元文化的應用

許多文化認為相互依賴比獨立更有價值，而這是家族系統取向中的主要

優勢。與案主工作時，當案主在某種合作形式的家庭單位中，特別重視祖父母、父母、姑姑和叔叔，便很容易看到家庭取向比個別治療有更顯著的優勢。藉由了解和欣賞家庭系統的多元性，治療師得以將家庭經驗置於他們所屬的、更大的文化背景之下來考量。

◆ 貢獻

家庭系統取向的重要貢獻之一是，無論個人或家庭都不會因特定的功能障礙而被指責。與其指責「被認定的病人」或家庭，不如讓整個家庭有機會了解家庭的多重角度和互動模式，並且參與尋找解決之道。家庭藉由辨識和探索內在的、發展上的以及具有重大意義的互動模式而被賦權。在此同時，系統的角度理解到，個人和家庭是被外部力量和系統所影響。如果變化是發生在家庭之內或家庭成員之間，治療師必須覺察到有可能被影響的系統有哪些。

│第九節│ 助人歷程的整合取向

整合模式（integrative model）是指，藉由不同的理論取向得出的概念和技巧為基礎的觀點。現今助人歷程中發展出整合取向的趨勢，原因是我們認知到，當所有案主類型和他們特定的問題都被全面考量在內時，沒有單一理論足夠完整，得以解釋人類行為的複雜性。根據Dattilio與Norcross（2006）的看法，現在大多數臨床工作者承認立足於單一理論系統的侷限性，而且能開放心胸，看見整合各種治療取向的價值。這些願意開放接受整合觀點的臨床工作者可能會發現，好幾個理論在他們的個人取向中發揮關鍵作用。每一種理論都有其獨特的貢獻和它的專門領域。藉由接受每個理論都有其長處和短處，而且了解以定義而言各自有別於其他理論，治療師具備一定的基礎以開始發展適合他們的諮商模式。Dattilio與Norcross宣稱，整合取向的終極目標是增加心理治療的效能、效率和適用性。

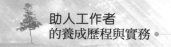

我們鼓勵你保持開放的心，看重每個諮商理論本身的價值。我們提及的所有理論都有一些獨特之處，同時也有其侷限。學習所有當代的理論，以確定你可以吸收哪些概念和技巧成為你的工作方法。你將需要不同的理論系統和諮商技巧的基本知識，以便有效地在各種場合與多樣化的案主群工作。僅僅在一個理論範圍內操作，可能無法提供你治療的靈活性，你需要有創意地處理伴隨著多樣化案主群而來的複雜性。

每一個理論代表了看待人類行為的不同切入點，但沒有一個理論代表完全的真理。由於並沒有所謂的「正確的」理論取向，你可以去找尋一個適合你個人的取向，並思索一種可以涵蓋思考、感受和行為的整合取向。為了發展這種整合，你需要徹底扎根於一些理論，而這些理論可以藉由某些方式結合在一起。對此觀點請抱持開放的心，並願意不斷測試你的假設，確保它們發揮功能。

如果你目前是受訓中的學生，那麼期待你已經建立起一個整合的和明確的理論模型是不切實際的。整合的觀點是來自大量閱讀、研究、臨床實踐、調查和理論化的結果。隨著時間和深思熟慮的研究，我們的目標是發展出前後一致的概念架構，你可以使用它作為從眾多技巧中做出選擇的基礎。發展出可以引導你實作的個別化取向，是一個終生的努力，會隨著經驗的累積越來越精煉。

必然地，在這兒討論各種理論取向只能是簡短的。最終你很可能得去上諮商理論的課程來幫助你有能力看見更寬廣的圖像，在助人關係中將理論轉化為行動。有關本章提及的不同理論取向更詳細的討論，請參考 *The Art of Integrative Counseling*（Corey, 2009a）和 *Theory and Practice of Counseling and Psychotherapy*（Corey, 2009c）。其他三本涵蓋上述各理論的書籍為 *Current Psychotherapies*（Corsini & Wedding, 2008）、*Systems of Psychotherapy: A Transtheoretical Analysis*（Prochaska & Norcross, 2010），以及 *Theories of Psychotherapy and Counseling*（Sharf, 2008）。

重點回顧

- 一個整合了思考、感受和行為的理論取向，將提供可以在助人歷程各階段被靈活運用的處遇準則。

- 一個實用的理論在某種意義上可以領導處遇方向。

- 因為沒有所謂「正確的」理論取向，你可以考慮採用一個與你的個性和價值觀一致的取向。

- 在你能夠整合這些理論之前，首先需要去研究和掌握這些多元的理論。企圖整合你所不知道的事是不可能的。

- 心理動力理論成為許多當代理論設計的基礎。

- 經驗理論是以治療師與案主發展出有品質的關係為根基。在很多方面，關係導向療法的基礎是假設案主可以是自己生活的專家。治療師的功能為促進者，幫助案主挖掘他們的內在資源。

- 認知行為療法強調思考如何影響情緒和行為。如果期待改變發生，這些取向著重於採取行動。

- 後現代取向是立基於樂觀的假設，即人是健康的、有能力的、資源豐富的，並具備能夠創造改善生活的解決和替代方式之能力。案主本人，而不是治療師，被看作是他們自己生活的專家。

- 系統取向的一個假設是，系統內任何部分的改變會影響該系統的所有部分。

- 家庭系統觀提供了一個鏡頭，透過它來觀看世界上的連結，它考慮到個人的家庭、鄰里、社區、教會、學校和工作環境的影響。

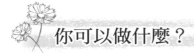

你可以做什麼？

1. 在小組中探討，假如在面試中被問到這樣的問題時你會如何回答：「你的理論取向為何，你認為這會如何影響你與不同案主群的工作方式？」

2. 檢視不同的理論描述並仔細考慮哪些不同的理論概念可以適用於你的個人生活。你可以如何使用這些方法，以利於更了解自己？

3. 在小組練習中，討論各種理論的以下面向：

- 助人者的角色
- 你最希望從每個理論中借用的主要概念
- 從每個理論中找出有用的技巧
- 案主—諮商師關係之觀點
- 每個理論的多元文化應用
- 每個理論的主要貢獻

4. 在小組中花些時間來討論，你需要知道什麼和你需要具備哪些特定的技能，才能讓你有效地與家庭工作。如果實習機構的督導要求你加入他／她在該機構進行的家族治療，你的反應會是什麼？

5. 欲了解每一筆資料之完整書目，請參考本書最後的參考文獻。關於當代諮商理論的介紹，可參考 Corey（2009c）、Corsini 與 Wedding（2008）、Prochaska 與 Norcross（2010）以及 Sharf（2008）。關於整合性諮商的探討，可參考 Corey（2009a）。關於家族治療的主要理論概述，可參見 Bitter（2009）、Goldenberg 與 Goldenberg（2008）、Hanna（2007）以及 Nichols（2008）。作為家庭評估的工具書，Thomlison（2002）是一本很好的參考書籍。

CHAPTER 07

了解差異
Understanding Diversity

焦點問題・導論・多元文化的助人觀點・多元文化實務中倫理的兩難・克服狹窄的文化視野・西方與東方價值・檢視你的文化預設・了解身心障礙者・多元文化諮商能力・社會正義能力・重點回顧・你可以做什麼？

焦點問題

1. 你的文化背景帶給你哪些想法，以及它如何影響你？

2. 對於和你有許多方面（如年齡、性別、文化、種族、性取向、社經地位以及教育背景）差異的案主群工作，你該如何準備？你可以從生活經驗中攫取哪些生活經驗，為你和案主間的差異搭起橋樑？

3. 你可能有著什麼樣的價值觀阻礙著你與擁有不同世界觀的案主工作？舉例來說，如果你重視自我決定而這卻不是你案主文化的主要價值時，這對你來說是個問題嗎？

4. 如果案主因為你和他的世界觀不同而懷疑你無法幫他，你會怎麼做？

5. 你與身心障礙者的接觸有多少？對於他們的存在你通常感覺如何？你有沒有什麼個人特質或是經驗有利於你和這群特殊人口群工作？

6. 社會對這群身心障礙者的某些刻板印象是什麼？你要如何改變社區內這樣的想法？

7. 在你的大學學習課程中有多重視發展對你自己文化預設的認識、對不同文化團體的知識，以及在多元論的社會中工作的技巧？

8. 你要做什麼來增加自己的能力以接觸與你不同的個案？你要如何變成一個具有文化意識技巧的助人者？

9. 你知道別人如何看待你嗎？你有沒有探索過你自己的認同或是多重認同？

10. 你願意做些什麼來擴展你現在的態度和世界觀？

▎第一節▎ 導論

可能你工作的大部分地方，都必須要能和許多不同的案主有效地接觸。在你發展成為一個助人者時，你要能開放地考慮如何和年齡、性別、種族、民族性、文化、社經地會、性取向、生活型態、生活條件或基本價值都不同於你的人建立關係。你未必需要和你的案主有相同的觀點或背景，也未必需要經驗相同的生活環境來形成一個有效的治療關聯，但對你來說，必須要對了解人類生存的條件有廣泛的經驗。普遍性的人類話題把有所差異的人們加以連結。你能夠開放地學習展現在你眼前的生活教訓、你能尊重相對的觀點、你樂於了解與你有著不同世界觀的案主，以及你有能力檢視現實社會的狹隘觀點等，這些都是重要的技巧。即使你生長於單一文化的世界，你可以從與你不同世界觀的人們身上學習，透過你自己的努力，也可能擴展你現在的態度和觀點。

為了有效地作為一個助人者，你必須讓自己熟悉案主的文化態度，並了解這些文化價值如何在助人過程中運作，重要的是，你要知道特定的文化差異，並了解某些文化價值如何影響你的工作（請看第二章相關的討論——你的價值觀如何影響你作為助人者的處遇），所有的助人者都要嚴肅地看待這些議題，不管其民族性、種族和文化背景為何。

本章提供一個如何在助人關係中和「差異性」工作的觀點，藉由了解你自己的文化背景如何造就你這個人，你就有基礎了解其他人的觀點。你可能要上一門文化差異的課，這包括了性別議題、年齡歧視、種族主義、多元文化議題、肢體障礙以及性取向的議題等，這門課能啟發並有助於擴展你的世界觀。藉由文化差異的彰顯，你能明白其他人的觀點，並發展與不同案主群工作的適當工具。

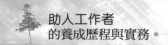
|第二節| 多元文化的助人觀點

我們從一個寬廣的觀點來檢視多元文化的助人關係（multicultural helping），且不受限在只考量種族和民族的主題。Pedersen（2000）用**民族學變項**（國籍、種族、語言和宗教）、**人口統計學變項**（年齡、性別和居住地）、**地位變項**（教育和社經背景）及正式和非正式**關係**來定義文化團體。依據 Pedersen 的研究，不管人們的差異為何，多元文化觀點提供了一個概念架構，可以了解一個多元社會的複雜差異，並透過連結所有人共享的關心議題而搭起橋樑。這個觀點同時看到一個人的獨特面向和我們都各有差異的共同主題。

Arredondo 與她的同事（1996）對多元文化論和差異做出了區分。**多元文化論**（multiculturalism）將焦點放在民族性、種族和文化上。在訓練助人者的脈絡中，**多元文化**（multicultural）一詞指的是美國領土境內五個主要文化團體：非洲／黑人、亞洲人、歐洲／白人、西班牙／拉丁裔和美國原住民。**差異**（diversity）指的是其他由個人自我界定的不同和特徵，這包含但不限於個人的年齡、性別、性取向、宗教或是靈性認同、體能／失能、社會和經濟階級背景以及居住地點。

因為美國人口統計資料的改變，Lee 與 Ramsey（2006）相信多元文化諮商必須能說明助人者和案主間在性別、年齡、社會階級、語言、性取向、失能、種族和民族性的差異。他們寫道：

> 就廣義的概念化來說，多元文化諮商考量諮商者與案主間的人格動力和文化背景，以便創造一種治療的環境，使這兩個人能有目的地進行互動。因此，多元文化諮商把文化背景、不同案主的個人經驗及其社會心理需求如何透過諮商指認與滿足，都納入考量。
> （p.5）

當你變成一個助人者，你會遇到許多和你有文化差異的個人，在許多案例中，你助人的第一步需要了解他們的文化價值。

強調多元文化的必要

過去 20 年，我們已經看到了在助人專業領域一份漸增的覺醒，就是要提出與不同文化的人們工作的特殊議題。Lee 與 Ramsey（2006）主張因為人口統計在美國社會的改變，我們需要一個新的典範來幫助助人專業。他們說，這個改變的人口統計學不是只限定在種族和民族性的面向，還包含了其他差異的領域，包括性取向、身心障礙和社經地位。因為人口統計學上的改變，對人群服務專業來說，如果他們想了解不同文化的案主群行為，就需要有一個寬廣的多元文化觀點。

Pedersen（2008）相信，有效能的諮商師不會輕易忽略自己的文化或簡化案主的文化背景。他主張不論我們是否意識到文化，文化確實控制了我們的生活，也定義了我們每個人的現實狀態。文化因素是助人過程中一個整合性的部分，而文化也影響了我們對案主所做的處遇。採取多元文化觀點使我們能思考差異性的存在，而不是把事情二分為「對」或「錯」。依據 Pedersen 的看法，當兩個人爭論文化上不同的預設時，他們不用決定誰是誰非就可以表達不同意見。從問題面來考慮文化觀點時，可以有幾個適當的解決方法。在某些案例中，一個相似的問題依其文化不同，就可能有不同的解決方法，舉例來說，助人者可能會鼓勵一些案主向父母表達受傷的感覺，但也尊重其他案主在練習自我表達上為了不冒犯長輩而有所保留。

一個多元文化的觀點是尊重不同案主群的需求與優點，同時也了解這些案主的經驗。然而，這樣也很可能會誤以為個體只是屬於某一個團體。每個個體在一個相同團體內的差異，常常大於團體之間的差異。Pedersen（2000）指出，這些分享相同倫理與文化背景的個體通常都有極大的差異，不是所有的美國原住民都有相同的經驗，所有非裔美國人、所有亞裔美國人、所有歐裔美國人、所有女人、所有老年人或是所有身體障礙的人，也都不見得有相

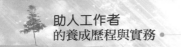
同的經驗。不論助人者的文化背景為何,都必須要為這些來自不同團體的個體間複雜的差異有所準備,他們需要準備好處理許多面向的差異,如種族、文化、民族性、性取向、身心障礙狀態、宗教、社經地位、性別和年齡(Lee & Ramsey, 2006)。

Pedersen(2000)相信,多元文化意識的覺醒能讓你的工作更容易也更有趣;它能夠增加而不是降低你生活的品質。如果你對文化差異的觀點是採取可增進關係的正向態度,將有助於擴展你和不同案主群工作的能力。我們希望你能把已經織進所有助人關係構造裡的這塊文化繡帷,視為一件要提供給案主舒服穿上以尋找意義的服裝,而非有待打破的阻礙。

第三節 多元文化實務中倫理的兩難

在多元文化社會裡,要成為一個有倫理、有效能的助人者是一個持續的過程,不是一蹴可幾的目標。有效能的**多元文化諮商**(multicultural counseling)從三個主要的實務方面來推展。首先,助人者必須覺察到自己對人類行為及其自身世界觀的預設、偏見和價值。其次,助人者必須要能越來越覺察到社會中不同團體的文化價值、偏見和預設,並能夠在非批判方式下,對這群不同文化的案主的世界觀有所理解。最後,助人者將帶著這樣的知識開始發展自己在文化上處遇個人和處遇系統時,適當、合宜、有敏感度的策略(Hansen, Pepitone-Arreola-Rockwell, & Greene, 2000; Lee, 2006a; Sue & Sue, 2008)。

Lee(2006a)主張,諮商師必須要能以既回應文化又有倫理責任的方法來處理差異。諮商師若能在文化上回應,就很有機會能夠和不同文化的團體工作得既有效能又具倫理。那些沒有意識到文化動力與其對案主行為產生衝擊的諮商師,其實務工作正處於不合乎倫理的風險中。

Dolgoff、Loewenberg 與 Harrington(2009)主張服務提供上的差別待遇通常和種族或文化因素、社經階級以及性別相連。他們認為差別待遇和錯誤

診斷來自實務人員的偏見態度，例如，低社經階級的人比高社經者常接受到較嚴重的診斷。Diller（2007）表示，差別待遇涉及的不只是拒絕提供服務給特定案主群，助人者的差別待遇還可能以下面這些形式呈現：

- 沒有意識到自己的偏見以及他們如何怠慢地和案主溝通。
- 沒有意識到在訓練方案中已經學過與文化有關的某些理論。
- 沒有意識到有關健康與疾病在文化定義上的差異。
- 沒有意識到需求和處遇間的配搭要隨著案主的文化背景做修正。

能認知到社會中的差異並在助人關係中懷抱一個多元文化的工作取向，已經變成有關倫理專業守則的基本宗旨，而這倫理信條具體指明了專業助人者的差別待遇是不合乎倫理的。大部分的倫理信條提到，實務工作者有責任要認知到不同案主群的特殊需求。Watson、Herlihy 與 Pierce（2006）主張，諮商師常太慢了解到多元文化能力與倫理行為間的關聯，他們進一步指出，單靠倫理守則不能保證就具有多元文化能力。尊重差異暗示著願意承諾去獲得與不同案主群有效能工作的基本知識、技巧與個人覺醒。

《人群服務專業的倫理準則》（*Ethical Standards of Human Service Professionals*; NOHS, 2000）包含了六個原則，旨在特別強調倫理與人群差異下，人群服務專業者對社區和社會是有責任的。人群服務專業者必須遵守下列準則：

- 為所有社會成員倡導其權利，特別是針對在實務中那些被差別待遇的弱勢族群和少數團體。
- 提供的服務沒有差別待遇，也沒有基於年齡、性別、文化、種族、民族性、身心障礙狀態、宗教、性取向或社經地位的偏好。
- 要能夠熟知他們實務操作的社區與在地文化。
- 要能意識到他們自己的文化背景、信念和價值，並了解這些價值可能會造成與他人關係的潛在衝擊。

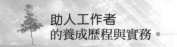
- 要能意識到社會政治議題對不同背景的案主會產生不同的影響。
- 尋求必要的訓練、教育、經驗和督導來確保其與文化差異的案主群工作的效能。

為了要有倫理地運作實務，助人者必須注意和有文化差異的團體工作的議題。Dolgoff 與同事（2009）提醒我們，人們常常歸屬於幾個團體，也有多元的認同，即使一個個體主要只認同一個單一文化，他／她的認同還是建立在一些因素上。Dolgoff 與同事提醒助人者避免用一個主要團體的認同來對人們有刻板化印象，也就是說了解多元認同的概念是重要的。

助人者可能會因為不同的性別、種族、年齡、宗教、社會階級、教育程度和性取向等而誤解案主，如果實務工作者無法整合這些差異因素至其實務操作上，他們就會侵犯到案主的文化自主性和基本人權，而這將減少建立有效能之助人關係的機會。對某些案主來說宗教價值可能是重要的，而其他案主可能重視性別或年齡的差別待遇。助人者可以藉由注意案主所說的，來發現案主認同的哪些面向在這個時候對這個人是最明顯的。

▎第四節▎ 克服狹窄的文化視野

我們和學生在人群服務訓練方案的工作過程中，發現許多人都犯了**文化視野狹窄**（cultural tunnel vision）的問題。許多學生沒意識到處理和他們有文化差異的案主有何困難。他們的文化經驗有限，在某些有文化差異的案例中，他們會以為自己的角色就是要把自身的價值觀傳達給案主！有些學生對某類團體的案主做了不適當的歸因，比如說，受訓中的學生可能會認為某些群體不願意回應精神處遇措施，是因為他們缺乏改變的動機。

因此，所有的助人關係都是多元文化的，那些提供協助與接受協助的雙方都把自己多樣的態度、價值、行為帶進他們的關係中。一個我們會犯的錯誤是不承認這些文化差異的重要性；另一個錯誤是過度強調此文化差異會讓

助人者失去其自發性,而無法為其案主現身。你需要了解並接受案主對其生活有一組不同的假設,你要留意把自己的世界觀強加他人的可能性。在和這些有著不同文化經驗的案主工作時,重要的是,你不要對他們有價值判斷。

Wrenn(1962, 1985)介紹了一個概念——**文化簡約諮商師**(culturally encapsulated counselor),展現了共同的文化視野狹窄特徵。當你在揣想文化簡約諮商師的特點時,思考一下你自己的視野有多廣:

- 依照一組文化預設來定義真實
- 對每個人的文化差異沒有敏感度
- 接受未經證實或忽略證據的不合理預設,只因為無法確認別人的預設
- 無法評價別人的觀點和不願意包容別人的行為
- 陷在單一思考方式,抗拒調整或是拒絕接受其他方法

簡約封裝化(encapsulation)是一個潛在陷阱,所有的助人者都要小心翼翼避免陷入。如果你接受了這個概念:「某種特定的文化是至高無上的」,你就容易受制於拒絕考慮其他方法。如果你有文化視野狹窄症,你可能就會誤解文化上與你不同的案主所表現出來的行為模式;除非你了解其他文化的價值,否則你會誤會這些案主。因為缺乏了解,你可能會標籤某類案主的行為是抗拒,你可能會對某個特定行為錯誤診斷為適應不良,還有你可能會強加自己的價值系統在這個案主身上。舉例來說,許多西班牙婦女可能抗拒改變你認為是對其丈夫依賴的行為,如果你和西班牙婦女工作,你就要欣賞她們似乎還是生活在以夫為重的價值觀之下——即使丈夫是不忠實的。西班牙的傳統告訴這群婦女,不管如何,離開自己的丈夫都是不恰當的。如果你沒有意識到這種傳統的價值,你可能就犯了一個錯誤:強逼這群婦女採取行動損害其信仰系統。

重要的是,助人者要尊重案主的文化傳統,以及避免鼓勵案主去「放棄」這個文化,來讓他們能在主流文化中「改變」。案主確實需要考慮不接受其所生活的社會中某些價值的後果,但是他們不應該被迫接受一組外來的

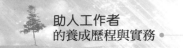

價值。雖然天生具有一種以上文化背景的案主,可能處於從兩種文化抉擇的掙扎中,但這個綜合體同時也充滿了更多可能性。

來自所有文化團體的助人者都要誠實地檢視自己對助人過程的期待和態度。你要能理解文化偏差是不可逃避的、如影隨形的。我們常會把周遭的偏差帶在身上,但卻沒有正視到這個事實。我們要隨時對自己的偏差和價值系統保持警戒,才能建立和維持成功的助人關係。

│第五節│ 西方與東方價值

你所學過助人過程中的理論與實務都是根植於西方文化的假設,然而大部分的世界不同於美國的主流文化。Hogan(2007)指出,美國的主流文化來自英國殖民美國時的盎格魯薩克遜文化。她摘述說,這個主流文化基本價值取向的特徵是強調一個父權的核心家庭;「把事情做好」以及保持忙碌;強調量化和可見的成果;個人選擇、負責任、成就;自信與自我激勵;強調「如果這個想法可行,就用它」的實用主義;改變與新穎的想法;平等、不拘禮節、公平競爭。人群服務的實務工作者要小心看待這些價值是否和文化上有所差異的案主團體相符。

在多元文化領域的某些作者批評當代理論有著強烈的個人偏差,並缺乏強調更廣的社會脈絡,例如家庭、團體或是社區(Duran, Firehammer, & Gonzalez, 2008; Ivey, D'Andrea, Ivey, & Simik-Morgan, 2007; Pedersen, 2003; Sue, Ivey, & Pedersen, 1996)。Pack-Brown、Thomas 與 Seymour(2008)寫道:「諮商領域的文化封裝過程有助於讓這些不同的文化偏差永遠存在,而這些偏差卻和許多來自不同文化差異和背景的人的世界觀、價值和心理福祉相對立」(p. 297)。依照 Duran、Firehammer 與 Gonzalez(2008)的看法,壓迫是造成不同團體的人們「心靈創傷」的來源。奠基於西方文化預設的處遇策略,可能無法適合某些案主的價值觀,也會造成某種形式的不正義和制度性的種族歧視。Duran 與其同事表示,西方諮商處遇措施有時候被用來促進社

會控制和妥協，而非增進少數文化族群個案的心理福祉。

　　西方的助人模式確實有某種限制，比如當我們應用到文化團體時，像是亞裔美國人、西班牙裔、美國原住民、非裔美國人等。對於這些團體來說，尋求專業協助不是那麼普遍，事實上，在大部分的非西方文化中，親友的非正式團體提供了一個支持網絡。許多你將工作的這些案主，都有和非西方價值相關聯的文化傳統，如果你沒有修正你的技術，你學過的某些處遇措施可能是相當有問題的。

　　東方和西方不只是地理位置的名詞，同時也代表了哲學的、社會的、政治的和文化的取向。透過比較東西方文化來檢視個人主義和集體主義正具有代表性，西方文化反映在個人主義上，東方文化反映在集體主義上（Sampson, 2000）。Ho（1985）指出，東西方系統的比較顯示了兩者在價值取向上某些明顯的差異，**西方文化**（Western culture）的主要價值強調選擇、個人的獨一無二、自我肯定和自我的強化；相對地，**東方的觀點**（Eastern view）重視相互依賴、貶低個人、強調在和諧完整體系中個體性的消失。從西方的觀點，主要的價值是個體第一、青春朝氣、獨立、不墨守成規、競爭、衝突和自由。**個人主義**（individualism）的行動指導原則是個人需求的自我實現和個人責任；而東方觀點的主要價值則是關係第一、相互性、妥協、守規矩、合作、和諧與安全。**集體主義**（collectivism）的行動指導原則是達成集體目標與集體責任。

　　表現在行為取向上也不同。西方觀點鼓勵表達感受、努力於自我實現及個人成功；而東方觀點則是控制感受、努力實現集體目標與集體成就。西方取向強調結果，如改善環境、改變個人因應行為、學會管理壓力、以改變客觀環境的方式改善個人生活；東方取向強調接受個人環境與內在教化。

　　Sampson（2000）主張，個人主義和集體主義已經逐漸成為對於個人經驗與行為有顯著影響的重要文化變項。他強調不需要把個人主義拿來對抗集體主義。要了解個人主義和集體主義——獨立和互賴，都是一個整體過程的面向，可以鼓勵案主朝向這些特徵的綜合體。

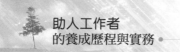

　　前些時候我們在香港為人群服務專業人員開設了一系列的工作坊，這讓我們有機會重新思考應用西方取向與非西方案主工作的適當性。幾乎在這些工作坊的所有實務工作人員都是中國人，但是其中某些人的社工或諮商碩士訓練是在美國完成，這些專業人員在整合西方諮商觀點時，經歷了保留中國文化傳統價值的掙扎。

　　在和這些實務人員談話時，我們學到他們的重心是放在個人所在的社會系統脈絡中，在他們的處遇中，他們對家庭利益的關心大於對個人利益。他們正學習如何在個人發展與什麼是家庭與社會的最佳利益中平衡壓力，他們能夠尊重案主的價值觀，這些案主大都是中國人，但同時也挑戰他們要思考某些他們想要改變的方式。許多香港的專業助人者告訴我們，他們必須要展現耐心和同理他們的案主。他們看到在進入面質案主前，最重要的是要先形成信任的助人關係。雖然一般來說應用到諮商時這本來就很必要，但對於非西方案主來說似乎特別重要。

◆ 案例：考量文化差異 [1]

　　諮商師 Doug 接到一通來自傳統大家庭中最年長的男性來電求助，他們家最近剛從印度北方省份搬來。Kishore因關心他妹妹而來電諮商，她移居新地方後有適應困難，而且最近還試著要逃家。他說妹妹 Savita 和家裡其他人對於她要嫁的對象意見不一致。Doug通常的實務回應可能會正面地詢問，並堅持要潛在案主（妹妹）前來約談。

　　Doug揣想著在這種環境條件下他應該做什麼，特別是在文化差異的觀點下。很明顯地，哥哥想和妹妹一起來諮商，而這和 Doug 平常單獨約談案主的實務做法不同，在決定是否約談前他有點遲疑。

　　你的立場：如果你是這個情境下的諮商師，你會如何回應這通電話？形成你自己的意見時請考慮以下議題：

---

1 我們感謝英國布里斯托大學 Tim Bond 及印度孟買的塔塔社會科學研究所 Lina
　Kashyap 貢獻這個案例供研究。

- 在諮商師與預期的案主間文化差異的指標是什麼？
- 誰是案主？
- 這個諮商師應該調適他平常的實務到什麼程度才能回應這些文化差異？
- 如果諮商師依照要求而有進一步行動的話，要用什麼樣的諮商方式才能在倫理上找出折衷方案？
- 專業諮商組織的倫理守則能幫助你，還是阻礙你回應這些環境條件？

討論：這個個案研究引導我們注意到文化能力與滿足其他倫理要求條件的潛在張力。大部分專業協會的倫理守則會要求要有文化敏感度和能力，並且警告不能有偏見。然而倫理守則很少提供更多精確的指示說明如何完成這些要求，它也沒有提供建議告訴你如何解決在任何回應文化差異的調適以及倫理要求間的衝突。

這個案例在文化上最顯著的特徵是：Kishore 已經從家裡伸出手向外求助，很典型地，在他的文化裡，問題應該要在家庭裡解決或保留，他們很不願意跟外人溝通家庭的私事。如果這個問題明顯到有充分理由要打破家庭隱私的話，諮商師就要了解到這個請求的嚴重性，以及用這種方式求助時這個家庭的擔心與脆弱；他們對其文化規範踏出了一大步。對這個諮商師的首要挑戰之一，就是認知到這個家庭所冒的風險規模，以及用一個適當的文化方式回應，以便提供安全感與確定感。

第二個文化上顯著的特點是，請求諮商是由家庭中最年長的男性所提出，他有責任要為所有家庭成員謀求福祉。對這個諮商師來說，這創造了新的挑戰，他和其他被期待順從男性長者的家庭成員工作時，他要平衡對最年長男性責任的尊重。Kishore 想出現在諮商會談中，或許可以解釋為這是他表達對妹妹照顧與關心的方式，或是一種執行控制的方式。在平衡照顧與控制以及兄妹間關係本質前，光靠一開始的一通電話是不太可能澄清的，可能要花上幾次諮商會談才能搞清楚。

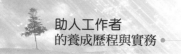

身為諮商師，Doug要面對一個關鍵的決定：是否要在哥哥建議的基礎下開始他的工作，還是要再確定Savita也想諮商，並且讓她弄清楚自己的需要。前者可能在文化上對他的案主比較適當，而後者則比較以西方尊重個人自主和女性權利為主。當 Doug 對其妹妹處境的看法缺乏資訊時，他可能會決定提供給他們兩個人一次初始的會談，來討論他們的處境並且協議如何與他們工作。一次單獨的會談可能不足以讓 Savita 自在會談；她的文化背景甚至可能會鼓勵她在男性面前要保持沉默，對女性要求端莊的傳統可能也會讓她不敢和陌生男性有眼神接觸。Doug 必須要有敏感度和耐心，才能贏得她充分的信任而願意溝通她的看法。當 Savita 變成主要案主後，他可能要保持開放的心態考慮女性諮商師是否比較適合她。

Doug的多元文化能力可能會以其他方式被檢驗。在跨越文化差異提供安全感時，行動和話語一樣重要。他讓案主開放的方式之一可能是會談時提供一杯水或茶，這是一種文化上展現尊重歡迎的適當方式，即使提供提神的飲料不是他平常對待案主的方式。

某些時候，Doug需要決定誰組成了「案主」，這是在倫理上與專業上同時要把文化價值考慮在內的一個有意義決定。諮商師的專業倫理守則容易建立在核心家庭和所有家庭成員都有自主權的假設，這個倫理考量的基本單位是個體，這裡有北美和歐洲某些區域（包含英國）特定的文化預設特徵。但在大家庭系統下，倫理考量的基本單位是家庭整體而不是其中的個體。從這個觀點來理解以個人的名義請求協助卻涉及兩個個體，可能是個錯誤。的確，比較好的理解方式可能是把它當作整個家庭的求助，包括其他未被指名的有意義他人，如母親或是姐姐。

決定如何解釋這個求助之舉及其如何建立諮商輸送的方式，似乎是初期評估的主要任務之一，這也是在倫理上有意義的事。諮商師應該和整個家庭的自主性工作嗎，即便這是以犧牲個人自主性為代價？還是應該以個人的自主性為優先，犧牲家庭整體的認同呢？諮商師該如何在現存的家庭結構與性別關係下定位自己，又是另一個挑戰的議題，這可能要在諮商關係中小心考

量。當諮商師和一個不熟悉的文化背景的人工作時，除了任何治療性的支持或督導，這可能也是個可以獲得良好文化導師的個案，某些專業體系強烈地需要這類額外的文化導師。

有關於誰是案主的這個決定，會決定諮商師如何採取知後同意的議題、該尋求誰的同意，以及管理家庭成員間的保密。同意是專業倫理守則最重要的特徵，強調同意可能無法傳達尊重的層次，而尊重是我們對這個實務預設的倫理目的。許多諮商師可能認為，和預期中的案主討論這些議題是很好的實務做法，因為在最後決定要如何進展前，這可以決定他們想要怎麼做。某種程度來說，這樣的討論是否可行與令人滿意，取決於需求迫切的程度和尋求諮商的目的。

許多專業助人者對於建基於尊重個人自主性的倫理守則表達懷疑，懷疑這些守則是否能適當傳達來自集體文化的人們的需求。一個強調尊重個人自主性原則的專業倫理，本身是不是可能對擁有其他文化價值的人來說是不敏感和排他的？

| 第六節 | 檢視你的文化預設

Pedersen（2003）主張實務工作者必須考量文化脈絡中的行為，才能達成正確的評估、有意義的理解與適當的處遇。對 Pedersen 來說，任何事都可能有文化偏見。倘若沒有意識到他們的文化預設和偏見，助人者可能就會傷害到服務的案主。在成為有文化能力的過程中，助人者要面對的主要任務，包括要熟知他們都帶著自己的文化偏見、歧視、刻板印象與他們的案主工作（Pack-Brown et al., 2008）。

我們是否可以意識到在文化中已習得的基本預設，正在顯著地影響著我們覺察、思考現實和如何行動的方式。當你願意檢視這些預設，就等於是開啟了一扇門，能從其優點看見他人而非從預設觀點。助人者常常在不經意間對許多主題做了文化預設，你如何了解這些議題，似乎也正影響了你和案主

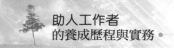

的工作。

◆ 對自我揭露的預設

自我揭露在諮商中被高度重視，大部分的助人者假定除非案主在助人關係中揭露自己，否則不會發生有效能的協助。一種催化案主有意義揭露的方式，是助人者示範適當的自我揭露。Ivey、Ivey 與 Zalaquett（2010）提到，助人者的自我揭露可以增進案主的自我揭露、創造諮商師與案主間的信任，以及建立一種面談時比較對等的關係。但是有些作者對助人者自我揭露的價值持保留態度，他們主張沒有這樣的分享，助人過程也可以運作得很好。

Ivey 與同事（2010）提出了幾點意見值得考慮。除非案主努力突破障礙做某種程度的揭露，否則他們幾乎無法參與助人關係。不過，你可以認可與欣賞某些案主努力於要讓你知道其問題的本質，這份努力本身是一個值得探索的焦點。相較於期待這樣的案主要自由地揭露，你可以對他們的價值展現尊重，同時也問問他們想從你身上獲得什麼。帶著你的支持與鼓勵並決定他們想改變的程度。

有些助人形式不會太強調口語的揭露，比如音樂治療、職能與休閒治療和其他活動形式的治療。助人者也可以為系統中的案主扮演一個倡導的角色，幫助案主建立一個自然的支持來源，或是教導案主使用社區內的資源。你將在第十三章中看到許多以社區為基礎的處遇措施，對某些案主來說，這可能比傳統的助人取向更適合他們。

◆ 對家庭價值的預設

D. Sue（1997）曾寫過某些傳統的中國家庭價值。孝道就是華裔美國家庭中最明顯的一個價值，強調要對父母順從、尊敬和誠實。他們重視家庭連結和團結更甚於自我決定和獨立。家庭溝通模式建立在文化傳統上，並強調適當的角色與地位，以及重視學業成就。無法了解和欣賞這些價值的助人者可能就會犯了一個錯：催促華裔美國案主以不符合其價值的方向來改變。

在 Paul Pedersen 的一個多元文化工作坊中，他提到許多和他工作的亞洲

學生在面臨問題時，會反映出其家庭價值。他們會先傾向於內求答案，如果他們沒辦法從自己身上找到答案，他們可能就會去找家族中的某人，如果這兩個路徑都沒用，他們就會從老師、朋友或是他們認為聰明的人身上尋求指引。如果沒有一個方法可以獲得滿意的解答，他們才會去諮詢專業助人者。

◆ 對非言語行為的預設

案主可以用許多非言語的方式揭露自己，但是文化表達方式容易造成誤解。個人空間需求、眼神接觸、握手、衣著、問候的禮節、對準時的看法等等，都隨著不同文化團體而異。主流美國人對於沉默常常覺得不舒服，而常用許多話來填補安靜時刻，相反地，在某些文化中，安靜象徵尊敬與有禮。如果你不了解案主可能在等你問他問題，你可能會誤解案主安靜的行為。所以請牢記非言語的行為有許多不同的意義。

你可能已經被系統化地訓練了許多小技巧：關注、開放性溝通、觀察、正確傾聽案主、點頭和回應感受，以及選擇和結構化等等（Ivey et al., 2010）。雖然這些行為都是在建立一個正向的治療關係，但是來自不同民族的個體可能對正向回應，或是了解諮商師態度和行為的意圖有所困難。助人者的面質風格（包括直接眼神接觸、身體姿態、試探個人問題），可能會被來自不同文化的案主視為是令人討厭的侵犯行為。

在美國的中產階級文化，直接的眼神接觸通常被視為是有興趣和在場（presence）的象徵，而缺乏眼神接觸則被解釋為逃避。人們在傾聽而較少說話時，普遍都會有較多的眼神接觸。有些研究指出非裔美國人的模式可能相反，也就是說得多聽得少時，眼神才看得多。在某些美國原住民和拉丁民族裡，年輕人的眼神接觸象徵不莊重。有些文化團體在討論嚴肅話題時，通常會避免眼神接觸（Ivey et al., 2010）。很清楚地，助人者如果病理化案主缺乏眼神接觸的行為，可能就無法了解或是尊重重要的文化差異，助人者必須要對廣泛的文化差異有敏感度，才能降低錯誤溝通、錯誤診斷和誤解非言語行為的可能性。

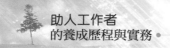
◆ 對信任關係的預設

許多主流的美國人（不是全部），都想要形成快速的關係並自在地談論個人生活，這個特徵常反映在他們的助人風格上。於是助人者就常常期待案主能用一個開放而信任的行為來進展其關係。然而，對有些案主來說要這麼做很困難，特別是他們被期待要用個人的方式對陌生人談論自己。可能需要花很長的時間，才能和一個文化上不同於你的案主發展有意義的工作關係。

◆ 對自我實現的預設

助人專業共同的假設是個體能夠自我實現是很重要的，但某些案主更關心他們的問題或改變如何影響其他人的生活。你可以回想一下東方取向的指引原則之一是達成集體的目標，同樣地，他們的行為如何帶來部落的和諧運作，是美國原住民判斷他們自己的主要價值來源。美國原住民有一個基本上不同於主流文化的價值系統，他們是以部落的改善而非個人的收益來決定其自我價值（Anderson & Ellis, 1988）。

◆ 對直接坦率和自信果斷的預設

雖然西方取向推崇直率（directness），但是某些文化卻把它看成是魯莽的象徵或是應該要避免的事。如果你沒有意識到這種文化差異，你可能就會把缺乏直率誤解成不夠果斷自信（nonassertive）的象徵，而不是尊重的象徵。在西方社會這點是很被重視的，但是其他文化的案主可能就會偏好延遲處理其問題或是用間接的方式因應問題。當治療處遇沒有發生作用時，我們很容易把責任歸咎於案主，但是如果治療師無法把他們受訓過的技術連結到案主身上來使用的話，他們就有責任要去找到其他方式來和案主工作。

助人者可能會把某些案主評斷為「不夠果斷自信」，來暗示著負向或是某種需要改變的狀態。如果你用一種西方取向來運作實務，你可能會認為你的案主如果能用自信果斷的方式表現的話，他們的境況可能會比較好，比如說他們會告訴別人自己在想什麼、感受什麼、想要什麼。重要的是，你要認知到直率和果斷自信只是一種存在的方式，諮商師應該避免認定自信果斷的

行為就是基準，並以為每個人都會喜歡。如果我們不自覺地認為案主較有自信就表示他們的情況比較好，可能會激怒某些案主。舉例來說，假設你和一個婦女工作，她很少要求什麼，也允許別人決定她的優先順序，且從不拒絕家庭中任何一個人對她的要求或是請託；如果你努力要幫助她變成一個有自信的女人，那可能會對她的家庭系統造成很大的衝突。如果她改變了自己的角色，她可能就不再適合她的家庭或她的文化，因此，很重要的是，你和你的案主都要考慮到檢視和修正其文化價值可能帶來的後果。

尊重你案主的方法之一就是傾聽他們所說的價值。問一下你的案主在其生活中哪些行為可行和哪些行為行不通。如果案主告訴你間接和不夠果斷自信對他們來說可能是有問題的，這就需要探索一下；然而，如果這種行為對他們來說沒什麼困難，當你想要案主朝他沒有興趣的方向改變時，你就需要監控一下你的偏見是如何運作的。問問你的案主他們想從你身上得到什麼，是降低你強加自己的價值觀在他們身上的一種方式。關於這一點，你可以思考一下以下案例。

◆ **案例：傾聽你的案主就夠了嗎？**

Mac 是一個成功的心理學家，他很關心許多多元文化的運動。他比較是把多元文化當成一種潮流而不是因為覺得有用。「我不會強加我的價值觀在案主身上，我不會告訴案主要做什麼，我就是傾聽，如果我需要知道什麼我會詢問。我如何知道一個日裔美國案主是比較像美國人還是日本人，除非我問他？我的信念就是：案主會告訴你所有你需要知道的。」

你的立場：你對Mac的態度會回應什麼？你會如何決定案主的文化適應程度？對於 Mac 期待案主教他文化議題，你有什麼回應？

討論：我們對Mac所說「談話中就暗示了什麼」的回應不多。的確，案主能夠告訴諮商師有關諮商師想知道的事，然而，Mac 似乎低估了對文化議題繼續教育和敏感度的必要性，而這可能讓他能夠問一些更有效能的問題。教育Mac不是其案主的責任，傾聽我們的案主是不夠的；我們還需要正式與

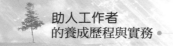

非正式地被教育。

整理一下影響你和決定你強加自己價值觀的基本文化預設,是什麼力量形塑你的基本預設?當你和不同於你的案主工作時,你是不是開放地思考了這些預設的關聯性?

挑戰你的刻板印象信念

雖然你可能會認定你沒有這些偏見,但是刻板印象的信念多多少少會影響你的實務。**刻板印象**(stereotyping)假設一個個體的行為會反映其文化團體內大多數成員的典型行為。這個假設所指述的像是:「亞裔美國案主在情緒上都是壓抑的」、「非裔美國案主都是多疑的,而且不信任專業助人者」、「白人都是傲慢自大的」、「美國原住民都是非常低動機的」。

Sue(2005)主張**現代的種族歧視**(modern racism)常常是隱微的、間接的和無心的,這會讓人們幾乎忘了它的存在。依據 Sue 的看法,種族歧視常在意識覺知層次以外運作,認為自己沒有這種刻板印象、偏見和歧視的助人者,最常低估其社會化的衝擊。這樣的助人者比起公開其偏見和歧視的助人者來說,甚至可能更危險。根據 Pedersen(2000)的看法,這類種族歧視會無意識地從善意有愛心的助人專業中浮現,而這些專業助人者比起部分的一般大眾也都或多或少有著文化偏見。他認為無意識的種族歧視者必須要被挑戰成有意識的種族歧視者,不然就是要修正他們的態度和行為。而改變無意識種族歧視者的關鍵在於檢驗其基本預設,比如稍早我們所討論到的。

除了文化刻板印象,某些刻板印象也和特殊人口群有關,比如說身心障礙者、老人和無家可歸者。把這些個體混為一談的表達方式反映了一種一致性的迷思,在你的專業工作中你要體認到每一文化團體內也各有不同,而且這種差異可能和不同團體間的差異一樣重要。在你企圖要小心翼翼提高敏感度時,也要小心避免對某些團體形成進一步的刻板印象。

雖然文化差異在團體間和團體內一樣明顯,但是重要的是,不要過度排他性地集中在會分化我們的差異點上。在國外與心理健康專業者工作的經

驗，讓我們越來越相信這個世界的人們都有著基本的相似性。共同的經驗會
連結人們，雖然個人環境不同，但大部分的人都經驗到做決定和試圖在社會
健全生活的痛苦。我們要尊重現存的實際文化差異，同時也不要忘記所有人
類共同的堅持。

| 第七節 | 了解身心障礙者[2]

　　了解差異性的其中一部分包括：要了解有能力和失能力在傳遞人群服務
的過程中是相當重要的因素。這和了解有色人種的方式相似，有身心障礙
（disabilities）的人必須面對歧視、敵意、缺乏同理，以及因其身體、情緒或
心理能力而來的差別待遇。DePoy 與 Gilson（2004）指出，差異性的類別像
是種族、民族和性別，都同樣落在同一片分析的鏡片下，沒有身心障礙的個
體通常會用看待與其不同的人相同扭曲的視角來看待身心障礙者。助人者視
野的清澈度會被對身心障礙者的迷思、誤解、歧視、刻板印象所削弱。

　　重要的是，我們要認識這些身心障礙者的潛能。助人者的態度是能否成
功介入身心障礙者生活的一個關鍵因素，當我們幫助身心障礙者達成其目標
時，就如同和那些有其附加議題的人、頻繁婚姻衝突的人或是異常壓力和創
傷事件的倖存者工作一樣，也要先消除迷思和誤解。

一、檢視關於身體殘障的刻板印象

　　身體殘障者（people with physical disabilities）不喜歡被標籤為像是這樣
的語言——「跛腳」、「受折磨的」、「特別的」、「有生理缺陷的」。許
多倡導者相信環境本身和他人對身心障礙者的負面態度，才是真正的障礙
（handicapping conditions）（Smart, 2009）。歷史上有許多用來指稱「失能

---

2 我們要謝謝東卡羅來納大學復健諮商研究方案的教授與主持人 Mark Stebnicki
　博士，他提供我們諮詢及有用的資訊來校訂有關了解身心障礙者這一小節。

經驗」的語言，如平面和電子媒體中描寫的，這都對身心障礙者傳達了一種
貶低的態度。舉例來說，有些脊椎損傷的人可能被其他人覺得是在某些方面
有「身體和心理上的缺陷」。Marini（2007）提到脊椎損傷的人在社會化、
就業展望、自尊和基本獨立功能上，深受弦外之音的暗示。整體來說，身心
障礙者幾乎在每個社會中都是權力最受到剝奪的一群人，不管他們是哪個民
族。這些有身心障礙的少數族群是美國社會中教育程度最低、失業率最高
的，失業率估計高達 66% 到 70%（Roessler & Rubin,1998; Szymanski & Parker,
2003）。這些身心障礙者通常都是未就業與低度就業的，而且許多人生活在
貧窮線以下（Olkin, 2009）。Olkin 指出，身心障礙者其心理社會議題比身體
阻礙更常被報導為殘疾者生活的主要障礙。

　　沒有失能障礙的個人常常用一種過度誇張的關心與好意，試著隱藏他們
畏懼身心障礙者在場的感覺。助人者可能已經吸收了許多對身心障礙者的負
面訊息，他們可能會經歷到某些初始不舒服的感覺。重要的是，對助人者來
說，當他們和任何類型的身心障礙者工作時，要願意檢視他們自己的態度。
自我覺察的一個重要面向是，和有身心障礙的案主工作時要能認知、了解與
管理一個人的反移情（Olkin, 2009）。雖然身心障礙者會分享相同的擔心，
但是別認為他們都一樣。同一個族群內的人有相當多的差異性，同樣地，有
身體障礙的人也是。

　　重要的是，你和任何特殊團體工作時要辨認自己的預設。舉例來說，你
也許假設某些特定職業可能不適合身心障礙案主，但是沒有和你的案主核對
就做這樣的假設，等於限制了他／她的選擇。不正確的預設可能會造成有缺
陷的個案歸因和問題評估（Smart, 2009）。Smart 提到，我們對身心障礙者
的許多個人預設都是不正確的，而且可能會阻礙助人過程，並進一步讓案主
失能。當你面對這群身心障礙者時，得仔細檢查一下自己對這群人為什麼尋
求諮商的預設，對你來說，這可能是一個反省刻板印象的好機會。

　　和身心障礙者工作的實務工作者有個主要的角色，就是幫助這些個體了
解圍繞在身障周圍的歧視和差別待遇。依據 Palombi（in Cornish, Gorgens,

Monson, Olkin, Palombi, & Abels, 2008）的看法，身心障礙者常會經驗到許多和其他小眾團體相同的歧視和差別待遇。對實務工作者來說，要能有效地和身心障礙者工作，必不可缺的是助人者能認知到自己的偏見並且說出來。如果實務工作者無法做到這點，可能就會造成一種長久的態度障礙，如忽視、錯誤的信念和歧視（Cornish et al., 2008）。助人者必須能夠幫助有身障的案主理解社會刻板印象如何影響他們對自身的看法。Mackelprang 與 Salsgiver（1999）懇切地提到這件事：

> 刻板印象的態度在社會中很普遍，任何人群服務專業者都很容易受到影響。嚴密監督個人對身障者的回應方式，可以幫助專業人員辨認與處理其來自刻板印象信念的個人態度。（p. 9）

二、經由可見的限制推進

如果你和身心障礙者工作，你必須發展一些態度和技巧，使你的案主能認知到自己擁有的優勢與資源。作為一個助人者，你可能會碰到天生就殘障的人、青少年期因創傷而致殘者（如運動傷害或是車禍意外）、因為打架或是心臟疾病而致殘的成人，還有些一時失能的人可能不見得是永久傷殘者，或是有些成人被診斷為有慢性退化狀況，比如說帕金森氏症、多重性硬化症或是第一型（胰島素依賴）糖尿病。

協助身心障礙者需求的種類可能包含範圍廣泛的服務，主要來說，就是那些可以幫助個體增進他們獨立運作的功能、發展正向的因應技巧、培養其復原策略，和達成個人最佳福祉的心理社會調適性服務。有些案主可能需要尋找社區資源，使他們能夠全然參與勞動，有些則是需要諮商來協助他們克服在某些他們以為人生走到盡頭，時常出現的焦慮和沮喪。這些重建計畫應該要高度個人化，並且以讓每個人都能達到自己最佳的醫療、身體、心理、情緒、職業和社會功能的方式呈現。身心障礙者通常有著複雜的議題；你第一次和他們會談時，最好不要先評斷他們或是他們的需求。你不應該預設這

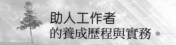

些身心障礙者來找你諮商只是因為他們的失能狀態。

　　為了提供身心障礙者具有倫理和效能的服務，Smart（2009）相信助人者應該對失能經驗尋求進一步的訓練：「的確，每個案主對自己失能狀態的感受和認同的資訊必須來自每個個體，但是最基本的還是要先獲取廣泛失能經驗的知識」（p. 643）。Palombi（in Cornish et al., 2008）主張，許多實務工作者都沒有意識到身心障礙者獨特的需求與掙扎，以致他們無法提供有倫理和稱職的照顧。

　　Cornish 與她的同事指出，專業者沒有被適當地訓練如何提供服務給身心障礙者，儘管他們將來很可能和這群人工作。實務工作者必須深切地反省，才能正確決定自己是否勝任服務身心障礙者的工作，如果不行，適當的轉介技巧是必要的。Cornish 與她的同事（2008）主張：「提供身心障礙者合乎倫理的處遇、縮小照顧的阻礙、努力訓練未來的心理學家，都是很基本的」（p. 489）。

　　Olkin（2009）描述肯定失能治療法（disability-affirmative therapy）是設計來「幫助諮商師把失能的知識與文化整併到處遇計畫中，並使這個有力的整合能達到想要的結果」（p. 369）。肯定失能治療法的前提是「整合有關身心障礙形成案例的資訊，既不膨脹也不低估身心障礙的作用」（p. 355）。

　　Mackelprang 與 Salsgiver（1999）提供以下和身心障礙案主工作的指南：

- 在每個人都是有能力或是潛在有能力的預設下進行工作。
- 仔細評估對身心障礙者問題的預設，以及他們必須改變才能在社會運作良好的預設。
- 要體認到身心障礙者和其他少數弱勢者一樣常會面臨到差別待遇與壓迫。了解你的處遇方式可能要含括由你來進行政治倡導與行動，以便消除阻礙個體取得社會福祉的政治障礙。
- 在假設每個人都有權利控制自己生活的前提下，運用處遇來賦權身心障礙者。

在你要努力形成自己和身障者工作的有效實務指南時，思考一下這些基本假設與原則。

◆ **案例：挑戰我們的覺察**

　　我（Marianne）在一家療養院和身心障礙者會談。他們觸發的問題類型和我先前提過的其他團體沒有什麼差異，而且在裡面的許多住民都強調他們和一般人沒什麼差別。後來，我要求這個機構內的一位工作同仁詢問一些住民這個問題：「你想要告訴這些受訓的助人者什麼，來幫助他們更能處理特殊團體？」一些住民給了以下的回應：

- 「我想要讓他們知道我想被當成一般人來治療──即使我坐著輪椅。請看著我這個人而不是我的輪椅，別害怕我們。」
- 「我是一個很好的人，我是一個非常聰明的人，我有身體障礙，但是我還有智力。」
- 「我可以像一般人一樣的思考與感受。」

　　這位工作同仁在一封信裡用很少的話語告訴了我，她覺察到這群她所幫助的人的樣子：

　　　　他們生活在一個成人的制度裡，他們說自己和其他沒有身障的人毫無不同，但是我認為他們有寬大的胸懷。這些我認識的人沒有歧視，非常有愛心和慷慨。他們也對生活中非常簡單的事情帶著感恩與欣賞，而大部分的我們每天都把這些事情視為理所當然。他們都是獨一無二的個體，而我覺得很幸運能跟他們工作。

　　你的立場：思考一下你自己對這群身心障礙者的態度和預設，你有擺脫要「幫助」這些人的想法嗎？你是不是習慣性地「避免」和他們親近？你自己的回應如何影響你這個助人者和這個族群的工作？

　　討論：社會態度已經廣為人知地在改變，許多人證明了一項基本真理

——有生理障礙不表示這個人就是失能。最明顯的例子是 Erik Weihenmayer，他生來就雙眼逐漸退化失明，13 歲時失去視力。在 *Touch the Top of the World* 一書中，Weihenmayer（2001）記述了充滿決心的生命，使他完成了不可思議的身體英勇事蹟。他是一個世界級的運動家、特技專家、長距離的單車手、馬拉松慢跑者、滑雪家、登山家、冰山攀爬家、攀岩者。他是第一個攀上麥肯力山頂以及攀爬艾爾開普敦 3,300 英尺岩牆的盲人。2001 年春天他贏得這項殊榮——第一個爬上 29,000 英尺以上的艾佛勒斯峰的盲人，目前為止他已經爬過世界上 7 座最高峰的 5 座，他的目標是爬上 7 大洲的 7 座最高峰頂。他的生活就是要證明不讓感官形體上的失能狀態限制一個人達成夢想的能力。他的故事和沒那麼戲劇性的其他人的故事，證明了對身心障礙的誤解是可以挑戰的。Weihenmayer 的成就對「身體上的挑戰」（physically challenged）一詞賦予了新的意義。

我們大都熟悉特殊奧運會，有很多身體障礙參與者參加這個最高水準的競賽。的確，有許多不是我們熟知的人都在挑戰自己來達成其日常生活中可見的目標，這些人不斷教導我們有關於自己與人類有能力克服任何障礙，也教導了那些有身障但是缺乏希望與想要放棄的人們如何生活。如果助人者接受了他們的無助與沮喪，對他們的案主來說，治療就沒有價值，人群服務專業者必須發現案主的優勢，並透過賦權與他們工作。

│第八節│ 多元文化諮商能力

越來越多的助人者接觸到有文化差異的案主群，這些人可能不會分享他們的常態與非常態的世界觀。因為專業助人者似乎一直強調單一文化取向的訓練與實務，以至於他們沒有準備好要有效處理文化差異（Sue & Sue, 2008）。雖然轉介有時候是一種適當的行動措施，但是它不能成為沒有良好訓練的實務工作者唯一的解決方式。隨著有文化差異的案主尋求專業協助的數量增加，而滿足其需求的資源數量減少，助人者可能無法總是轉介個案，

即便他們認為是必須轉介的個案。事實上,我們要求人群服務專業的學生,不管他們的種族或文化背景為何,都應該接受多元文化的助人訓練。

和有文化差異的案主群工作的助人者需要有覺察力、知識和技巧,以有效處理和他們一同工作的人們所關注的事。雖然期待你要對所有文化都有深度的知識是不切實際的,但可行的是,你可以有一個綜融性的普遍原則來成功地與文化差異者工作。如果你對這些差異觀點的固有價值夠開放,你就能找出避免掉入狹隘陷阱的方法,並挑戰自己可能在文化上封裝簡化的程度(see Wrenn,1985)。

Sue 與他的同事(1982, 1992)為**多元文化諮商能力**(multicultural counseling competencies)發展了一個概念性架構以及三面向的標準。第一個面向是處理助人者對種族、文化、性別和性取向的信念與態度,第二個面向是包括助人者及其所服務的案主群之世界觀的知識與理解,第三個面向則是服務不同案主群所需的處理技巧和處遇策略。Sue 與 Sue(2008)摘述了這些應用到實務工作的能力,Arredondo 與其同事(1996)則加以更新並將這些能力具體化,Sue 與他的同事(1998)再把多元諮商能力擴展到個人與組織的發展。Hansen 與其同事(2000)則再辨識和描繪出一些微視面的實務多元文化能力,到了 Egan(2006)則採用諸多不同來源發展了一系列多元文化能力,這些多元文化能力已經被多元諮商發展協會(Association for Multicultural Counseling and Development, AMCD)、諮商師教育督導協會(Association for Counselor Education and Supervision, ACES),以及美國心理學會(APA, 2003)所背書採用。想對這些能力有更新與開展的視野,可參見 *Multicultural Counseling Competencies 2003: Association for Multicultural Counseling and Development*(Roysircar et al., 2003),也可以參考 APA(2003)的 *Guidelines on Multicultural Education, Training, Research, Practice, and Organization Change for Psychologists*。

從以上來源,我們彙編了具**文化理解能力助人者**(culturally skilled helpers)的基本態度,並呈現如下,你可以利用這個檢視清單指認一下你已經

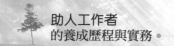

擁有的**多元文化能力**的面向，以及你還需要獲取的其他知識和技巧面向。

一、具文化理解能力助人者的信念與態度

這個部分的每一項信念與態度，如果你已經擁有或是覺察到自己已經具備了，就在方格內做記號。

有關於信念與態度，具文化理解能力助人者……

☐ 已能覺察個人的文化及其如何以許多方式出現在與他們不同的人身上。

☐ 能覺察到個人的文化習慣、性別、階級、民族認同、性取向、身障狀態和年齡如何形塑其價值、預設和對特定團體的偏見。

☐ 能覺察到他們個人和文化上對於與他們自己不同的個體或是團體的偏見。

☐ 絕不允許他們個人的偏見、價值或是問題，干擾其與不同案主工作的能力。

☐ 相信對任何助人形式來說，對個人文化傳統保有文化覺察與敏感度是重要的。

☐ 能覺察自己對他人的正向與負向情緒反應，此反應可能不利於建立合作的助人關係。

☐ 已經從沒有文化覺察進展到了解自己的文化傳統。

☐ 能學習幫助與其相同和與其不同的人的工作方式。

☐ 能從案主的有利位置來檢視與了解世界。

☐ 能意識到任何差異面向（如年齡、身障、種族）如何變成負面行為的標靶。

☐ 能認知到他們多元文化能力與專業的限制。

☐ 會尊重案主的宗教與精神信仰和價值。

☐ 能辨識其不舒服的來源與自己和他人間現存的差異。

☐ 欣然接受對人類行為有不同的價值取向與不同的預設，因此在相對於

文化簡約下，能有一個分享案主世界觀的基準。

☐ 能夠接受與重視差異的多種形式，而不是以自己的文化傳統為優先。

☐ 能夠辨認與了解案主重要的文化概念，並避免將自己的文化概念不當使用在工作對象身上。

☐ 會尊重當地助人實務的操作方式以及尊重社區內提供協助的網絡。

☐ 透過諮詢、督導、進階訓練和教育來監督其運作。

☐ 了解主流西方助人策略可能不適用於所有人或是所有問題，並明白他們該如何採取其處遇措施來達成案主的需求。

二、具文化理解能力助人者的知識

此部分的每個知識類型，如果你認為你已經具備，就在空格內做記號。

有關於知識面，具文化理解能力助人者……

☐ 要具備對自己種族與文化傳統以及這些傳統如何影響其個人與工作的知識。

☐ 要具備對壓迫、種族主義、歧視、差別待遇和刻板印象如何影響其個人與專業的知識與理解。

☐ 不能將自己的價值與期望強加在與自己文化背景不同的案主身上，並避免對案主有刻板印象。

☐ 要努力了解工作對象的世界觀、價值、信念。

☐ 要了解助人過程中的基本價值，並明白這些價值如何和不同團體的文化價值有所衝突。

☐ 要意識到讓某些人無法使用社區內的心理健康服務的制度性障礙。

☐ 要能熟知在評估工具和使用程序中可能造成的偏差，以及解釋結果時要牢記案主的文化與語言特性。

☐ 要對其工作的特別個體具有特定的知識與資訊。

☐ 要熟知不同的溝通風格，以及這些風格如何在與不同文化團體的人工作時促進或阻礙助人過程。

☐ 要熟知社區特性與社區內及家庭內的資源。

☐ 要學習了解工作對象的基本家庭結構以及性別角色。

☐ 要了解不同文化中的人們對於尋求專業協助的感受。

☐ 要知道社會政治對少數民族或種族生活造成的影響，包括移民議題、
貧窮、種族歧視、刻板印象、汙名化和無力感。

☐ 要用正向的方式看待差異，這樣才能使他們解決因與廣泛案主群工作
而產生的挑戰。

☐ 知道如何幫助案主利用當地的支持系統；在其欠缺知識處能尋求資源
來幫助案主。

三、具文化理解能力助人者的技巧和處遇策略

此部分的每個技巧面向，如果你認為你已經具備，就在空格內做記號。

有關於特殊技巧，具文化理解能力助人者⋯⋯

☐ 要能使助人過程的工作方式，包括諸如目標、期待、合法權利，和助
人者的工作取向，能做到教育案主的責任。

☐ 要使自己熟悉相關的研究與最近的發現，特別是有關於影響不同案主
群的心理健康與心理失調。

☐ 樂於找出教育的、諮詢的與訓練的經驗，來強化自己與不同文化案主
群工作的能力。

☐ 要評估他們跨文化的程度及個人─文化能力的程度，並盡其所能成為
一個具有文化意識能力的助人者。

☐ 要保持開放的態度向傳統療癒者或是宗教和精神領袖尋求諮詢，才能
在適當時機提供有文化差異的案主更好的協助。

☐ 使用方法與策略，並定義與案主生活經驗和文化價值有關的目標，調
整並採用與其文化差異相容的處遇措施。

☐ 以具有文化敏感度的方式和案主建立密切關係，並傳達同理。

☐ 有能力為他們的目標案主設計與執行無偏見和有效的處遇措施。

☐ 在適當時機能夠啟動與探索存在於案主與他們之間有關差異的議題。

☐ 不會只限制在一種助人取向，而是要認知到助人策略可能要和文化相連結。

☐ 能夠適當與正確地傳達與接收語言和非語言的訊息。

☐ 能夠運用制度性的處遇技巧來代表案主發聲。

☐ 能夠盡可能地主動走出辦公室參與人群中（社區事件、慶典和鄰里團體）。

☐ 願意了解自己的種族與文化本質，並主動尋求一種非種族歧視的認同。

☐ 主動追求並參與專業和個人成長的活動，來補足自己的不足。

☐ 定期諮詢其他專業關於決定是否要轉介或是轉介到哪裡的文化議題。

反省問題：現在你已經完成檢核表，摘述和思考一下你現在的覺察、知識和技巧等程度的意涵。為了評估一下你目前的多元文化能力的程度，反思以下問題：

- 你熟悉自己的文化如何影響你現在思考、感受和行動的方式嗎？你會採取什麼步驟來擴展自己理解的基礎，包括你自己的文化和其他人的文化？

- 你能夠指認自己的基本預設嗎，特別是當這些預設應用到不同的文化、民族、種族、性別、階級、宗教和性取向時？你清楚你的預設會影響你作為一個助人者的實務工作到什麼程度？

- 你和案主工作時在彈性應用這些技術上有多開放？

- 你該如何準備以了解不同文化背景的案主並和他們工作？

- 你現在能夠區辨自己的文化觀點和其他人不同的差異程度到哪裡嗎？

- 你在大學的學習方案能裝備你獲得和這些不同案主群工作所需的覺察、知識和技巧嗎？

- 什麼樣的生活經驗可讓你更能了解與諮商這群擁有不同世界觀的案主？

- 你能夠指認自己任何個人文化間的偏見，而這種偏見可能約束了你和這群與你不同的人有效工作的能力？如果是這樣，你可能會採取什麼方法來挑戰自己的偏見？

| 第九節 | 社會正義能力

我們越來越能覺察到在案主生活中運作的壓迫和差別待遇，是倫理實務中的基本工作，而且我們要能夠把這份覺察轉化成不同形式的社會行動。多元文化主義和社會正義最終是相互糾結的（Crethar, Torres Rivera, & Nash, 2008）。**社會正義觀點**（social justice perspective）是建立在壓迫、特權和社會不平等的前提下，而這個前提確實存在，並對許多不同文化差異者的生活產生負面影響。我們要能夠有效地和這些不同背景的人工作，重要的是學習有關社會正義觀點的能力，並把這個能力整合到實務工作中。我們可以扮演一個重要的角色，藉由挑戰系統的不平等來使世界更美好。Crethar 與 Ratts（2008）說明了社會正義為什麼在諮商領域中是一個受關注的重點：

> 諮商中的**社會正義**（social justice）代表了一種多元面向的方法，諮商師要努力促進人類發展，也要努力透過因應與個人和分配正義有關的挑戰，以便達到共同福祉。這個方法包含了賦權個人及團體，以及主動面質社會中可能對案主及其系統脈絡產生衝擊的不正義和不平等。（p. 24）

從社會正義的觀點來看，助人的目標是在促進社會中被邊緣化和被壓迫的個體能賦權（Herlihy & Watson, 2007）。這個觀點反映了對社會中這群沒有共享社會平等而被邊緣化和被貶抑的個體和團體，其應該受到平等與公平對待的重視；這也包括了參與決定事務的權利，而這些可能是會影響其生活

的事務（Constantine, Hage, Kindaichi, & Bryant, 2007; Crethar & Ratts, 2008; Crethar et al., 2008）。

Constantine 與其同事（2007）在多元文化能力與社會正義領域下的臨床和研究工作中，指出 9 個社會正義有效輸送服務給不同案主群所需的基本能力：

- 能熟知壓迫與社會不平等在個人、團體與文化層面上的操作方式。
- 能深刻反省你生活上有關於種族、民族性、壓迫、權力和特權的議題。
- 發展對你自身權力或特權位置如何在你和案主、或是社區組織間，複製社會不正義經驗的一種持續的覺察力。
- 對於出現在特定團體不適當的治療實務發出疑問。
- 學習當地健康療癒模式，並在適當時機，把它當作一種與文化相關的處遇方式，且樂於與這些資源合作。
- 思考發生在國際脈絡下有全球意涵的不同社會正義種類。
- 努力執行一種設計來滿足被邊緣化團體需求的綜融性與療癒性的心理健康處遇方案。
- 和社區組織建立合作的夥伴關係，俾利促進信任、縮小權力差異和提供適當的有文化意識的服務。
- 獲得倡導的技巧與發展必要的系統處遇技巧，以便帶來制度、鄰里和社區內的社會改變。

這些社會正義的能力就像多元文化能力一樣不是一蹴可幾的。我們最好是把這些能力的修練當作是生命旅程的一部分，過程中發展的態度和行為將裝備你提供給廣泛的案主群更好的服務。

一、認識你自己的限制

作為一個具備文化理解能力的助人者，你可以認知到自己在多元文化能

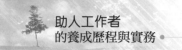

力和專業上的限制，必要時，你會轉介案主到其他更合適的個人或是資源。期望你知道所有工作對象的各種文化背景瑣事是不切實際的，還不如讓案主教會你有關他們的文化事務。與這些不同文化的案主工作時，請案主提供你能有效和他們工作所需的資訊，這樣有助於估量其文化適應和認同發展的程度，這對於某些已經生活在另一種文化經驗的人而言特別真實。他們常常忠於自己的母文化但又被新文化的某些特性所吸引，在整合這兩種生活中的不同文化價值時，他們可能會經驗到衝突，這些核心的掙扎，可以在一個合作的助人關係脈絡中被豐富地探索。

我們鼓勵你接受自己的限制，並且要耐心擴展你的視野以了解你自身的文化如何影響你現在的樣子。過於強求自己要一下子知道所有你不知道的事，或是對你的限制或是狹隘的觀點有罪惡感，這些都沒有幫助。你不會因為只是期待要熟知你所有案主的文化背景、只是以為你應該要有十八般武藝，或是只是要求完美，就能變成一個更有效能和文化理解能力的助人者；而是要能體認與欣賞自己努力要成為一個能更勝任、了解差異的助人者。

第一步就是要願意接受差異就是一種價值，並採取行動增加你和不同案主工作的能力。你也可以體認到轉介才是對案主的最佳利益。更重要的是，要能承諾終生學習，並採取必要的方法持續更新你的知識和技巧，以提供給不同的案主群更好的服務（NOHS, 2000）。這種繼續教育會擴展你整個專業生涯。

二、多元文化訓練

為了讓助人者能在工作中使用多元文化的觀點，我們支持透過正式課程和督導與不同案主群工作的實習經驗來提供特殊訓練。我們相信一個自我檢視的課程對助人者是必要的，這樣他們才更能辨識自己在文化和種族上的盲點。除了讓學生能夠學習不同於自身的文化外，這樣的課程也提供實習生機會讓他們更了解自己的種族、民族性和文化。

一個好的訓練方案應該至少包括一門專門處理多元文化議題和不同背景

的課程，然而，依靠一門課來說明專業、民族性與多元文化諮商能力和社會正義諮商議題，並不足以幫助諮商師成功處理他們將面臨的需求（Bemak & Chung, 2007）。除了一門單獨的課程外，和多元文化諮商有關的廣泛種族決策技巧應該整合到整個學程中，並灌輸到各方面的訓練方案（Pack-Brown et al., 2008）。舉例來說，實地考察或是實習階段的討論會，可以介紹已被用來滿足不同案主群的助人策略，並顯示某些技巧對不同文化的案主可能是相當不恰當的。我們確實可以透過相關的正式課程，為多元文化主義和性別覺醒的整合穿針引線。此外，至少要有一門實地考察或是實習課程讓學生可以體驗多元文化。理想上，這個機構內的督導者要能精通這個特定地點的文化變項，也能夠對跨文化的理解相當熟練。再者，實習生應該在校園系所內有個人督導和團體督導的管道。

被督導的經驗是實習生討論他們所學的機會，這是一個良好訓練方案的核心。我們鼓勵你選擇一個被督導的實地考察和實習課程，這將挑戰你在性別議題、文化關注、發展議題以及生活型態差異上的工作。如果你只跟你覺得舒服的案主和熟悉的文化工作的話，你無法學習有效處理差異。你可以透過走出社區和面對各式各樣問題的不同案主群互動而學到許多。透過精選的實習經驗，你不只擴展自己的意識，也增進不同人群的知識，而這將成為獲得處遇技巧的基礎。

Pedersen（2000）指出一個有效的多元文化訓練方案，包含覺察、知識、發展技巧和體驗式互動等元素，這些都要整合到真實的實務中。如你所見，個人態度的覺察以及對不同案主的覺察態度，是成為一個有效助人者所不可或缺的。從知識的觀點來看，助人者必須了解什麼行為在不同的團體中是可被接受的，以及這個行為如何隨團體不同而有差異。

Hansen 與其同事（2000）指出，覺察和知識能力兩者在發展有效能的多元文化技巧上是必要條件。他們所指的這個技巧相當重要，包括：(1)能做有文化敏感度的訪談和評估；(2)形成正確且無偏見的概念化；(3)設計與執行有效能的處遇計畫；以及(4)正確評估其技巧的適當性，且在必要時採取正確的

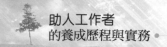

行動。在學習與不同群體工作時，發展技巧很必要但不是充要條件，這些技巧本身不是獨特的，但是應用到特定案主時應該是訓練的焦點，有效的訓練會關注到每個面向，如果忽略其中一個，就會產生弱點。

　　過去 10 年，訓練方案已經走了一段很長的路，如果要達成裝備助人者滿足不同案主所需的知識與技巧的目標的話，還是有些路要繼續走。作為學生，你可以先採取微小但有意義的步伐，去體認與檢視你自身文化背景的影響，並學習不同於你的文化差異。即便只是依這裡所列的幾項建議決定行動，就已經在朝著成為有文化理解能力助人者的方向前進了。

重點回顧

- 多元文化主義被視為是助人專業中的第四力，這個觀點體認與重視助人關係中的差異性，以及要求助人者要發展具文化適切性的處遇策略。

- 一個在助人過程中的多元文化觀點會考慮特定的價值、信念和有關種族、民族性、性別、年齡、能力、宗教、語言、社會經濟地位、性取向、政治觀點和地理特性的行動。廣義來說，多元文化諮商要把助人者與案主兩者間的個人動力與文化背景都納入考量，並藉此建立一個人們能夠有意義互動的脈絡。

- 為了和不同文化的案主有效運作，你需要知道與尊重特定文化差異，並了解文化價值如何在助人過程中運作。

- 要能意識到任何文化視野狹窄症的傾向。如果你的文化經驗有限，你可能在處理不同世界觀的案主時就有困難，你可能會誤解這類案主所表現的許多行為模式。

- 重要的是，要耐心處理你不經意中透過態度和行為表露的種族歧視，改變這種型態的種族歧視的方法之一就是弄清楚你的預設。

- 西方與東方文化間在價值取向上有些明顯的差異。西方社會的主要差異是強調個人主義，而東方社會則強調集體主義。個人主義和集體主義未必是相對的概念，因為它們都是大社會系統中的組成元素，這些價值取向對於助人過程有重

要的意涵。

- 和其他文化的人們工作，要避免刻板印象，並嚴格評價自己對於使用自我揭露、非口語行為、信任關係、自我實現，和直接坦率與自信果斷的預設。

- 不要認為文化差異會阻礙有效能的助人關係，而是要學習樂於正向地看待差異。要體認到助人時有意識地處理這些文化變項，將會使你的工作更為容易，而不是更困難。

- 作為一個助人者，重要的是，當你和任何類型的身心障礙者工作時，你要展示一種樂於檢視自己的態度。

- 許多身心障礙者也能達成不凡的成就；把你的焦點放在他們的潛力而不是他們可見的限制。

- 有效的多元文化助人者要有特定的知識、信念、態度與技巧。

- 社會正義說明了壓迫、特權和社會不平等的議題。專業助人者要採取主動的姿態，透過取得社會正義能力，來說明存在於社會中的社會正義議題。

- 取得與重新定義多元文化和社會正義能力，應該是終其一生發展的過程，這需要持續的反省、訓練與再教育。

- 視差異為正向因子的助人者，最能夠滿足與解決在多元文化助人情境中引發的挑戰。

你可以做什麼？

1. 如果你的訓練方案沒有一門文化差異的必修課，考慮去選修一門課。你也可以要求旁聽某些處理特定人口群的不同系列課程，比如說，學院裡都會提供一些課程，像是：黑人家庭、墨西哥裔（Chicano）家庭、美國印地安女性、非洲經驗、墨西哥裔及其當代議題、美國黑人音樂鑑賞、美國的白種人、女性與美國社會、墨西哥裔兒童，以及西班牙語系研究。

2. 在你的校園內，你可能會發現許多特定文化團體的學生組織，與其中一個組織的成員接觸以獲得有關這個團體的資訊，看看你是否能參與其中之一的運

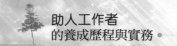

作，並從中獲得對其文化更好的看法。

3. 思考一下擴展你文化視野的方法。和一個與你不同文化背景的人一起去餐廳、參與社會事件、教堂服務、音樂會、演奏或看電影，要求這個人教教你有關他／她的文化中重要的面向。

4. 如果你的祖父母來自另一個文化，訪談他們有關其文化的成長經驗。如果他們來自兩個不同的文化，問問他們有沒有整合兩種文化的經驗，他們有什麼適應的經驗？他們是不是還保有母文化的認同？在這兩種文化中他們最重視的是什麼？你能夠找到方法了解是什麼樣的文化根源影響著你今天的思考和行為方式嗎？第三章中我們已經引導你找出原生家庭如何持續影響你的重要性，這份作業可能幫助你更欣賞自己的文化習慣。

5. 助人者常會遇到各種身心障礙的案主，廣泛的身心障礙類型包括行動上的不便、視覺障礙、聾啞、發展障礙、精神障礙和認知障礙等。在三、四個團體中選擇一個大類別，並研究一下社區內可提供給這些身心障礙者哪些服務類型，還需要什麼其他的服務來協助這些特殊人口群，並在班上發表你的看法。

6. 以下所列的每一筆資料之完整書目，可查詢本書最後的參考文獻。有關種族和民族認同發展的督導、訓練、實務以及研究和方法中最先進的多元文化觀點的書目，可以看 Ponterotto、Casas、Suzuki 與 Alexander（1995）。想要對不同種族和民族的諮商策略和議題有良好回顧，請查詢 Atkinson（2004）。Pedersen（2000）廣泛地處理了有關發展多元文化覺醒、知識與技巧的主題。討論諮商關係中不經意的種族歧視，可見 Ridley（2005）。Sue、Ivey 與 Pedersen（1996）從理論、實務和研究的觀點，綜合性地討論了多元文化諮商。Lee（2006c）寫了一篇有用的論述以說明諮商中多元文化的議題。Sue 與 Sue（2008）寫了一本關於如何幫助不同案主群的綜合性教科書。想從文化覺醒、知識獲取方法和技巧發展等面向發展文化能力的一個架構，可看 Lum（2007）；以及 Lum（2004）為文化差異的社會工作實務提出了有用的處遇方法。

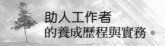

CHAPTER 08
倫理與法律議題
Ethical and Legal Issues Facing Helpers

焦點問題・導論・倫理議題量表・倫理抉擇・知後同意・保密與隱私・檔案管理與紀錄・醫療管理體系中的倫理議題・服務疏失及危機管理・友善提醒・重點回顧・你可以做什麼？

焦點問題

1. 就你目前所處的助人專業發展階段中，你最為關切的倫理議題為何？

2. 當你面臨一個倫理爭議，你如何處理此議題所涉及的衝突問題，以及你如何做出符合倫理規範的決定？你所採取的明確步驟為何？

3. 專業助人工作者所應遵守的倫理守則，其主要目的為何？

4. 在所有的助人關係中，保密都是有條件且有所限制的。你會如何向你的個案說明保密的目的及其限制？

5. 在使用科技產品時，哪些方式可能會侵犯個案的隱私？

6. 你認為哪些項目是知後同意應具備的基本內涵？

7. 你如何確保個案了解知後同意的內涵及原則？

8. 有關個案的紀錄保存，你認為什麼資料是最重要應被建檔的？

9. 在照護體系的環境下，哪些倫理議題是需要被關切的？

10. 哪些具體作為可以降低服務疏失訴訟的發生率？

| 第一節 | 導論

不論你選擇什麼樣的助人專業工作，你都會面臨到倫理的爭議。要成為一個有能力的實務工作者的條件之一，是能夠在你的臨床工作中執行專業機構所規範的倫理守則。在本章，將介紹你在實務工作中可能會遇到的倫理及法律議題。

過去 20 年，在心理衛生專業中，倫理議題越來越受到關注。有關助人工作領域的倫理及法律議題的文章，在專業期刊中十分常見，也有許多專業倫理的書籍出版。大多數的大學及研究所，在許多課程中納入倫理及法律主題的討論。而在許多研究所的課程中，獨立開設的專業倫理及法律課程，已經成為必修科目。我們鼓勵你修習倫理的課程，或至少閱讀與專業倫理相關的書籍，以及參與相關的專業研討會或工作坊。

| 第二節 | 倫理議題量表

你在倫理工作中最主要關切的是什麼？或許在此刻，你不曾思考過這樣的問題。在以下的量表中，每一項描述都反映出你對於倫理議題的信念與態度。使用以下的量表評分方式，檢視你最關切的倫理議題：

5 ＝我非常同意這個陳述

4 ＝我同意這個陳述

3 ＝我不確定這個陳述

2 ＝我不同意這個陳述

1 ＝我非常不同意這個陳述

_____ 1. 當產生倫理議題的疑慮時，最好的解決方式就是依照倫理守則來處理。

　　　2. 如果我在個案服務中遇到倫理困境時，我會積極主動地尋求教授或是督導的引導及協助。

　　　3. 對我來說，要轉介個案給其他的助人工作者是困難的，即使我覺得這個做法可能是對個案有利的。

　　　4. 我沒有足夠的時間寫個案紀錄，或是將服務過程中所有的資料都歸檔。

　　　5. 要決定何時打破保密原則，對我來說是困難的。

　　　6. 當我不確定是否能夠繼續遵守保密原則時，我會想要與個案做討論。

　　　7. 處理發生的任何倫理困境是我的責任，我不會讓我的個案介入做決定的過程。

　　　8. 我不確定如何處理倫理困境。

　　　9. 我時常懷疑自己是否具備有效助人所需的技巧。

　　10. 我不是很確定當我的個案要自傷或傷害他人時，我該怎麼做。

　　11. 我可能太直接地想要給予個案建議，以及太急切地想去幫忙個案解決問題。

　　12. 我不確定在我的職責之下，什麼是警告及保護他人適當的方式。

　　13. 倫理實務工作應包含些什麼，是我所關切的。

　　14. 當我注意到同事中有違反倫理的行為，我知道我可能會怎麼做。

　　15. 我關切身為一個助人工作者因為做什麼或不做什麼，可能引發服務疏失訴訟的可能性。

　　當你完成這份量表，花幾分鐘思考你最關注的倫理議題，如此可以幫助你在研讀本章時，更主動地思考及建構倫理問題。確認在哪些方面的倫理議題，你不確定你該扮演的角色，並在課堂中將這些問題提出來討論。

| 第三節 | 倫理抉擇

　　倫理實務所涉及的不僅僅只是了解及遵循專業倫理守則。在處理倫理困境時，你很少能夠找到一個清楚明確的答案。大多數的問題，都是複雜且沒有簡單的解決辦法。執行倫理抉擇時，必須具備處理倫理議題的灰色地帶及面對不確定性的容忍度。

　　雖然了解你專業工作的倫理規範是必須的，但僅具備這樣的知識並不足夠。倫理守則並非教條，然而這些守則仍對助人工作者在為個案及自身的最佳利益做抉擇時，提供了指引。每一個機構的倫理規範皆不盡相同，因此你必須要了解所服務的機構特有的政策及慣例。

　　在教學的經驗中，我們發現學生們往往在開始上倫理課程時，期望能夠從課堂中得到解決他們目前工作領域中所面臨的問題的明確答案。他們通常不會想到他們必須透過個人及專業自我探索來找到方法。曾經有讀者反映，我們的著作 *Issues and Ethics in the Helping Professionals*（G. Corey, Corey, & Callanan, 2011）所激發的問題，比書中提及的答案還多。我們告訴讀者，這本書的目的是幫助他們發展有智慧地處理倫理困境的內在資源。

　　舉例來說，Gerlinde 在擔任實習生時，即覺察到她所實習的機構出現違反倫理的現象。她與其他實習生被期待接下較具難度的個案。她意識到這樣的實習工作，無疑是超過她能力範圍所及的。更嚴重的情況是，機構內所提供的督導無法隨時在機構內給予協助。

　　她的督導負責許多業務，不能夠提供固定的督導。她在學校的實習研討會中，學習到督導在倫理及法律上都應為實習生的實習行為負責。面對實習機構的狀況，Gerlinde 不知道該如何處理。她並不想在學期中轉換實習機構，但她又對該如何適當地面質督導關於機構目前的情況而感到為難。

　　在不確知該如何處理的情況下，她與學校的實習老師約了時間討論她的困擾。

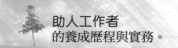

在與實習老師的諮詢中，Gerlinde 找到了幾個其他可行的方法。她可以自己與機構督導接觸，並更堅定地與督導約定督導時間。另一個選擇是，與機構督導及學校實習老師約定會面時間，來討論機構目前實習的情況。無疑地，這個機構對學生而言，可能並不是一個合適的實習機構。重要的是，Gerlinde 了解她必須要尋求協助來處理她所面臨的問題。有時，遇到相似困境的學生會驟下結論：他們只能忍受這樣的事情，而不能處理這樣令人不舒服的情況。

在開始倫理課程之初，Gerlinde 認為對於各種可能面臨的情況，能從課堂上獲得處理方式的解答。在學期末了前，她學習到欣賞倫理守則並非法律，它們僅是一套規範，提供在一定範圍內處理倫理困境時的指引。她同時也了解到諮詢對倫理抉擇的重要性。

另一個例子是說明個案的福祉應為治療關係中之首要考量的倫理規範。試想案例中個案正談到她生活在一個酗酒家庭的掙扎。當助人工作者聽到個案的陳述，痛苦地想起自己酗酒的父母。他想著是否應該告訴個案自己的感受。何以他會想要提出這樣的自我揭露？他的自我揭露是為了滿足自己的需要或是個案的需要？他又如何知道這樣的揭露會對個案產生助力或是阻力？

助人工作領域的倫理議題往往是複雜及多面向的，它們無法有簡單的解決方法。對於倫理議題中的灰色地帶，助人工作者須具備抉擇技巧方能釐清。思考倫理議題以及學習做出智慧的抉擇是一個持續不間斷的過程，需要以開放的態度來面對。

一、法律與倫理

法律與倫理對基本專業實務工作提供指引，但對於大部分的情境問題並沒有給予明確的答案。**法律**（law）規範社會能忍受的最低標準的行為，這些規範是由政府機構所強制執行的。所有的倫理守則說明了實務工作者必須遵守相關的聯邦及州條例及政府的法規。

有時實務工作者不確定他們是否面臨到法律問題，一旦確定為法律問

題，他們也不知道該如何處理（Remley & Herlihy, 2010）。當法律問題在工作中產生時，實務工作者必須要能夠辨識。許多助人工作者面臨的涉及倫理及專業判斷的情況，可能也同樣與法律層面有關。

不同於法律，**倫理**（ethics）象徵的是期望達成的目標，或是由專家訂定的最高或理想化的標準。倫理守則在本質上是一個概念性的概述，一般而言是可以由實務工作者來客觀解釋。

應用於助人工作者實務工作中的倫理守則及法律指引的知識，是符合倫理的工作及達到最低法律義務所必需的。

Hermann（2006b）指出，倫理及法律是兩個不同的概念，但它們又具有重要的重疊性。身為助人工作者，不僅僅是要遵守你所屬的專業倫理守則，同時必須了解你所在該州的法律及你的法律責任。然而，單單熟悉規範你所屬的專業之地區及州立的法律，仍不足以讓你能夠做出完善的抉擇。你的專業判斷在你處理個案的困境時，扮演重要的角色，在倫理及法律方面也相同。再者，法律本身並非依照「特定的事實」來制定，因此法律的規範必須視事件情境中特定的事實來做縝密的思考。

在實務工作的情境中，你可能會遇到法律與倫理有所衝突的的情況。在這樣的案例中，要能夠同時履行倫理及法律上之義務，你必須審慎地檢視你的工作角色，以及尋求其他專家的諮詢。Knapp、Gottlieb、Berman 與 Handelsman（2007）對此提出一些建議。助人工作者首先必須要釐清法律的規範，及確立他們的倫理義務性質為何。

有時助人工作者不了解法律對其專業的規範，可能會在法律和倫理並無衝突的情況下，認為兩者是有衝突的。當法律與倫理牴觸時，以及衝突無法避免的情況下，助人工作者「應選擇在對他們的倫理價值傷害最小的情況下，遵循法律的規範，或是選擇在最不違反法律的情況下，遵循倫理價值」（p. 55）。如果助人工作者可以預先考慮可能發生的問題，以及採取前瞻性的措施，許多時候法律及倫理之間顯而易見的衝突是可以避免的。

與弱勢及特定非自願族群工作的助人工作者，特別建議應了解對他們的

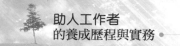

實務工作有所限制的法律及倫理規章。有時在與弱勢族群工作時，倫理規章會與法律的標準及規範產生衝突。舉例而言，助人工作者可能會想要在保密原則下，尊重弱勢者的倫理權益，但同時要面對家長在特定的州立法律許可下，要求了解與諮商工作相關的資訊（Wheeler & Bertram, 2008）。在某些地區，保密原則、家長同意權、知後同意權、個案權益之保護及收容機構住民之人權，皆是由法律所規範的。由於大部分的助人工作者都不具備完整的法律知識，因此建議助人工作者可以尋求法律諮詢，以了解適用於其實務工作中的法律常規。

對適用於助人關係中的法律權益及責任的了解，可以保護個案及助人工作者不會因為疏忽或忽略而產生不必要的訴訟。法律及倫理守則設立之初的本質，是源自於規範已經發生的事件而非預期將發生的事件。僅為了遵守法規及倫理規章而限制了自己的行為，並非明智之舉。有些專家認為，只要謹守某些執業的方式，就可以避免遭到個案提出服務疏失之訴訟。

如果是以這樣的法律觀點為服務個案之優先考量，助人工作者可能會因為害怕發生訴訟案件，而限制了他們與個案之工作，因而無法提供有效益的服務。

身為助人工作者，雖然盡你所能地避免發生服務疏失的行為是必需的，但不要讓這樣的想法成為你倫理臨床工作的全部。我們希望你能夠為你的個案做最好的選擇，以達到實務工作中最佳的倫理規範為依歸。在進入專業學程之初，具備倫理課題的敏銳度是十分重要的。記住，倫理實務的基本目的是在於促進個案的福祉。

二、專業守則及倫理抉擇

不同領域的專業機構皆訂有倫理守則，為助人工作者提供概略的指引。這些守則並非永遠不變的，當有新的爭議產生時，就會進行修訂。目前訂定倫理守則的心理衛生機構有美國社會工作人員協會（National Association of Social Workers, 2008）、美國心理學會（American Psychological Association,

2002）、美國諮商學會（American Counseling Association, 2005）、美國學校
諮商師學會（American School Counselor Association, 2004）、美國婚姻與家
族治療協會（American Association for Marriage and Family Therapy, 2001a），
以及全國人群服務組織（National Organization for Human Services, 2000）。
Herlihy 與 Corey（2006a）指出倫理守則訂定的目的如下：

- 倫理守則教育助人工作者如何執行完善、符合倫理之實務工作。將倫
  理守則應用於特定的事件時，需要強烈的倫理敏感度。
- 倫理守則為專業信度提供了機制。倫理守則最終的目的是為了保護社
  會大眾。
- 倫理守則是增進臨床工作的催化劑。守則引導我們去審慎地檢視倫理
  原則的內容及精神。

倫理守則是必要的，但對於倫理責任的執行面並不足夠。雖然你可能已
經或即將熟悉你所屬專業領域的倫理守則，你仍舊必須發展出一套引導你的
實務工作、屬於你個人的倫理立場。你需要持續檢驗你的臨床實務工作，確
認你的工作是否盡可能地符合倫理規範。倫理守則不代表真相，也不會為你
做決定。你可能不會在任何一個單一的倫理抉擇模式中，找到未來你將會遇
到的倫理困境的答案。在權衡不同的並且很多時候是對立的要求和目標時，
你必須利用你的專業判斷（Barnett, Behnke, Rosenthal, & Koocher, 2007）。

在執行倫理抉擇時，你必須努力克服灰色地帶的未知、提出疑問、與同
儕討論你在倫理上的顧慮，以及監看你自己的行為。反思、合作及諮詢，可
以幫助你找到抉擇的方向，但最終你仍要鼓起勇氣，不顧慮結果地做出自己
的抉擇（Corey, Herlihy, & Henderson, 2008）。在與每個獨特的個案工作時，
仰賴你如何在特定的情況下採用倫理守則，以及透過接觸自我內在，為倫理
抉擇做出最佳的行動策略。

如果你有意識地遵守倫理守則，你就具備一些方法避免訴訟的產生。遵
守或違反倫理守則的行為，都可能成為法律訴訟過程中有力的證據。在法律

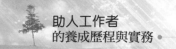

訴訟中，你的行為可能會被拿來和其他與你有相似專業資格及職務的專業工作人員比較。

美國社會工作人員協會的《倫理守則》（National Association of Social Workers, 2008）說明，倫理守則並不能為倫理行為做保證，或是處理所有的倫理議題或爭議，也不能夠掌握為道德社會做負責任的抉擇之複雜性。相反地，守則確認了助人工作者應依循的倫理原則及標準，他們的行為也據此受到評判。在此，守則更說明了倫理抉擇是一個過程的概念。

在實務工作中，倫理守則的應用往往是困難的。身為助人工作者，你可能會遇到的倫理議題，不僅僅需要對於你所屬專業領域的倫理守則有所了解，也必須知道這些守則如何在你所面臨的真實生活中被應用及解釋。

三、不同專業機構之倫理守則

我們建議你花些時間閱讀一個或更多機構的倫理守則。檢視這些守則的優點及限制。當你在思考這些倫理守則時，找出你認為最有幫助的規範。同時，找出任何你可能不認同，以及你可能有你個人標準的規範。當你在實務工作內容中與某一個守則產生衝突時，留意你的行動策略必定是有原因的，但同時也要了解違反你的專業中的倫理守則是會有些後果的。

你可以透過以下各個專業機構的網站，下載該機構的倫理守則：

- 美國諮商學會（American Counseling Association, ACA）
  Code of Ethics（ACA, 2005）
  網址：www.counseling.org
- 美國心理學會（American Psychological Association, APA）
  "Ethical Principles of Psychologists and Code of Conduct"（APA, 2002）
  網址：www.apa.org
- 美國社會工作人員協會（National Association of Social Workers, NASW）
  Code of Ethics（NASW, 2008）

網址：www.socialworkers.org

- 美國婚姻與家族治療協會（American Association for Marriage and Family Therapy, AAMFT）

  AAMFT Code of Ethics（AAMFT, 2001a）

  網址：www.aamft.org

- 全國人群服務組織（National Organization for Human Services, NOHS）

  "Ethical Standards of Human Service Professionals"（NOHS, 2000）

  網址：www.nationalhumanservices.org

- 復健諮商師認證委員會（Commission on Rehabilitation Counselor Certification, CRCC）

  "Code of Professional Ethics for Rehabilitation Counselors"（CRCC, 2010）

  網址：www.crccertification.com

- 成癮專業學會（National Association of Alcohol and Drug Abuse Counselors, NAADAC）

  "NAADAC Code of Ethics"（NAADAC, 2004）

  網址：www.naadac.org

四、辨識自我違反倫理之行為

看到他人的缺點及批判他們的行為，總是比發展出誠實地自我檢視的態度來得容易。其實，控制自我的行為，遠比控制你身邊同儕的行為要來得容易，因此適當的做法是將焦點放在審視自己的所作所為。試想以下兩個情境，並盡可能地試著想像自己在這兩個情境中：

- 你告訴個案只要他們有任何困擾，他們都可以打電話給你，你也給他們你住家的電話。有一位個案時常打電話給你，且往往都是在深夜的時候。他告訴你，他非常感謝你讓他可以打電話給你。當你被需要的

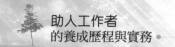
時候，你感覺被討好嗎？你是否覺察自己因為被需要的需求，而養成了個案的依賴性？

- 一位你私人執業的個案，正對於自己是否要繼續會談感到猶豫。她在思考目前是否是結案的時機。但對你而言，目前在經濟上非常緊縮，最近也有其他幾位個案都結案了。你會傾向支持她的決定，或者你會傾向鼓勵她繼續會談，部分原因是因為你目前的經濟狀況？

五、同事違反倫理之行為

你可能偶爾會遇到同事出現違反倫理或非專業的行為。在倫理行為專業守則一般的建議是，在這樣的情況下最審慎的做法，就是以期望能夠改善因為違反倫理或專業的行為所造成的情況之態度，直接與該名同事對話，表達你的疑慮。如果上述做法無法成功與該名同事溝通，你就有義務依照你所屬的專業機構規範的程序有所作為，如舉發該同事。

Koocher 與 Keith-Spiegel（2008）之研究探討出成立非正式的同儕團體，是一種助人工作者可以彼此相互監督的方式。當團體成員間被指出疑似違反倫理的行為時，非正式同儕團體可以介入給予指正。採取的方式，可以是直接面質該名助人工作者，或是提供建議給個案，告知當他們對於專業助人者的行為有所疑慮時，他們可以如何處理。

想像你自己身處下列的情境，並思考在每一個案例中，你會如何面對？

- 一個同事時常在不適當的場所討論他的個案，所有人都可以聽到他所說的內容。他聲稱拿個案來開玩笑是他紓解壓力的方法，讓他不至於太嚴肅地看待生活。
- 有一些女性個案告訴你，她們受到你服務機構的某位助人工作者的性騷擾。在她們與你的會談中，她們正在處理被這位助人工作者占便宜的憤怒。對你而言，目前的情況中，有哪些是法律及倫理上的分歧？
- 一位同事多次主動與她的個案有諮商外的互動，她認為這樣的互動執

業方式並無不妥，因為她將個案視為是合法的成年人。她更聲稱，與個案的社交互動，能夠對於目前個案的議題有所領悟，對治療會有幫助。

- 你看到一位同事正在為明顯超出他能力及訓練範圍的個案提供服務。這位同事不願意再接受額外的訓練，也沒有接受適當的督導。他強調處理個案帶來的不熟悉的問題，是最好也是最簡單的從做中學的方法。

在倫理守則中，有概略地說明如何回應同事違反倫理的行為。舉例而言，NOHS（2000）提出以下規範：

> 助人專業工作者應適當地反應同事違反倫理的行為。此代表助人工作者應直接與該同事對話，如果如此做法仍無法找出解決之道，應向該同事之督導或行政主管，及／或該同事所屬之專業機構通報。（statement 24）

的確，處理同事違反倫理的行為需要一定程度的勇氣。如果這些人處於權力位階，你很明顯是處於弱勢。即使違反倫理行為的是你的同儕，這樣的面質仍舊是困難的，需要真誠且有意願地去溝通這個困難的議題。

六、倫理抉擇模式

美國諮商學會（ACA, 2005）的《倫理守則》中闡明，當諮商師面臨倫理的困境時，他們應謹慎地考慮此倫理抉擇的過程。不同的倫理抉擇模式，可以引導你處理所遭遇的倫理困境，而至少了解一種倫理抉擇模式，可以讓你在實務工作中得以應用之。以有系統的方式來檢視倫理困境，會增加你做出完善的倫理抉擇的可能性。在決定什麼是最好的行動方針時，我們不該過度強調尋求諮詢的重要性，但是當遇到倫理困境時，諮詢一位以上的同事或督導會是一個好方法，幫助你從問題的不同面向來思考解決之道。負責且符

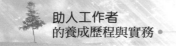
合倫理的實務工作，需要你完成以下事項：

- 採取行動時，應根據具實證的、完善且負責的判斷。
- 向同事諮詢或尋求督導。
- 了解當前最新的助人專業知識及技巧。
- 持續地自我檢視。
- 保持開放的態度。

　　盡可能地在適當的時機，將你的個案納入倫理抉擇的過程。和個案一同做倫理抉擇，並非單純為他們做決定。尊重個案的自主性，意味著助人工作者不僅不會為個案做決定，也不以此滋養他們依賴的態度及行為。Cottone（2001）描述倫理抉擇的**社會建構模式**（social constructivism model）是一種在助人關係中，與個案自然而然的合作。此模式重新定義了倫理抉擇是一個互動的過程，而非個人或心理層次之外的過程，並且將抉擇過程融入與個案互動的社會脈絡之中。此一取向融入協調、取得雙方共識，必要時，也會納入仲裁的方式。

　　Garcia、Cartwright、Winston 與 Borzuchowska（2003）提及倫理抉擇的**多元文化整合模式**（transcultural integrative model），提出在處理倫理困境時，應納入文化因素。此模式以步驟的方式，說明助人工作者如何在不同的情境、與不同的個案族群處理倫理困境議題。Frame 與 Williams（2005）也站在多元文化觀點，以普世性哲學為根基，發展出一套倫理抉擇模式。此模式指出文化的差異，但也強調文化中共有的利他主義、責任、正義以及關懷的概念。

　　在此所談到的倫理抉擇，包括盡可能地視個案為合作夥伴，將其納入決策過程中；同時說明處理倫理困境的步驟，不應被視為是解決倫理困境的單一及簡化的方法。在過去的經驗中，這些步驟是用來激發自我檢視，以及鼓勵同儕間對於倫理議題的討論。依循這些步驟，可幫助你深思倫理問題。

　　1. **指出倫理問題或困境**：盡可能蒐集所有相關的資訊，來釐清你所面臨

的問題情境。你可以透過以下幾個問題來幫助自己釐清：「這是一個倫理的、法律的、專業的或是臨床的問題？這個問題是否牽涉不僅上述的單一層面，而可能是複合式的問題？」如果此倫理問題涉及法律層面，應尋求法律諮詢。切記，許多倫理困境都是複雜的，這代表檢視倫理問題的最好方式，即是從不同的觀點及避免尋找單一面向的解決之道。倫理困境往往沒有「對」或「錯」的答案，因此你將會經驗到未知的挑戰。尋求諮商會對釐清問題是否為倫理議題或能否指出問題的本質有所幫助。在此問題釐清階段，即應將個案納入倫理抉擇過程，在後續問題解決的整個過程，以及在你進行決策及行動記錄檔案時亦同。

2. **指出可能涉及的潛在問題**：蒐集完成相關資訊後，將重要的議題列表，刪除不相關的資訊。評估會因倫理情境而在權益、責任及福祉方面受到影響的人員。好的理由可以支持議題的不同面向，不同的倫理規範可以指出不同的行動方針。將文化脈絡納入此倫理情境中，包含任何與個案處境相關的文化面向。試問自己以下的問題：什麼是提升個案的獨立性及自決能力最好的做法？採取什麼樣的行動對個案的傷害最小？什麼樣的抉擇最能夠保障個案的福祉？我要如何才能營造一種信任且具治療性的氛圍，幫助個案找到他們自己的解決方法？

3. **採用相關的倫理守則**：一旦你對於倫理問題的本質有較清楚的概念，查詢倫理守則中是否對目前的議題有所闡述。如果倫理守則中已經有明確且清楚的規範，那麼依循倫理守則應可解決此倫理問題。但若倫理問題是較為複雜且沒有明確的解決方法，則需要採取以下的方法來處理。確認你所屬的專業機構的倫理標準是否可以提供問題可能的解決之道。思考你個人的價值觀及道德觀與相關的倫理守則的內容是一致的或有所牴觸？如果你不同意某個規章所規範的內容，你是否有充分的理由來支持你的立場？你所屬的州立或國家的專業協會可能可以提供你處理倫理問題的指引。這些協會通常會為會員提供法律諮詢。

4. **了解適用的法律及規章**：持續了解與倫理相關的最新州立及聯邦法律，對助人工作者而言是必要的。特別是對保密原則的維持與打破、通報老人或兒童虐待、處理自傷或傷人議題、監護權、檔案存放、評估及診斷等議題相關的法律。此外，確認你了解你所服務的機構或組織現有的規定及規範。

5. **尋求諮詢**：一般而言，此刻諮詢一位或多位同事，可以得到看待倫理問題不同的觀點。一個粗劣的倫理抉擇往往是因為缺乏客觀看待事件的能力。偏見、迷思、個人的需要及情感的投入，都會扭曲了看待倫理困境的觀點（Koocher & Keith-Spiegel, 2008）。要提升自己客觀的能力，應考慮諮詢一位以上專業人員，同時不要侷限在諮詢那些與你相同取向的專業人員。如果這當中有法律的問題，則應尋求法律諮詢。當你說出自己對於目前問題的情況的評估及問題解決的想法後，請求專業人員對於你的分析給予回饋。同時，在接受諮詢之前，你也可以思考以下問題：

- 什麼樣的問題是你想要向諮詢者諮詢的？
- 你如何利用諮詢的機會，檢視你傾向採取的措施的正當性？
- 你是否已經思考過在你的案例中，所有可能牽涉的倫理、臨床及法律議題？
- 是否有任何你害怕提問的問題？

透過諮詢，可以幫助你思考可能忽略的資訊或細節。因此將諮詢內容記錄下來，包括諮詢者所給予的建議，是十分重要的。

6. **思考可能且可行的行動方案**：集思廣益，盡可能想出許多的行動方案。你可以請求同事一同發想可能的行動方案。透過列出許多不同的行動方案，你可以從中找出對你來說最有幫助的。為每一個可能牽涉其中的對象，評估每一個選擇可能對他們產生的後果。排除那些無法確知可以帶來你所期望的結果，或可能帶來問題的選擇。當你思考出

許多問題的可能解決之道時，你可以考慮在適當的時機，將這些選擇與個案及其他專業人員進行討論。但須留意的是，個案在倫理議題的討論過程中，不會變成「助人工作者」。爾後確認哪些決定留下的選擇或合併的決策，對目前的情況而言是最佳的抉擇。一個判斷你的行動方案的做法是，試想你對於某案例的行動過程將被報紙、廣播或電視新聞所報導，你對自己作為的認同程度為何。如果你給自己的答案是否定的，則必須重新思考你的行動方案。

7. **探討不同的決策可能帶來的後果**：深入了解每一個行動方案可能會涉及個案、與個案相關的人，以及身為諮商師的你的層面有哪些。同樣地，最重要的是選擇適當的時機與個案討論倫理抉擇可能帶來的後果。再次思考主要的決定可能帶來的後果，確認是否有新的倫理問題可能因此產生。如果有，重新思考此倫理議題，並且再次評估過程中的每一個步驟是否有需要修正的地方。

8. **確立行動方案**：在試圖做出最佳抉擇時，審慎思考不同管道所得來的資訊。當倫理困境越清晰，行動方案也就越明確；而當倫理困境越難捉摸，要做出決策也就相對地較為困難。在執行行動方案時，你必須了解同樣的情況下，不同的專業助人者可能會選擇採用不同的行動方案，但你只能依據你手邊的最佳資訊來執行你的決策。當你完成了倫理抉擇的執行，聰明的做法是追蹤該案件後續的情況，以評估你的介入是否有效，以及引發了什麼樣的效應。確認此次介入的成效，以了解後續是否還需要採取進一步的行動。如果你希望能從此次的經驗中學習，則必須反思你對於倫理事件情況的評估及你所採取的行動是否適當。此時，回頭檢閱你過去曾寫下的紀錄，對於倫理抉擇過程之評估會有相當的助益。同時，適時地邀請個案參與評估過程，可以幫助你了解倫理抉擇行動過程中最準確的全貌。

但即使你已遵循了如上述有系統的倫理抉擇模式，你可能還是會感到有些焦慮，不確定自己是否為手上的案子做了最好的決定。許多倫理的議題都

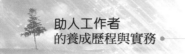

是具爭議性的，有些可能同時牽涉到倫理及法律層面，此時最好的做法，就是與同事、督導及班上同學討論你的疑慮及困擾。同時，你也必須時常留意與你的實務工作相關的最新法律、關注你的專業領域中新的發展，以及反思可能會影響到你的實務工作的價值觀。發展專業及倫理責任感是助人工作者永無休止的任務。

|第四節| 知後同意

對大部分的個案來說，尋求正式或專業的協助都是一個新的經驗。他們往往不清楚個案的角色為何，以及他們可以期待助人工作者提供什麼樣的服務。大部分專業機構的倫理守則，要求助人工作者應提供個案正確完整、與服務相關的資訊，讓他們在獲得足夠的資訊下決定後續是否接受協助。

保障個案權利最好的方式，應是發展一套協助他們在獲得足夠的服務資訊後做決定的流程。**知後同意**（informed consent）包括個案有權利被告知其與助人工作者的關係，同時可以自主地做決定。知後同意是一個共同決定的過程，過程中個案可以自行決定是否要繼續這一段治療關係（Barnett, Wise, Johnson-Greene, & Bucky, 2007）。給予個案機會提問及思考他們對治療過程的期待，也是十分重要。

你會如何在治療關係之初，即教育你的個案了解他們的權利及責任？要求個案在初次會談即簽署知後同意書，並非卸除助人工作者在告知個案服務資訊上的職責。知後同意應被視為是一個持續的過程，而非一次性的告知。雖然在治療關係之初，提供服務的說明與個案權利的告知是必要的，但助人工作者必須了解個案可能無法記下你所告知的所有資訊。積極性的知後同意應是一個在諮商關係中持續的過程（Wheeler & Bertram, 2008）。

有些心理衛生工作者會以書面的方式進行知後同意流程。你必須決定什麼樣的方式對你和個案是最有利的。建議你可以撰寫一份容易理解的知後同意書，在初次會談時提供給個案，請他在下一次會談前詳讀。透過這樣的方

式，個案可以在對服務有基本的概念下提出問題，並可省下會談中寶貴的時間。而請個案簽署這份文件也是十分重要的，代表個案充分了解服務的規定及流程。

取得個案的知後同意，需要在告知過少或一次告知過多資訊的情況下，謹慎地取得平衡。勿輕易假設個案能夠清楚了解你在初次會談所提供的資訊。心理治療的知後同意是一個在臨床、法律及倫理方面極具影響力的工具（Wheeler & Bertram, 2008）。當個案越了解服務的流程，包括個案與助人工作者的角色，他們越能從專業的關係當中獲益。當助人工作者在與個案討論知後同意的事項時，必須使用清楚易懂的語言來說明。再者，助人工作者須將涉及文化相關的知後同意流程納入考慮，並在與個案溝通時保持文化敏感度（Corey & Herlihy, 2006a）。教育個案治療歷程需要持續不斷的努力。

雖然大部分的專業助人者同意，在倫理上的責任是要提供給個案與服務流程相關的資訊，但對於應揭露什麼和以何種方式揭露並無太多共識。針對治療師在知後同意的實務經驗的研究中發現，在給予個案的知後同意資訊中，所涉及的範圍及深度都有相當多的差異（Barnett, Wise, et al., 2007）。

當你在決定什麼是你最想要告知個案的資訊時，試想以下的問題：

- 助人關係的目標為何？
- 你有能力提供什麼樣的服務，以及你願意提供什麼樣的服務？
- 你對個案有什麼樣的期望？你的個案又可以對你期望些什麼？
- 你可能使用的助人策略存在哪些風險，又具有哪些優點？
- 你會如何向個案介紹你自己？
- 身為助人服務提供者，須具備哪些條件？
- 服務機構有哪些經濟上的考量？
- 你預估你與個案的專業關係會持續多久的時間？你又會如何與個案進行結案？
- 在助人關係中的保密原則有哪些限制？哪些時候法律會要求助人工作

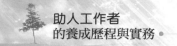

者有義務要提供服務的內容資訊？

• 在哪些情況下，你可能會與督導或同事討論你與個案的工作內容？

• 是否有其他的工作取向是你會建議個案參考的？

如果你在行為醫療管理方案服務，你需要向個案解釋服務次數的限制、保密原則的限制，以及短期處遇的服務範圍較為有限的部分。

◆ 案例：提供足夠的資訊

在初次會談的過程中，Simone 詢問她的諮商師 Allen，治療的歷程大概要花多久的時間。Allen 表示治療的歷程至少需要 2 年，並且每週需進行一次。Simone 對於諮商的歷程需要這麼長的時間感到沮喪。Allen 告訴她，這是他工作的方式，並且向她解釋，以他之前工作的經驗，有意義的改變是一個漫長的過程，它需要投注很多的心力來進行。他同時也告訴Simone，如果她無法承諾投注 2 年的時間每週來進行諮商，他願意將她轉介給其他諮商師。

你的立場：試想如果 Simone 找你擔任她的諮商師，你會怎麼做？Allen 是否完成了知後同意應提供給個案的資訊？請思考以下的問題：

• Allen 是否在倫理及專業上有義務解釋何以 Simone 的諮商歷程需要 2 年的時間？

• Allen 是否有意願思考在他的諮商取向中有無其他的可能性，例如提供短期諮商的可能性，以及是否對個案有利？

• 就 Allen 所提出來 Simone 需進行 2 年治療時間的評估，如果他與 Simone 改成進行短期諮商，是否符合倫理？

• 接受醫療管理體系服務的個案，或是在保險提供者只願意給付非常有限次數的情況下接案，對這位助人工作者而言是否符合倫理？

討論：當個案終於來電預約了會談的時間，他們對於為目前生活的問題尋求協助，往往是焦慮的。因此，若在初次會談談及過多治療歷程的細節，可能會讓個案打消後續接受治療的念頭。但若忽略提供給個案決定是否接受

治療所需的重要資訊，亦為一項失誤。因此，要提供什麼樣的資訊，以及提供**多少資訊**，部分應由個案來決定。這對助人工作者是一個很好的練習機會，採取教育的方式，鼓勵個案提出關於治療成效的評估以及治療的問題，並在此治療的過程中，給予個案有建設性的回饋。透過你給予個案的適當資訊，你正提升了個案成為治療過程中主動參與者的可能性，同時他們也有比較高的機會願意承擔在治療關係中應負的責任。

|第五節| 保密與隱私

助人關係是建立在信任的基礎之上。如果個案不信任諮商師，他們便無法進入重要的自我揭露及自我探索的階段。信任，廣義來說，可以用個案確知他在會談中的談話，諮商師會給予傾聽以及保密的程度來加以評估。心理專業助人者具有倫理及法律的雙重責任，必須保障個案在接受服務的過程中，其個人資訊不會在未經同意的情況下被揭露。助人工作者除了在法律的要求及個案的同意之下，不應揭露個案的資訊。

為了讓個案在探索他們生活中的各個層面時，不必害怕個人資料會流出治療室外，個案需要合理的保證，助人工作者會謹守他們的保密原則。只有在個案相信他的會談內容是保密的情況下，有效的治療才有可能發生。諮商師具有倫理上的義務，必須以個案能夠理解的語言，以及尊重個案文化背景的方式，明確地協助個案了解保密原則的定義（Barnett & Johnson, 2010）。

保密原則是助人工作者最基本的倫理義務之一，但對許多助人工作者而言，同時也是最困難的議題之一。助人工作者不斷地面臨到複雜的法律規定、新的科技技術、醫療照護服務輸送系統，以及強調消費者權益的文化之下，所帶來的倫理議題（Herlihy & Corey, 2006c）。

雖然你的個案有權利要求與你的治療關係應是保密的，但保障個案的資訊的義務並非絕對的。你必須具備法律知識及倫理概念，以便因應當你**必須**打破保密原則時。

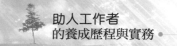
　　保密原則及它的限制是諮商師最為關切的。保密原則必須在給予個案的知後同意書中完整說明。Herlihy 與 Corey（2006c）建議助人工作者與個案討論以下的保密事項：

- 不在未取得個案同意或欠缺完善的法律及倫理的正當理由之下，洩露保密資訊。
- 有些個案可能會想與家中成員或社團成員分享保密的資訊。
- 有時在盡可能提供最好的服務給個案的前提下，與他人分享個案的資訊是可以允許的。
- 在個案要求或同意的情況下，諮商師可以與其他專業人員討論個案的保密資訊。
- 保密原則並非是絕對不可改變的，還有許多助人工作者的義務會超越助人工作者對個案的保證。舉例而言，當知道有人處於危險時，助人工作者被要求必須打破保密原則。
- 當個案是未成年人或進行伴侶、家庭或團體諮商時，保密原則無法得到絕對的保證。
- 當法院要求調閱個案紀錄時，助人工作者必須放棄保密原則。
- 在專業關係建立之初，助人工作者必須向個案闡明哪些資訊、在何種情況下、會以何種方式，以及與什麼樣的對象會被提出討論。

　　州法中有明確載明某些情況下，法律凌駕於保密原則之上。當個案處於明確且急迫可能傷及別人或他自己的危險時，助人工作者則必須透露個案的資訊。你必須熟悉你所處的州的法律，因為不同的法律規範可能有打破保密原則之外的做法。並非每一州的法律都是相同的，但所有的州法皆規範助人工作者有義務通報亂倫及兒童虐待的案件；而大部分的州法皆有規範助人工作者有義務通報老人虐待及無行動自主之成人虐待。助人工作者必須了解如何評估虐待及疏忽的指標。所有的州法皆要求當兒童身上出現不明的傷口時，則必須進行兒童虐待及疏忽的通報。此外，當個案有可能傷害自己或他

人時，助人工作者必須採取相關的行動。如果個案有自殺傾向，助人工作者有責任採取保護個案的措施。

人群服務專業者若無法適當處理保密議題，很容易受到法律的責難，因此你必須熟悉你所屬州或管轄區域之法律，並且遵守之，同時留意你所屬專業之倫理規範。當處理複雜的倫理議題時，建議尋求專業機構的協助。

為訓練你對於保密議題的思考更敏銳，想想你會如何處理以下的案例：

- **兒童虐待**：兩名女孩被她們的阿姨帶到社區的機構，這名阿姨幾個月前才獲得她們的監護權。一名女孩 11 歲，口語表達正常，但另一名 13 歲的女孩則不然。當她們開始願意表達，而你詢問她們關於過去發生的事，她們告訴你她們的阿姨及舅舅曾意圖侵犯她們其中一人的身體，另一名阿姨則是對她們嚴重施暴。11 歲的女孩表示她的姐姐曾在一次被阿姨施暴後企圖自殺。如果她們是你服務的對象，你會採取什麼樣的行動，以及你的理由為何？你是否有你所服務地區的兒童保護專線？

- **逃家計畫**：一位實習生在一所小學與兒童工作。她告訴兒童團體的成員：「所有你們在這裡說的話，都必須留在團體之中。」之後，有一位男孩在團體中透露了他詳盡的逃家計畫。而這位諮商師事前並未與團體成員們談到保密原則的例外事項，她不知道該如何處理目前的這個情況。如果她向相關人員通報了男孩計畫逃家，他可能會感到被背叛。但如果她不進行通報，她可能會面臨到因未知會家長，遭到家長以服務疏失的理由提告。如果她來尋求你的諮詢，你會建議她如何處理目前的情況？

- **實習生破壞保密原則**：你是一個地區機構的實習諮商師。你參與機構舉辦的一個實習生訓練團體，每週一次進行案例討論。一天，你與某些學生一起在餐廳用餐時，他們開始討論他們的案例，不僅提及個案的姓名，還透露許多個案詳細的資訊，且音量大到足以讓全餐廳的人

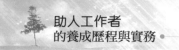

都聽得見他們談論的內容。在這種情況下，你會如何處理？

與人談論你的個案及他們的故事，對助人工作者來說似乎具有某一種吸引力，特別是當你周圍的人都對你的工作內容感到好奇時。這也許讓你有一種優越感，能夠有這麼多有趣的奇聞軼事可以和他人分享。當你感覺對個案工作無力招架，你需要放鬆自己時，你可能會無意地透露許多你不應該透露的訊息。身為一位助人工作者，你應該學習如何談論你的個案以及如何在不打破保密原則情況下進行報告。個案應該知道保密原則並非絕對保證不公開，但助人工作者應保證除了法律要求提供的相關資訊以及專業必要性之外，你會避免與他人討論個案或與個案工作的內容。

一、伴侶及家族治療的保密原則

從法律的角度而言，一般來說，保密原則應用於伴侶諮商、家族治療、團體諮商、未成年人諮商時，是有所限制的。然而，從倫理的角度而言，保密原則是極為重要且必須被探討的，因此所有的機構都非常留意在上述的諮商領域中，保密原則的規範為何。Kleist 與 Bitter（2009）表示，當實務工作者與伴侶及家庭工作時，保密原則可能是十分複雜的，它涉及決定誰是個案、知後同意原則的進行，以及在合理的情況下，以個別的方式處理保密議題。有些助人工作者認為不論他們從哪一位家庭成員口中得知的訊息，都不應向其他家庭成員透露。相反地，有些助人工作者的原則則是不為任何一位家庭成員保守秘密。他們的假設是秘密不會幫助家庭成員們彼此坦誠。這些助人工作者鼓勵家庭中的秘密是應該被公開的。如果你決定採取這樣的方式，你必須清楚明白你將如何回應家庭成員私下透露的訊息，以及必須讓你的個案在決定開始接受治療之初即了解你的原則。

◆ 案例：在伴侶諮商時透露資訊

Owen 來尋求個別諮商，而不久後，他的太太 Flora 一同進入會談，兩人接受了幾次的婚姻諮商。Owen 向治療師透露，他在幾個月前與一名男同志

交往。他不想讓太太知道，因為他害怕太太會和他離婚。在之後的一次婚姻會談中，Flora 抱怨她覺得自己被忽略，她不確定她的先生是否真心承諾要為他們的婚姻努力。她表示只要能確認她的先生願意繼續這段婚姻，並且願意為他們目前婚姻中的困境付出努力，她仍然願意繼續接受婚姻諮商。治療師知悉她先生與男同志的關係，但選擇隻字不提，而留給先生來決定是否要在婚姻會談中向太太告知。

你的立場：你認為這名治療師在此情況下，是否做出符合倫理的決定？如果你也面臨到同樣的情況，你是否會採取不同的做法？假使 Owen 告知你他感染了愛滋病，他非常地擔心，此時你又會採取什麼樣的行動？你是否會擔心他對太太 Flora 隱瞞此事？關於告知及保護無辜第三者的職責之議題，是否具爭議性（本章後續會討論此主題）？

二、團體諮商的保密原則

當你帶領一個團體時，你必須考慮某些特定的倫理及專業層面的保密原則。如同個別諮商，在團體治療的環境中，你必須讓團體成員知道保密原則的限制。因為有這麼多的人都知道在團體中所分享的訊息，你必須清楚說明你無法保證每一位成員都遵守保密原則。即使你不斷地向成員們強調保密原則的重要性，還是會有一些成員不適當地與他人討論團體中分享的訊息。團體領導者必須鼓勵成員們提出對保密原則被打破的恐懼。當成員們了解自己有責任將心中的疑慮提出時，保密原則的議題則可以開放地被討論。

假設你正協同領導的團體中，有成員提出他們不願意繼續參與團體，因為他們顧慮團體需要嚴謹的保密協定，你會如何回應他們的擔憂？

三、學校諮商的保密原則

在學校諮商的環境下，保密原則及隱私權的保護是助人工作者主要的考量。兒童及青少年有權利在第一次與學校諮商師接觸時，知道什麼樣的資訊是會保密，而哪些則否。在未成年諮商未有權力提供知後同意的情況下，家

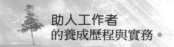

長或監護人有義務代為簽署同意書，同時必須納入諮商的服務流程中。

家長或監護人有權利了解諮商的內容，學校相關的人員亦同，但必須以對兒童及青少年隱私的侵犯最小化，以及尊重學生的方式來處理。學校諮商師也必須清楚告知學生保密原則的限制，以及在什麼樣的情況下、以什麼樣的方式，保密的資訊會被公開。

當未成年個案呈現自傷或傷害他人的危險時，學校諮商師必須打破保密原則。從倫理及法律的觀點來看，任何自殺或傷害他人的威脅都必須非常嚴正地處理。即便自殺的風險極小，但因為有這樣的可能性，助人工作者就有職責必須聯繫家長，告知他們個案可能的自殺行為。法院發現，打電話通知家長的職責，對一個有自殺傾向的學生來說，受到傷害的機率是較小的。簡而言之，學校相關人員也必須被告知盡可能地採取行動保護可能自殺的學生。潛在的暴力行為亦同。

繼續教育對助人工作者是非常重要的，如同當你意識到學生具有自殺或傷人的危機時，你願意去尋求適當諮詢的態度亦是十分重要。你可能因為一個疏忽的判斷，未遵守你所屬的教育背景及資歷的專業人員規範，而受到法律合理的羈押。只要你的行為是合理及合乎倫理的，你就不必過度擔心會因學生自殺或傷人事件受到法律的制裁（Remley & Sparkman, 1993）。

◆ 案例：告知家長並尊重保密原則

Conrad，一名 15 歲的高中三年級學生，被學校輔導老師評估有憂鬱傾向，因而被轉介給 一名心理師 Andy。Conrad 目前與父母及兩名弟妹同住。他在初次會談中提到，自己在過去 2 年之中，都飽受學業及人際關係不佳之苦，並且大部分的時間都感覺憂鬱。他的成績很差，在人際上也越來越退縮。他的因應之道就是在房間裡寫作及玩音樂，有時在週末和朋友一起吸食大麻。他計畫在家裡待到畢業，之後他就要去社區大學就讀。Andy 與他進行了 4 個小時的會談，他很能接受談話治療的方式。在最近的一次會談後，Andy 接到了 Conrad 媽媽的電話留言，表示希望能夠了解 Conrad 目前治療的

進展，以及一些關於 Conrad 的資訊，她認為應該要讓她知道。

Andy 告知 Conrad 他的媽媽來電，並表示媽媽想要知道他的會談進展。Conrad 不確定他是否想要讓媽媽與 Andy 談話，因為他不知道媽媽可能會告訴 Andy 哪些關於他的事情。Andy 與 Conrad 討論邀請他的父母一同談話的可能性。這樣的方式可能會給予 Conrad 在治療關係中的主動性，以及為他的治療做決定，同時也保護了 Andy 與 Conrad 之間的信任關係。

你的立場：在此案例中，有哪些法律及倫理的議題必須受到檢視？你如何處理個案的需要，以及父母被告知的需要？你是否有任何對 Conrad 及其父母都有利的介入方案？

四、科技世界中的保密原則及隱私權議題

若不適當地使用不同形式的科技產品，有可能會破壞個案的隱私。使用電話、答錄機、語音信箱、傳呼機、傳真、手機以及電子郵件，可能會引發許多潛在的問題，使得個案隱私無法受到保障。心理衛生實務工作者與任何人在電話中談論到個案的保密資訊時，都需要相當留意個案資料可能外洩的情況。

使用傳真機來傳送保密文件，是另一種可能潛在侵犯個案隱私的方式。助人工作者有責任確認傳送出去的資料已安全地被接收，以保障個案的保密資訊。在傳送保密文件前，最好的方式是以電話確認文件適當的接收人員，能夠在安全及謹慎的情況下收到資料（Cottone & Tarvydas, 2007）。

以電子郵件聯繫，同樣伴隨著侵犯隱私的問題。因為電子郵件很容易被非原收件者接收，個案的隱私權無法受到保障。電子郵件並無法完全保障個案的保密資料，因此個案必須提供他們希望聯繫的方式，以保障其隱私權。

雖然個案的隱私權及保密原則長久以來都是一個核心議題，但以電子方式傳送資訊使得這個議題顯得更為複雜。1996 年由美國國會通過的**健康照護體系資訊傳遞和權責法案**（Health Insurance Portability and Accountability Act, HIPAA），提倡醫療產業的標準化及效率。HIPAA **隱私條例**（HIPAA privacy

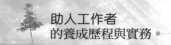

rule）中，給予個案更多的權利掌控自己的醫療資訊。個案必須被告知他們的權益，以及必須簽署同意書，醫療單位方可提供或接收其他醫療單位所需的個案資訊（Robles, 2009）。HIPAA隱私條例中規範，不論是以紙本或電子方式傳送保密的醫療文件時，都必須在使用或揭露前取得個案的授權。此規範是源自於對醫療資訊透過電子方式傳送可能會破壞個案的隱私，造成大範圍的缺失的疑慮而設立的（Wheeler & Bertram, 2008）。新的隱私條例已限制實務工作者使用個案的醫療資訊以及其他可以辨識的個人資訊，以保障個案的隱私。此條例中也要求醫療單位必須設立保護個案資訊的制度及流程之計畫。

對於隱私權議題的討論，似乎被視為是常識。但當我們已經過度習慣仰賴科技，隱私權受到侵犯的可能性往往會因缺乏縝密思考而被忽略。因此我們必須強調謹慎的重要性，以及助人工作者必須留意可能不小心使用科技傳遞訊息而侵犯了個案的隱私。在知後同意的流程中，建議你與個案討論在使用廣泛的科技產品時可能會引發的潛在隱私權問題，以及採取防範措施，如此你與個案都能夠了解此議題的重要性，以及對此達成共識。試想以下在機構中與隱私權有關的議題。

◆ 案例：隱私權議題及電話聯繫

你的機構設立了一個客服中心，專門接聽個案的電話以及進行會談的預約。客服中心的一個新制度是打電話提醒個案下一次預訂會談的時間。有一名女性個案表明她不希望她的先生知道她正在接受諮商。然而一名客服中心的接待人員打電話到她的住處提醒她下次會談的時間時，她的先生聽到了電話中提醒她會談的留言。

你的立場：在這個案例中，你有覺察到任何與隱私或保密原則有關的倫理議題嗎？在這樣的情況下，你會如何在機構的制度以及個案的隱私權中取得平衡？如果你接到個案來電抱怨上述所發生的事件，你會如何回應？

五、小型社區的隱私議題

我（Marianne）在一個小型社區執業，提供婚姻及家族諮商已經相當多年。在這樣的環境下，需要具備保護個案隱私權的倫理考量。首先，選擇能夠確保個案進出隱私的工作室是很重要的。我考慮在市中心的專業大樓承租，但我很快地想到個案對於在前來尋求心理協助時被他人看到，可能會感到不安。在住宅區的工作室，離市中心較遠，個案即可免除這種顧慮。但我必須很小心地安排個案會談的時間，在會談時間中間預留充分的空檔，讓個案不會在工作室遇到熟識的人。如果你將工作室安排在住家，則必須檢視工作室環境應具備的專業性，如個案隱私權的維護，以及不應受到治療師家人的打擾。

我會和案主討論在小型社區中，保密原則可能受到的特有干擾因素。我告知他們，當我在商店或郵局巧遇他們時，我不會與他們討論專業問題；我尊重他們希望在工作室以外的地方與我互動的方式。我了解他們意識到我與許多社區的住戶工作，我再次向他們確認我不會向任何人透露個案的身分。另外一個保護個案隱私的做法，是關於在社區的銀行存支票。因為銀行行員都知道我的職業，對他們來說，很容易可以從支票上辨識出我的個案的身分。因此我同樣與個案討論他們希望的付費方式，如果他們在意我在當地的銀行存支票，我會將他們的支票存入其他地區的銀行。

六、保護的義務

在法律上亦列出保密原則的例外，當心理衛生專業人員在合理的基礎上，相信個案處於傷害自己或他人的危險之中時，保密原則是允許被打破的。助人工作者具有法律責任保護個案或他人免於傷害，因此當有必要提供這樣的保護時，他們必須要打破保密原則（Wheeler & Bertram, 2008）。

試想你自己在以下情境中：一位社區諮商中心的新進個案告知你，他在童年時曾遭到父親嚴厲的虐待，現在的他非常憤怒。他威脅要殺了他的父

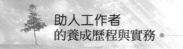

親，並且告訴你他已準備好了武器。你會如何處理？

你如何判斷某個個案是否具危險性？雖然一般來說，實務工作者對個案是否有傷人行為的誤判並不具法律責任，但對於個案危險性的不適當評估，可能會有法律責任，也可能傷及第三者，或不適當地打破個案的保密原則。助人工作者面對潛在的危險個案時，應採取事先規劃的步驟來保護大眾及減低自己的法律責任。助人工作者應留意個案是否有傷人的經驗、告知個案保密原則的限制、記錄下個案具威脅的言行以及其他個案的陳述、尋求諮詢，以及提供曾採取的保護步驟。

決定何時是打破保密原則以保護潛在受害者的合理時機，是十分困難的。當法律提出要求時，心理衛生專業人員有義務揭露個案的資料，因此心理衛生專業人員必須熟悉州法中有關專業人員保護職責的規範（Herlihy & Corey, 2006c）。建議助人工作者尋求督導、同事或是檢察官的諮詢，因為當你錯失警告及保護有權受到保護之第三者時，或是錯誤警告無需受到保護之第三者時，他們可能可以負擔部分法律責任。大部分的州法同意或要求治療師打破保密原則以保護潛在受害者。過去的部分法律案件中，心理衛生專業人員大量地意識到自己具有雙重職責，必須保護他人免於受到潛在危險個案之傷害，以及保護個案免於自傷。當助人工作者失職，未診斷或預估個案的危險性；未能保護潛在受害者；未處置危險個案，或過早同意危險個案出院的情況下，助人工作者對於保護大眾免於受到潛在危險個案之傷害，具有民事損害賠償之法律責任。

◆ HIV 議題

關於助人工作者警告及保護第三者的職責，相當具爭議性的倫理困境之一，是與 AIDS 患者、HIV 陽性患者，以及可能讓他人受到 HIV 傳染的個案工作。身為助人工作者，你必須在維護個案的保密權益，以及警告可能受到你的個案感染 HIV 的第三者之中，做出權衡。

關於此議題，助人工作者並沒有警告第三者之**法律責任**，必須經由法院

判決來解決此法律問題。即使如此，與 HIV 陽性患者工作的助人工作者，仍會在**倫理**上持續地面臨應該採取什麼措施的掙扎。要能夠辨識出哪一位個案可能有潛在的危險性，以及評估哪些是與個案發生過親密關係、目前處於危險中及可能受害的對象，是相當困難的。

揭露必須是在縝密思考之後的決定，除非助人工作者確知個案的診斷，或已經查明這名個案確實未知會可能已經受害的第三者，且未來也沒有計畫告知對方，否則不應採取任何行動。雖然 ACA 的規定中，若個案罹患傳染性或具生命危險的疾病，助人工作者有**權利**打破保密原則，揭露個案的病情，但並未說明助人工作者有**責任**對他人提出警告。因為這個規定，可能會讓助人工作者陷於服務疏失訴訟的危險。

這個情況呈現助人工作者在遵守法律及倫理決策中的兩難。幾位專門與 HIV 個案工作並服務多年的同事表示，他們從未在這種情況下打破保密原則，因為在打破保密原則和警告第三者的做法之外，仍有許多解決之道。

◆ 案例：告知及保護他人的職責

你的一位男性個案向你揭露他是 HIV 陽性患者，但是他並沒有告訴你任何關於他與一名或者多名性伴侶的性活動的訊息。之後的會談，他揭露了他不只有一名性伴侶，而他的一名性伴侶尚未注意到他的病情。他持續與這名伴侶在未做安全措施的情況下發生性行為，顯然他並未留意他必須告知他的性伴侶或改變他從事性活動的方式。

你的立場：在這個案例中，你會如何處理？ACA 的指導原則是否對你的行動方案有所助益？你會依照知後同意的原則，在一開始便向他人揭露相關的訊息嗎？如果你會採取這樣的做法，是為什麼？如果不會，你的理由又是什麼？你在倫理及法律上的職責又為何？你會如何處理倫理及法律潛在的衝突之處？你會如何做出決策？

◆ 自傷

除了警告及保護第三者的職責之外，助人工作者也有責任要保護可能傷

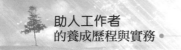

害自己的個案。許多助人工作者告知個案,當他們有正當的理由懷疑個案有自殺的可能時,他們有倫理和法律的責任打破保密原則。即使個案認為他們有權利決定如何對待自己的生命,但助人工作者在法律上有責任要保護他們。但困難之處在於如何判斷個案是否真正想要自殺。

對於自殺防治的論點,有人支持,也有人反對。有些心理衛生工作者認為,許多自殺的案例都可以避免,只要助人工作者能夠在危機的情境中有效地辨識、評估和介入。許多處於危機中的個案會感到短暫的絕望,但如果他們能夠得到協助,去面對當時的問題,他們自殺的意圖就會降低。一般而言,心理衛生工作者一旦確認個案處於嚴重的危機中,就必須採取適當的行動。助人工作者倘若未能適當地採取防治自殺的行動,則可能必須承擔法律責任。

Szasz(1986)則對自殺防治觀點持反對立場。他提出自殺是一個負起最終責任的道德行動者的行為。因此他反對以強制的方式防治自殺,如強制住院。他更提到透過自殺防治,助人工作者基本上只是讓自己與州政府的警政系統聯盟,因此能夠訴諸強制個案的方法,但個案因此被剝奪了為自己行動做決定的責任。Szasz 同意助人工作者具有倫理及法律的義務為這些有自殺傾向而前來尋求專業協助的個案提供服務,但倘若個案並未尋求專業協助,或甚至是拒絕接受協助,助人工作者應有責任說服他們接受治療或是不予理會。

雖然在專業協會的倫理守則中,對於個案是否有權決定自己何時及用何種方式結束自己的生命已達成共識,助人工作者仍須積極地預防個案自殺行為的發生。在 Wubbolding(2006)關於與自殺傾向的個案工作的文章中提到,助人工作者必須知道如何處理個案自殺的徵兆。助人工作者必須具備最高標準的倫理實務工作技巧。以下的問題可以幫助你評估自殺徵兆的殺傷力,以及決定是否有必要進行進一步的介入:

• 個案是否有明確的自殺計畫?

- 個案是否曾經企圖自殺？
- 個案是否有強烈、堅定的自殺意念？
- 個案是否已經準備好自殺的工具？
- 誰可能可以阻止個案自殺？
- 個案的家庭、住所或其他任何地方，是否有人能夠提供情感支持？
- 個案的家庭成員中，是否有人曾經自殺身亡？

當你確認個案處於自殺的危機時，身為助人工作者的倫理職責，即是在會談室外採取行動。介入方案可能是告知個案的父母、伴侶或生活中其他的重要他人。

◆ 案例：保護憂鬱個案

一名憂鬱的個案談到想結束自己的生命。他告訴你，他之所以跟你提及這個想法，是因為他信任你。他堅持要你不能讓其他人知道他有自殺的意念。他想要讓你知道他有多絕望，他希望你能夠了解他的感受，最終能夠接受他做出的任何決定。

你的立場：思考你在這個案例中倫理及法律上的義務。你會如何回應他？你又會如何進行此次會談？

◆ 案例：根據情報資訊採取行動

一名大學諮商師收到一封來自其個案 Sadie 的朋友的電子郵件。這位朋友不願透露身分。在他的來信中提到 Sadie 有自殺的念頭，並且已經有詳細的自殺計畫。諮商師收到此封信件後，立刻與 Sadie 電話聯絡，並且要求她盡快到諮商中心來見他。

你的立場：你認為諮商師有倫理義務對這樣的電子郵件訊息做出回應嗎？這名大學諮商師打電話要求 Sadie 來進行緊急會談，只因為她朋友的一封電子郵件，是否不恰當？諮商師是否有責任通知 Sadie 的家長？你認為諮商師要求 Sadie 來進行緊急會談是否已經足夠，或者還須採取其他的作為？

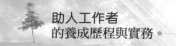
|第六節| 檔案管理與紀錄

從倫理及法律的觀點，助人工作者有責任撰寫精確的個案紀錄。若你未能記錄所有提供服務的過程，將會被視為未達倫理規範的標準。撰寫紀錄具有許多不同的目的。在臨床的觀點，個案紀錄提供助人工作者回顧治療歷程的歷史紀錄。紀錄的保存具有雙重的目的：(1)確保服務品質，盡可能提供個案最好的服務；(2)提供達到一定專業標準的服務的證明。從法律層面，州立及聯邦法律對於個案紀錄的撰寫及保存的要求，是助人工作者避免服務疏失提告非常重要的證據。Rivas-Vazquez 與同事（2001）認為個案服務紀錄的檔案保存，對於心理衛生助人工作者而言，具有前所未有的重要性。他們認為，紀錄的建檔有以下幾個主要目的：(1)建構有品質的服務；(2)降低個案資料被暴露的可能；(3)符合退款的流程。Griffin（2007）認為，紀錄可以簡單、直接及摘要的方式撰寫。紀錄的複雜度、長度及內容，則是依照每個會談的歷程而有所不同。

助人工作者撰寫兩種紀錄。*治療過程紀錄*（progress notes）或稱個案臨床服務紀錄，是依照法律的要求來記錄。這種紀錄基本上是描述*行為*，包括說了什麼或做了什麼。治療過程紀錄包含個案的基本資料、生命史、主述問題、知後同意過程的文件檔案；最近一次健康檢查報告的客觀資訊；初次會談提供的資料；必要時也會包含轉介的資料；個案的診斷、社會功能程度、預後、症狀、治療計畫、服務成效、目標達成的進程，以及其他可能的處遇方式；服務提供的型態；會談預約及確切進行的日期及時間、結案過程摘要。當你完成了個案臨床紀錄的撰寫和建檔，**絕對不能進行任何的更改**。最好的方式是在會談結束之後，盡快將個案紀錄輸入個案的檔案，並簽署姓名和日期。

治療歷程紀錄（process notes）或稱心理治療紀錄，和治療過程紀錄是不同的。治療歷程紀錄，記錄的是個案在治療中的反應，如移情，以及助人工

作者對個案主觀的印象。這些紀錄並非用來對外公開的，而是僅供助人工作者個人使用。重要的治療資訊，不應該記錄在治療歷程紀錄。如治療歷程紀錄不應包含個案的診斷、治療計畫、症狀、預後及服務過程。記住，在法律上，助人工作者被要求額外撰寫個案臨床服務紀錄（治療過程紀錄），但並沒有要求助人工作者必須撰寫心理治療紀錄（治療歷程紀錄）。

從倫理和法律的觀點，將個案紀錄保存在安全的地方，並且採取一些方式來維護個案資料的保密性，是非常重要的。如果你把個案資料存放在電腦硬碟中，你必須要有額外的維護措施。而個案紀錄檔案存放的時間，是依照州的法令及機構的政策。即便屆時個案檔案會以安全的方式被銷毀，機構仍應保存個案治療資料的摘要紀錄。

我們必須了解，個案有權利看他們的治療紀錄，或是治療紀錄的摘要。個案紀錄的內容不應包含助人者個人的觀點或是個人對於個案的看法，而應該呈現助人工作者的專業性。如果個案取消會談，一個好的做法是記錄下個案取消會談的原因。撰寫會談紀錄時，使用明確的語言描述個案的行為是很重要的。聚焦在描述個案特定和具體的行為，避免使用他人無法理解的語言。當你撰寫個案紀錄時，必須假設你的紀錄會被調閱。雖然專業紀錄被期望能夠詳盡地記載治療過程，但最好的方式還是盡可能地簡潔。

記住這句名言：「沒有紀錄，也就代表沒有發生。」記錄下個案和助人工作者與臨床治療工作相關的行為。紀錄內應包含使用的介入方式、個案對於治療策略的反應、衍生的治療計畫，以及後續採取的方法。而針對危機的情境，如可能的自傷、傷人及破壞他人的有形資產，記錄你所採取的行動，也是相當聰明的做法。然而，如果你過度關切如何記錄才能自我保護，而忽略了你應該提供給個案的服務品質，這就不是以個案的最佳利益為考量。

好的紀錄是對個案和助人工作者都有幫助的。Wheeler 與 Bertram（2008）表示，助人工作者若沒有持續地撰寫臨床紀錄，會讓他們自己陷入服務缺失訴訟的危機，因為這樣的疏忽，違反了心理衛生實務工作者的服務規範。他們也提到，「組織良好及保存良好的個案諮商紀錄，是諮商師在規

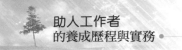
劃治療計畫、確保中斷的諮商可以持續，以及確保服務的品質等最有效益的工具」（p. 115）。

┃第七節┃ 醫療管理體系中的倫理議題

　　助人工作的服務提供方式已逐漸開始轉型。Cummings（1995）提出，從傳統的使用者付費服務模式逐漸轉型成為**醫療管理模式**（managed care model）的過程中，有些心理衛生的價值觀已改變，而助人工作者的角色也被重新定義過。醫療管理模式的特色是有次數限制的處遇模式、符合成本效益的方式、服務效益的監測、預防策略多於治療策略。這樣的改變，意味著在短期服務的模式中，你必須重新看待身為助人工作者的角色，以及思考你可能被期待發展短期服務的專業技巧。

一、關鍵的倫理議題

　　助人工作者在醫療管理系統中，明顯地會面臨是以個案的最佳利益為考量，或是對必須依靠短期處遇的模式才能維持運作的服務體系效忠的忠誠議題。很多時候個案需要的服務次數，遠多於短期治療所能夠提供的。MacCluskie 與 Ingersoll（2001）指出，目前在提供具敏感度及符合倫理的服務上，產生了許多新的挑戰。他們提到在醫療管理的模式中，服務提供的決定關鍵是以經濟為考量。經濟因素本身並不會導致違反倫理的行為，除非在服務提供的過程中犧牲了個案服務品質。重要的是，不應將維護醫療管理財務狀態健全的利益，放在個案的福祉之前。

　　醫療管理體系要求助人工作者在提供症狀治療及有限制的介入時，仍需和過去的服務模式一樣，維持一致的專業價值觀。這樣的做法對看重自我成長和自我實現勝於治療性、較採取短期和焦點解決策略的助人工作者來說，可能會引發倫理議題。在醫療管理體系中服務的助人工作者，會面臨到許多心中的疑慮所帶來的倫理議題：知後同意、保密、遺棄、成效評估及助人工

作者的能力。

◆ 知後同意

　　知後同意是一個持續不斷的過程，對於醫療管理系統來說特別具有重要性。在開始接受服務及與你建立專業關係之前，你的個案有權利知道醫療管理的公司會要求提供個案的診斷資料，因此個案可能需要接受測驗，以及一些臨床的個人資訊、治療計畫，甚至是完整的臨床服務紀錄。

　　從倫理的觀點，個案有權利知道因為醫療管理經費上的管控，可能會對於服務品質造成負面的影響。個案有權利知道其實有其他形式的治療可能對他們更有幫助，但卻因為成本管控的因素而被拒絕申請。他們也有權利知道你是否精通短期治療，而這意味著一個門外漢可能會決定提供的治療形式和能夠提供的會談次數、治療計畫中其他的限制，以及由誰來決定結案的時間。

◆ 保密

　　雖然保密在傳統上被視為是助人工作者的倫理及法律責任，以維護個案的隱私，醫療管理體系仍定義了保密原則新的範疇。醫療管理服務審核者要求提供詳盡的個案資訊，使保密議題變得更為複雜（Koocher & Keith-Spiegel, 2008）。也因為醫療管理服務的提供者主導了治療計畫，個案資料的保密性因此必須有所妥協。治療過程受到付費的第三者審核，他們影響了助人工作者治療介入的方式、評估的方式、達到治療成效的方式的決定權（Cooper & Gottlieb, 2000）。

　　雖然保密原則有許多例外，但對於個案資料的要求，原本就設計於醫療管理服務的架構之下，遠超出過去保密原則限制性的允許程度，而使得保密原則在治療師—個案關係中受到威脅。個案必須意識到醫療管理服務計畫可能會要求助人工作者透露敏感的個人資訊給第三者——可能是審核能否通過初次或延續會談補助的主要負責人。助人工作者無法對治療的保密性做任何程度上的擔保，因為一旦隨著經費的申請送出個案保密資料，他們就失去了

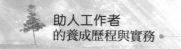
對這些資料的掌控。在醫療管理服務方案下，所有的治療過程都受到助人工作者以外的人的監督。因為對於經費的限制，助人工作者必須在進行治療之初即告知個案有關醫療管理服務政策之下，保密原則的有限性（Acuff et al., 1999; Cooper & Gottlieb, 2000）。如果個案想要保護自己的隱私，他們有可能需要尋求自費的治療方式。

◆ 遺棄

　　許多專業助人機構的倫理守則，都載明助人工作者不應遺棄個案。在過去的做法中，結案是由助人工作者和個案共同完成的過程。但在醫療管理服務方案的運作模式下，結案不再由助人工作者和個案共同進行，而是經由醫療管理公司的政策來執行。如果因經費的因素而使得治療突然結束，個案很可能會感到被遺棄。因此助人工作者有責任告知個案，延案的申請不一定能夠獲得醫療管理公司的補助。醫療管理服務條款因為終身給付之最高限額，限制了個案每年可以接受服務的次數。而個案申請他們所需要的服務，可能也會被拒絕，因為他們需要的服務費用超出給付的金額，而他們也無法自行負擔延案的費用。雖然治療時間的限制從財務管控方面來看是合理的，但會造成倫理問題，例如當個案有持續接受服務的需求時，卻強迫助人工作者將個案轉介。

　　很明顯地，醫療管理服務在專業臨床工作上呈現了倫理的問題。在倫理上，助人工作者不應遺棄個案，也有責任提供專業的服務，但在醫療管理服務制度下，這樣的服務方案為個案和助人工作者做了許多重要的決定。

◆ 成效評估

　　在醫療管理服務方案中，所有的治療受到助人工作者以外的人監督。**成效評估**（utilization review）是指，用設定好的指標來評估治療的必要性、治療介入的適當性及治療的成效。成效評估可以在治療的前期、中期及後期進行（Cooper & Gottlieb, 2000）。對個案的成效評估，一般是由助人工作者以文字敘述的方式來進行，並且定期提交給醫療管理公司。

◆ 助人工作者的能力

在醫療管理體系服務的助人工作者必須具備特殊的知識和技能,以具彈性及融合的方式,針對不同的個案族群及問題提供多元的短期服務。這樣的助人工作者必須具備折衷或整合的理論取向。助人工作者被迫要能夠精通短期及有效率的治療方式。治療計畫必須快速地規劃完成,治療目標也被限制在一定的範圍之內,治療的重點則是必須放在治療結果的呈現。如果助人工作者未受過短期治療的訓練,或個案的情況並不能在有次數限制的情況下得到好的幫助,那麼助人工作者就必須具備適當的轉介技巧。

二、醫療管理的法律議題

即使許多臨床的決策是由醫療管理體系來決定,但助人工作者最終還是必須要為個案負責。法律上,助人工作者雖然是受到醫療管理單位的僱用,但當個案抱怨他們沒有得到所要求的服務標準時,助人工作者並無法在服務疏失的訴訟當中豁免。當助人工作者真的在危機處理、適當轉介及延案申請的過程當中有所疏失時,他們不能用醫療管理計畫的限制當作擋箭牌。助人工作者在面對想要提供給個案他們所需要的,以及醫療管理計畫所訂定的服務當中,有時感到非常兩難。越來越多的助人工作者對於在服務提供的次數受到付費的第三者的限制,而個案的需要必須妥協的情況下提供服務,倍感壓力(Koocher & Keith-Spiegel, 2008)。不論服務輸送的架構為何,為了符合倫理的服務,助人工作者仍應以個案的利益為優先考量。

三、醫療管理的未來趨勢

如何提供最好的社會服務的爭議,未來仍會持續發生,而現實中,醫療管理服務模式可能已經對你和個案的工作帶來很深的影響。整體來說,專家們同意醫療管理有存在的必要(Cooper & Gottlieb, 2000)。許多未來的助人工作者將會面臨到必須尋求在醫療管理服務方案加諸的限制中,仍能維持服務一致性的方法。在許多社會服務的場域中,越來越強調服務的可信度。醫

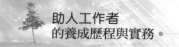
療管理要求機構和助人工作者提供有成效的服務，展現服務的可信度。也有越來越多的機會，你會被期待快速地評估個案明顯的問題、規劃短期服務治療方法，以及提供有效益的介入。

|第八節| 服務疏失及危機管理

服務疏失（malpractice）的一般定義是，在忽略或疏忽的情況下未能提供適當的服務，而導致個案受傷或有所損失。服務疏失也是一個法律概念，包含因疏忽致使個案受傷或造成個案的損失。專業的疏忽（professional negligence）包含工作中違反專業規範，或未盡專業責任提供適當的服務。針對服務疏失最主要的問題，是確認哪一項服務標準（standards of care）適用於決定助人工作者確實在服務個案中違反職責。

助人工作者受到批判的標準，以一般業界能夠接受的標準；換言之，在相似的情況下，一位相對謹慎的諮商師是否也會做出同樣的行為（Wheeler & Bertram, 2008）。

身為一位助人工作者，你會受到以一般業界所能接受的標準，來作為評斷你的標準。在個案服務上，你被期待遵守法律規範，以及屬於你的專業倫理守則。除非你提供適當的服務，以及具有專業的信念，否則你都有可能因未善盡職責而遭到民法訴訟的提告。雖然你不需要是完美的助人工作者，但你必須具備和能夠執行一般專業人員應有的知識、技巧和判斷。

要構成服務疏失的提告，必須具備以下四個要素：(1)你必須對個案負有專業職責（也就是你必須與他人建立專業關係）；(2)你必須有服務疏失或不適當的行為，或因未提供預期的服務等級而被視為未達一般的服務標準；(3)你的個案必須因此受到身心上具體的傷害；及(4)個案必須聲稱服務疏失和他所受到的傷害之間的關聯性。

一、服務疏失訴訟的原因

在 Kirkland、Kirkland 與 Reaves（2004）的研究中發現，助人工作者之所以會受到懲處的訴訟，主要是因為他們在性方面不當的行為，以及非專業的行為／服務疏忽。其他導致懲處訴訟的原因，如犯罪行為、詐欺行為、不恰當的紀錄保存、打破保密原則、不適當或不適任的督導、損壞行為、未達繼續教育的時數標準、假造執照申請等。Knapp 與 VandeCreek（2003）在文獻中指出以下幾個導致助人工作者受到懲處訴訟的議題：違反性界線、非關性方面的多重關係、能力不足、打破保密原則、遺棄、不適任的督導、不恰當的紀錄保存及兒童監護權爭議。

身為一名學生，你可能認為你不用擔心會因為服務疏失而被告。不幸地，實習生其實是最容易被告的。在目前你專業發展的階段，你可能很認真地思考降低因服務失誤而被提告的方法。目前現實的情況是，即使你遵守了屬於你專業領域的倫理守則，遵守法律的規範，你仍然有可能被告。不論你多麼小心，你都有可能因為你在專業上的失誤而被控告。即使這樣的訴訟不會成功，這個過程仍可能對你造成很大的壓力，會花費許多時間、精力和金錢。你必須花許多時間準備及提供法院要求的資料。避免捲入服務疏失訴訟的做法，就是提供良好品質的服務，以及了解並遵守你所屬的專業的倫理守則。

◆ 案例：該歸咎於誰？

一名青少年採取了自殺行動，即便他的治療師已經盡最大的努力來協助他。這個孩子的家長責難治療師沒有能夠了解或更進一步來預防這個孩子自殺的行為。

你的立場：試想你在保護職責的立場。你能否預期個案潛在的自殺行為？假設你能夠辨識有自殺傾向的個案，你是否每一次都能思考出最佳的預防措施？

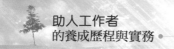
討論：雖然你不需要去證明你是完美的治療師，但你必須展現你的天分，並且在你的服務工作中磨練你的專業知識及技能。你必須要呈現你有很好的信念、你願意在必要的時候尋求督導及專業諮詢，以及你僅在你具備的專業能力之下提供服務。提供書面的資料來支持你提出的聲明，亦為不可或缺的。

二、預防服務疏失訴訟之方法

相信之前的說明已經很清楚地提到，助人工作者必須有智慧地知道自己與個案工作的限制，以及接受這些限制，同時在你的專業能力範圍內提供服務。不論你的專業資歷為何，絕對不要猶豫是否尋求諮詢。向同事提出諮詢，往往能夠因為不同的新觀點，而得到一些啟發。即使你能夠自己做出有智慧的決策，其他專業人員的諮詢依然能夠給予你有效的支持及協助。如果你深陷訴訟之中，若能證明你的介入方式是依據其他專業人員的倫理規章，對你的案件將會有助益。再次強調，適當的檔案紀錄對你在服務疏失訴訟的辯護是十分重要的。如果你使用特殊的治療技術，但缺乏強而有力的理由，你可能會在民事訴訟中失利。如果你僅能提出像是跟隨自己的直覺以及「感覺是正確的」方式等這樣的理由，來為你的治療實務工作辯護，你可能不太會成功。

三、危機處理

危機處理（risk management）是指辨識、評估及處遇可能傷及個案、引起倫理爭端以及服務疏失訴訟問題的實務工作的一部分。Bennett 與同事（2006）提出，好的危機處理不只是單純遵守最低的法律規範；好的危機處理實務工作，助人工作者必須為實現最高的倫理理想而努力。預防服務疏失最佳的方法之一，是助人工作者以自我及專業的真誠和開放的態度對待個案。提供有品質的專業服務給個案，也是最佳的措施之一。你必須知道自己的限制，在處理困難的個案時，保持開放的態度尋求諮詢，當然，記錄下所

有諮詢的建議,是絕對必要的。

但如果你希望能獲得保證絕對不會受到服務疏失的提告,那你可能得選擇別的職業。在心理衛生專業的領域是沒有絕對的保障的,但是透過危機處理的方式,可能可以大幅減少受到法律訴訟的機率。以下是補充的指導原則:

- 利用知後同意流程。切勿讓治療過程神秘化,與個案互動時展現專業的誠信及開放的態度,才能建立長遠的真誠信任關係。
- 思考與個案訂立合約以清楚說明治療關係的方式。向個案釐清你的角色。你的個案尋求協助的目的為何?你會如何盡力幫助他們達到治療的目標?
- 由於你可能被控遺棄,建議你在遠行時提供緊急代理人給個案。
- 你的執業對象應僅限於你受過相關教育、訓練及具備服務經驗的對象。那些超出你專業能力範圍的個案應提供轉介,同時持續提升你的能力。
- 持續更新個案的正確資料,並且謹慎地記錄個案的治療計畫。建立個案診斷資料檔案,並註記每位個案的相關資訊。
- 留意地方法及州法對你的實務工作的限制,以及了解你服務機構的制度。透過與專業的機構互動,以提升自我法律及倫理能力的成長。
- 留意保密原則的限制,並且明確地讓個案了解這些限制。當必須打破保密原則時,你必須盡量取得個案簽署之同意書。
- 法律規定助人工作者必須通報任何疑似兒童、老人或無法行動自主的成人虐待事件。
- 如果你的專業判斷確定個案處於自傷或傷人的危機中,採取必要的行為保護個案或他人避免受到傷害。
- 留意你的言語及行為,以示對個案的尊重。以這樣的方式,大多能夠開創一個良好的治療關係。

- 使用清楚的語言提供資訊給個案，並確保他們了解你所提供的資訊。

- 請未成年個案簽署知後同意書。一般而言這是一個好的做法，即使州法並未要求助人工作者必須這麼做。

- 當有任何潛在的法律或倫理疑慮時，尋求同事或臨床督導的諮詢。建議進行持續督導。

- 建立與維持適當的專業界線。學習問題處理及設立規則。

- 留意你與個案的互動，檢視你與個案的移情。

- 避免將你的價值觀加諸於個案身上，及避免為他們做決定。

- 在涉入多重關係前尋求諮詢，以及與個案討論多重關係潛在的優點及缺點。

- 在你使用任何治療技術前，確認你使用該技術的理由。

- 設立清楚的服務規章，並向個案說明之。

- 切勿承諾個案任何你無法提供的服務。幫助他們了解他們的努力及承諾是決定服務是否有成效的關鍵。

- 如果你在機構內服務，務必簽署合約，確保機構對於你專業服務的提供的法定責任。

- 遵守你所服務機構的政策。如果你不認同機構的某些政策，首先你必須思考反對的理由，之後再看看機構政策架構是否有異動的可能。

- 在個案接受治療之初，與個案釐清關於費用的相關問題。遵守付費的規定，以及請個案填寫應繳交的文件。

- 試著評估個案的治療進展，以及教育個案如何評估治療目標的達成進度。

- 讓個案知道他們有權利選擇在任何時候結束專業服務。

- 為自己購買服務疏失的責任險。實習生在服務疏失的法律案件中是沒有受到任何保障的。

以上的指導原則可以降低服務疏失訴訟的發生，但我們仍鼓勵你持續評

估你的實務工作，以及持續更新與你的工作領域、個案族群有關的法律、倫理及社區規範。

| 第九節 | 友善提醒

　　學生有時會以不實際的期待來過度要求自己應對於本章所提出的倫理議題有明確的答案。相反地，倫理議題無法有明確的解答，這才是真實的情況。的確，資深的專業助人工作者會意識到助人工作的複雜性，因而無法有精確且絕對的答案。因此他們以感恩的態度看待助人工作必須持續學習、持續接受諮詢及督導，以及保持謙卑的必要性。

　　本章的目的，並非試圖讓學習者感到過度衝擊，而是希望刺激你發展出思考及行動的習慣，可以提升你以倫理及專業守則為基準的實務工作能力。助人專業工作是一個具危險性但有價值的冒險。你可能會在服務過程中犯下一次次的錯誤。記得感謝這些錯誤經驗並從中學習。善加利用督導不僅可以讓你從中學習到哪些行為可能是錯誤的，同時也會降低傷害個案的可能性。

　　不要過度焦慮自己必須了解所有問題的解決之道，避免服務疏失訴訟的最好方式，是以最真誠的心盡力做對個案有益的事。記得在你的專業生涯中持續詢問自己：「我在做些**什麼**？我又為**什麼**這樣做？如果我的同事在我身旁觀察，我還會這麼做嗎？」

重點回顧

- 助人專業的潮流之一，是對倫理及專業實務工作議題的關注提升。這股潮流有部分是因為對心理衛生實務工作者的服務疏失訴訟而起的。
- 倫理抉擇是一個持續不斷的過程。以你目前身為學生的角度看待的議題，仍可以在你往後累積更多專業資歷之後重新檢視之。
- 你必須熟悉專業倫理守則。然而，具備倫理規範的知識仍不足以解決倫理問

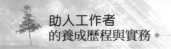

題。

- 倫理議題鮮少有明確的答案。倫理困境從本質上而言，必須透過你的專業判斷來處理。

- 最終，身為一個實務工作者，你將必須做出許多困難的決定。負責任的實務工作必須要仰賴你具實證的、完善且負責的判斷來採取行動。

- 許多個案從未想過自己的權利或責任。身為一個助人工作者，你可以透過發展知後同意流程，幫助個案做出聰明的決定，來維護個案的權益。

- 保密原則是助人關係的基石。雖然個案有權利期望他們與你在治療關係中的談話都是保密的，但有些時候你必須打破保密原則。個案有權利在治療關係之初，了解必須揭露保密資訊的特定情況。你必須了解及遵守與保密原則相關的法律。

- 保密原則在伴侶、家庭、團體及未成年人的諮商工作中，有其特殊的規定。

- 某些時候，你具有專業及法律上警告或保護個案的義務，此時，你必須了解你的職責為何。

- 你的工作是教育個案幫助他們自己，如此他們便能降低尋求協助的需求。鼓勵你的個案持續依賴治療是違反倫理的，同時無法達到個案賦權。

- 適當地為個案保留臨床紀錄是必要的。個案紀錄的保存對個案的利益及專業服務的提供都是十分重要的。

- 行為醫療管理方案對於心理及社會服務的提供，以及服務提供的品質，有極重要的影響。倫理層面上，助人工作者應盡可能地告知個案，由於成本效益之故，可提供的服務次數以及可能的限制。

- 雖然去了解如何處理你同事違反倫理的行為很重要，但更重要的是去辨識你自己可能潛在違反倫理的行為。這些違反倫理的舉動，往往是在不知不覺中發生。因此你得維持一個真誠自我探索的立場，以確保你的行為是合乎倫理的。

- 了解什麼樣的情況可能引發服務疏失的訴訟，以及學習在實務工作中有哪些做法可以減少這樣的情況發生。

你可以做什麼？

1. 尋找至少一位助人工作者，訪談他在實務工作中所面臨到的倫理議題。把焦點放在他所面臨到最核心的倫理議題。這位助人工作者如何處理這個倫理難題？他有哪些顧慮，是否有任何關於法律訴訟的顧慮？

2. 參訪一個社區機構（如兒保機構），並且詢問曾經舉報的倫理及法律的事件。哪些關鍵的倫理疑慮是機構必須處理的？機構成員是否關心服務疏失的議題？近來機構服務疏失的危機，如何影響目前機構服務的工作方法或模式？

3. 思考一個在你的實習過程中曾遇過的倫理難題。你是如何處理當時的情況？如果事件重演，你是否會採取不一樣的做法？

4. 找出你未來可能會面臨到的倫理議題中，你認為最具急迫性的，並在工作日誌中記錄下你對此議題的疑慮。如果你目前正在實習，以條列的方式記錄下所有你認為潛在的倫理困境，並將你心裡的疑慮帶到督導或課堂上。透過工作日誌的紀錄，將會幫助你逐漸成為一名符合倫理的實務工作者。你認為目前的你還可以做些什麼，讓你自己繼續朝著這個方向前進？

5. 舉行一次課堂辯論，以支持與反對自殺防治為辯論主題。自殺防治的失敗，是能成功向心理衛生專業人員提起服務疏失訴訟的理由之一。以此案例作為討論：AIDS 末期的個案因病情而苦，並感到沒有復原的希望，因此想要結束自己的生命。將參與課程的學生分組進行討論，以治療師的角色，交替站在不同的自殺防治責任的立場來進行辯論。

6. 在小組中討論你可能必須打破保密原則的情況，並檢視你是否同意這些必須打破保密原則的一般性指導原則。在你的小組中，試著討論出教育個案了解保密原則的方式，以及法律在保密原則上的限制。討論在學校輔導環境、團體治療、伴侶及家族諮商，以及與未成年者的諮商工作中，你又會如何向個案說明保密原則及其法律限制。

7. 以下所列出的參考資料，其完整的書目資訊，請參考本書最後的參考文獻。

實用的倫理及法律實務工作指引，請參考 Wheeler 與 Bertram（2008）。ACA 倫理守則的案例說明，請參考 Herlihy 與 Corey（2006a）。解釋與應用倫理守則的實務工作參考手冊，APA 倫理守則部分請參考 Barnett 與 Johnson（2008）；ACA 倫理守則部分請參考 Barnett 與 Johnson（2010）。處理大範圍倫理議題的綜合參考手冊，請參考 Bersoff（2003）。在醫療管理體系下服務的助人工作者，可以參考的簡明工作指引為 Davis 與 Meier（2001）。探討關於傷害他人、自傷以及安樂死的決定之保護性議題中助人工作者的職責，實用的參考資料為 Werth、Welfel 與 Benjamin（2009）。倫理及法律的諮商實務工作，可參考 Remley 與 Herlihy（2010）。探討助人專業工作中倫理議題之處理的教科書，則可參考 Corey、Corey 與 Callanan（2011）及 Welfel（2010）。

8. 建議你詳細了解不同心理衛生專業的倫理實務工作之基本守則。參考本章所列出的網站或見第一章所列出不同專業機構的聯絡資訊。你可以直接與這些機構聯繫，取得該機構制定的倫理規章。另一選擇是在 *Codes of Ethics for the Helping Professions*（2011）一書之附錄中，集結了 17 種倫理守則的檔案資料。大量訂購可以較便宜之價格購得此書。

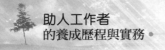

CHAPTER 09
處理界線議題
Managing Boundary Issues

焦點問題・導論・關於界線的自我評估・多重關係與倫理守則・多重關係的論戰・建立個人與專業的界線・整合專業與個人關係・處理性吸引力・與現任案主的性關係・與結案案主的性關係・重點回顧・你可以做什麼？

1. 你預期與案主建立界線時可能會遇到哪些問題?

2. 如果有個案主失業而付不起你的諮商費,他建議用以物易物作為結束會談的替代選項,你會願意進行這場交易式會談嗎?你能想到什麼其他的選擇嗎?

3. 如果有個案在最後一次會談時送你禮物,並說明你接受這份象徵對你所提供協助之感謝的禮物對他有多麼重要時,你會怎麼做?

4. 當專業助人者認為和某個求助者間同時或相繼出現兩種以上的角色時,多重關係便存在。你相信多重關係基本上是不合倫理的嗎?還是說這樣的關係是不可避免的,也未必都有問題?

5. 你相信什麼樣的多重關係是有問題的?為什麼?你能思考一下你和諮商中的案主可能會產生哪些多重關係?

6. 你要如何處理和案主間難以避免的多重關係?

7. 如果有個案主有興趣和你維持某種社交關係,你會如何回應?如果這個人是你已結案的案主,會有什麼差別嗎?

8. 如果有個案主對你表達情愛慾望,你會怎麼做或說些什麼?如果你對某個案主有情愛慾望,你會怎麼做?

9. 你和以前的案主在進入多重關係前(社交的、性方面的、商業、專業上的),你會考慮哪些倫理、法律和臨床議題?

10. 你如何有效地建立和維持你個人生活中的界線?你認為這會如何影響你在專業關係上建立有效界線的能力?

第一節 導論

不管你進入什麼樣的助人專業，你都會面臨要試著與你的案主定義和維持適當的界線。本章中你會愈加清楚知道，成為一個助人者要能夠在不同的情境下同時建立個人與專業的界線。如果你在私人生活中不能建立與維持良好的界線，你在專業生活中可能就會遇到有關於界線的麻煩。本章中，我們要介紹一系列助人者在維持與案主的專業關係時會碰到的倫理議題。本章所涵蓋的主題和第八章討論的倫理抉擇是連貫的，學習處理這些界線所關注的重點，是所有實務工作者在任何場域中都要面對的關鍵倫理與臨床議題。

要了解這些倫理禁令與界線限制背後之原由，有時候是很困難的。單看這些守則無助於使助人者避免不合乎倫理的舉動。願意在個人實務工作展現良好的判斷並能覺察你的動機，是成為有倫理的實務工作者要考量的重要面向。心理專業人員常會因為沒有注意到與案主關係中的警訊而惹上麻煩。他們可能沒有充分留意跨越界線的潛在問題，也可能在不經意間跨越了界限，為案主和自己帶來困擾。

本章所呈現的主題，助人者必須誠實自我檢視，以決定其行為對案主造成的衝擊。我們在此呈現的有些議題和個案狀況可能是明確的，有些則不然。解決這些倫理的兩難需要個人與專業上的心智成熟，以及願意不斷檢視自己的動機。

第二節 關於界線的自我評估

你和案主建立適當界線時，主要關注的重點是什麼？或許你不曾質疑過這點，我們希望你能夠擴展你的覺察力，了解在助人關係中創造和維持適當界線的重要性。針對以下這些陳述句，請利用以下編碼代號標明最能反映出你的信念和態度的答案：

5 ＝我非常同意這個陳述

4 ＝我同意這個陳述

3 ＝我不確定這個陳述

2 ＝我不同意這個陳述

1 ＝我非常不同意這個陳述

_____ 1. 對我來說，我很容易和我的案主建立清楚而明確的界線。

_____ 2. 我有時候相信我有能力和我的案主保持專業關係。

_____ 3. 如果現任案主想和我約會或是想邀我參與其他社交活動，我不確定
我會怎麼回應。

_____ 4. 我可能會考慮和已結案的案主有社交關係，如果我們兩個都有興趣
交個朋友。

_____ 5. 我不認為我的訓練足以讓我能妥善處理助人關係中的情愛（性）吸
引力。

_____ 6. 因為多重關係是如此普遍，所以不該在所有的情況下都被認為是不
適當或是不合乎倫理的，而應該視個案狀況而定。

_____ 7. 多重關係是有問題的，因此應該視為不合乎倫理。

_____ 8. 如果我真是一個有倫理的專業人員，就不會受到案主的情愛（性）
吸引。

_____ 9. 如果我正在諮商一個對我有情愛（性）慾望的案主，我可能會轉介
這個案主給其他諮商師。

_____ 10. 如果案主付不起我的諮商費用，我可能會接受他用物品交易我的治
療服務。

_____ 11. 如果案主一開始就和我討論用交換勞務服務來代替付費，我會把這
種交易納為選項。

_____ 12. 和案主發生情愛（性）關係就是不合乎倫理的，即使治療關係已經
結束。

_____ 13. 我從不接受案主的禮物，因為這樣會跨越適當的界線。

_____ 14. 在決定專業服務交易的適當性時，比如說：是否接受禮物、助人者是否對某個案主可以有多重角色，考量其所在的文化脈絡是重要的。

_____ 15. 如果我們對於私人關係與專業關係能有清楚的區分與了解，我對於受理親密朋友為案主不會有困擾。

一旦你完成這個評估量表，花點時間反省一下你這時候可能有的任何倫理關注議題，這個反省將有助於你更積極主動地閱讀本章，並提出一些倫理問題。提出一些你現在所處情勢下模稜兩可的情況，並將其帶進班級討論中。

┃第三節┃ 多重關係與倫理守則

當助人者把自己和案主的專業關係和其他形式的關係混淆時，就常會引發倫理問題。**多重關係**（multiple relationships）發生在專業人員對求助者同時或相繼扮演了兩種以上的角色。助人者在某些案例中和他們的案主、學生或被督導者間有其他明顯不同於專業上的關係時，他們之間便建立了一種多重關係。在這些情境下，就不能忽視潛在的利益衝突和對求助者的剝削利用。

這兩個名詞：**雙重關係**（dual relationships）和**多重關係**（multiple relationships）（APA, 2002）已經被交互使用，某些倫理守則持續使用這兩個名詞。ACA（2005）的倫理守則更把這些關係拿來指稱**非專業關係**。本章中我們使用**多重關係**，因為這個名詞同時包含了雙重關係與非專業關係。多重關係的範圍可能是助人者扮演了一種以上的專業角色（例如大學講師，或是督導和治療師），或是混雜了專業與非專業的關係（例如諮商師或是事業夥伴）。其他多重關係的產生，來自提供治療服務給親戚或是朋友的親戚、和

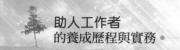

案主交朋友、和現任案主或是已結案案主發生情愛關係、向案主借錢或是借錢給案主等。心理健康專案人員必須學習有效且有倫理地管理多重關係，包括處理專業關係中最重要的權力差異、處理界線議題，還有努力避免權力的濫用（Herlihy & Corey, 2006b）。

倫理守則專門且廣泛地處理了設立適當界線、了解潛在利益衝突，以及採取步驟管理多重關係等議題，說明這些倫理守則議題的例子有美國諮商學會（ACA, 2005）、美國心理學會（APA, 2002）、美國社會工作人員協會（NASW, 2008）、全國人群服務組織（NOHS, 2000）。雖然守則的功能就像是工具指南，但多重關係常常是件難以清楚劃分的事。當倫理守則被應用到特定情境時，倫理的論據和判斷才會發揮作用。思考以下說明一些多重關係之倫理守則的例子。

NOHS（2000）的倫理準則強調助人者與案主間權力與地位的差異：

> 人群服務專業人員已覺察到他們與案主關係之間的權力與地位是不平等的，因此他們認知到雙重或多重關係可能會增加對案主傷害與剝削的風險，甚至有損其專業的判斷。然而在某些社區和情境下，要避免與案主進行社交的或是其他非專業的接觸可能並不合理。人群服務專業人員藉由避免發生可能有損專業判斷、增加傷害案主和導致剝削風險的雙重關係，來維持隱含在助人關係中的信任。（statement 6）

APA（2002）的守則指出，未造成損害或傷害或剝削案主風險的多重關係，不見得是不合乎倫理的：

> 如果這個多重關係可能合理地被預期會削弱該心理諮商師的客觀性、能力或是其展現身為心理諮商師的效能，心理諮商師會避免自己進入多重關係，否則他／她就得在目前專業關係中冒著剝削或傷害案主的風險。

未被合理預期會造成損害或剝削與傷害風險的多重關係，不是不合乎倫理的。（3.05.a.）

Zur（2007）觀察到，沒有一個專業組織的倫理守則提到特定情況下的界線要考慮哪些相關因素，比如說家訪、在辦公室以外的地方會談、自我揭露、在家辦公，和非涉及性的接觸。倫理守則未提到非涉及性的雙重關係是不合乎倫理的，而且絕大多數都承認有些情況是不可避免的（Lazarus & Zur, 2002）。Zur（2007）描述 APA（2002）的倫理守則對多重關係提供了越來越有彈性的指導方針，而且也強調做倫理抉擇時要考量脈絡的重要性。

多重關係被大部分的倫理守則所禁止，而專業人員也被規範要避免會造成傷害、剝削以及負面影響專業的關係（Herlihy & Corey, 2008）。當多重關係會對案主造成傷害或是有明顯潛在傷害時，多重關係就是不合乎倫理的。助人者要非常小心地避免和案主進入一種以上的角色，除非你有非常正當的臨床理由可以這麼做。

▎第四節▎ 多重關係的論戰

專業助人者越來越關注多重關係的倫理，在 1980 年代，雙重關係的性議題在專業文獻中引起相當大的關注。無疑地，有關性的雙重關係是不合乎倫理的，所有的倫理守則也都禁止助人者和案主間發生性關係，這項禁令至少延續到專業關係結束後的 2-5 年。此外，大部分的倫理守則都警告助人者不得進行可能導致剝削案主的任何活動。

非涉及性的多重關係有時候指的是**非專業關係**（nonprofessional relationships），這類關係自 1990 年代開始也越來越受到檢視。非涉及性的雙重關係包括受理家庭成員或朋友為案主、同時是治療師與督導的角色、和治療中的案主有商業往來、個人諮商同時帶有諮詢和督導的關係。然而，非涉及性的雙重關係通常不被鼓勵，助人者也被告誡要注意對案主造成剝削和傷害的

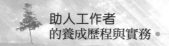

危險。

非專業關係常常是複雜的，而且圍繞在其中的問題也少有簡單和絕對的答案。助人者在與案主或是在社區中工作時，不能總是只扮演一種角色，他們也不願意把自己只限制在單一角色。很多時候，我們會挑戰助人者要平衡其專業關係中的多重角色，助人者也被忠告在捲進多重關係前，要小心回應可能會引發多重關係的問題。諮商師要透過知後同意、諮詢、督導和留下紀錄文件證明等步驟，來保護案主和自己（Glosoff, Corey, & Herlihy, 2006）。

Moleski 與 Kiselica（2005）把多重關係視為是一個從有療效到具破壞性的連續體，雖然有些多重關係是有傷害性的，但是有些次級關係能補充、強化和提升諮商關係。Moleski 與 Kiselica 鼓勵諮商師檢視次級關係對主要諮商關係可能產生的影響，他們建議諮商師只有在清楚確認這樣的關係對案主是有利的情況下，才考慮形成多重關係。

有些諮商師的行為具有導致多重關係發生的潛力，但是這些行為本身並不是多重關係。舉例來說，不管是用勞務或是接受案主小餽贈來交易服務，其未必是多重關係，但是這兩者都可能有潛在問題。其他的例子像是接受案主參加畢業典禮的邀請或是參與非關情色的適當接觸。有些作者（Gabbard, 1995; Gutheil & Gabbard, 1993; Smith & Fitzpatrick, 1995）建議，應該把這些事件當作是**跨越界線**而非**違反界線**。所謂**跨越界線**（boundary crossing）是指偏離對案主有潛在益處的標準實務行為；而**違反界線**（boundary violation）則是一種嚴重偏差，會對案主帶來傷害。人際間的界線是流動的，它們可能會隨著時間而改變，也可能隨著諮商師和案主的持續工作而重新定義。即使跨越界線可能不會傷害案主，不過這樣的跨越還是可能導致專業角色的混淆，並會造成有潛在傷害的多重關係。所以我們要採取一些步驟來預防跨越界線變成違反界線的行為。

Barnett（Barnett, Lazarus, Vasquez, Moorehead-Slaughter, & Johnson, 2007）指出，當跨越界線可能會導致違反界線時，即使臨床人員本意良善，仍必須要對其行動加以深思再做決定。如果一個治療師的行動對案主造成傷害，這

可能就被視為是違反界線的行為。無法用符合社區中普遍的標準進行實務操作，以及像是診斷案主的任務、歷史、價值和文化等角色的其他變數，也都可能會導致本意良善的行動被視為是違反界線的行為。

對於多重關係的適當性有許多不同的看法，有些助人專業想要以更嚴謹的法律和倫理守則來禁止多重關係，有些則認為某些形式的多重關係是有實質幫助的（Lazaruz & Zur, 2002; Zur, 2007）。並非所有的多重關係都能避免，而有些人相信這些關係未必有害、不合乎倫理或是不專業（Herlihy & Corey, 2006b; Herlihy & Corey, 2008）。這在某些小型孤立的社區中特別真實。在許多鄉村社區，有很高比例的助人者會涉入多重關係中。

Schank 與 Skovholt（1997）設計了一份針對在小社區和鄉村地區生活與工作的心理諮商師的問卷。他們發現研究中的心理諮商師都承認，其實務工作會涉及專業界線的議題，有些主題是社交和工作關係間重疊的現實狀況、有些是助人者和自己的家庭成員在社交關係上重疊造成的影響，以及接受一個以上家庭成員為案主，或同時接受與案主有朋友關係的人為案主的兩難。雖然這些諮商師知道倫理守則的內容，但他們承認自己常在掙扎中抉擇要如何應用這些倫理守則，來解決在鄉村實務工作中所面臨的倫理兩難。

Sleek（1994）描述了某些折磨著鄉村實務工作者的倫理兩難。當地的藥劑師、醫生、機械工人、銀行業者、木匠、美容師都可能是某個助人者的案主。此外，在鄉村的專業人員會在當地某家商店看到這些案主，然後還得仔細考慮是不是要在其他人面前承認他就是某個人。如果他們同樣參與當地某個商會組織或是上同一所教堂，他們可能會很煩惱既是夥伴又是案主的衝突，也可能會很擔心如果案主的小孩和他們的小孩在同一所學校是朋友，或是參與同一個球隊。在鄉村社區中也會發生商業交易和治療效能間混淆的問題。比如說，如果某家治療機構需要一部新的醫療器材，而唯一賣這種醫療器材的人剛好是他的案主，那這個治療師可能就會冒著違反倫理守則的風險；但是如果這個治療師到別的地方去買這個醫療器材，就有可能會造成治療師和這位案主間關係的緊張，因為這不符合鄉村社區要對當地商品忠誠的

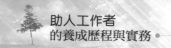
信念。我們來思考一下案主想用勞務或是物品來交換諮商服務的議題。有些社區的實質運作是建立在以物易物上而非現金交易，這種倫理守則可能就未必會成為問題，然而如果這個交易的協定沒有運作得很好的話，在治療關係中可能會存在一些潛在衝突。在鄉村地區，很典型地，助人者會扮演多重角色，而且也會比都會地區的同儕經歷更多維持清楚界線的困難。

Campbell 與 Gordon（2003）說明了鄉村實務工作上幾個獨特面向，並且提供了在鄉村地區進行評估、預防和管理多重關係的一些策略。他們指出 APA（2002）的倫理守則在決定多重關係時，提供了三個有用的評估指標：(1)有無剝削風險；(2)是否會失去治療師的客觀性；(3)會不會傷害專業關係。Campbell 與 Gordon（2003）也提到，在鄉村地區日常的專業實務工作中，預期中的多重關係是不可避免的，而且也常常不會只適用到單一族群。

Smith、Thorngren 與 Christopher（2009）主張，即使在鄉村地區的工作有著本質上的一些挑戰，這還是一份很值得並令人興奮的工作。他們鼓勵助人者去「開發鄉村案主的優勢，並從中學習讓這群人生存與茁壯的文化」（p. 270）。由於鄉村實務工作者要面臨這些要求，我們建議你可以尋求同儕和工作夥伴的諮詢，即使是遠距的溝通，都有助於預防專業耗竭。

┃第五節┃ 建立個人與專業的界線

我們發現在界線的脈絡下來建構對多重關係的討論是有幫助的，如果你在專業關係中已經發展出清楚的界線，你比較不會對專業上的多重關係有困擾。如果你的界線不清或是嘗試要融合這些角色但卻做得不好，比如說治療師和朋友的角色或是治療師和商業關係的角色，那麼你可能就會受困於倫理的兩難。

我們不認為限制所有形式的多重關係是解決剝削案主問題的可行方法；相反地，助人者必須要學習如何建立與維持適當而有用的界線。我們欣賞 Lazarus（2001, 2006）對治療界線的合理觀點，他主張對多重關係的一般禁

令已經導致州政府執照委員會做出了一些不公平和不一致的決定，不僅制裁了那些並未造成實際傷害的實務工作者，而且還阻礙其展現對案主適當處遇的能力。Lazarus 主張有些立意良善的倫理標準可能會被轉化成虛假矯情的界線，而造成具破壞性的禁令並逐漸侵蝕臨床效果，此外，他相信有些多重關係可以提升治療的結果。Lazarus 主張非教條式評估界線問題的方式，包括在決定可能適合建立輔助性次級關係時，要視個案的狀況而定。他主張考量個別案主的差異是很重要的，而不是只受限於硬邦邦的標準。從這個觀點來看，當治療師願意思考並冒險使用不同的介入做法，就會產生更大的效益。

Lazarus（2001）承認某些立意良善的指導原則可能會導致反效果。他會和某些案主交朋友，和某些人一起打網球、散步，也很尊敬地接受案主的一些小禮物和回贈禮物（通常是書）。Lazarus 清楚地表達，他反對對案主有任何形式的貶抑、剝削、虐待、侵犯和性接觸。他並不提倡排除所有界線，對他來說，他把某些界線視為必要。Lazarus 不受制於規則，而是要求在許多非涉及性而又被禁止的多重關係地帶，要有一個協商的過程。Lazarus（2006）強調不應該在沒有慎重考量前便貿然跨越界線。他相信跨越必要的界線時要有清楚的論證基礎，也要清楚辨別彼此的角色與期望，並將可能的權力差異時時謹記在心。

設定界線的指導原則

雖然對多重關係有許多分歧的觀點，但大部分的專業人員都同意，諮商師與受雇者、或是諮商師與親密愛人間角色的混淆是不適當的。每當助人者扮演多重角色時，就可能會有利益衝突、失去客觀性、剝削求助者的風險。具有倫理的實務工作者必須要有適當的預防措施，來確保案主的最佳利益。Herlihy 與 Corey（2006b）提供以下指導原則給要運作一種以上角色的專業人員參考：

- 一開始就設立健全的界線。在你的知後同意書中，要明智地指出你在

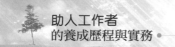

專業關係以及對社交或是商業關係的相關政策原則。

- 在設立專業關係時要讓案主參與。和案主討論你的期待與他們對你的期待。

- 當你對某個案主扮演一種以上的角色時，知後同意是很重要的。案主有權利知道與多重關係有關的任何可能風險。知後同意與討論突發問題和衝突是一個持續的過程。

- 在獲取客觀性與辨識非預期的困難時，向同儕諮詢是最有用的方法。當你扮演一種以上的角色或是涉入多重關係時，定期諮詢是很好的指導政策。

- 當多重關係特別有問題或是存在高度傷害風險時，要在督導監督下工作才是明智的。

- 重要的是，諮商教育者和督導要能與學生和被督導者討論有關處理平衡權力議題、界線議題、適當的限制、關係的目標、濫用權力的可能性，以及細緻地討論哪些傷害會來自多重角色甚至偶爾衝突的角色等主題。

- 從法律的觀點來看，記錄你和案主間多重關係的任何討論是個很好的做法，包括你採取任何行動要降低傷害風險的筆記。

- 必要時，轉介案主給其他專業人員。

有關非涉及性的多重關係論戰似乎還在持續著，隨著倫理議題的複雜，可能無法有完整的共識。禁止所有形式的多重關係似乎不是解決剝削案主問題的最佳答案。Barnett（2007）主張要避免可能會傷害某些案主的特定多重關係，以及治療師應該使用其專業判斷來決定哪些多重關係應該避免、哪些是適當的以及哪些是必要的。Zur（2007）認為嚴格禁止所有跨越界線的行為可能會弱化治療效果，他進一步說，如果治療師跨越界線可能會傷害案主，或是預期會有損其客觀性、判斷和能力，或是干擾其治療效果時，那就要避免跨越界線。專業助人者在面臨實務工作中諸多界線議題時，必須要能澄清

自己的立場，並且有系統地做出倫理決定。

Lamb、Catanzaro 與 Moorman（2003）建議非涉及性的雙重關係應該評估幾個因素，比如脈絡、歷史、專業關係現在的狀態、案主對多重關係的反應，以及治療師如何解釋在專業關係的目標脈絡下其跨越界線的目的。Lamb和其同事提出一個重要的問題：治療師如何判斷某個特別的行動可能會造成損害、剝削或傷害？

Herlihy 與 Corey（2006b）呈現了一個決策模式，可以把它應用到面質助人者的多重關係議題。如果潛在的多重關係是**不可避免的**，助人者要做到：(1)確保案主的知後同意；(2)尋求諮詢；(3)記錄並檢視自己的實務工作；(4)接受督導。如果潛在的多重關係是**可以避免的**，助人者應該先評估一下在這個個案中的潛在好處與風險。如果好處大於風險，那麼這份多重關係就有正當理由；然而，如果風險大於好處，那麼助人者就要婉拒這份關係，並且向案主加以解釋說明理由，甚至必要時轉介給其他專業人員。

在你苦於判斷怎樣才能構成適當界線時，你可能會發現某些角色的混淆在特定情境下是不可避免的。因此很關鍵的是要學會如何管理界線、如何避免跨越界線變成違反界線，以及如何發展防護網預防案主受到剝削利用。即使是經驗豐富的專業人員在涉及跨越界線和建立適當角色時，也常被挑戰要遵守大部分倫理課程所學的。對學生、實習生以及沒經驗的助人者來說，處理多重關係的挑戰可能更大，對於這些臨床經驗相對缺乏的人，最明智的做法就是盡可能避免涉入多重關係。思考一下我們討論過的主題和指導原則，然後把它們應用到本章所提到的每個情境，問問自己，你會怎麼解決和你的案主間因為角色衝突所面臨的倫理兩難。

┃第六節┃　整合專業與個人關係

你可能會被某個極度欣賞你並邀請你和其發展友誼的案主打動，與其建立社交關係。如果你也喜歡這個案主，且你的朋友圈又小時，這種渴望可能

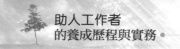
會特別強烈。如果你告訴案主不可能有私人關係或是社交關係，你或許也會害怕去處理拒絕案主後造成的可能感受。

　　平衡和案主間的專業關係與私人關係是很複雜的。作為一個助人者，你可能不太會挑戰這樣的案主，免得你和他的私人關係破裂。或是你可能會經驗到難以和你的案主分離。即使你能夠維持你的客觀性、在面質與支持案主間取得最佳平衡，你的案主還是可能難以區分這兩種關係。我們要考量的因素就是：不管你如何看待這個議題，你和案主的關係一定都是不平等的。案主／朋友會分散你的時間和注意力，即便你沒有收費，關係仍然是不對等的，因為你會提供更多的傾聽和回饋。在一個對等的友誼裡，夥伴雙方會互相接受與回饋。

　　有時候助人者和案主間會發生社交關係，當你發現自己處在這個位置時，你要仔細考慮幾個問題：「這份社交關係會妨礙我和案主間的工作效能嗎？」「這份友誼會阻礙案主和我工作嗎？」「我能保有足夠的客觀性來判斷任何可能產生的負面效果嗎？」我們確實在意那些與案主有社交和私人接觸的助人者，如果你大部分的普通朋友都是專業上服務的那些人，我們會質疑你是否正在利用助人者的角色滿足自己的私人需求。

◆ 案例：和案主午餐

　　Roberta 是一位治療師，已經和她的一個案主會面一陣子了。這位男性案主 Joe 詢問 Roberta 是否樂意和他一起午餐會面，她問他要在辦公室外進行會面的理由，Joe 說他想在非正式的場所會談，也想藉午餐表達對 Roberta 提供協助的感激之意。事實上，這個情境複雜的原因在於 Joe 的個人議題之一就是他害怕被拒絕。Joe 告訴 Roberta 他這場邀約是個冒險。

　　你的立場：你如何處理這個情境？如果案主和你同性別或是不同性別，會有什麼差別嗎？你自己對這個案主的感覺會不會影響你的決定？

◆ 案例：在治療以外參加團體的運作

　　Bill 在機構內正帶領一群男性團體，這些成員討論到男性如何在我們的

文化中被孤立。為了處理孤立，他們決定在機構內定期團體會面外，要建立一個月一次的額外團體聚餐，他們也邀請團體領導者 Bill 加入他們團體外的聚會。

你的立場：你認為 Bill 適合參加他們的聚餐嗎？你對這個情境的倫理考量是什麼？支持和反對與這群團體成員進行社交活動的理由是什麼？你會怎麼回應他們？為什麼？你的性別會影響你的決定嗎？

◆ 所處的文化脈絡

在評估將友誼和助人關係混為一體的適當性時，文化脈絡可扮演重要的角色。從非洲人觀點撰寫多重關係的 Parham 與 Caldwell（2006）質疑阻止發生多重關係的歐洲中心倫理標準，並主張這樣的標準已被證實是諮商非裔美國案主時的一個障礙物。從非洲人的觀點來看，助人關係不能只侷限於辦公室，相反地，諮商包括了許多活動，包括交談對話、娛樂活動、歡笑、一起聚餐烹煮的經驗、旅遊、參與儀式和典禮、歌唱與打鼓、說故事、寫作和觸碰。Parham 與 Caldwell 認為每個活動都有潛力成為助人經驗中的「療癒焦點」。

Sue（2006）在相似的理念下更清楚地說明，某些文化團體可能很重視和專業助人者間的多重關係。在某些亞洲文化中相信，私人的事情最好在親友間討論，對陌生人（專業助人者）說私事則被視為是禁忌，也會違反家族和文化的價值。依據 Sue 的看法，某些亞洲案主可能比較喜歡傳統的助人角色逐步發展成更人性化的角色。

一、和已結案案主交朋友

雖然和現任案主同時有私人與專業的關係是很有問題的，但無論如何，一項研究提出諮商師與案主間的友誼在結束諮商後是可接受的（Salisbury & Kinnier, 1996）。這項研究中 70% 的諮商師相信和結案案主發展友誼，可接受的時間是在結案後 2 年，且 33% 的人已在這樣的關係中。這些諮商師表達

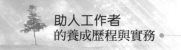
他們最關注的議題是，該用哪些環境條件來判斷結案後的友誼是適當的，且能避免對案主造成傷害。

在 Anderson 與 Kitchener（1996）有關心理諮商師與結案案主間非關浪漫、非涉及性與後治療階段關係的研究中，他們發現，對於該如何做才合乎倫理的接觸並沒有共識。有些治療師相信治療師與案主間的關係會永遠持續，但是參與 Anderson 和 Kitchener 研究的人在提到非關性的後治療關係時，並沒有這個「一日為案主，終生為案主」的概念。這個研究中大多數治療師述說和結案案主非涉及性的關係是合乎倫理的，特別是在過了一段結案時間後；其他諮商師則認為如果結案案主決定不再回到前治療師的治療時，以及治療關係不會阻礙後續其他治療師的治療時，這種關係是合乎倫理的。

雖然和結案案主交朋友可能不會不合乎倫理，但這樣的實務處理也未必明智，最安全的策略應該是要避免和結案案主發展社交關係。長期來看，結案案主可能更需要你在某個未來時刻當一個治療師而非朋友。如果你和某個結案案主交朋友，他／她可能就不再有資格使用你的專業服務了。

除此之外，可能在很多情境下，權力的不均衡從未改變，即使在社交關係中，你可能還是被當成提供協助的人，或是你的舉動還是像個助人角色。在你允許專業關係進展成私人關係前，你必須要能覺察自己的動機，而案主也要能覺察其動機。如果你習慣和你的結案案主發展社交關係，你可能會發現自己正過度擴展和不滿你所追尋或是同意的關係，在這個情境下的核心是：你有沒有能力建立一個你想要和不想要的清楚界線。

你和現任或結案案主發展友誼時你會想到什麼？你願意和案主發展這樣的私人或社交關係嗎？為什麼願意，又為什麼不呢？在進入私人關係前，你想和結案案主討論什麼議題？

二、諮商中的以物交易

用物品或其他勞務來交易（bartering）心理治療服務有著潛在的衝突。Glosoff、Corey 與 Herlihy（2006）提到，和案主用物品或是勞務交換諮商服

務的諮商師，常是因為樂善好施的動機，最典型的就是幫助那些付不起專業諮商費的案主。當案主付不起諮商師的專業服務費時，他們可能會建議一項交易的協定。舉例來說，幫忙助人者打掃房子、做某些行政服務，或是做其他私人工作。當案主處於可獲知其諮商師之私人資訊的位置時，他們很容易陷入困境。這將會干擾助人者和案主間的關係。

以物易物在許多文化中是一種可被接受的做法，但是交換諮商師的服務特別容易有問題。案主可能以為他們的諮商沒有進展得很好，並對助人者沒有照其協定內容而感到不滿；同樣地，助人者也可能不滿意缺乏時間限制或是案主提供的勞務或物品的品質，這些都可能導致怨懟，並且極度干擾治療關係。

◆ 以物交易專業的倫理兩難

現在大部分的倫理守則都對專業中以物交易有特定的標準，雖然專業關係中以物交易沒有被全面禁止，但是在做法上還是要有契約規範。

在某些文化以及某些特定社區中，以物易物是可被接受的做法。以物易物是我們容許助人者有某些空間使用其專業判斷，並考量其操作的文化脈絡下，可被接受的多重關係中的一個例子。

如果你正在考量某些交易形式以便替代付費取得你的專業協助，諮詢一下有經驗的同事或是督導員，這類諮詢可能就會導引出你和案主都沒想到的另類選擇。在你思考過情境中關係重大的議題與諮詢過其他人後，我們建議你要和案主直接討論在此特殊的情境下進行交易的優劣利弊。這種和案主合作式的討論，就像聽取他人意見一樣，可能有助於你辨識在交易協定草案中某類潛在的問題。你要持續地諮詢與進行個案討論，特別是攸關界線和多重角色的事件，並能了解特定實務意涵的脈絡。當然，你與督導以及案主的所有討論過程都應該詳加記載於文件中。

在你要進入以物交易前，雙方都應該討論一下協議的內容，要能對交換的內容都有清楚的了解，才達成協議。重要的是要討論可能發展的潛在問題

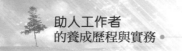

與檢視替代方案，使用交易對照表來決定服務費或是提供轉介都是替代有價交易的方案。也許遵守一般規則最安全的方式，就是不要用物品或勞務來交換專業服務，因為這都可能為助人關係帶來潛在的衝突、剝削利用和緊張。不過，你還是需要估量一下在專業實務中所面臨到的現實生活情境為何。

◆ 以物交易專業的法律層面

　　以物交易專業沒有被倫理或是法律所禁止，作為一個助人者，你可能要面對某些是否決定要用交易作為替代方案的情境，特別是當案主付不起服務費時。如果你諮詢 Robert Woody（他是一個諮商教育者，也是一個律師），他可能會勸你要留下清楚的交易協議。Woody（1998）據理反對使用交易來換取心理諮商服務，並說到交易低於實務最低標時就會成為案例。如果你和案主進入了一項交易協議，你就會有壓力要去證明：(1)這份交易協議對你的案主最有利；(2)協議是合理的、公平的，而且不會有不良的影響；(3)它不會妨礙你提供案主有品質的心理治療服務。因為交易對治療師和案主都充滿著風險，Woody 相信應該審慎評估把它當作最後選項，他甚至總結說交易不是個好方法，而且應該要避免。

◆ 以物交易專業的其他觀點

　　Koocher 與 Keith-Spiegel（2008）主張當人們需要心理諮商服務，但是又沒有保險支付或是正處於財務困難時，以物交易可以是具有正當性又符合人道主義的做法。他們認為這種交易方式能帶給雙方滿意感。Thomas（2002）視交易為一種幫助經濟困難者的合法工具。他認為不該只因為案主有微小可能性會對治療師提出訴訟，就把這種交易選項排除在規則以外。然而，Thomas 相信冒險進入任何多重關係都需要仔細思考與判斷，他主張絕大多數的專業工作都應該以一般流通貨幣來支付，但他也提到若是因為案主的經濟情況不許可，應該要有津貼補助現有的心理諮商服務。交易可以是一種提供給在財務上不符合保險賠償者的協助方式。Thomas 建議要有一份契約詳加說明治療師和案主的協議細節，並且定期回頭檢視。

◆ 案例：交換治療服務

　　Carol 數個月來一直都在幫 Wayne 諮商，Wayne 也都持續有付費，現在他在諮商上有絕佳的進展。Wayne 這次來會談時很沮喪，因為他丟了汽車零件代理商的工作，窘迫的財務壓力讓他沒辦法再繼續出席 Carol 的諮商。他提議可以幫 Carol 那輛高級車的引擎做個徹底的檢修，以支付他後續的諮商費用。他詢問 Carol 願不願意接受他的提議，因為他真的不希望在這個時候中斷他的諮商，最重要的問題是他現在失業了。

　　你的立場：你傾向和 Wayne 達成某種形式的交易協議嗎？為什麼想以及為什麼不想？除了交易，你還會提供 Wayne 什麼其他的選項嗎？你會因為他的情況而考慮繼續和他會談但不收費嗎？思考一下當你遇到下列議題時，你會怎麼做：

- 你的決定會不會取決於你工作的環境是在大都會或是鄉村地區？
- 你在做決定時會如何把文化的脈絡考量在內？
- 如果你同意以物交易服務，而 Wayne 並沒有把你的汽車引擎修理好，這可能會對你和他正在進行的諮商過程造成何種影響？
- 如果你告訴 Wayne 做這項交易讓你覺得不舒服，而他的回應是他覺得你在他最需要協助時放棄他，你會怎麼回應？

三、在治療關係中贈送與接受禮物

　　很少有倫理守則會特別提到在治療關係中贈送和接受禮物的主題，但是，AAMFT（2001a）的倫理守則說明了這個議題：「婚姻與家族治療師不會贈送案主或是接受從案主而來的：(1)有實際價值的禮物；(2)有損治療關係完整性或是效能的禮物」（3.10.）。

　　奢華的禮物必定有倫理的問題，但你可能會把從案主處接受小禮物與你給案主禮物兩種感受混淆。有些實務工作者會把他們不能接受案主禮物的政策放在知後同意的文件中。我們比較喜歡評估每個個案所處的環境，因為有

許多因素必須納入考量。Koocher 與 Keith-Spiegel（2008）相信接受小禮物不會引發倫理問題，不過實務工作者可能要詢問這個小禮物對案主有何意義。接受某些特定的禮物（具高度個人性的物品）可能是不適當的，也需要探索一下案主的動機。Zur（2007）建議我們在決定要不要接受案主餽贈時，必須要考量許多因素，有些因素是禮物實際價格、時機、頻率、贈送者的動機、內容、對接受者或給予者的影響、文化兩難以及臨床上意涵。他強調要了解與評估餽贈在脈絡中所賦予的意義，這裡有幾個是你在決定要不要接受案主餽贈時可能要探索的問題：

- 這個禮物值多少？大部分的專業助人者可能都同意，接受一件非常昂貴的禮物是不恰當也不合乎倫理的。如果案主提供你戲院票券，並要你結伴前往，也是有問題的。

- 接受或拒絕餽贈在臨床上有什麼意涵嗎？很重要的是，你要知道接受案主餽贈有著臨床禁忌，要能和你的案主探索一下原因。你可能也需要和案主探索一下他給你禮物的動機。案主可能是為了尋求你的認可，在某些案例可能是案主為了取悅你。沒有經過適當的討論就接受案主禮物，長期而言並無助於他。

- 提供禮物這件事發生在助人過程的什麼階段？如果案主在關係早期就想給你禮物或是發生在專業關係結束時，這兩者就有所差別。不論治療師或是案主給小禮物當作結案過程的一部分，從臨床的觀點來看是適當而珍貴的。比較有問題的是在諮商關係早期就接受禮物，因為這麼做可能是鬆懈必要界線的前兆。

- 你選擇接受或拒絕案主餽贈的動機為何？即使你個人對於這麼做感到不舒服，你會只是因為不想傷害案主的感覺就接受餽贈嗎？可能你接受餽贈是因為你無法建立穩固而清楚的界線，也可能是因為想要案主提供的東西而接受餽贈。Zur（2007）建議諮商師要小心考量是否接受餽贈，或是要不要提供案主禮物的損益比，他也建議案主或是治療師

提供的禮物應該要記載在個案紀錄中。

- 提供禮物的文化意涵為何？和有文化差異的案主群工作時，臨床人員常會發現他們需要跨越界線去強化諮商關係（Moleski & Kiselica, 2005）。文化脈絡確實在評估接受餽贈的適當性上扮演重要角色。餽贈的意義隨文化而異，在某些文化，如果你沒有接受餽贈，很可能你的案主就會覺得受辱。舉例來說，一個亞洲案主可能會提供禮物來表達感激尊敬以及確認關係。雖然這樣的行動在文化上是恰當的，但是有些助人者相信接受這份禮物可能有損其界線、會改變他們的關係，甚至造成利益衝突。

Brown 與 Trangsrud（2008）做了一份調查，評估 40 名有證照的心理諮商師有關接受或婉拒案主餽贈的倫理抉擇過程。這份調查指出，如果禮物是不貴的、在文化上適當、又是在結束處遇時表達感激之意的話，心理諮商師似乎都會接受案主的禮物。如果禮物是昂貴的、在處遇期間餽贈而非結束時，以及帶有感情或是強迫意圖時，他們比較會婉拒。這份調查顯示了在權衡接受禮物的好處，以及拒絕禮物而損及治療關係的風險上，文化因素的考量很重要。

如果你發現案主有一種想給你禮物的行為模式，可能你的某些方式也助長了案主要心懷感恩的感受；然而，如果很稀罕地，案主給了你一個禮物，你還是要確認一下此情境為何發生。思考一下，怎麼做你會比較舒服，以及什麼才是案主的最佳利益，如果你決定不要接受這份禮物，我們建議你要和案主討論你的理由。一個開放式的討論可能比你只是給案主一個教條或是政策來得豐富、有敏感度。如同討論以物交易的例子一般，不管你接不接受禮物，最好都記下你的理由。

◆ 案例：贈送與接受禮物

一位中國案主 Lin 在進行了五回合的治療後，送給她的治療師一件珠寶禮物，而他們後續還有五回合的治療。她很感激治療師為她做的，治療師如

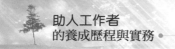

果能接受這份珠寶將對她意義重大，因為這份珠寶已經在其家族中珍藏多年，這是她表達感激的方式。

　　你的立場：思考一下你在助人關係中贈送與接受案主禮物的立場，你看出在治療期間或是治療結束後接受餽贈的差異了嗎？在接受或拒絕其禮物前，哪些面向是你想和 Lin 探索的？在你做決定時你會如何考量 Lin 的文化背景以及餽贈對她的意義？如果 Lin 告訴你在她的文化裡，你若接受她的禮物，她會期待你也能回禮互惠，你會跟她說些什麼？

│第七節│　處理性吸引力

　　有些助人者會因受到某個案主的吸引而有罪惡感，相對的，當助人者意識到某個案主受他們所吸引時也會覺得不舒服。似乎有一種傾向是性的感覺不應該存在，而助人者也很難認同與接受這份感覺。Pope、Sonne 與 Holroyd（1993）提到缺乏研究、理論、訓練和機會來討論性吸引力，導致創造出一種發生此類感受時不鼓勵助人者去探索的氛圍。他們更提到心理治療中對性吸引力這個主題充滿著禁忌，進而為助人者的性吸引力經驗創造了一種危機四伏的脈絡。對於助人關係中性感受的典型回應，包括了驚訝、驚嚇、震驚、罪惡感、對於未解決私人議題的焦慮感、害怕失控、害怕被批評、無法公開談論的挫敗感、無法有性接觸的挫折感、對工作的困惑、對界線與角色的困惑、對行動的困惑，以及害怕無法回應案主的需求。

　　在 *Sexual Feelings in Psychotherapy* 一書中，Pope、Sonne 與 Holroyd（1993）打破禁忌，討論關於如何承認及處理治療中性吸引力的感受，並提供以下指導原則：

- 探索助人者性慾的感覺與反應是專業訓練的重要面向。
- 應該清楚區別有性方面的感覺和與案主有性親密的差異。
- 不允許助人者剝削利用案主。

- 大部分的助人者會經驗到受案主吸引而造成的焦慮感、罪惡感或是困惑。
- 助人者必須毫不逃避地去覺察與處理助人關係中的性吸引力。
- 助人者最好能在一個安全的、非批判的、支持的脈絡中,和其他人探索一下自己的感受。
- 了解性愛的感覺不是件簡單的事情,這意味著助人者必須願意投入在一私人的、複雜的和無法預期的探索過程中。

受到情感或是性吸引並不意味著你就要對治療上的失誤有罪惡感,或是你就是邪惡墮落的,不過,重要的是你要承認你的感覺,並避免和案主發展成不適當的性關係。雖然暫時的性吸引是正常現象,但是受到案主強烈的性吸引卻是有問題的。Gill-Wigal 與 Heaton(1996)指出以下警訊是暗示你可能正在超越適當界線,應該要採取預防行動了:

- 想和某個特定案主增加會談時間
- 當特定案主出現就會覺得特別有能量
- 和這個案主的相處越來越有樂趣
- 享受情愛內容的討論
- 持續充滿對案主的性幻想
- 當案主出現就覺得會引發性慾望
- 想獲得案主的認可
- 渴望和案主有肢體接觸
- 覺得你是唯一可以幫助案主的人
- 只要想起案主就會有焦慮和罪惡感
- 否認從專業關係轉變成性關係會造成傷害

學習如何有效處理對案主的感情回應或是吸引力,牽涉到了解你自己的感覺,並採取步驟以降低此吸引力造成妨礙案主福祉的機會。Gill-Wigal 與

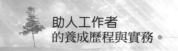
Heaton（1996）建議要負責任地處理受吸引喜愛的感受，就要承諾不把這份喜愛付諸行動、不會受到鼓勵或是滋養，他們建議用以下的策略來協助助人者處理對某個案主的喜愛：

- 不要否認受到吸引的感覺，如果你不承認自己的感覺，你就無法負責任地處理受吸引的議題。
- 尋求一個督導、可信賴的同事或是治療師來討論，並釐清你的情愛慾望。
- 在你的情愛感覺妨礙到處遇案主的進展前，你要為關注自己的治療需求負責。
- 你要體認到你有責任設立清楚而適當的界線。

Koocher 與 Keith-Spiegel（2008）建議治療師與其他治療師（可能是一個有經驗又受信任的同事或是適合的督導）討論和案主間的性吸引力。取得對此情境的新觀點有助於釐清風險、覺察這份關係的脆弱性，以及探索如何進展的一些選擇。尋求專業諮詢通常是個好想法，但我們提醒你不要直接和你的案主分享這份受吸引的感覺。這樣的揭露可能會損及治療工作，而且還會對案主造成負擔與困惑。Koocher 與 Keith-Spiegel（2008）強調，治療師永遠都要為處理自己對案主的感覺負責，而歸罪於案主或是究責於案主都不能成為不專業與不合乎倫理行為的一個藉口。

當你讀到以下的這些案例，思考一下在每種情境下你會怎麼做。

◆ 案例：治療師受到案主的吸引

一個單身女同事告訴你，她和一位女性案主有個問題，她非常受到這個案主的吸引。她發現自己在每次會談時都很樂意延長時間。你的同事告訴你，如果她不是案主，會想約她出去。你的同事在揣想是不是該結束這份專業關係，然後開始私人關係。她已經和案主分享她深受吸引的感覺，而這個案主也承認受她吸引。

你的立場：你的同事來尋求你建議她下一步該怎麼做，你會對她說什麼？如果你也有相同的處境，你覺得你會怎麼做？

◆ **案例：案主受到治療師的吸引**

在一次諮商會談中，你的一位案主向你揭露：「我發現你很有吸引力」，案主對於她自己的告白覺得不舒服，而且現在想知道你會怎麼思考和你的感覺。

你的立場：如果你聽到這些，你能想像這會如何影響你嗎？你會說什麼來回應案主的擔心？

◆ **案例：討論性愛的感覺**

你的一個案主鉅細靡遺地描述了他的性感覺和性幻想，隨著你的聆聽，你開始覺得不舒服。案主注意到這個狀況並詢問：「我說了什麼不該說的嗎？」

你的立場：你會怎麼回應這個案主的問題？你會在你自己的治療或是和同事的談話中探討這個議題，以便對你的感覺有所了解嗎？你會和你的案主分享多少？

◆ **案例：案主的個人請求**

有個你喜歡的案主稱讚你是多麼地包容、仁慈、溫和與善解人意。這個案主表達希望能聽到更多有關你的生活。

你的立場：你認為你的自我揭露會對這位案主有幫助嗎？你會把案主的治療重心放在一旁，然後為了自己的需求而自我揭露嗎？你能觀察到自己充滿私人交談，且內容實際上和你的治療目標無關嗎？如果發生這個狀況，你會採取什麼行動？

處理吸引力的訓練

尋求同事、督導或是個人治療的協助，可以讓學生和實習生有管道獲取

一些指導原則、教育和支持，來處理其受案主吸引的感覺。Pope、Sonne 與 Holroyd（1993）認為，實習階段的同儕督導團體是討論對案主性慾感受的理想場合。在訓練期間仔細留意有關性的議題，對於發展成適格的心理專業人員很重要。這項訓練應該包含正確的資訊與提供實務操練經驗的機會，比如說角色扮演棘手的情境（Wiederman & Sansone, 1999）。Hamilton 與 Spruill（1999）相信在學生開始接案前，增加他們對性吸引力覺察的議題是很重要的。他們建議應該把如何處理性吸引力議題列為基本必修的臨床實務課程。

有鑑於在助人過程中處理性吸引力議題的挑戰，Herlihy 與 Corey（2006b）建議助人專業中的訓練方案應該增加對性吸引力議題的重視。助人者必須確保其感覺是出於自然，並能有所覺察地學著提供案主專業的協助，即使他們可能有時候也會有受到性吸引。Herlihy 與 Corey 強調要學會檢視你自身的反移情、要能向同事諮詢，並留意性吸引力的細微處，它可能會使人從跨越界線到進入不適當的多重關係。我們建議你參考 Irvin Yalom（1997）所寫的一本書《診療椅上的謊言》（*Lying on the Couch: A Novel*），這本書中提到許多有趣的案例，以及論述治療師和案主間性吸引力的滑坡謬誤（slippery slope）[1]。

第八節 與現任案主的性關係

不當的性行為（sexual misconduct）是心理健康人員對案主處置不當（malpractice）的主要原因之一。研究助人者與案主間性關係的學者描述，這種不當行為比一般料想到的還要普遍。研究顯示，助人關係中的性行為可能會對案主造成嚴重的傷害（Knapp & VandeCreek, 2003）。Sonne 與 Pope（1991）描述已經與其治療師有性關係的案主，都容易和那些被亂倫與強暴

---

1 譯註：滑坡謬誤（slippery slope）是指每一個推論其實有很多個可能性，但是武斷地將一些事情執著於一點，然後無限引伸出沒有關聯的枝節以達到某種曲解的結論。有小題大做、誇大個別現象的邏輯謬誤。

的倖存者有相似的反應，包括如背叛、困惑與罪惡感等強烈的感受。

　　不當的性行為在處置不當的訴訟案件中是較嚴重的主訴之一，大部分的心理健康專業人員都認同和案主有性愛接觸就是不適當的，也都是治療師對關係的一種剝削。他們認為與案主的性接觸是非專業、不合乎倫理，並且會造成臨床傷害。

　　治療師—案主間的性接觸具有高度的破壞性，也是最嚴重違反界線的舉動（Smith & Fitzpatrick, 1995）。文獻顯示，和案主發生性關係將伴隨著倫理與法律面向的嚴重後果，這些後果包含成為法律訴訟的標的、會被判重罪、會被吊銷執照、會被專業組織除名、喪失保險項目以及失業。治療師可能被判監禁，還必須接受心理治療，即使他能夠重新工作，不僅會受到嚴密監控，工作也會受到監督。

　　讀到這裡，你可能覺得自己不會和你任何一個案主牽涉到不當性行為，那些和案主發生親密行為的實務工作者以前也和你有同樣的預設。記住你不會免除和案主發生情愛的可能性。請對你的需求和動機保持警覺，以及警覺到當你發現自己受案主吸引時，你的需求與動機如何妨礙了工作。

　　案主通常只跟你短時間接觸，而且他們可能只看到你最好的一面，你可能向來受到尊敬與諂媚，並被誤認為毫無缺點，這種無條件的景仰可是非常有誘惑力的，特別是在剛成為助人者時，而你很可能會非常依賴這樣的回饋。如果你的案主說你有多麼善解人意、多麼不同於他所認識的其他人，你可能會很難不去相信他們所說的。如果你不能用適當的觀點來看待案主對你表達的感受，作為一個助人者你就有麻煩了。如果沒有自我覺察和誠實，你可能會把會談導向滿足自己的需求，而最終免不了牽扯到性。

　　性愛接觸是不合乎倫理的主要論點，來自助人者因其專業角色而有的權力。因為案主談論其生活中非常私人的面向，而使得他們具有高度的脆弱性，助人者如果出於私人動機而剝削利用案主，就很容易背叛這份信任。性接觸也是不合乎倫理的，因為這會促成依賴並使助人者失去客觀性。但是反對和案主性接觸最重要的論點是大部分的案主最終都表達受到傷害。最典型

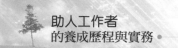
的就是案主會變得怨懟與憤怒，他／她會覺得自己受到性的剝削利用以及被遺棄，而且通常會覺得自己被困在創傷經驗中未解決的問題與感受裡。

▎第九節▎ 與結案案主的性關係

多數不同專業的倫理守則現在都對專業關係結束後的性關係沒有絕對的限制，但是都提醒助人者與結案案主發展成戀愛關係要在一定期間後，通常是結案後的 2-5 年。不過，這並非意味著在經過特定年數後和案主發展這樣的關係就是合乎倫理或是專業。ACA（2005）、NASW（2008）、CRCC（2010）、AAMFT（2001）和 APA（2002）的倫理守則都相當著重與結案案主形成關係的條件，舉例來說，因為吸引力的關係與案主結案，等個幾年，然後再開始戀愛關係，這不被認為是合乎倫理的。即使是過了 2-5 年，助人者還是有職責要檢視他們的動機，仔細考量什麼對結案案主才是最好的，以及要小心避免任何形式的利用。

在和結案案主可以有性關係的例外情況中，如何證明沒有利用案主的前提取決於實務工作者，我們要考量的因素包括治療結束後經過多久時間、治療的本質與期間、助人者一案主間的關係在結案時的環境氛圍、案主個人的生命歷史、案主的能力與心理狀態、預期傷害案主或其他人的可能性，以及結束專業關係後助人者暗示發展戀愛關係的任何陳述與行動。

大部分的助人專業都同意，助人關係在本質上的結束不能合理化專業關係中的性關係，如果助人者考慮在結案後 5 年和案主談戀愛，明智的做法就是諮詢同事，或是和前案主尋求治療，一起探索相互間的移情與期待。要能持續覺察結案後的親密行為對案主的潛在傷害，還有治療關係可能對新關係產生影響的面向，以及持續的權力差異（Herlihy & Corey, 2006b）。

重點回顧

- 多重關係可能會發生在你和案主的互動有一種以上的角色身分時。要能意識到你所處的權力位置，並避免出現利益衝突。

- 本章有助於把你和案主的關係維持在專業而非私人的基礎上。把社交關係和專業關係混淆常常會不利於案主和助人者雙方的最佳利益。

- 避免以物交易專業服務可能是個好想法，除非當它是現有的最佳選擇以及它具有文化規範。交換服務可能導致你和案主雙方的怨懟不滿。

- 在決定是否接受案主的禮物時，考量一下文化脈絡、案主提供禮物的動機，以及助人歷程的階段。

- 情愛吸引力是助人關係中正常的一部分，重要的是學會如何認知到這份吸引力，以及發展合宜又有效的處理策略。

- 不當的性行為是心理專業人員處置不當的主要肇因。助人者與案主間親密性行為有許多不合乎倫理的原因，最主要的原因之一就是他們涉及濫用權力與信任。

你可以做什麼？

1. 有些人說多重關係是必然的、普遍的、不可避免的，而且不是有利就是有弊。在小團體中同時探索多重關係潛在的好處和風險；準備好相關的指導原則來評估一下你如何平衡多重關係內可能的好處與風險。

2. 回顧一下與結案案主的性關係之討論，分成兩組來辯論是否同意在諮商關係結案的特定時間後，與結案案主發生性關係和戀愛關係的議題。

3. 假設你是監督倫理守則委員會的成員，考慮與結案案主有社交上、性方面、商業上及專業上關係的合適性時，你會思考些什麼？在某些或是大部分的情況下，這些關係應該被認為是不合乎倫理的嗎？你能想到例外情況嗎？你可

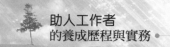
以思考一下結案案主的社交邀約，有哪些情境是你可以接受的？你認為和結案案主有商業往來是合適的嗎？你能想到你何時可能又會和結案案主形成專業關係？

4. 在小團體中花點時間討論在建立私人與專業界線的重要性上，你學到什麼？你預期和某些案主在建立與維持特定界線時會碰到什麼差異？

5. 這裡列出的資料來源，完整書目請查閱本書最後的參考文獻。有關當代多重關係論戰的許多處遇面向，可以參考 Herlihy 與 Corey（2006b）、Lazarus 與 Zur（2002），以及 Zur（2007）。

CHAPTER 10

從實習與督導中獲益
Getting the Most From Your Fieldwork and Supervision

焦點問題・導論・從實習中獲益・從督導中獲益・督導中的
多重角色與關係・重點回顧・你可以做什麼？

焦點問題

1. 你如何在實習機構得到最多的學習？

2. 你如何在督導中獲益更多？如果你沒有得到應有的督導品質，你會採取什麼方法面對？

3. 在實習的場域，有哪些方法可以幫助你挑戰你的自我懷疑？你如何將你的恐懼轉換成學習的資產和機會？

4. 你會採取什麼樣的方式來面對你在實習過程中所遭遇的困難？若你在不喜歡的實習機構中實習，有哪些可能的獲益？

5. 在督導時，你認為什麼樣的態度及行為可以幫助你的學習得到最大的收穫？

6. 對於將接受個人諮商列為系所專業課程的一部分，你的看法為何？倫理實務中規範督導關係不應成為受督者與督導之個別諮商關係，你的看法為何？

7. 你想要在你的實習當中學到什麼？在接受一個實習機會之前，你會想詢問哪些問題？

8. 你認為一位好的督導應具備什麼樣的特質？

9. 你對於督導應提供的知後同意有什麼看法？在督導進行之前，有哪些相關的細節是你想知道的？

10. 團體督導有哪些優點？

| 第一節 | 導論

當你採取積極的態度，你會從系所課程及機構實習當中獲得許多收穫。有時候學生會對於系所、教授和他們所得到的督導感到失望。在每一個教育體系內都會有些缺失，因此真正有益處及有建設性的是，著重在你如何從課業及實習經驗當中得到最大的獲益。與其把注意力放在自己無法改變的事上，不如想一想在你的學習過程中你可以做些什麼，以及以積極的態度面對學習過程的所有人事物可能帶來的益處。

在本章中，我們鼓勵你去採取行動以確保自己參與一個有意義的實習，以及主動選擇有效的督導。

| 第二節 | 從實習中獲益

在諮商、社工、臨床心理及伴侶和家族治療等助人專業上，大部分的研究所課程會將見習及實習課程設計為核心課程。而大多數大學部的社會服務核心課程中，亦會提供協助學生了解機構的相關課程。實習課程的安排，銜接了理論課程與實務工作的應用。在實習課程中獲得的真實經驗，提供學生有機會學習關於機構書面作業、機構政策及流程，以及了解與不同族群的個案工作及可能面臨之問題的挑戰。

以下是系所設計實習課程的部分目標：

- 提供學生社會服務實務工作不同學派及方法的知識。
- 幫助學生提升自我覺察，進而達到專業自我的發展。
- 擴大學生對於個人、家庭、社區及相關系統之社會文化的了解。
- 幫助學生了解及尊重文化的多元性，並提供學生以此為根本的服務模式。

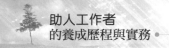
- 協助學生擴展在機構內專業角色關係的覺察，以及機構在社區所扮演的角色的覺察。

在你能夠投入見習及實習課程的學習之前，你必須有理論課程的基礎、對特定族群的了解知識，以及一定程度的助人技巧。你可以藉由投入社區機構擔任志工，來增加你在學業上的學習經驗。因為擔任機構志工，是融合學理知識、實習經驗、技巧訓練及個人成長的整合性學習，也讓系所課程更為完整。

一、主動選擇有意義的實習機會

如果你有機會選擇你想實習且能得到良好督導的機構，你必須積極地確認你所選擇的機構是最優良的。積極地確認機構品質的方法之一，是在實習面談時提出你的疑問。以下是你可以考慮詢問的問題：

- 機構的服務目標及目的為何？機構所提供的服務為何？
- 機構是否有接受過實習生？如果有，實習生的工作為何？
- 機構及專業工作人員會如何看待實習生？他們會視實習生為工作團隊的成員，或是在一旁觀察的觀察者？
- 目前機構有提供哪些實習的工作機會？
- 是否曾有實習生完成實習課程後，受僱於該機構？
- 實習生具體之職責為何？
- 實習生是否需具備特殊的助人技巧，或機構對於實習生是否有特別的要求？
- 我必須向誰提出工作報告？我的督導是誰？每週我可以有多少小時的督導時間？
- 機構是否提供訓練或是工作人員成長發展的機會？在我實習之前及實習過程中，會接受什麼樣的訓練？
- 機構內是否有提供會談的錄影設備？

• 機構是否提供實習生服務疏失責任險的保障？

我們希望你在選擇有意義的實習機會時，採取積極的行動，那將能提升你的專業學習。在做這樣的選擇時，你需要相當多的思考、時間及準備，去尋找一個可以得到專業督導，以及可以從來到機構尋求協助的個案所帶來的許多問題中有所學習及獲益的機構。

如果你在社區機構工作，並且想要在這個機構內實習，建議你在你的機構中盡可能地參與不同的實習工作。如果你已經在某機構擔任志工，或是受僱於某機構，建議你在實習中嘗試不同的工作，如：參與不同的任務、擔任不同的角色、與不同的個案族群工作。實習機會應該要能夠提供許多不同的實習環境，以及多元的督導方式。大多數的機構都會提供多樣的實習機會。新的專業領域的訓練，是獲得新知識及技巧的管道。受督導的實習機會，提供你學習在系統中工作的臨床經驗。越多的臨床及受督導的經驗，能使你學到更多，並承諾讓自己成為最有能力的助人工作者。

當我們與社會服務系所之畢業生談話時，他們常提到目前的工作是透過之前實習所建立的人脈而找到的。事實上，大部分的畢業生表示，他們希望能夠參與更多的實習活動。有些畢業生覺得很遺憾，在實習的過程中沒有機會獲得更多樣的實習經驗。如果系所允許的話，建議你在實習前能夠盡量參訪各個機構。了解每個機構的實習工作內容，並且選取幾個機構與他們預約面談。

二、成功的助人工作所需的知識及技巧

當我們詢問實務工作者，在他們目前的工作中最需要的工作技巧有哪些時，他們列出了諮商技巧、督導技巧、諮詢技巧、溝通技巧、與不同層級的管理互動的能力、方案撰寫的能力、組織技巧、危機處理的能力，及網絡連結的能力。有些助人工作者指出自我探索經驗的重要性，特別是個人及人際成長的團體。這些治療經驗提供他們檢視自我的機會，並處理情緒、個人議

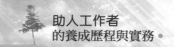

題以及特別是有助於與個案連結的活動。

　　即使這些專業人員目前主要管理的是服務方案，仍提倡自我覺察的重要性，以及了解人際互動的動力是管理的工具。這些在管理層級的助人工作者指出，他們若不知道如何有效率地與人工作，他們便無法管理及協調方案工作。

◆ 社區機構的觀點

　　參與我們系所所執行的自學方案，且提供本校學生實習機會的社區機構，曾經與我們聯繫，並詢問關於尋找工作人員及提出他們對於相關議題的看法。以下是我們對機構人員提出的具代表性的問題，以及他們的回應。

　　1. 實習生若想在你的機構實習，需要具備哪些特殊的知識及技巧？

- 與不同文化背景的個案工作之能力
- 了解倫理及隱私權議題
- 與他人連結的能力
- 資源連結及轉介的能力
- 傾聽技巧、個案管理的能力，及諮商技巧
- 積極主動的能力，而非被動

　　2. 哪些知識、技巧及能力，對於在你們機構服務的工作人員來說是最重要的？

- 具有非常獨立的特質，並能有責任地呈報治療計畫、事件及治療歷程
- 能夠辨識及維持良好的個人及專業界線
- 具有方案組織能力
- 具有創造力、適應力，並能以開放的心、不帶批評的熱誠態度，為社區服務
- 能覺察及接受多元文化，包括移民者的生活經驗

- 自我主導能力及工作認真
- 良好的組織技巧
- 能夠提供身心障礙者教育服務
- 團隊工作的彈性及能力
- 具備良好的問題解決技巧，同時也是一名優秀的創新者
- 危機處理技巧

3. 你認為未來社會服務的趨勢是什麼？

- 家庭功能維護及預防方案
- 高齡人口增加的拓展性服務
- 以心理教育為目標的短期介入方案
- 增加社區外展服務，協助多元種族社區能夠接受到心理衛生服務
- 醫療管理模式

三、如何從你的實習經驗中獲益

有許多原因導致學生常常無法從實習過程及督導中有最大獲益。以下是一些臨床的策略，可以幫助你在實習經驗中獲得最大價值：

- 接觸各種實習機構，避免限制自己服務於單一族群。擴大你自己服務的廣度，可以幫助你找到自己的潛力，以及你真正喜歡的服務族群。透過實習可以了解你所喜愛及不喜愛的服務工作。有些學生起初只想要做諮商工作，但最後發現自己更適合行政或督導角色。
- 參與一些可以為你自己的實習工作做準備的課程或工作坊。這些工作坊提供與特定族群工作的服務發展新趨勢的實用資源。
- 讓你自己融入實習機構，而不要期望讓機構來配合你。以開放的態度向機構工作人員及個案學習。試著停止認為自己應該學到些什麼，反過來聚焦在實習過程中處處存在的課題。透過與機構工作人員對話、

參與工作會議及提問，盡可能地了解機構的政策。

- 留意你的工作對你身心的影響。你的某些生命議題也許會在你投入與個案工作時浮現，可能對你的生活引發更多的焦慮。此時你可以考慮藉由個別諮商帶來的幫助，把它視為是自我照顧的一部分。

- 在你的專業訓練範疇之內提供服務，並且尋找接受督導的機會。學習找到過度自信及持續自我懷疑中微妙的平衡，是十分重要的課題。

- 試著在受督導的情況下，在與不同的個案族群工作時彈性的使用技巧。保持開放，讓你的專業理論可以符合個案的需求，而非讓個案來配合你的專業理論。須了解不同的個案背景需要不同的溝通方式。雖然學習治療的技巧及技術是重要的，但這些必須在適當的方式下使用。

- 不要把你不喜歡的實習經驗視為是浪費時間，至少你學習到特定的機構或特定的個案族群不會是你將來求職的考量。指出哪些是你覺得在該實習機構沒有獲益的經驗，同時詢問自己為何這樣認為。

- 與社區連結。學習如何使用社區資源，以及如何在機構之外尋找支持系統。與你所服務的領域內的其他工作人員對話、詢問同學如何與他們所在的社區連結，以及發展聯繫的網絡。這些網絡連結，可能會帶來一定程度的工作機會。

- 試著寫日誌。記錄下你在服務工作中的觀察、經驗、疑慮及個人的想法。日誌是一個非常好的方式，讓你關注自我的狀態，並且記錄你與個案的工作內容。

- 開放自我去嘗試新的事物。例如，假使你未曾與家庭一起工作，可以試著去觀察一次家庭會談，或者，有可能的話，和一個督導一起做家庭會談。不要抱持如果沒有百分之百的成功，就是一名失敗者的想法，別讓自己在新的嘗試中，對自己期待過高。給你自己從做中學的空間，同時獲得督導的經驗。

- 找尋將課堂所學的知識應用於臨床工作的機會。例如一位專業助人者

回憶她在就讀研究所時修了變態心理學的課程，她也在一個州立心理衛生機構內實習。這樣的實習機會，讓她在真實的情境中了解到課堂上所提的一些概念。

- 你必須有心理準備，做一些期待上的調適。因為在機構的工作人員了解你之前，你是無法直接與個案接觸並提供服務的。在實習之初，你可能必須是一個觀察者。然而，你也必須留意，某些機構會在未給予完整的預備之前即安排實習生任務。

- 看待你的實習為一份工作。將實習工作視為是你受雇於該機構。展現你的責任感，準時與個案工作及參與會議。接受你對實習工作的承諾，盡力投入。

- 盡可能地了解實習機構的組織。詢問機構的政策、方案執行的方式，以及對於工作人員的管理。在某些方案中，你可能會參與管理工作。

- 試著獲得對機構全面的觀點，也試著以個案的角度來看待這個機構。了解機構系統的運作方式，以及評估你如何在系統中成功地扮演你的角色。找出你認為機構內成功參與組織運作的工作人員，與他們對談、向他們學習，把他們當作是你的支持系統。同時了解是什麼促使他們持續提供良好的服務動力。

- 以自我導向的方式思考及行動，讓自己投入不同的實習活動中。主動地參與有意義的任務。

四、與不同類型個案工作的挑戰

如同先前的建議，尋找一個可以與許多不同類型的個案工作並參與不同任務的實習機構，會是一個很好的選擇。透過與不同的族群工作，你可以探索及發展新的專業興趣。如果你的實習工作僅著重在你所選擇發展為專業領域的特定族群或是問題，你可能會失去許多學習的機會，且讓你在專業上受限。

在你的實習過程中，你可能會參與職前訓練和督導。因此你不需要成為

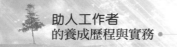
性侵害諮商專業，就可以獲得這一類工作的實習機會。你的工作夥伴和督導會指導你與性侵害個案工作的處遇模式。因此，比起熟悉如何與特定族群或特定議題工作，更重要的是具備基本的專業知識和技巧，以及以開放的態度學習更多特殊的專業能力。

◆ 幫助與你不同的個案

　　我們的一位同事談到她的一位癱瘓的個案，當她告訴他「我能了解你的感受」時，他顯得非常不悅和生氣，他說：「你怎麼可能了解我的感受？你可以用雙腳走出這裡，可是我不行。」經過思考後，這位同事想出了比較好的回應方式，她說：「你是對的，我無法完全地理解你的處境。但我可以想像你在這麼年輕就癱瘓的挫折和痛苦。我不曾經歷過和你一樣的遭遇，所以我不知道你的想法和感受。我希望你可以幫助我了解你的感受，我也希望能夠幫助你克服面對癱瘓的心理感受。」

　　有些實習生有著錯誤的信念，會認為幫助他人時，自己必須有過相同的生命經驗。因此，一位男性的助人工作者，可能會懷疑自己是否有能力成功地協助一名青少女面對如何處理懷孕的議題。一位助人者可能會懷疑自己是否能夠協助不同族群的個案。而一名未遭遇過創傷的助人工作者，可能會懷疑自己是否有能力同理有過創傷痛苦生命經驗的個案。和成癮個案工作的助人工作者，可能會懷疑自己是否因為沒有成癮的經驗，就沒有能力成功地與個案連結。當這些助人者受到個案的面質時，他們可能會感到退卻和愧疚。我們希望你看到拓展自己的生命經驗，和這些與你不同的個案工作的價值。你可能不曾有過和這些個案相同的問題，但你必定有過一些痛苦的生命經驗。比起與個案有著同樣的問題，更重要的是能夠理解他們的世界，也理解到有一些個案和你看待世界的角度是很不一樣的（可以參考本書第七章，有更多關於了解差異的討論）。

| 第三節 | 從督導中獲益

　　大多數的助人專業工作者，都會在某些時候和某些情況下，對自己的能力感到質疑。我們希望你能夠有耐心地看待你的無能感，而不要去否認壓抑這些感覺。實習的目的是提供你一個不同而有意義的學習機會。實習場域是一個你可以獲得特定的專業知識，並透過將你所學的理論在臨床工作中應用，以提升專業技巧發展的機會。在心中想清楚你對督導的期待，並在督導開始之初和他們討論你的期望。本段落提供你如何安排督導，以及主動參與督導過程的建議。

一、接受多元的督導來源

　　以開放的態度接受不僅來自於督導者，也接受來自於老師、同儕、同事及個案的回饋。利用你身為學生角色的優勢——沒有人期待你知道所有問題的解決之道。如果你了解犯錯其實是提供了自我反思、批判思考的機會，最終將走向學習和改變，你可能較不會受困於避免犯錯的意圖中。以開放的方式與督導討論你認為的錯誤，以及當你在不同的情境對自己的能力感到不確定時，該如何面對。認為你應該具備所有成為一名成功的助人者需要的知識和技巧的想法，會給你自己帶來過大的壓力。這樣的想法也會阻礙你向督導、同儕及個案學習的能力。

　　在我們的團體帶領者訓練中，我們時常發現有些學生帶著相當大的焦慮來參加工作坊，擔心被同儕或督導視為是沒有能力的。因此在工作坊一開始，我們就告訴他們：「盡可能地主動參與。盡可能地從過去你停止嘗試的情境中，拓展你自己的能力。不論結果如何，你都必定能從其中有所獲益。如果在團體過程中沒有任何成果，你也可以探索導致這樣結果的原因為何。」

　　當我們給予學生這樣的說明後，他們通常會顯得較放鬆，也表示感到焦

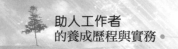
慮減低。我們讓他們知道，我們理解及同理他們對於被同儕及督導觀察的難處，但你無法避免被個案、督導及協同工作夥伴觀察。討論自己被觀察的經驗，可以在這個過程中有所掌控，而不是被他人如何看待我們的想法掌控。學生們往往發現開放地去分享他們的恐懼是很有幫助的。弔詭的是，當恐懼的感受被接受時，他們的恐懼也就消失了。

◆ 面對挑戰和自我懷疑

實習生可能會對自己的能力感到不確定、自覺有愧或是不願意肯定自己助人的能力。問問自己，你都如何處理對自己身為一個助人者的專業能力的自我懷疑。

試想你會如何與挑戰你的個案工作。在初次會談時，個案對你的年齡感到驚訝。「你怎麼能夠幫助我？」他問。「你看起來這麼年輕，我不確定你是否有足夠的經驗可以幫助我。」試想這些挑戰反映了你的害怕及自我懷疑。試想你在心中對自己說出以下的話：

- 「他是對的。我們之間有很大的年齡差距。我不確定我是否可以了解他的處境。」
- 「這個人的態度讓我很生氣。我都還沒有機會了解他的狀況，就被他質疑我的能力。」
- 「這個情況讓我覺得不舒服，可是我不想放棄。我想要讓他知道即使我們之間有年齡差距，我們在面對困境的經驗之中，仍可能有許多相似之處。我想要至少有機會試試我們能否建立關係。」

的確，身為人，當有人挑戰我們的時候，我們都會受到影響，但我們必須去學習如何面對這些情況。助人工作，並非是去證明我們是「對的」。在關注個案最大利益的前提之下，我們可以用直接及真誠的態度回應個案提出的挑戰。如果你曾經有過成功或具敏感度的工作經驗，可以簡單地向個案說明。

◆ 不知道是沒有關係的

你必須願意向你的督導及個案承認你自己缺乏某些知識，或缺乏對某些情況的了解。別害怕去表示你不知道，也別怕尋求協助。你在實習機構學習，並不是因為你已經具備你所需的所有知識及技巧。如果你因為對於個案的問題沒有解答而感到害怕，你可以這樣告訴個案：「Carla，我似乎被你十分希望從我這裡得到答案的想法給卡住了。我想我需要一些時間來思考你的情況，同時諮詢我的同事及督導，這樣我才能以最適當的方式來回覆及協助你。」透過這樣的方式，你向 Carla 表達你的限制，但你還是以開放的態度，提供給她需要的解決方法的資訊。一個助人者的角色並非提供答案或告訴個案該怎麼做，而是教育他們如何檢視問題解決的其他可能性，以及使用問題解決的技巧。

◆ 表達內在的想法

在和學生以及專業人員工作時，常會發現他們在與個案工作後，有許多強烈的反應，但他們把這些反應壓抑在心裡。我們會鼓勵受訓者能夠將他們的想法說出來，而非在內在自我對話。邀請他們說出他們的想法，而不是他們與個案說了些什麼，能夠幫助他們脫困。大多數時候，我們發現許多他們沒有說出來的話，如果說出來與督導者或個案分享，可能對他們自己或是個案都有相當大的幫助。在一次工作坊中，一位受訓者 Victoria 在整個團體過程中都沒有發言。督導者詢問 Victoria 發生了什麼事。她說：「要跟著自己的直覺，令我感覺很害羞，我害怕你會質疑我，也會不喜歡我憑直覺說出來的想法。」她的督導鼓勵她多把這樣的想法說出來。Victoria 表示在把這些感受說出來之後，她感覺比較自在些，也比較不害怕督導的反應。

另一位受訓者 Lee 在一次團體訓練中，不斷建議進行許多練習。之後，當督導者詢問 Lee 為何在這麼短的訓練時間裡，要建議這麼多不同的練習，他回答：「因為這個團體似乎沒有特定的走向，團體成員顯得沒有活力，我感覺我有責任要改變它！我希望透過一些互動性的練習，讓這個團體有些生

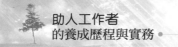

氣。」我們告訴 Lee，我們很高興聽到他描述他所看到的團體情況，而不是只想嘗試一些技巧但卻無法提出使用這些技巧的理由。我們並不是要建議你在督導時，說明所有你對個案產生的瞬間反應，而是讓你知道，在督導時說出你對情境的觀察的想法及感受是合宜的。

◆ 當傾聽他人的想法時，也找出你的想法

我們觀察到有一些受訓者，因為太努力想要模仿某一位督導或老師的風格，反倒限制了自己的發展。你可能因為十分尊敬這些督導者，而想要學習他們的風格。但在助人工作中，要避免成為另一個人的複製品。想要從你的督導當中得到最大的收穫，是去嘗試不同的助人技巧，並且持續評估哪些是適合你的，而哪些不是。

你可以問自己：「什麼樣的助人方法和我個人及理論的信念相符？在理論及實務上，督導的做法和我的做法是否有所衝突？」如果你過度關注在模仿另一個人的助人技巧，你可能會看不清你自己獨特的助人方式。當你的助人經驗越多，就越容易聆聽你自己內在的聲音以及尊重你的直覺。最終，你會越來越不需要依靠外面的專家。

◆ 督導的焦點

有一些督導學派強調個案的內在動力，也會指導你介入某些問題的策略。而有些督導學派則聚焦在你身為助人者與身為人的內在動力，以及你與個案有關的行為。在我們的觀點，一個全面性的督導應該是包含這兩個部分。如果你希望建立真正的治療同盟，你必須了解協助個案的技巧模式，同時也必須了解你自己。如果你的督導只聚焦在你的個案的行為，或是指導你下一步該怎麼做的特定技巧，我們會認為你的督導缺乏很重要的一個面向。在督導單元中，一個相當重要而必須討論的部分，是你在會談中與個案同在的程度。如果你過度在意如何處理個案的問題，這個顧慮可能會讓你中斷與個案之間的連結。有幫助的督導，應聚焦在你和個案關係的品質。在督導中，你可以與督導討論你與不同個案工作的經驗。這個督導的焦點會對你和

個案都有很大的幫助。

◆ 我們的督導風格

　　當我們在進行督導時，會把焦點放在我們與受督者的關係，以及受督者和個案關係的動力。此時，我們會看到一個實務模式和督導模式平移過程的產生。受督者從督導關係的人際動力中，學到如何概念化他們與個案的互動。

　　我們十分在意的是受督者與他們的個案人際層面的議題，而非把重點單純放在個案問題的評估和處遇。就我們的觀點，督導者應該能夠看到受督者在所帶來的案例中沒有看到的部分，並且把焦點放在人際面向。

　　身為督導，我們企圖幫助受督者發展他們的自我覺察，以及鍛鍊他們的臨床直覺。與其把重點放在直接教育受督者、給予他們資訊，我們反倒更願意致力於幫助他們學習概念化案例，思考他們將如何與個案工作，以及採取這樣的工作方式的原因。我們希望受督者可以找到自己的想法及聲音，而不是用我們的話來和個案工作。我們的督導方式呈現在以下問題的探討中：

- 你會想要告訴你的個案什麼？
- 你認為與該個案工作，什麼樣的工作方向是最恰當的？
- 你受到個案什麼樣的影響？
- 你的行為又如何影響你的個案？
- 什麼樣類型的個案對你來說是困難的？這對你來說又代表什麼意義？
- 你的價值觀如何影響你與個案的互動？
- 在督導過程中，督導關係是否反映出你與個案的關係？
- 你是否在督導關係中感到自在，可與督導討論所有和個案工作的困境？

　　我們對於督導所提出的觀點，是來自於我們獨特的哲學及督導方式。其他的督導風格可能來自於不同的假設。本章閱讀至此，你可試著思考以下的

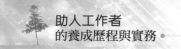

問題：在你目前的專業發展階段，什麼樣的督導風格對你來說會是最有幫助的？什麼樣的督導對你來說是最為困難的，原因何在？如果不能夠轉換督導的職位或轉換督導，你有什麼樣的策略，可以有建設性地持續與這名督導互動？

◆ 善用你的督導時間

如果你的態度積極，你將會在督導的過程中得到最大的獲益。以下是幫助你在督導中獲益的一些建議：

- 對於你接受督導的目的有概略的了解。
- 了解不同的督導者會以不同的方式來達到督導目的。
- 接受在督導的過程中會經驗到一定程度的焦慮是正常的。
- 和督導釐清督導合約的所有事項，包括督導的內容。
- 在接受督導時，盡可能地誠實及開放自我。
- 如果你不能選擇你的督導，盡力從指派給你的督導的督導風格架構中學習。
- 釐清你自己最需要及最希望從督導當中獲得什麼，也讓你的督導知道你的需求。
- 花時間做督導前的準備，如確認你想探討的問題及你想要與督導討論的案例。

二、得到你應得的督導

練習要求合宜的督導所使用的肯定技巧，將會對你和個案及同事之間的關係有所幫助。堅定並不等同於攻擊性的態度。採取攻擊性的方式，會無益地讓對方產生防衛。而被動的態度，同樣無法帶來任何幫助，因為你的督導無法得知你的期望或需要。因此不論是攻擊性或被動的方式，都會讓你失去許多學習的機會。

想清楚你希望在實習過程中獲得些什麼。確認自己想要什麼或許並不容

易，特別是第一次實習時。你可以從你最想要學習和想要學到的技巧開始思考。實習課程應提供學生和機構督導簽署的紙本契約書。契約的內容通常會載明每週實習時數、實習內容、學習目標、專業訓練的安排、對受督者角色的期待，以及對督導角色的期待。督導的契約也同時會說明督導進行的次數及頻率、督導的時間及方式、督導和受督者應如何為每次的督導做準備的規定（Brislin & Herbert, 2009）。在和督導簽署合約之前，與督導討論合約內容的細項及有哪些你可以參與的學習機會。在和督導互動時，表明你想在實習過程中經驗及學習的事物。雖然你不見得都能得到你想要的，但如果你對於自己的期望有更清楚的想法，你比較能夠獲得這些學習的機會。

此外，了解到督導也是人，會對你的實習有所幫助。他們背負著機構對他們的要求。當案量增多，壓力增加時，他們可能無法提供當初承諾的規律的督導。還有一些實務工作者並非自願擔任督導，但他們可能被告知要參與督導工作，即使他們的工作量已經很繁重。有時他們可能只接受過很粗淺的督導訓練，他們發現自己必須接受更多的繼續教育課程，學習如何執行有效的督導。如果你能夠了解你的督導的處境，你可能比較知道如何與他們溝通。在開放溝通的氛圍下，敏感地覺察且堅定地讓你的督導了解你需要協助。如果你手上有一個困難的個案，你可以用這樣的說法向督導表達：「我真的覺得我和 Kristen 的工作出現僵局，幾個禮拜以來我們只有一點點的進展。我給予她的建議似乎都沒有用。我建議結案時，她對我非常生氣。我現在不知道該怎麼做。我可以和你預約督導時間，來討論是否有其他的解決之道嗎？」透過清楚、明確和堅定的態度，你會比較有可能得到你所需要的。

比起和督導保持距離，若你用真誠的態度向你的督導表達你需要他們的協助，你比較有可能得到正面的回應。如果你學習避免用攻擊的態度向督導表達你的期望和需要，你會為自己的實習創造一個正向的經驗，也讓督導對你產生最大的幫助。

不幸的是，有些學生在實習和督導上得到負面經驗。在一次社會服務教育者的研討會上，田納西大學的一位老師 Tricia McClam，分享如何提供有效

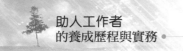

的實習督導。她表示，實習督導和實習生的關係，似乎是決定實習生對督導給予正向或負向回饋的關鍵因素。督導無疑地在學生的學習過程中扮演重要的角色，而學生有責任與指派的督導溝通，即使他／她不是位理想的督導。

有正向經驗的學生對督導的評論，如：「當我需要時，她有時間協助我。」「她對於我督導的個案很投入。」「我的督導很明確地告訴我他對我的期望是什麼，以及我可以對他有什麼期待。」「我的督導給我支持，也是很有彈性的人。」而有負向經驗的學生對督導的評論，如：「他太過忙碌以至於無法提供適切的督導。」「我的督導無法固定地和我會談。」「我的督導沒有組織。」「我的督導希望我用她的方式和個案工作，極少鼓勵我找到自己的工作方式。」

當學生開始實習時，McClam 提到能夠清楚表達他們的期望和提供支持及指導的督導者，能夠幫助學生有最好的實習表現。堅守原則和保持彈性的督導方式，對初次實習的實習生較有幫助。當學生有過實習的經驗之後，他們仍需要督導的支持和引導，以及對於他們工作上的回饋。但他們可能在需要直覺和技巧的經驗上，較能有所收穫。最重要的是，督導和受督者有固定的溝通時間。主動與你的督導溝通。雖然在你認為你的督導不適任的情況下，這麼做對你來說特別困難，但身為一個實習生，對你來說，有意義的督導經驗是你應得的。

◆ 案例：交付超出實習生能力的任務

一位督導要求一名實習生為一對父母及兩名男孩的家庭提供家庭諮商。督導告訴實習生，父母最想要了解如何管教他們的問題兒童，以及學習管教的技巧。但在督導的觀點，對這個家庭而言，更重要的問題是與父母親之間的衝突有關。這名實習生極少參與家庭諮商方面的課程及訓練，也覺得自己缺乏提供家庭諮商的能力。

你的立場：如果你是這名實習生，在這種情況之下，你會怎麼做？你是否會因為督導的壓力而接下這個任務，特別是在他表示會提供督導的情況

下？你又會尋求什麼方法以便獲得能夠和家庭工作的基本知識？以及你會如何回應這名督導的要求？

　　讓你的督導知道你的顧慮是十分重要的，如此你們才能夠討論出其他的解決方案。閱讀以下的對話，試想如果你身為一名實習生，你是否會有不同的回應方式。

督　　導：我們機構目前人力短缺，我們真的需要你能夠和一些家庭工作。

實習生：你認為我有能力可以在家庭工作上為機構盡點心力，我覺得很被看重。但以我目前的專業發展階段，我必須拒絕這項任務。

督　　導：聽著，目前就只有你可以協助提供家庭協助。我們在剛開始服務新的族群之前，都會覺得有些猶豫。你儘管放手投入去做就是了。

實習生：對我而言，不只是對工作的焦慮和自我懷疑，而是因為我只有上過一門家族治療的課程。在此刻接下這個任務，在我看來是不合乎倫理的。

督　　導：我不會要求你去做你認為不合乎倫理的事，但我會督導你，不會讓你在沒有任何指導的情況下接案。

實習生：謝謝你提供督導協助。也許我可以在家庭的同意之下，見習你與家庭工作的方式，之後我們可以在家庭會談過後討論你介入的過程。

督　　導：如果我有時間，當然可以這麼做。但是還有已經在排隊等候被服務的家庭，仍需要有人可以協助。

實習生：我下學期上過家族治療的課程之後，或許能在一個比較好的狀態下協助機構提供家庭服務。但對現在的我而言，我只能在我的能力範圍之內提供服務。

討論：這個案例對某些把實習生當作是免費勞工的機構來說是很真實

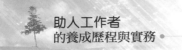
的，這個問題並不在於利用實習生來填補機構人力的空缺，而是不願意提供實習生適當的督導。在實習生能夠成功地投入真實的臨床家庭工作之前，他們確實需要基本的理論基礎及知能來和家庭工作。無疑地，當實習生轉任新的專業領域，他們必須要具備實務技巧，以便他們能夠有效地在新的領域中工作。好的督導能夠使實習生知道如何應用他們的專業知識及技巧策略。如果實習生在新的領域提供服務，他們可以透過督導有所學習及獲得應具備的能力。

三、有助益的督導者

雖然並沒有一個所謂好的方法來進行督導，但對於諮商督導，在倫理中是有所規範的。「諮商督導的倫理指引」（"Ethical Guidelines for Counseling Supervisors", Association for Counselor Education and Supervision [ACES], 1993, 1995）規範助人督導者必須：(1)保障受督者及個案的權益；(2)以關切個案的福祉及達到系所要求的方式，提供受督者訓練；(3)建立方案運作的政策、流程及規範。督導主要的功能是教育受督者，培育他們的個人及專業發展，及協助他們提供有成效的諮商或助人服務。

Corey、Haynes、Moulton 與 Muratori（2010）以自身擔任過臨床督導的經驗，歸納出一名有助益的督導應具備的人格特質：

- 關注臨床、法律及倫理議題
- 具備良好的臨床工作技巧
- 在行為上展現對人的同理、尊重、真誠及傾聽
- 建立具接納的督導氛圍
- 以信任及尊重的態度建立督導關係
- 在確認受督者的專業發展程度及思考提供對受督者來說最有幫助的督導方式上，是具有彈性的
- 具備幽默感

- 設立清楚的界線
- 鼓勵受督者適時地挑戰自我
- 認同合作性的督導歷程
- 尊重受督者在督導時所提供的知識
- 欣賞每位受督者的差異,以及對理論不同的看法
- 具開放、易親近及支持的特質
- 對於訓練及督導具有強烈的興趣
- 敏感於受督者的焦慮及脆弱
- 視督導時間為「保護受督者」的時間
- 提供真誠及有建設性的回饋

在較小的地區,好的督導是較有時間、就近可以接觸到、費用較能負擔,以及具備督導能力的。

有助益的督導者的概念,是來自於受督者對於督導的滿意度及喜好的研究。有助益的督導者,是一位受督者會給予正向回饋、對督導經驗感到滿意,以及值得信任的。而一般對於有效益的督導者的描述,則是一位在技術層面具備專業能力的專業助人者,具備好的人際技巧及有效的組織與管理技巧(Corey, Haynes, et al., 2010)。

Barnett、Cornish、Goodyear與Lichtenberg(2007)指出,許多學生發現督導關係的品質是督導成效的關鍵元素,如同個案與治療師之間關係的重要性。有助益的督導者,在具支持性且不帶批判的氛圍下,提供受督者有建設性的回饋。他們受過良好的訓練、具備臨床督導所需之專業知識及技巧。他們僅在能力所及的領域中提供督導協助,也只在為了提供受督者最良好品質的督導的必要情況下,代替其他督導者提供督導。

你可能會有機會接觸到很有幫助的督導,也可能會遇到似乎是沒有能力擔任督導工作的督導。他們有些人可能對於督導的角色感到很不安,就如同你對於自己成為一位實習生這個新的角色一樣。我們希望你會記住,從督導

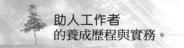
中得到最大獲益的方法，就是和你的督導一同承擔督導的責任。

四、面對不太理想的督導

有時你會遇到不盡理想的督導。你如何辨識你所遇到的督導是不適當的呢？你可以如何確認自己得到所需要的督導品質，以及有期待更好品質的督導的權益？

◆ 接受不同的督導風格

不論是身為實習生的你，或是未來成為助人專業工作者的你，都會從不同的督導方式中學到如何執行助人工作。一位督導可能認為，面質是中斷個案防衛的方式。另一位督導可能會持續提供個案建議，並採取問題解決的取向來處理個案的問題。有的督導可能單以創造支持性和正向關注的取向來和個案工作。有些督導可能很努力地和實習生建立親近的關係，但有些督導則較傾向保持專業的距離。因此，以開放的態度面對督導有許多不同的取向及風格，也以開放的方式吸收他們對你的實務工作的看法。不要太快對與你不同的工作取向給予評論，而把它視為是一個學習的機會。身為一名受督者，你必須了解在你不同的專業發展階段，你可能需要不同的督導方式。

如果你真的和督導之間遇到困難，解決之道並非只有尋找新的督導。接受和你有不同觀點的督導和可能一開始就不容易接近的督導，可能會帶給你更大的學習。當你和督導發生衝突時，最好的方式是與督導討論這些衝突，以及盡可能讓這些衝突得到解決。與其告訴自己，你的督導不好配合，不如假設他／她會對你的建議抱持開放的態度來回應。如果你確認了要在某機構實習，你基本上不會有轉換督導的機會，同時也不太會有機會選擇你的工作夥伴。因此，學習人際技巧是面對人與人之間的差異所必需的。

◆ 處理督導問題

你可能在和某位督導者督導時，面臨到許多問題，他可能不願意開放地與你溝通，或不鼓勵你們之間可以溝通。有些督導可能不知道他們對你的期

待是什麼。有些可能在約定的督導時間卻未出席。有些可能會把安排督導時間的責任轉嫁到秘書身上。也有督導為了掩飾自己的不安，而顯得過度控制或專制。有些督導太快把過多的責任放到實習生身上，或是要他們做些打雜的工作。有督導會對於違反倫理感到罪惡。也有督導要求實習生代替自己接案，然後試著假裝寫下工作紀錄。有些督導因著自己需要被認同的需要，而濫用自己的權力。也有督導只給予實習生極少的回饋，讓實習生持續在困境之中，只得到極少的指引。雖然大部分的督導都有很好的督導想法，和努力提供好品質的督導，但他們之中有許多人被機構所賦予的多重責任給淹沒。這會讓督導者無法關注在他們負責的實習生身上。

督導者的角色和功能本身，可能會不利於督導與受督者彼此開放關係的建立。督導有責任督導你與個案的工作，也會評價你的工作，因此你在被觀察和評價的情況下會感到焦慮是能夠理解的。接受身為實習生的過程中焦慮會一直跟隨你，對你會比較有幫助。但你可以面對和處理你的恐懼，而不要讓期待自己有好表現的想法阻礙了自己。

如果你對於你的督導感到非常不滿意，也認為你沒有接到應有的督導品質，第一步先試著與督導討論，並提出你的疑問。如果你認為這不是一個好的解決辦法，可試著尋求學校督導的協助，探討是否有其他的選擇。

◆ 督導中的知後同意

知後同意是督導關係中最基本的部分（ACES, 1993, 1995）。McCarthy與同事（1995）針對臨床督導知後同意的做法，提出實務指引。他們認為，**知後同意**（informed consent）是有效督導所需的基本元素，因此必須在文件中清楚地載明，並在督導及受督者中做討論。若能夠發展出紙本的督導同意書，則會使督導的責任性有所提升。當對彼此的期待在督導關係之初即獲得討論及釐清，督導關係的品質會提升，相對地，個案服務的品質也會得到提升。McCarthy與同事指出在督導的知後同意流程中七個重要的主題：督導目的、督導的專業背景、臨床方面的議題、督導的流程、行政方面的議題、倫

理和法律議題、同意接受督導的敘述。當這些主題在督導的知後同意流程中
被提出討論，督導及受督者都會對彼此的角色、權益及責任有更清楚的認
知。知後同意的文件，配合內容的討論，是督導指導受督者與個案進行知後
同意流程非常好的示範。督導契約告知受督者雙方在督導關係中的期待與責
任，同時對督導與受督者都是有助益的。**督導契約**（supervisory contracts）
可以提升受督者的個案服務品質，以及督導品質（Sutter, McPherson, & Gees-
eman, 2002）。

　　Thomas（2007）表示，近年來，督導者才較正式地將知後同意的流程納
入督導工作中。而給予受督者口頭及書面的知後同意訊息，現在更是被納入
督導流程的規範中。知後同意的目的是提升督導經驗的品質。在督導關係之
初，與受督者討論他們的權益，就像是在治療過程的初期，我們與個案討論
他們的權益一樣，是十分有幫助的。完成了知後同意的流程，受督者會感到
被賦予討論對督導的期待、做決定，以及主動參與督導過程的權力。

五、參與團體督導

　　團體督導的價值有時是被忽略的。在團體中，受督者從傾聽他人的經驗
及與同儕討論案例的過程中，和個別督導一樣，都是能有所收穫的。如果場
地及時間許可的話，我們的做法是結合個別及團體督導。**團體督導**（group
supervision）是在時間上非常有效率且獨特的方式，可以幫助受督者發展個
案概念化的技巧，以及應用許多不同的介入模式。研究中指出，團體督導不
僅可以和個別督導搭配進行，甚至可以替代個別督導（Ray & Altekruse,
2000）。Crespi、Fischetti 與 Butler（2001）表示，團體督導利用案例討論的
模式進行，對於學校心理師來說是可行的督導方式。而以錄音的方式在團體
督導中呈現案例單元，在學習的速度上可能會較個別督導更有效率（Calhoun,
Moras, Pilkonis, & Rehm, 1998）。雖然在進行團體督導時，學校心理師無法
提供其他服務，Calhoun 與其同事（1998）相信，團體督導可以帶來服務的
可信度、提升督導成效，長遠來說，比起個別督導更具成本效益。和個別督

導一樣，團體督導有許多不同的理論取向。Melnick 與 Fall（2008）描述完形取向的團體督導，「團體督導對督導者的挑戰是必須要具備平衡個別及團體需求的能力，同時還能夠以個案福祉為焦點」（p. 59）。

如果你參與團體督導，你不僅能從督導身上學習，也能從一同參與的學員身上有所收穫。你會了解面對你在臨床工作上的焦慮和擔憂，你其實並不孤單，你也會看到不同的助人關係的觀點。你會從其他學員的議題中有所學習。這些團體督導中的社會學習面向，可以幫助你擴展你的能力去面對那些未來可能會面臨到的問題（Brislin & Herbert, 2009）。在團體督導中，你會有許多機會參與角色扮演，不僅扮演具挑戰性的個案，也會有機會在情境中扮演許多不同的助人工作者。角色扮演提供許多機會，不僅可以讓你覺察到潛在反移情議題，也能讓你以不同的觀點看待有時你認為是「困難的」個案。你可以透過扮演你的個案，讓督導者示範不同的方法與你工作。接著，角色轉換，由督導扮演你的個案，而你嘗試以不同的方式與其工作。當然，在團體的情境中，其他成員也可以扮演各種不同的個案角色來增進學習的機會。角色扮演的技巧可以讓情境重現，讓所有團體成員都可以看到，而非單純討論與個案工作的問題。

團體督導的模式是有幫助的，如果你把它視為是個人的督導。你可以針對以下的問題聚焦你的反應，以及在團體督導中提出分享。個案的什麼行為激發了你的反應？個案的什麼行為會讓你希望他們下週不要出現？個案的什麼行為讓你感到威脅？什麼類型的個案是你最喜歡的？透過聚焦在你和個案的關係，以及你的內在動力，團體成員的回饋會提升你的自我覺察。

結合個別會談或團體督導來探索你的價值觀和態度，也會是相當有幫助的。舉例而言，如果你覺察到你傾向獲得個案的感激或贊同，在個別會談或團體督導過程中，探討你對於他人之贊同的需要以及對於被拒絕的恐懼，都會是有幫助的。

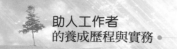
| 第四節 | 督導中的多重角色與關係

　　每一位助人專業的教育者或督導者，都有義務與學生開放地討論彼此關係適當的界線，以及協助學生處理在督導中的多重角色與關係的問題。在《ACA 倫理守則》（ACA, 2005）中，規範了直接及明確地處理教學及督導關係中界線的議題。與受督者建立及維持適當的關係界線，是臨床督導者的責任。其中一個必須維護的界線，是同時提供督導與個人治療。更嚴重的界線破壞是當督導關係變成親密關係。下面將針對以上所提及之主題，做深入的探討。

一、督導與個人治療

　　督導在督導過程中扮演多重的角色，他的功能包括教育者、顧問、導師，有時也是諮商師。這樣複雜的角色，意味著督導與受督者的界線是隨時在改變的。督導不可能只扮演單一的角色，因此督導有責任管理自己在督導過程中多重的角色，以及這些角色與受督者的關係。督導過程的督導關係，和教師與學生、治療師與個案的關係有些類似，但也有不同之處。督導所扮演的治療角色，顯然與諮商師所扮演的角色有所不同，但這兩者之間的區分並不那麼清楚。督導不應過度扮演諮商師的角色，因為對受督者而言，他們同時扮演行政、教育及評估者的角色，**除非督導僅提供受督者臨床經驗訓練的督導角色**。在 ACES（1993, 1995）的倫理指導方針中說明：「督導不應與受督者建立心理治療關係，而將督導變成心理治療。個人議題只有在對個案以及督導的專業功能受到影響時，才在督導過程中討論」（2.11）。

　　臨床督導的角色，主要是協助受督者發揮其能力，成為一位有技巧、有能力及有倫理的實務工作者（Stebnicki, 2008）。而督導的焦點是保護每一位個案的福祉（Brislin & Herbert, 2009）。由於臨床督導時常會提及對助人關係有所影響的個人及專業關係，因此在督導會談中，也會討論到受督者的想

法及感受。受督者必須了解督導過程可能會受到情緒的主導或挑戰（Brislin & Herbert, 2009）。督導有責任指出受督者個人的內在動力可能如何對他們的專業工作造成影響，但督導的任務並非成為受督者個人的諮商師。在督導關係中，指出受督者的個人議題如何影響他們與個案的工作效益是適當的，但當督導點明及簡單地與受督者討論這些議題後，在個人治療中持續探索這些議題則是受督者的責任。

有一項研究指出，以適當的方式與受督者討論他們的個人議題，並不會對督導關係造成負面影響。這些督導以溫暖且支持的方式，面質受督者的個人議題對個案工作造成的影響。而透過這樣的經驗，更能夠在辨識和探索個人議題對與個案工作關係的影響中獲益（Sumerel & Borders, 1996）。

督導站在一個客觀的位置，能夠辨識你的工作困境和移情。他們能夠指出影響你與某些個案工作的態度、情緒及行為。如果有需要進一步探索，或假使你與某些個案的工作困境是根源於你個人的內在動力，督導會鼓勵你尋求個人治療。這並不代表你不適合成為助人專業工作者。走進個案的生命經驗，可能會開啟你個人的心理創傷，有些未處理的衝突也會浮現。我們強烈地鼓勵你同時接受個人治療及督導，會是較理想的搭配（要避免你的督導及治療師是同一人）。這樣的做法，能夠避免界線的混淆，以及在進行督導時，你可將焦點放在個案工作上，而在進行個人治療時，能聚焦在處理你個人的議題。我們在本書第三章對於受督者個人治療的重要性，有更多探討。

二、當性議題介入督導關係

主責實習生的督導工作者，必須避免和實習生發生親密關係，以及避免對實習生做出性騷擾行為。你有權利要求在你的學習環境，不論是教室或實習機構，不會受到性騷擾。理想狀況下，你不需要去面對來自教師或督導在性方面對你示好的狀況。然而，實際上你必須了解如果你遇到性騷擾的情況，你該如何處理。大部分高等教育機構及教育單位，針對性騷擾事件有訂定相關的政策以及通報的流程。了解你所屬的教育單位針對性騷擾事件處理

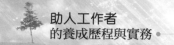
的流程，可以讓你自己對這樣的情況有所準備。

重點回顧

- 實習課程可能會成為你在系所課程當中最重要的學習經驗。要明智地選擇實習機構，並且在實習安排上有多元化的選擇。因為你的實習經驗可以幫助你在專業職涯上做決定。

- 看待你的實習為一份工作，即使在實習當中並不會支付薪水給你。

- 別想成為一名完美的實習者。實習經驗的安排是為了教導你助人的技巧，以及讓你可以從你的錯誤中學習。

- 學習向督導提出你的需要。了解自己的限制以及如何讓你的督導了解你，是十分重要的。

- 每位督導者皆有其不同的風格，沒有任何的督導方式是絕對正確的。你可以從不同的督導者身上學到很多。

- 要尋找一位理想的督導者可能是很困難的。督導者有時被指派擔任督導前，可能僅有些許的準備或訓練。如果你的督導並不適任，你必須堅定且主動地向督導提出你的需求。

- 雖然督導和治療在某方面有些相似，但有幾個重要的差異。督導會談不應延伸為個人治療。個人治療可能可以有效地與督導連結，但督導和治療師不應是同一人。

- 督導者和受督者之間若發生親密關係，是違反倫理的，因為這樣的關係會對受督者（或學生）造成傷害。這樣的親密關係，顯然是對權力的濫用，同時也使得督導或學習過程造成混淆。

你可以做什麼？

1. 如果你在實習或工作上有督導，將你想要與他／她討論的問題列在清單上。

你想從督導當中獲得什麼？在學期結束前與你的督導會面，討論你的督導學習目標。

2. 參訪你想要實習的幾個社區機構。與機構主要負責實習業務的主任或督導會面。學習詢問可以幫助你做實習機構決定的問題，它是否可以讓你學習到與不同的族群個案及不同的困境工作。你班上的每一個學生可以各參訪一個機構，然後將他們的發現與班上其他同學分享。

3. 思考以下幾個議題，並且用它們來作為你的日誌的撰寫主題。記住，寫下任何你所想到的，不要去檢視你的想法或你的文筆是否流暢。

   • 寫下你認為自己屬於哪種類型的學習者。對你而言，主動學習的概念是什麼？當你閱讀這本書或上這門課時，你如何讓自己變成更主動的學習者？

   • 寫下你理想中想要獲得的實習經驗。你如何能夠獲得這樣的實習機會？

   • 如果你已經在實習中，簡單寫下你的實習工作。你如何與機構的工作人員互動？你受到個案哪些影響？當你與個案工作時，是否有任何個人的議題浮現？關於你自己，你學到些什麼？

   • 如果你目前正接受督導，讓你感到最滿意的部分是什麼？你與你的督導關係如何？對於提升你的督導品質，你有什麼想法？

4. 以下所提到的參考書目，可在本書最後的參考文獻中找到完整的書目資料。對於臨床督導的介紹，可參考 Bernard 與 Goodyear（2009）；臨床督導的進行及使用方法，可參考 Corey、Haynes、Moulton 與 Muratori（2010）。實用的社會服務領域概論的教科書，可參考 Neukrug（2008）及 Woodside 與 McClam（2009）。實習經驗的臨床及簡要指引，可參考 Faiver、Eisengart 與 Colonna（2004）。參考 Kiser（2008）的社會服務實習手冊，可以引導你在實習中得到最大獲益，而 Russell-Chapin 與 Ivey（2004）則提供如何從實習經驗中獲益的實用討論。成功的實習經驗的論述，可參考 Sweitzer 與 King（2009）。Alle-Corliss 與 Alle-Corliss（2006）則是實習行前預備相當實用的書。

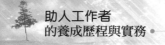

CHAPTER 11
壓力、專業耗竭與自我照顧
Stress, Burnout, and Self-Care

焦點問題・導論・助人者的個人壓力來源・認知取向的壓力管理・助人者的環境壓力來源・機構中的壓力・認識壓力與專業耗竭・負傷的助人者・避免專業耗竭・保持個人與專業的活力・重點回顧・你可以做什麼？

焦點問題

1. 當你遭受到何種程度的困難，你會願意向其他人求助？

2. 當面對家庭與工作，你主要的壓力源是什麼？

3. 你用什麼特定的策略來因應壓力？你是否在你的個人生活及專業生活中有效地管理你的壓力？

4. 有句話說「不是你控制壓力，就是壓力控制你」。你如何在你生命中的這個時候將這句格言應用在你自己身上？

5. 你能覺察到自己可能具有自我挫敗的態度和信念嗎？你會讓自我挫敗的內在對話進行到何種程度？

6. 假如你已經感受到專業耗竭，你可能會做些什麼來面對它？

7. 你會做些什麼來減少自己專業耗竭的可能性？

8. 你如何在個人及專業生活中維持你的活力？

9. 你如何滿足並落實你的自我照顧需求？

10. 如果你能規劃自己接下來的一年，在照顧自己的前提下，你最希望產生什麼樣的改變？

| 第一節 | 導論

在你身為專業助人者的工作生涯中，你也許期望能幫助人們解決面臨的困難，並協助他們能有建設性地處理生命中遭遇的痛苦。你可能會想到這份滿足感來自於你了解自己可以成為改變案主生命的媒介，以及正在參與讓世界變得更好的過程。我們支持你走在成為一個更有效能的助人者之旅程。成為一個助人者有很多相關聯的價值，我們期望你能把熱忱和理想帶入你的工作中。但同時很重要的是，覺察你工作中的潛在壓力以及這些壓力與刺激是如何影響了你。本章主旨是提供一些更有效管理壓力的想法，讓你可以避免專業耗竭並發展自我照顧的實施方式，以同時保有你在個人及專業方面的活力。

本章的一個主要部分是提出造成壓力的因素。認為你可以擁有毫無壓力的個人及專業生活是不切實際的想法，但壓力是可以被管理的。你可以辨識壓力的徵兆並決定在充滿壓力的情境中如何思考、感受與行動。你會變得更能覺察對壓力的無效回應，並學習以建設性的方式來因應它。總之，你可以學習管理並掌握壓力，而非受到它的控制。

當你成為一個有執照的專業人員，並開始全職執業，你的工作本質以及專業角色期待就會出現新的壓力。關於專業的潛在風險，往往在教育訓練中並未給予助人工作者足夠的警示。能覺察壓力的來源並學習因應壓力的策略，將讓你在從事服務他人的領域中保有你的樂觀與信念。

本章所強調的重點在於發展一套態度、思考模式以及特定的行動計畫，來協助你在生涯的選擇中維持你的投入感與熱誠。我們同樣也討論到壓力的影響，以及壓力如何地延長而導致專業耗竭與專業負傷。身為一個人及一個專業人員，保持活力所需要的是**自我照顧**（self-care），我們以此主題作為一個基礎，好讓你能運用你的能量有效地處理你工作中的壓力，且能避免一些導致專業耗竭的風險因素。如果你以個人的方式來閱讀本章，你可以開始省

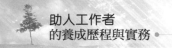

思你是如何規劃自我照顧，使你可以在你整個助人生涯工作中，協助他人的
生命有明顯的變化。

｜第二節｜ 助人者的個人壓力來源

對助人專業而言，與工作相關的壓力來源大致有兩類：個人的和環境
的。為了了解壓力，你必須同時理解易於產生壓力的外在現實，以及因著你
對現實的感知與解釋而促成你壓力的部分。假如你把這些壓力來源個人化和
內在化，將會削弱你身為一個助人者的效能。

個人壓力源（individual stressors）可以透過檢視你作為一個助人者的態
度以及個人特質來發現。想想案主的行為（同事和督導的行為也可以）對你
造成以下充滿壓力的情境。仔細檢查這些行為清單，並根據這個等級量尺進
行評定：

1 ＝對我而言這會是**非常有壓力的**

2 ＝對我而言這會是**適度的壓力**

3 ＝對我而言這會是**輕微的壓力**

4 ＝對我而言這**不會構成壓力來源**

_____ 1. 我發現案主似乎缺乏合理的動機，前來會談只是因為被要求參與。

_____ 2. 我的一位案主想要終止諮商，但我並不認為她已經準備好要結束
了。

_____ 3. 一位案主十分憂鬱消沉，對於生活可以變得更好不抱希望，卻又一
直向我求助。

_____ 4. 我的一位案主做出自殺的威脅，而我完全有理由把他的威脅當真。

_____ 5. 一位在我機構工作的同事，因為我在會議上沒有適當地支持她而對
我失望、不高興。

_____ 6. 我覺得和某位案主有很多的關聯性和一體感，我幾乎對他有過度認

同的情形。

_____ 7. 一位在我機構工作的同事時常在個案研討會議上批評我的工作。

_____ 8. 一位案主告訴我，她／他對我有性方面的好感，而我對她／他也有同樣的感覺。

_____ 9. 我的案主是非常過度要求的人，每當有新的問題出現，他就希望立刻打電話問我該如何處理。

_____ 10. 我工作單位的督導並未給予我應得的認可和賞識。

一旦你完成評定結果，試著評估你所顯現的模式是什麼。什麼樣的特定行為對你而言似乎是最有壓力的？在個人及專業兩個層次中，壓力是如何影響了你？

|第三節| 認知取向的壓力管理

我們的信念大半決定了我們如何解釋事件。所以，事件本身並不必然地造成我們的壓力；這當中的意義在於，我們所給予這些事件的解釋控制了我們感受到壓力的程度。**理情行為治療**（REBT）是一個人格及心理治療理論，強調的重點在於「認知」扮演著影響感受及行為的角色。Albert Ellis 是 REBT 的創立者，引用了斯多葛派哲學家 Epictetus 的話：「人們不是被事情本身困擾，而是被他們看待事情的觀點所苦。」**認知學派治療師**（cognitive therapists）幫助人們變得更能覺察他們的認知——內在進行的對話——以及人們如何思考影響了他們如何感受與行動。認知取向提供給案主的特定策略在於挑戰與改變自我挫敗的認知，並發展成能導向較少壓力生活的合理性思考。在本節當中，我們大量地描寫從 Ellis 及其他認知學派治療師的著作中（特別是 Aaron Beck），所呈現的認知學派治療師的策略運用，以幫助你管理壓力。

我們都容易在某些時候掉入自我挫敗的思考以及無效的自我對話。若你

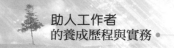
可以辨識出自己不合理信念的種類，並能理解它們是如何的造成困擾，你就可以開始拆解自我挫敗認知的危險性。因為當你有能力逐步增強你所體驗到的壓力，你也同樣有方法使之減輕。認知策略可以被運用在同時保持個人及專業水準的活力。在這些策略上，我們的案例主要配合專業助人者在工作時最可能遭遇的情況來進行討論。

一、A-B-C 理論

Ellis 發展出非理性思考的 A-B-C 理論（A-B-C theory of irrational thinking）（Ellis, 2001b, 2008）。這個理論解釋了事件、信念以及感受之間的關係。根據 Ellis 所言，你對事件的解釋經常比實際上所發生的更為重要。他把 A 稱為一個促發事件，B 則是個人的信念系統，而 C 是指情緒的結果。仔細想一個面試中所經歷的情境，讓我們想像一下最壞的結局：這個機構的主管與你進行面談，對方表示你缺乏此機構中人員配置的必要經歷，結果你未得到這個你非常想要的工作。在這個案例中的促發事件（A）就是遭到拒絕的情境；而情緒的結果（C）是指你所經驗到的，可能包括覺得沮喪、受傷、甚至是身心交瘁。關於這個不被接受的際遇，在你所持有的想法中被 Ellis 稱為「非理性信念」。Ellis 會說有關你對於這個拒絕的信念（B）可能來自下列一些想法的結合：「我沒有得到這份工作絕對是糟透了，這無疑證明我是一個沒有能力的人。」「我應該可以獲得這份工作，這樣的拒絕實在讓人無法容忍。」「在每個重要的努力當中我必須要成功，否則我就毫無價值。」「這個拒絕表示我是一個失敗者。」

REBT 以及其他的認知行為治療法都立基於這樣的假定，即情緒和行為的擾亂，源自於我們童年時期重要他人的非理性信念，以及我們自己所創造出來僵化性想法的組合。我們主動且持續地藉由自動暗示（autosuggestion）以及自我複誦（self-repetition）的歷程，強化這些錯誤的信念（Ellis, 1999, 2001b）。主要是我們內在這些非理性想法的重複，而非根源性的重複，使得我們仍保有這些功能不良的態度。

為了完成 Ellis（2001b, 2008）的 A-B-C 模式，我們簡單地看看最後一個要素 D（駁斥），就是主動且強而有力地駁斥非理性信念的歷程。假如你在駁斥的過程中能成功地以建設性的思考替代破壞性的思考，你就能擁有一個很不同的思考、感受與行動的基礎。因此，並非對於失落就要感到很沮喪，你可以加入一個新的觀點而適度地感到失望。並不是得不到認可就覺得身心交瘁，而是假如有一個重要的人拒絕你，你可以適度地感到受傷。透過改變你的信念，也同樣地改變你的感覺，這對於減少壓力是一個很有用的方法。

Ellis（2001b, 2004b, 2008）堅決主張我們有能力掌握我們情緒的命運。他建議當我們失望沮喪時，一個很好的方法是看看隱藏在我們背後的許多「必須」以及絕對專斷的許多「應該」。我們有能力觀察自己這些絕對性的要求與必須是如何大量地創造出我們破壞性的感受與行為。我們有能力將這些要求轉變成一種強烈的**偏好**，而非誇張、不切實際的指令。因為我們有自我覺察的能力，所以可以觀察與評價我們的目標和意圖並改變它們（Ellis, 1999, 2001a, 2001b, 2008; Ellis & Dryden, 1997; Ellis & Harper, 1997; Ellis & Mac-Laren, 2005）。

二、辨識自我挫敗的內在對話

當人們尋求我們協助時，我們這些所謂助人服務的提供者時常也包含各種形式功能不良的信念，而損害了我們有效運作的能力。有時候我們扭曲了訊息的處理，而容易導致有缺陷的假設和錯誤的想法。身為一個助人者，你若告訴自己**必須無所不知和達到完美**，將使你的生活變得更複雜。如果對於你正在做的工作感到沮喪或焦躁，你就有必要檢視你自己的基本假設與信念，是它們決定了你的所作所為以及感覺如何被影響。當你變得更能覺察你有缺陷的思考時，你就站在改變這些模式的恰當位置（Beck, 1976, 1987; Corey, 2009c; Ellis & Dryden, 1997）。

我們負面的想法有產生壓力的傾向。透過覺察我們語言的特性，我們可獲得一些關於自我對話如何影響自己的想法。以下是一些負面思考的例子：

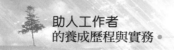

- 我必須在所有情況下都能勝任地表現，並且必須贏得人們的肯定。

- 假如我犯了錯，就證明我是個**失敗者**。

- 我必須在所有時候都表現得很好。如果我達不到完美，我就是不能勝任的。

- 我**應該**總是把其他人的利益放在我之前。我的工作就是要幫助別人，而我**不應該**自私地只顧自己。

- 當有任何人需要我的時候，我**應該**立即回應。如果我做不到，這顯示我不是一個關心他人的人，而我很可能選錯了職業。

- 假如案主停止求助，**非常有可能**是我的過錯。

- 如果案主處在痛苦中，我**應該**總是能減緩他們的痛苦。

像是這樣的陳述可以無止境地在我們的自我對話中重複著，如你所見，這些陳述句大多與「我們應該要更……」的信念以及「習慣自我懷疑」的感受有所關聯。

　　由於你承擔了案主的主要責任，你就減輕他們管理自己生活的責任，卻另外創造了你自己的壓力。重讀這些有缺陷信念的陳述，並在這些由你自己所建造的陳述句底下劃線。你是否傾向建立其他相關的陳述，特別是關於你為了做一個「完美」助人者的角色而承擔許多責任？關於你對自己所說而對你造成壓力的事情是些什麼樣的例子呢？

三、改變扭曲及自我挫敗的思考方式

　　Aaron Beck 發展的取向稱為認知治療，它與理情行為治療有一些相似之處。Beck（1976, 1987）認為有情緒困難的人們往往有「邏輯錯誤」（logical errors）的特性，亦即用自我抗拒（self-deprecation）的方式偏斜了客觀的現實。**認知治療**（cognitive therapy）認為心理上的問題由常見的歷程所造成，例如，有缺陷的思考、在不適當的基礎或是不正確的資訊上做出錯誤的推論，以及缺乏區別幻想與現實之間的能力。一些推論上的系統性錯誤可能導

致此類錯誤的假設與錯誤的想法，這樣的情形被稱為**認知扭曲**（cognitive distortions）（Beck & Weishaar, 2008）。讓我們來檢視一些像這樣子的錯誤。

- **獨斷的推論**（arbitrary inferences）是指缺少支持與相關的證據就做出結論，包括對多數的情境「災難化」（catastrophizing）的思考或想到極為糟糕的情節以及結果。你可能在開始擔任諮商員的第一份工作時，就抱持著你可能不會被喜歡或你將被同事及案主評價的信念。你也許確信你需要以某種方式得到學位，但現在卻認為你沒有足夠的技術讓你在專業上表現得很成功。

- **選擇性的抽象化**（selective abstraction）所組成的結論乃基於事件當中部分的細節。在此過程中其他訊息是被忽略的，而失去整個內容的重要意義。這個假定在於：真正重要的事件，就是那些與失敗及損失有關的事。身為諮商員，你可能會用你的錯誤與缺點來評估自己的價值，而不是以成功經驗來衡量自己。

- **過度類化**（overgeneralization）是一個僅根據單一事件而持有的極端信念，並將其不適當地應用在不同事件或情境中的過程。例如，若你有困難與某位青少年諮商，你可能就斷定自己在青少年諮商工作上毫無成效，甚至你也可能更進一步推論自己將無法有效地與**任何**案主工作。

- **誇大與貶低**（magnification and minimization）是指對某個案主或處境的理解，相較於實際上所發生的，以一種誇大或貶低的觀點看待。你可能會犯了這種認知錯誤：你在諮商中即使犯了一個微小的失誤，也認為案主很容易因此產生個人危機甚至導致心理上的傷害。

- **個人化**（personalization）是指個人習於將外在事件與自身建立關聯的傾向，即使沒有任何可產生關係的根據。例如案主未再返回尋求諮商會談，你就堅決地相信這次缺席是因為你在第一次會談時「不當的表現」所導致。你可能會告訴自己：「都是我讓案主很失望，而現在她

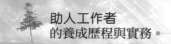
可能不會再尋求任何協助了！」

- 二分法思考（dichotomous thinking）所指涉的是以全有或全無（all-or-nothing）的方式來思考與詮釋，或是將經驗以「不是……就是……」的兩極化方式來分類。你可能會讓自己在作為一個不完美的人和完美的諮商員時，毫無轉圜的餘地。例如你沒有時時刻刻都充分地表現稱職時，你可能就視自己為：不是一個完美的助人者，就是一個徹底的失敗者。

改變失功能的情緒與行為，最佳的方式就是修正這些錯誤和失功能的思考方式（Beck, 1976）。認知治療教導當事人如何透過評估的歷程辨識自己功能不佳的認知思考。透過合作性的努力，當事人學會區辨哪些是他們自己的想法，哪些是真實發生的事件。他們了解到認知對於自己感受、行為甚至是對環境中事件的影響。當事人被教導去識別、觀察及監控自身的想法和假設，特別是他們負向的自動化思考。

學習如何回應和駁斥你自己自我挫敗的思考，必須先確認你自己核心的負面想法。回顧我們討論過的認知扭曲，並想想你表達的陳述句中，是否有包含這些錯誤的傾向。你有多常因著這些想法而製造你自己的壓力？在你已經確認了一些核心的自我挫敗信念後，可以開始用強而有力的駁斥論點來挑戰它們。一種關於駁斥無事實根據的信念之方法，將在以下這些案例中說明；在這些案例中，我們同時提供一個失功能的信念、一個駁斥論點以及一個有建設性的信念。

自我陳述：我應該隨時待命，好讓任何需要我的人可以找到我。假如我做不到，這顯示我不是一個關心別人的人。

駁斥論點：為什麼我必須隨時待命？我必須停止告訴自己，假如有案主需要我而我沒有隨時待在那裡時，我就不是一個關心別人的人。

建設性的信念：雖然我希望自己是認真負責的，我也希望能夠設限。有時候案主的期望和要求太過度了。

自我陳述：我應該能夠把每件事做好。我若不是一個完美的助人者，就是毫無價值的。

駁斥論點：我是從哪裡得到這個信念的？「我應該總是能把每件事情做好」有任何意義嗎？我可以不那麼完美地做一些事情，卻仍然能在其他領域表現得很傑出嗎？

建設性的信念：雖然我想要做得很好，我有時候可以試著接受自己的不完美。我可以容忍失誤。我不需要那麼完美地表現我是有能力的。完美的表現是一個不切實際的理想。

自我陳述：我應該總是把其他人的利益放在我自己的前面。

駁斥論點：關心自己真的有錯嗎？我不能在考量自己利益的同時，也還能關注其他人的嗎？

建設性的信念：我不能給予別人勝過自己更多的關注。如果我不能照顧好自己，這就有可能表示我也不能幫其他人好好照顧他們自己。

自我改變的第一步就是**覺察**，接著就是學習如何處理自我挫敗的思考。然而，只是確認有缺陷的信念以及學習建立有功能的陳述方式，並不能就此保證改變的產生。為了確保改變的發生，**行動**是必需的。你必須在現實中測試並依照你新的想法和信念來行動。例如，假設你已經確信就算你無法獲得某個工作，並不表示你是一個失敗的人。你可以依此信念，嘗試冒險申請其他你感興趣的工作。與其避免去做你想做的新嘗試，你也許可以從這些新的冒險中找出一些方向，並冒著風險做一個不完美的人。

|第四節| 助人者的環境壓力來源

除了個人或內在的壓力來源，外在的因素也可能對助人工作者產生壓力。壓力的**環境**（environmental）來源包括工作環境物理方面的因素，或是職務本身的結構。而主要的壓力刺激在於，現實環境中的時間太少卻要做太

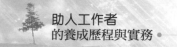
多的事。其他的環境壓力還有組織政策、保險公司強加的限制規定、機構不切實際的要求、多到快把人淹沒的書面工作、好批評的同事、方案計畫的縮減等。自從照護體系成立後，助人者經驗到的是要在為數不多的會談次數中，設法解決個人及家庭案主的緊急需求。而助人者往往覺得自己須承擔提供必要的照顧責任，卻又必須在高度限制的環境因素下工作。為了試圖在不合實際的短時間中完成這樣不可能的工作，就可能產生非常大的壓力。

另一個潛在的環境壓力刺激，則是你與同事間的工作關係品質。面對同事及主管或督導，可能不是支持的來源就是壓力的來源。有些同事可能因為他們負向的人格特質或是惡質的行徑，而使你有困難與其和睦相處。有些事件可能是非常有壓力的，例如法律上的訴訟、財務上的壓力、重要的生活轉變、解僱的威脅、工作職責的改變等。某些案主的行為，例如自殺意圖或威脅和嚴重的憂鬱，都是高度的壓力狀態。其他由案主引發的壓力還包括對助人者的憤怒、攻擊與敵意；冷漠或缺乏動機的案主；案主的倉促結案；不願合作的案主。以下用一個實例作為例子，想想面對這麼多的要求，壓力是如何對助人工作者造成重大的損傷。

◆ 案例：一位負擔過重的諮商員

Wendy 在一個非常忙碌的社會服務機構中工作，並擔負很高的案件量。這個機構人員不足，她時常被要求承接超過她能適當處理的案量。當 Wendy 被要求承擔額外的工作時，她很難說「不」。她希望讓同事們覺得她是一個努力工作的人。她省略用餐時間、超時工作以完成文書工作、不停地運轉到每天晚上只有幾小時可以睡覺，還要擔心她的行程安排如何影響了她的家庭。在最近一次的身體健康檢查中，Wendy 的醫師開了血壓的藥方並警告她的健康亮起紅燈。雖然 Wendy 知道自己處在壓力緊繃的狀況，但她看不到有什麼方法可以改變這種情形。她的先生是個殘障人士，而她是家庭經濟的唯一供應者。此外，Wendy 的督導也因工作繁忙而無暇處理她的問題。

你的立場：考量你自己的立場與態度。如果 Wendy 向你諮詢，你會建議

她怎麼做？假如你身處在 Wendy 的情境中，你可能會怎麼做？如果有的話，你在這個案例中發現什麼樣的倫理議題呢？

▌第五節▐ 機構中的壓力

由於你可能在某些性質的機構中工作，仔細考慮工作中的挫折、不滿以及緊張狀況的主要來源是有幫助的。在機構的環境中工作，包含你主要負責的工作之外，你還必須要了解機構中錯綜複雜的事務，包括它的政策方針以及種種業務的常規。對你來說，一旦你能了解機構的整體概況，為了應付這個系統中的種種要求而發展出因應的策略將會比較容易（Alle-Corliss & Alle-Corliss, 2006）。這會有助你在機構的環境中工作時，找到一些方法來維持你的動力和活力。一位復職且經驗豐富的諮商員告訴我們，他所經驗到的壓力，來自於他所處的機構要求他在短促的時間裡會見更多的案主。他對於「很快且有效地結束案主會談」感到很有壓力，而他的案主希望從他這裡獲得的往往多於他所能給予的。事實上，他所描述的許多案主因為他無法提供他們足夠的時間，而認為他是一個不關心別人的人。他沒有告訴案主的是，他其實想要花更多的時間在他們身上。反之，他卻要為他的案主如何反應負起完全的責任，而其他工作人員和案主都不領情。他曾做過的是對案主透露更多他所想的和所感受到的，他們對他的理解因此開始有了不同的依據。

在機構中擔任專業助人工作的剛開始幾年，人們通常會經驗到高度的壓力和焦慮。許多助人者曾描述他們工作中未預期的壓力刺激與要求，所帶給他們的挫折和沮喪。我們詢問之前曾進入機構從事助人專業工作的學生們，確認一些他們所面臨的主要挫折和壓力。他們最常認定為挫折和壓力的是體制中的耗時緩慢、管理者及同事職員們對新計畫的抗拒，以及不切實際的期望和要求。一位女性在她 20 多歲時做了以下這段評論：

> 我對於這個體系中的緩慢進程感到挫折。新的計畫方案往往被

過度檢視。我的年紀也是挫折的來源之一，當我和其他人一起工作時，他們並沒有認真地把我當一回事。因為我的年紀，有時我難以獲得信任。然而，讓我不滿的最大來源就是親眼看見我所工作的兒童好不容易有進展，卻因為回到其原來的系統（或家庭）中而退步到最初工作的起點。

一位年輕社工人員評論：「我最大的挫折就是在行政部門內缺乏支持、共同的目標或協同合作。」而一位女性人員的工作是管理實習學生所組成的志工人員，她曾如此描述：

> 我最感挫折的是當這些工作人員抗拒新的構想計畫。而應付政府單位的官僚形式是另一個壓力的主要來源。他們讓事情的完成變得非常困難。

機構常常提出不切實際的要求，尤其是堅決主張要很快地解決問題。例如，那些與法院轉介而來或緩刑中的案主工作的助人者，其面臨壓力就是在明確的時間內要能看到案主行為的改變，以便讓更多這樣的案主被服務，這對機構而言意謂著可以獲得更多的資金提供。

機構通常藉由對助人者限制其自主性、極少對他們的工作表現給予正向的回饋，以及設立不切實際的政策等方式，對助人工作者提出許多要求。貧乏的管理機制與不適當的監督，都是增加助人工作者壓力的來源因素。

一、維持動力與活力

我們無法開出一個放諸四海皆準的處方，讓你在工作的機構中能順利度過。然而，我們可以提出一些很有幫助的策略，並邀請你確定這些策略對你而言是否適合。此外，我們也邀請你設計出你自身因應機構相關壓力的策略，以及保護你個人自主性的方法。

你維護自己個人自主性的首要機會，即是在面試時就詢問清楚有關這個

職務的要求與期待是什麼。很重要的是，要認清當你接受一個機構的職務時，也同時表示你同意在機構某種哲學架構下工作。藉由詢問相關的問題，你就開始顯現一個有力的立場：你正在探索你有多麼想要一個特別的工作，以及你願意付出多少代價得到它。

在我們的經驗中，已建立的組織對於試圖進行較大的改變會傾向抵抗。了解到小而細微的變化可能是相當重要的。當你致力於將多數的精力放在試圖改變人們維護的現狀時，就算你的計畫多有建設性，也會變成一個不太重要的事情。你需要為自己決定，願意花費多少精力對付你所遭遇的消極力量。假如你試圖更激進，想改變整個體制的範圍，你可能會被壓垮或癱瘓。如果你聚焦的反而是在你職務的範圍內有所改變，你就處在一個比較能夠成功的機會上。

仔細想想你所工作的機構設置這些政策的原因為何。或許某些已經建立的規定有其必要存在的理由，即使它們似乎比真正需要的更為約束。然而，假如一項政策並不能對你的案主有最佳利益，你可以開始懷疑這項政策所依據的假設是什麼。你可以建議替代的政策，並找出是否有其他工作同仁和你有共同的觀點。相較於孤軍奮戰，和同事們形成聯盟更能在一個比較好的位置上帶來改變。

二、設立優先順序並建立支持系統

許多人因為未對工作設立優先順序以及有條理地執行，而常感到無力。我們發現有助於解決此狀況的是，在職務權責內一開始就決定什麼是我們最想完成的部分。藉著仔細考量優先順序，我們可以決定哪一種立場是我們不願意協商的，以及選擇無需犧牲自身完整性的折衷方式。了解我們視為最重要的部分，將其放在一個首要位置，來達成我們真正想要的。此外，和主管及督導之間良好的溝通也是很重要的部分。要做到這些可能並不容易，尤其我們常被期望在機構的環境中要像變戲法般完成許多工作。

在任何組織或機構中學習如何有效地工作，其中一個重要因素是了解你

是這整個系統不可或缺的一部分：「機構」是無法與你切割的。你與其他工作人員的關係是這個體系的核心部分，和你的同事工作最有可能提升你的效能。同事們可能是鼓勵和支持的，而你和他們的互動對於你的某些行動可以提供新的觀點。此外，和同事間真誠的關係會是增加影響力的一種方式。

雖然在機構中和其他人的互動可能有激勵的作用，但也可能讓人疲憊不堪、消耗心力，而成為一個長期壓力的來源。有些人在機構中不是發展支持的團體，而是組成派系、心懷未表達的敵意、通常拒絕面對衝突或摩擦，而造成工作人員之間的分裂。所以在員工會議上常有隱秘的意圖，導致只討論表淺的事情，而真正的議題仍無法公開提出。我們想要強調的是發現方法去建立工作關係的重要性，這能豐富你的專業生涯而非耗盡你的能量。假如你感到孤立無援，你可以選擇採取主動的方式與機構中的工作人員有良好的互動。若你願意向他們伸出雙手，將有很多資源可以支持並滋養你。

當你回答以下這些問題時，想一想，在仍保有你的原則之下，有哪些方法可以增加你的影響力：

- 當你的構想遭到抵抗時，你有什麼樣的經驗與感受？
- 假如你所工作的機構設立了一些你強烈反對的政策時，你會做些什麼呢？
- 如果你相信機構中有些根本性的東西很需要改變，但你的同事並不認同，這樣的狀況下你會如何著手進行？
- 如果你的督導老是阻止你大多數的行動時，你會怎麼做？
- 假若你的職員們似乎大部分是在獨立於其他人的狀況下工作時，你如何試著創造合作的同盟關係？
- 如果機構的員工似乎因為猜忌、敵對或未表達的衝突而分裂時，針對這樣的情況你會怎麼做？
- 如果你被要求去做有違你基本哲理的事情時，你會離開機構嗎？你認為選擇持續和此機構工作是符合倫理的嗎？

｜第六節｜ 認識壓力與專業耗竭

　　許多人在不同的行業中都會經歷到專業耗竭，但那些從事助人的專業工作者，因為涉入人們困境的性質而格外脆弱。如果你能增加對專業耗竭早期徵兆的覺察，並發展出避免惡化的可行策略，你將能更加有效地因應你工作中呈現的這些挑戰。當壓力未被有效地處理，最終的結果可能會產生專業耗竭。亦即，專業耗竭是嚴重的、長久的、不當處理的壓力所導致的結果。

一、專業耗竭的本質

　　專業耗竭（burnout）所描述的是一種身體、情緒以及心理上精疲力竭的狀態，起因於持續而重複的情緒壓力，這些壓力對個人而言是長期且強烈的。其特徵是無助且無望的感受，不僅對自己產生負面看法，也對工作、生活及周遭他人產生負向態度。Jenaro、Flores 與 Arias（2007）對專業耗竭的描述是：「一種對長期勞動、工作壓力的解釋，主要是對同事、個人工作角色的負面態度與感受，以及情緒上感覺到耗盡所構成的」（p. 80）。Maslach（2003）認為專業耗竭是一種工作壓力形式所導致的情況，其特徵為身體及情緒上的精疲力竭、人格解體（depersonalization），以及個人成就表現降低。依據 Maslach 所言，致使專業耗竭的種種因素包括在工作上的負荷量過多、缺乏掌控、不對等的報酬、社區狀況的衰退（breakdown of community）、不公平以及重大的價值衝突。專業耗竭導致個人的沮喪感、士氣喪失、孤立感、降低生產力，以及減低因應的能力。專業耗竭的問題對於在專業體系中或社區機構工作的人特別嚴重，往往經驗到的是與工作相關的壓力。因為這種類型的工作強調的是給予、幫助別人，所以經常在自我照顧的部分顯得不足。

　　Skovholt（2001）區分出兩種專業耗竭的類型：意義感的專業耗竭以及關懷性的專業耗竭。若你經驗到**意義感的專業耗竭**（meaning burnout），表

示對於照顧他人的工作已不能再給你足夠的意義感與生活目標。對於工作，你已失去了意義，存在的目的也不再明顯。如果你經驗到的是**關懷性的專業耗竭**（caring burnout），表示你的專業情感耗盡你的能量。關懷性的專業耗竭，來自於你的能量累積性的消耗至一種毫無生氣與活力的結果。此外，專業助人者在目睹及陪伴這些遭受創傷事件的人們時，可能會經歷到**悲憫疲憊**（compassion fatigue），那是一種與壓力有關的症狀，源自於累積性的消耗助人者關心他人的能力（Figley, 1995）。Mark Stebnicki（2008）在 *Empathy Fatigue: Healing the Mind, Body, and Spirit of Professional Counselors* 一書中寫到關於傾聽案主帶到治療中的多種創傷性故事而產生的壓力，可能導致諮商師的韌性或因應能力的退化。Stebnicki 創造**同理心疲勞**（empathy fatigue）一詞，與其他的疲勞症狀概念有一些相似，例如：**悲憫疲憊、次級創傷壓力**（secondary traumatic stress）、**替代性創傷**（vicarious traumatization），以及**專業耗竭**。Stebnicki 認為助人者為他們的案主在心理上全然的顯露，往往要付出的代價就是被案主的故事深切地影響，這些故事充滿著每日的生活壓力、悲傷、失落、焦慮、沮喪以及創傷壓力等主題。經驗到**同理心疲勞**的實務工作者，可能會導致專業耗竭。為了避免這樣的結果，Stebnicki 的說明是：「針對同理心疲勞的風險因素及預防策略，建立一個更為清楚明確的理解，對於專業諮商人員在發展自我照顧的策略上是很重要的」（p. 222）。

專業耗竭並不是突然發生的，它是慢慢地開始、透過好幾個發展階段前進的一種持續性歷程。可能有助益的是把專業耗竭想成是一種連續體，而非以「不是……就是……」的二分法來看待。在助人生涯的初期，常常是因為高度的理想主義而促發你的動力。而當你體認到身為專業助人者不可避免的挫折與壓力時，你的理想主義就開始趨向衰退。

那些從事助人行業的人需要去看見他們所做的工作是值得的，然而，這份職業的本質就是如此地無法看到立即性或具體的成果。這樣缺乏強化的情況下，當諮商人員開始疑惑他們所做的一切是否可以帶來改變時，就可能削弱了他們的效能。假如助人者在孤立的狀況中工作、極少與同行的專業人員

交流、常與高要求或心理異常的案主工作，或缺少工作以外的興趣發展時，潛在的專業耗竭機會將更為增加。當助人者覺得越來越難全然地與案主同在，且需要以事先排演以及不帶感情的方式讓自己能處在回應的狀態中，表示專業耗竭離自己不遠了。

助人者對於把工作做好感到莫大壓力；他們常常認為他人的生命與福祉，與他們做的決定與建議有密切的關聯。所有像這樣與工作相關的壓力可能造成心理、身體及行為上的嚴重失調。一個進行中的研究主題顯示出負向的損傷，也會迫使心理健康的實務工作者出現像這樣的症狀，如：中度憂鬱、輕微焦慮、情緒上的耗竭，以及煩亂的人際關係。若我們希望能發展出有效的自我照顧策略，很重要的是必須承認助人歷程的努力付出所伴隨的危機（Norcross, 2000; Norcross & Guy, 2007）。在協助這些受訓者發展持續性的自我評估及自我照顧的練習，以減少他們專業耗竭與負傷的風險時，督導可以扮演一個重要的角色（Stebnicki, 2008）。助人專業工作者必須警覺專業耗竭的徵兆，並投入自我照顧，以確保自己不是在受損的狀態下工作，因為這樣也可能傷害了案主（Tarvydas & Johnston, 2009）。

二、危機工作如何影響助人者

助人者可能被要求在許多不同類型的危機情境中協助當事人（可參閱第十三章關於社區中危機介入的討論）。根據 Brown 與 O'Brien（1998）所言，危機處理及其他第一線的心理衛生工作者所經驗到的壓力來源，經常會導致專業耗竭。這些情況包括關於他們工作上缺乏足夠的決定歷程；或是感覺到能力無法完全地施展在工作上；對於規章、程序及書面作業感到負擔；以及身處工作環境中的不適與危險之中。這表示從事此類型工作的助人者，自我照顧的重要性可能一直未被特別強調。

一位我們認識的年輕社工，主要是針對被謀殺的受害者家屬進行危機處理的工作。雖然她對這些案主表現出關懷與同理，但這樣的工作性質仍對她產生負面的影響而超乎其忍受的限度，致使她打算轉換工作。一如其他的危

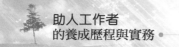
機工作助人者，她體認到專業耗竭是一種職業危機。

　　加入一個同是從事危機處理工作的同儕團體是非常好的方式，可藉此處理表面上看起來是，因為危機介入而引發的情緒。如果你心理上帶著過多的痛苦，案主的危機很快就變成你自己的危機。絕對必要的是保持一種敏感度，注意這類型的工作以何種方式在個人層面上影響你，並留心發生在你自身的狀況是什麼。若你忽略照顧自己或哄騙自己是因為沒有時間留給自己，可以確定的是，你可能無法長期勝任幫助他人度過危機這類工作的要求。你會讓自己陷入無法脫身的困境危機中。

三、造成專業耗竭的因素

　　專業耗竭並非由單一的因素造成，最理想的理解方式，反而是考量個人、人際及組織環境等促成此情形的種種因素。處理專業耗竭的第一步就是辨識它的原因。以下這些情況經常會導致專業耗竭：

- 幾近一成不變的工作型態。
- 付出很多，卻未獲得同等的讚賞或其他正向的回應。
- 在你的工作中缺乏成就感及意義感。
- 在持續而強大的壓力之下進行創作、執行及應付最後截止日期等工作——這當中有很多可能是不切實際的要求。
- 與棘手的族群工作，例如，非常抗拒的案主、非自願案主，或那些極少有進展或改變的案主。
- 與工作人員持續性的衝突及緊張；缺乏同事的支持以及面對許多的批評指責。
- 與督導及工作夥伴之間缺乏信任關係，針對共同的重要目標，往往衝突多於團隊的合作。
- 缺少個人的表現或主動嘗試新方法的機會；在實驗性、嘗試改變及創新的情況下，不僅未被鼓勵，反而被積極勸阻。

- 對於機構的目標一直感到不滿，且極少有機會創立新的目標。
- 對於案主未提供合乎標準的服務。
- 被要求付出不合理的時間與精神。
- 在個人及專業上工作繁重，卻無足夠的督導、繼續教育或其他種類的在職訓練機會。
- 除了工作情況外，還遭遇個人未解決的衝突問題，如：婚姻關係緊張或長期的健康及財務問題。

四、造成專業耗竭的個人因素

助人者在創造他們自身的專業耗竭上也扮演某個角色。某些人格特質及特徵可能增加你導致專業耗竭的風險。一些個人性的因素，像是希望被認可的強迫性需求、總覺得不被賞識，以及努力奮鬥地想要達成不切實際的高遠目標，都可能增加你專業耗竭的風險。

◆ 感到被需要

在第一章我們談論到助人者需要被需要。這樣的需求可能有助於你，也可能對你不利。考慮及照顧那些需要你的人，要消耗相當大的能量。當你開始從事助人工作並發展你的業務時，你可能很高興有人會尋求你的協助。更確切地說，能被尋求協助與被需要，讓人感到有種確認的價值。所以，有些助人者很難休假，尤其當他們確信案主若沒有他們就無法正常運作。這些助人者，因著對他人的投入與承諾而壓垮自己的生活，卻忘了自己也有需求。就你的身體、心理及情緒上的健康而言，想避免付出無法承擔的代價就必須要設限。

◆ 感到不被賞識

常聽到那些遭受專業耗竭者的主要議題，在於他們是誰或他們感到所做的一切並沒有被賞識，極少獲得正向回饋，也沒感覺到有人感謝他們專心致力的投入。你也許真誠地投入助人工作，然而你的努力有時看來好像是不足

的。你會聽到比較多的是關於你做不好的部分、你的缺點，而非你已經做得很好的。假如在工作中缺少肯定，就很難在一段期間當中知道，你對任何人所做的一切是否真的帶來改變。這樣的過程容易磨損你的理想和熱忱，而導致士氣低落。

◆ **感到快被工作壓垮**

有時你可能被要求承接大量的工作，像是接更多的個案、提供更多的服務內容，以及在有限的時間內卻要做更多的事，而產生一種幻滅感（a sense of disillusionment）。在某些機構中接案量可能多到不合理，多到無論你多有效能也不太可能做到如你所期望的目標。你也許因此感到孤立無援，並認為沒有人會了解或關心你。

◆ **感到沮喪、洩氣**

無論你的工作理想能實踐或受到阻礙，都可能是專業耗竭的重要因素。在我們的經驗中，那些給自己設立不切實際的高標準的人，往往也容易對他人有高度的期待。只要助人者因為這些努力的成果而感到滿足，他們就會一直保持高度的活力。多數從事心理衛生的專業工作者，一開始吸引他們進入這個行業的原因，多半是希望自己能為別人的生命帶來有意義的改變。所以，當這些理想開始趨於黯淡，同時也喪失了熱情與投入感，那麼就意味著專業耗竭的警訊出現。當助人者的努力不再被認可，他們就可能變得洩氣、沮喪。

另一個讓你的理想主義變灰暗的問題在於，當你開始接觸一些悲觀、憤世嫉俗的同事時，這些人常因你的熱忱而備感威脅。當這些人不斷地損害你想要創造改變的努力時，要維持住你的創意與活力是很困難的。若你一直聽到關於你想創造改變的提議是沒有用的，而且你的想法也未獲實質的支持時，你可以帶來改變的信念很可能就會消失殆盡。如果從其他人身上得到的多是負面的回應，你可能開始變得自我批判並懷疑自己是否真的可以幫助這些案主帶來改變。當你對自己習於批判和苛刻，通常也會如此對待他人。

假如你在像上述的有害環境中工作時，主動在你的工作環境內或向外尋求一些支持性的資源，較能讓你的工作保持效能。機構是不可能為你設置支持的系統，你可以邀請同事以提供相互的支持為目標，固定於某個時間聚會交流。此外，身為一個專業的助人工作者，在理想與現實之間保持平衡，對專業的延續是很重要的學習。

五、造成專業耗竭的人際與組織因素

Maslach 與 Leiter（1997）曾以組織或社會環境為專業耗竭的主因進行研究。他們發現在專業耗竭的症狀中有一個特徵是，專業人員看待求助者的方式有所改變。從抱持正向的態度以及關懷的方式轉變成消極和忽視。長期接觸不被肯定、心煩意亂及沮喪的案主，經常導致助人者以消極的角度看待助人關係中的案主。可能變得減少關心、對案主開始出現貶損的評論、表現忽視以及想遠離他們。缺乏人性的回應往往是專業耗竭的核心因素。

根據 Maslach 與 Leiter（1997）的研究，機構有足夠的能力與資源做很多預防專業耗竭的工作。例如，機構可以在工作地點提供幼童託管服務、建立支持團體、提供員工諮商，以及在休息時段讓員工有運動的機會。藉由建立一個正向積極的工作環境，機構就能提高員工的生產力。當機構能允許員工有一些工作自主、自我管理以及獨立的空間，將減少並預防機構中出現專業耗竭的風險（Riggar, 2009）。一旦助人者感受到工作機構關心他們的福祉，就比較容易對自己和工作場域中的其他人產生正面的感受。

▌第七節 ▌ 負傷的助人者

專業耗竭是造成實務工作者負傷的主要因素。Guy（1987）提到對**負傷**（impairment）的定義：「基於充分的影響因素，衝擊治療師的人格而導致失功能的可能性，產生治療技巧與能力的降低與退化」（p. 199）。負傷亦可視為一種疾病或嚴重的心理消耗的呈現，很可能阻斷了專業人員提供有效能

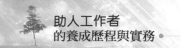
的服務，這種服務意指助人者能一致地在可接受的工作標準下展現功能。其他一些因素也可能對專業人員在個人或專業上的效能帶來負面的影響，包括成癮行為、物質濫用以及生理疾患。**負傷的助人者**（impaired professionals）無法有效地因應壓力事件，他們也無法恰當地履行其專業職責。這些專業人員內在的衝突總是容易被案主所談及的素材引發，所以只能試著以穩定自己的狀況來回應，而非協助案主的成長。

負傷的助人者很顯然地會造成案主的痛苦而非減輕它。例如，諮商人員對案主有性方面的利用剝削行為，往往是負傷的表現形式（Emerson & Markos, 1996）。諮商人員一旦與案主有性方面的牽扯，其人格上的行為模式顯示出與那些負傷的諮商人員相似。這些共同的特徵包括脆弱的自尊、在個人生活中難以與人建立親密感、專業上的孤立、拯救案主的需求、一再證明個人仍有魅力的需求，以及物質濫用等等。

由於負傷的常見特徵就是否認，所以同行或同事可能需要去正視一個負傷的諮商人員的行為。Herlihy（1996）建議用敏銳、尊重以及有備而來的態度，來面對負傷的諮商人員。關懷的表現將有助於這些負傷的專業人員突破他們的否認。對此我們視為一種倫理上的必要性，負傷的助人者要能認清並且處理他們能力受損的部分。理想而言，這些專業工作者能意識到他們需要協助，並且設法處理使他們一直困於功能阻礙模式的問題。

在各種各樣的專業倫理守則中，大多會特別提到專業人員負傷的倫理向度。這裡有三個分別取自婚姻與家族治療、社會工作以及諮商專業的例子：

- 美國婚姻與家族治療協會（American Association for Marriage and Family Therapy, 2001a）

  婚姻與家族治療師在他們的個人問題或衝突可能有損於其工作表現或臨床判斷時，應尋求適當的專業協助。（3.3.）

- 美國社會工作人員協會（National Association of Social Workers, 2008）

  社工人員因為個人問題、心理社會上的痛苦、法律問題、物質濫用，

或是精神健康上的困境而妨礙他們專業上的判斷與表現時，應該立即尋求諮詢並透過專業上的協助採取適當的治療或改善、調整工作量、終止工作或採取其他必要的措施以保護案主及其他人。（4.05.b.）

- 美國諮商學會（American Counseling Association, 2005）
  諮商人員要能警覺自己生理、心理或情緒問題上的負傷徵兆，尤其當這些能力受損的狀況很可能傷害案主或其他人時，更要避免給予或提供專業上的服務。因著這些問題達到專業能力受損的程度而尋求協助時，如果有必要，他們應限制、暫停或終止其專業職責，直到確定可以有把握地恢復其工作為止。（C.2.g.）

┃第八節┃ 避免專業耗竭

專業耗竭是一種內在的現象，只有在發展到後面的階段時，才會對其他人有明顯的影響；所以，你應該特別注意並認清自己的限制所在。你如何處理你的工作以及你從執行當中得到什麼，比你做了多少來得更為重要。基本上，專業耗竭所倚靠的是你的自我檢視的效能有多好，而此效能來自於你能從內在及外在了解自己所面對的工作壓力的狀況，以及你選擇如何處理壓力的方式。

有許多有效的方法可以用來抵抗專業耗竭的發生，並避免負傷的情況出現。你可以在個人方面盡力減少變成負傷的機會，或是讓你自己恢復原有狀態。你不必一個人獨自做這些；主動邀請你的同事作為支持你的資源。此外，也可以藉由你的工作機構所能運用或開發的有效資源，來協助你維持效能。Maslach 與 Leiter（1997）指出專業耗竭對機構而言是相當大的代價。當專業耗竭的特徵已經達到完全發展的階段時，治療就顯得很困難，並且使得機構在管理上要面臨很大的損害。從 Maslach 和 Leiter 的觀點來看，由機構發展一套預防性的測量方式，對機構的未來而言是一項有見識且明智的投資。從現在起就做這樣的投資，專業耗竭所付出的代價與損失就能事先預防

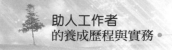

或阻止。

一、採取行動改變

若你希望避免讓壓力掌控你，你就有必要採取主動的立場，辨識你的壓力如何導致個人耗損以及它們最後如何導致專業耗竭的結果。如果你讓自己不斷地忽略壓力的訊號，並且讓損害發生，你終將發現你再也沒有東西可以給予了。你不僅無法給予，且給予的東西缺少足夠的儲備。但僅僅辨識出你並不是一個完整的給予者，這樣是不夠的；你需要一個行動計畫並承諾能付諸實現。選擇一些在你的生活中更能有效管理壓力的具體方法。檢視你如何受到壓力的影響，並試著將我們已經討論過的一些壓力管理策略應用其中。

關於如何處理並預防專業耗竭的發生，以及著手一個自我照顧的計畫，我們推薦 *Empathy Fatigue: Healing the Mind, Body, and Spirit of Professional Counselors*（Stebnicki, 2008）這本書，此書中對於這個部分有精采的論述。

二、自我調節與控制

我們認為你自身壓力的產生，很大一部分是來自於你對事件的詮釋而促成。雖然你無法控制這些事件的發展，但你可以決定要如何反應以及採取什麼樣的立場來面對它們。要能理解到你正感到消耗殆盡的警訊，且能認真看待你自己需要被支持與鼓勵。接著要做的是想想什麼是你可以做的，不只是避免專業耗竭的發生，而是好好照顧你自己。

- 檢視你的行為並確認這對你是否有效。問問自己這些問題：「我所做的這一切是我真正想做的嗎？若不是，為什麼我要不斷地走往這裡？」「有哪些專業上的工作是我想做卻沒有做的？是誰或是什麼阻礙了我？」一旦你對這些問題有了答案，就能決定下一步要怎麼做。
- 看看你的期望並確定它們是否實際可行。如果想避免不斷的挫折，很重要的是調整自己的理想以便更符合現實。

- 你可能會期望自己能滿足任何人，當任何人需要你的時候總是能找到你。無論你必須要提供他人多少，你所給予的以及案主所能接受的必有其限制。發現你的限制並學習與其共處。

- 發現工作之外其他有意義的來源。這些活動和興趣至少可以幫助你暫時脫離工作壓力，並發展一些生活中的平衡面向。

- 也許在你的工作中有一些不愉快的部分卻又難以改變，但你可以用不同的方式來處理它。找出一些方法重新安排你的行程以減少你的壓力。

- 當你想到所有的事情都無力改變時，很容易就會有快被壓垮的感覺。相反地，要將焦點放在工作中讓你有力量可以改變的部分。

- 在工作中與你有相同處境的同事可以提供你新的資訊、眼光與觀點。同事間的情誼是一項很大的資產。主動創立一個支持性團體，好讓你的同事可以相互傾聽並給予協助。

- 辨識出專業耗竭的早期警訊，並採取改善的行動。最好是將你的著力點放在避免這樣的情況產生。

　　真正的挑戰在於學習如何建造你的生活，以便預防專業耗竭的發生。預防工作遠比試著治療嚴重的生理及心理耗損更為容易許多。減少專業耗竭發生的預防計畫，其重要性在於尋求你個人生活及專業工作中的多樣性。從事個人與專業性的多樣化活動，對你而言是一個讓工作帶來活力的好機會。

　　一對都是從事社會工作的伴侶，經常提醒自己不要因為大量的工作要求而被壓垮，不要忘記自己待在機構的原因。他們接受自己不可能做到任何想做的事情。他們很有創意地用各種方式豐富他們的活動內容。他們與兒童及成人工作、共同帶領團體、督導實習生及專業人員、教學、執行方案、提供在職專業訓練等。當機構習慣以狹隘而缺乏重點的方式工作時，他們意圖發展一個更為寬容的視角，讓他在某個程度上能保持幽默感。他們通常評估自己工作的優先順序並保持界線。要確保這樣的狀況，並不是一件簡單的事

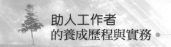

情，這涉及到對自我評估的承諾以及對改變的開放程度。

|第九節| 保持個人與專業的活力

　　要如何從一個整體的觀點來推動你自身全面性的健康呢？為了要維持你個人及專業工作者的活力，你必須了解幫助別人是有其限制的。Skovholt（2001）提到專業助人者往往是單向關懷的（one-way caring）專家。他提醒，如果單向關懷的關係方式是助人工作者生活上的特徵，這樣的方式對個人而言必然產生障礙，所以他鼓勵助人者要學習滋養和照顧自己。Skovholt指出，自我照顧包括發現一些方式裝備個人的自我功能：「個人的自我照顧應該著重在是否產生熱情、平靜、心情愉快、興奮、幸福及愉悅的感受」（p. 147）。Norcross 與 Guy（2007）提到：「自我照顧並不是在時間允許的狀況下做一些奢侈的享受；它是人性需求中不可或缺、一種客觀上的需要以及基於倫理上的必要條件」（p. 14）。對所有的助人工作者而言，最好能將自我照顧視為一種持續性的預防措施（Barnett, Baker, Elman, & Schoener, 2007），也是最優先考慮的向度。

　　Baker（2003）在 *Caring for Ourselves: A Therapist's Guide to Personal and Professional Well-Being* 一書中，強調關注我們個人狀態所有面向之重要性。其中包括關注並尊重我們自身的需求，這對從事心理健康的專業工作者而言是終生的工作。Baker 著重的是，在我們個人及專業生涯中要能與他人有足夠的分享，我們必須先能滋養自己。倘若沒有適當的方式持續關注自己整體性的狀態，要維持我們的活力是很困難的。

　　不只是為了避免專業耗竭及能力受損，而是以照顧你自己並為了健康而努力的方向來考量。Coster 與 Schwebel（1997）在他們關於功能良好之心理健康專業從業人員的特質之研究，以經驗豐富的專業心理治療師為研究對象，這些受訪者整理出促使他們能夠運作良好的幾個因素。最常被提及的包括：自我的覺察及檢視；來自同輩、配偶、朋友及同事的支持；符合價值

觀；以及有時間與家人及朋友相處的和諧生活。健全的人們願意創造能有助於照顧他們的身體、挑戰他們的智性、表達他們全部的感受、發現有益的人我關係，以及尋求提供生命指引意義的生活方式。這種針對健康的整體性取向，需要我們關切自己生活方式的某些特定面向，這當中包含我們如何工作與休閒、我們如何放鬆、我們如何吃以及吃些什麼、我們如何思考與感受、我們如何保持身體健康、維繫我們與他人的關係、保有我們的價值與信念，以及靈性上的需求。就理想的運作而言，我們對這些方面忽視或疏忽的程度有多少，我們就要付出多少代價。

目前在助人專業領域中應用於實務工作者的一種健康模式，是由Myers、Sweeney與Witmer（2000）所提出，他們對**健康**（wellness）的定義是：「一種朝向理想的健康與幸福的生活方式，由個體在人類與自然的共融當中活出身心靈的整合。」Myers與Sweeney（2005b）認為高層次的健康是一種刻意且有意識的選擇結果，這樣的選擇從每日生活中堅持同時關注身心靈的生活方式而來。Myers與Sweeney（2005c）引用阿德勒學派的觀點，並指出五項基本的健康活動的生活任務：靈性、自我引導、工作與閒暇、友誼與愛。我們將簡要的描述這些要素的內容，並為了讓你能應用於自己身上而提出一些問題。

- **靈性**（spirituality）是一種對存在的覺察或超越物質範圍的力量，並且對整體性提供深度的感知或與宇宙的連結。想想靈性對你的意義是什麼？
- **自我引導**（self-direction）包含一種專注並有意圖地接觸重要的生命任務。Myers 及其同僚列舉出價值感、對健康的掌握感、實際可行的信念、情緒的覺察與因應、問題解決及創意、幽默感、營養、運動、自我照顧、性別認同及文化認同等作為自我引導的成分內容。在這些生命任務中，你如何擺放這每一項的重要性呢？
- **工作與閒暇**（work and leisure）（或指鬆散的時間 [unstructured time]）

提供的是一種成就感。如果你分析每週的活動狀況，在工作與閒暇之間，你會發現哪一種類型的平衡呢？

- **友誼**（friendship）包含一個人與他人連結的所有社交關係。你最想擁有什麼類型的朋友？你的友誼能否滋養你？

- **愛**（love）所包括的內涵是長期的、親密的、信任的、慈悲的以及相互承諾的關係。在你的生命中是否擁有一份有品質的親密關係？這份關係在情感上帶給你什麼樣程度的滋養？

自我照顧對於理想的與有效的運作功能是不可或缺的部分。學習因應來自個人及專業上的壓力來源，大體而言，包括在你的生活方式上做出一些根本的改變。就這點來說，若有的話，花點時間問問你自己，你想要做什麼根本上的改變以促進你的健康？

一、自我照顧的個人策略

身為一個專業工作者，你需要發現自己維持活力的方法。可運用以下的項目激發你想出更多預防或處理專業耗竭的方法。在你針對每一個項目思考後，用以下的代號為每一題評估等級：

3 ＝這個方法對我而言**非常有意義**

2 ＝這個方法對我**有些幫助**

1 ＝這個方法對我**沒有什麼幫助**

_____ 1. 追求自我照顧的途徑像是：冥想、深度放鬆、瑜伽，以及治療性的按摩。

_____ 2. 開始投入一個能獲得支持系統的同儕團體聚會。

_____ 3. 除了我的工作外，發展其他的興趣嗜好。

_____ 4. 藉由運動以及良好的飲食來注意我的健康，照顧我的身體。

_____ 5. 確認我正在做的事是有意義的或是無謂的消耗。

_____ 6. 現在就做一些我打算退休後才要做的事。

_____ 7. 花時間為自己做一些喜愛的事情。

_____ 8. 投入一些形式的個人治療。

_____ 9. 閱讀勵志性書籍，嘗試一些個人的寫作。

_____ 10. 變化工作環境中的活動。

_____ 11. 從家庭與朋友中發現滋養自己的力量。

_____ 12. 在一天當中安排一個短暫但集中又放鬆的休息時間。

_____ 13. 花些時間在我的靈性發展上。

_____ 14. 重新安排我的行程以減少壓力。

_____ 15. 學習了解自己的限制，並學習對他人設限。

_____ 16. 做一些我真正享受的事情。

_____ 17. 開始著手對我有意義的新方案。

　　要記住，專業耗竭是一個累積性的歷程。承認自己正在朝向能力受損的歷程，是需要很深度的誠實。你需要對細微的指標更警覺，並願意採取行動補救必然會導致專業耗竭的情況。想想可以照顧你自己的方式，就像是一位助人者對案主所做的。我們無法完整表達出從你的省思中所做的覺察有多麼重要，我們所鼓勵的是你可以花些時間建立一個行動計畫並承諾實踐它。

二、關於我們個人的自我照顧經驗

　　我們很願意分享在對抗專業耗竭的經歷以及過去一些自我照顧的方法。首先，即使我們知道專業耗竭的危險，並不代表就可以對它免疫。在整個專業生涯歷程的不同時期，我們都會面臨對工作意義的質疑。我們都了解到，答案並不是只要去除我們不想做的事情就可以了。許多我們所做的專業工作都是自己非常喜歡的內容，但必須提醒自己的是，我們勢必無法接受所有令人感興趣且吸引人的方案工作。就心理上及經濟上的報酬而言，就算很高很誘人，也不要過度安排專業的生活行程，而總是想以此補償在情感及體力上

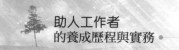

的耗盡。例如，我們曾在某一年安排非常多的諮商團體工作行程。雖然這些團體工作就專業上是很有幫助的，但還是需要花費很多的力氣來進行組織與協助。最後我們只好開始減少一些帶領的團體數量。另一個例子是我們發現到我們很多的「休假」都與專業工作拴在一起，如：帶領工作坊或參加會議。雖然這樣的混合看來是一個不錯的協調，但我們還是明白自己錯過了真實的休假——就是不用與任何專業工作沾上邊。

另一種我們意圖預防專業耗竭及自我照顧的方式，就是注意早期的警訊，像是過度擴展自己而投入太多樣的計畫方案中。即使從事許多對我們而言是有趣且有幫助的專業工作，還是必須學習了解到，我們無法在同一個時間裡把它們都做好。除了提供給他人的服務外，我們承認在這個專業領域裡也需要別人提供我們所需要的，並為了我們個人及專業上的發展而參加專業性的研討會與工作坊。基於對專業生涯要求的覺知，我們要非常有意識地活出一個健康的生活。所以，我們要注意自己的營養習慣，無論有多忙，都要找出時間做適當的休息與規律的運動。作為生活方式的一部分，我們決定居住在較偏遠的山邊社區。但是這樣的遠距離加上忙碌的行程，使得我們有時無法與朋友和同事相聚。我們必須要了解的是，我們很可能非常容易地就把自己與我們非常需要、對我們是歡樂與支持來源的重要關係給分離開來。因此，我們需要額外努力的安排出一段完整的時間給我們的朋友，以便維持與經營這些很寶貴的關係。

重點回顧

- 助人專業工作的風險之一，乃因助人工作者的特色就是不擅長為自己尋求協助。
- 對於促發你自己壓力經驗的種種內在及外在因素，能夠同時變得更加敏感。
- 想從你的生活中完全消除壓力幾乎是不可能的事；重要的問題在於：「是壓力控制你或是你在管理壓力？」

- 發展一套有效的壓力管理方案，首要的第一步是自我檢視。若你辨識出導致壓力的情境，你可以決定如何思考、感覺及行動來回應這些情況。

- 一些很有效的壓力管理方法是認知取向。這些方法包括改變你扭曲的自我對話、學習時間管理技巧，並將這些方法以系統化的方式應用在每日的生活中。

- 學習辨識與因應專業耗竭存在的事實，這對於作為助人者的你而言是很重要的生存法則。過度且長期地投入助人工作，可能導致身體及心理的耗盡枯竭。

- 專業耗竭並非來自單一原因，而是綜合個人、人際以及機構的因素所造成。了解這些影響因素有助於你學習如何預防，並因應專業耗竭的發生。

- 專業耗竭可能來自機構對你許多的要求所造成。所以在機構環境中學習一些既能生存且不失尊嚴的有效方式是很重要的。

- 如同專業耗竭的發生來自諸多原因，如何預防與對抗它也有多樣的方式。

- 有效因應壓力的方法之一，就是減少成為一個負傷助人者的機會。

 ## 你可以做什麼？

1. 列出你生活當中一些最有壓力的環境因素。若你已經確認是外在的壓力來源，記錄下來你可能會如何用不同以往的方式來處理它。你現在可以做些什麼，讓其中一些壓力來源減到最少？發展一個行動計畫，並至少嘗試執行一週。考慮和某個人約定，讓你能負責任地以行動來減少生活中的壓力。

2. 辨識出一些你沒有好好照顧自己的警訊。有什麼樣特定的方式讓你願意考慮更加好好地照顧自己？

3. 省思你自身在生活中所體驗到的壓力模式。想想你對於這些壓力清單的回應是什麼，以及在本章中所呈現的其他相關訊息。壓力如何影響你的生活？面對這些壓力來源你如何因應？在你的日誌中，試著記錄幾週比較有壓力的行程活動。

4. 我們鼓勵你仔細看看，最有可能導致你個人專業耗竭的因素是什麼。在許多專業耗竭中，一個常見的問題是**責任感**。什麼樣的過度承擔責任，可能會導

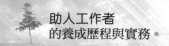
致專業耗竭的發生？

5. 如果你困擾於自己沒時間做你想做的事情，不妨試試時間管理的策略。以書面方式記錄你未來一週的所有行程，然後在一週結束時，分別加總你花在個人、社交、工作以及學習進修活動上的時間。最後檢視你所有的行程，自問這樣的時間安排方式是否是你所期望的。

6. 安排與一位執業中的專業人員訪談，並詢問他以下這些問題：「在工作中你主要面臨什麼樣的壓力？」「你用什麼樣的方法處理這些壓力？」「對於預防專業耗竭，你有什麼樣的想法？」

7. 自我照顧及自我復原（self-renewal）包括對自己在身體、情緒、心理、社會關係及靈性等面向的全面關注。找出一些具體的方法讓你的生活可以達到更好的平衡狀態，將有助於你持續自我復原的歷程。在日誌裡寫下你所期待的一種更加協調、平衡的生活典範的相關想法，然後運用本章討論的一些預防及對抗性的策略，擬定一份能有助於你因應壓力的行動計畫。

8. 以下所列的每一項書目的出處來源，可查閱本書最後面的參考文獻。關於專業耗竭及自我照顧計畫，非常推薦 Skovholt（2001）的 *The Resilient Practitioner* 一書。至於壓力如何影響助人者的個人及專業生活之相關討論，請參閱 Kottler（1993, 2000a）及 Guy（1987）。而針對壓力管理與提升身心健康的主題，在 Luskin 與 Pelletier（2005）的著作中，除了綜合性的研究資料外，還提供了實用的臨床技巧。關於自我照顧的主題，推薦 Baker（2003）以及 Norcross 與 Guy（2007）。對於同理心疲勞，Stebnicki（2008）的著作有精闢的論述並說明預防之道。而因應壓力的實用指南，可參閱 George（1998）。而 G. Corey 與 M. Corey（2010）則提及自我復原與如何保持專業活力的相關見解。Ellis（2000, 2001a, 2001b）則是說明如何運用認知技術，駁斥經常導致壓力的非理性信念。另外，Ellis（2004a, 2004b）則說明了如何將認知行為技術應用在生活中。

CHAPTER **12**

與團體一起工作

Working with Groups

焦點問題・導論・團體工作是一種處遇選擇・團體工作的價值・不同種類的團體・團體的階段與團體領導者的任務・團體領導者的發展技巧・團體領導者的專業與倫理・與協同領導者工作・回顧你的團體經驗・教導團體成員如何從團體經驗中獲益・重點回顧・你可以做什麼？

焦點問題

1. 你參加過治療團體嗎？如果有，你從中得到什麼經驗？讓你學會有關團體的哪些事？有關領導團體、成為團體成員或有關於自己？

2. 對於滿足你希望服務的不同案主群的需求，在團體工作中你看到什麼價值？

3. 你最想組織哪種團體？你的團體目標是什麼？

4. 你會採取什麼特別的行動啟動你的團體？你會諮詢哪些同事或其他資源來啟動團體？

5. 你會如何準備以領導團體或協同領導團體？你有哪些個人特質會幫助或阻礙你作為一個團體的領導者？你要具有哪些知識和技巧來強化你領導團體的能力？你還需要學習什麼？

6. 你會選擇什麼樣的人和你一起協同領導團體？你喜歡哪些特質的人？

7. 在建立或催化團體時，你會面對什麼倫理議題？

8. 對於如何有效地和團體中的差異工作，你的想法是什麼？

9. 你認為在團體發展早期階段，一個團體領導者必須完成的最重要任務是什麼？

10. 你認為對一個團體而言，比團體結束還要優先完成的關鍵任務是什麼？

┃第一節┃ 導論

　　團體工作被認為是學校諮商及和機構中的各種案主群最常使用的適當形式。你的督導或機構中的指導者也許會要求你開始辦理某種特定的團體，你可能感覺尚未準備好去組織或帶領一個團體，或者你可能不清楚這特定案主團體的價值。本章的主要目的在於介紹清楚的團體工作價值。我們呈現團體過程的觀點，以及提供團體如何在各種環境有效運作的介紹。

　　我們所討論的，是你為（你）所服務的各類案主組成或運作團體時所需要的技巧。本章提供團體工作的概括性綜述，但它不足以讓你有能力可以在沒有熟悉團體工作的督導者督導之下自行帶領團體。本章同時將目標置於討論你作為成員參與治療性團體的優點。

┃第二節┃ 團體工作是一種處遇選擇

　　在過去的 20 年，團體工作重新得到關注。在 1960 年代及 1970 年代，會心團體和成人成長團體被認為是為了讓人們連結和促進更多自我實現的一種途徑。今日焦點已經改變，針對某些特定案主群的結構性團體，似乎是最需要的。在心理健康領域，治療性團體的好處越來越受到認可，它們也廣泛使用在各種目的中（Piper, 2001）。短期團體是特定類型問題（如複雜的悲傷、創傷反應、適應問題和存在感的關注）之處遇的選擇（Piper & Ogrodniczuk, 2004）。Barlow（2008）提出報告指出，團體治療不再被視為處遇的次要選擇形式，它和個別處遇同樣有效，在某些案例甚至更為有效。

　　團體治療適合管理照顧領域，因為團體可以被設計來提供簡單、具成本效益的治療。在此領域中，團體無疑是時間有限的，而且團體具有範圍狹窄的目標。許多時間有限的團體將目標置於症狀的釋放、教導參與者問題解決策略和人際技巧。發生在團體中的人際學習，可以促進個人的改變，但團體

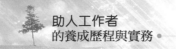

不是幫助案主了解和處理其問題的唯一途徑。實務工作者需要評估案主在團體中接受服務還是在個別治療中較適宜。在一些案例,團體可能是個案生命中最適當的介入;在另一些案例中,團體工作可能用為補充式的處遇,或是個案完成某些個別諮商後的下一步處遇。從我們的觀點來看,團體是一項多種案主群的處遇選擇。

團體是高效益的,並提供新學習的獨特機會。團體有促進人們創造和給予更多生命方向的權力,大部分的案主群可以從妥適設計並有適任的領導者和協同領導者的團體中獲益,此一議題將在本章稍後進行較詳盡的討論。

第三節 | 團體工作的價值

許多人尋求專業協助的問題,根植於人與人之間的問題。人們在建立與維持親密關係時經驗到困難,有時他們感覺到極少有選擇可以改變預期的模式,他們可能在與所愛的人如何相處中感覺到耗損。團體提供了自然的實驗場,向人們證明他們不是孤單的,而且人際間生活方式的技巧是可以學習的。團體提供了社區的意識,此社區意識是許多個人無人味生活文化的解毒劑。團體是很有力量的,因為參與者可以經驗到一些長期的問題得以在團體期間獲得解決。同時,團體也提供成員設計和嘗試更有效行為方式的機會。

透過團體過程的展開,成員觀察到如何與他人互動並在參與互動中認識自己。團體經驗被當成生活的實驗場,它成為成員觀看自己的鏡子。舉例來說,Luigi 容易讓自己在團體與人疏離,使得人們在各方面都很難靠近他。透過其他成員與領導者的回饋,他有機會認識到他造成自己不只在團體中也在日常中疏離的部分。團體的安全性提供他試驗不同方式的機會。他可以表達自己以取代忽略自己的感覺,他可以對其他人真正地敞開心房,而不是立即出現自我防衛。他可以嘗試接觸他人,並要求他所想要的。其他人也從 Luigi 的功課中獲得好處,因為這使他們了解到自己和 Luigi 的相似之處。

團體提供一個討論的場域,讓成員在其中揭露自己的困惑、生氣、無

助、罪惡感、憤怒、沮喪和焦慮。藉由表達與探索自己的感覺，成員們能夠看到人類掙扎的相似性，這些有困擾的團體成員在表達其感受時，似乎也學會了傾聽別人表達情緒。舉例來說，Carola 採取了一種禁慾主義者的態度，以為如果她能壓抑自己的感覺就更能忍受她的處境，她可能不明白這個壓力正是她強迫自己這麼做才產生的。當她開始表達自己關注的事，她可能就會明白別人也在經歷她的某些痛苦，她不是唯一有這樣感受的人，她的分享能夠幫忙降低那道孤立自己的牆。

一些人類普遍性的話題通常會透過團體顯現，除此之外，存在於團體內的差異可成為團體成員成長的催化劑。案主們可能因為年齡、性別、能力、性取向、社會文化背景、世界觀和生活經驗等差異而被區隔，然而當人們冒險揭露更深層關注的事與感受時，他們開始認知到團體成員彼此的相似性。雖然環境條件所帶來的痛苦和失望可能因人而異，但是與特定事件相關的情緒卻有著共同的特質。

團體是由一群有共同關心議題的人所組成，這種共享的感受通常更為強烈，比如說亂倫倖存者的女性支持團體。加入這個支持團體前，她們可能孤單地承受痛苦、悲傷、驚恐、罪惡感、憤慨和生氣的感受，隨著每位成員揭露其處境的故事與感受時，其他人也可以產生認同，然後藉由了解連結彼此的模式。這種在團體內建立的連結感創造了一種氛圍，讓女性可以越來越清楚看到自己如何受到亂倫的影響，而這也引導她們覺察早期經驗如何影響著她們現階段思考、感受和行為的方式。在療癒過程中，成員們通常處於不同階段，團體也允許成員去看看自己已經達成什麼以及他們可以再多做些什麼。

團體提供成員希望：擁有不同的生活是有可能的。舉例來說，團體提供引導復原的步驟給那些承認自己生活失控的酒癮者，當這些案主有物質濫用時，他們相信自己無力改變現狀也失去希望。但是藉由提供其他人已經學會重新掌控生活的示範，可以證明他們有希望能過更好的生活。改變是有可能的，希望感能引導個人的生活型態有顯著的改變；戒酒無名會就是將這個想

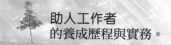

法付諸行動的例子。

對團體發展的接受度可以是一種強而有力的療癒力量。在一個提供給離婚家庭孩子的團體中，不只是團體領導者，其他孩子也都提供了熱情與支持。當團體中的個體感覺到自己關注的事也對其他人有著重要性時，他們比較容易呈現自己的脆弱。

團體明顯的優點是有機會從許多其他人的回饋中學習。如果是帶著感性與尊重的回應，成員們會理解他們的行為方式如何影響別人。人際間回饋的過程讓人們了解他們自己如何導致受歡迎與不受歡迎的結果，也讓他們和其他人的關聯有了新的可能性。

第四節 不同種類的團體

團體的種類隨著團體目標、所使用的技術、領導者的角色、訓練條件，以及參與其中的人而有不同差異。為特定目標或案主群所設計的團體，其實有可能只是出自團體帶領者自身的想像。我們發現這些特殊的團體像雨後春筍般迅速發展，它們通常都是出於特定團體的需求或是設計這些團體的專業人員的興趣而產生。

許多團體同時有教育和治療的面向，這些團體通常是短期的、有某種程度的結構性、處理特定的人口群，以及著重在某個特定的主題。它們能達成一些目標，比如說提供資訊、分享共同關注的事項、教導因應技巧、幫助人們有更好的人際溝通技巧、教導解決問題的技術，以及一旦人們離開團體時提供其協助。

很顯然地，身為專業助人者工作的一部分，你可能會被要求組織或領導一個以上的團體。依照你服務的人口群和年齡，你似乎得自己尋求資源來設計一個團體。現在已經設計了很多創造性的團體來滿足特定人口群的需求。

結構性團體（structured groups），有時候我們指的是**心理教育團體**（psychoeducational groups），通常有一個教育目的並設計來處理某個特定領

域中資訊不足的議題。這類團體的目的是預防一系列有關教育不足和心理的問題。透過運用有計畫的建立技巧的練習，將新資訊融入當中。其中，一些心理教育團體的例子像是壓力管理、學習因應技巧、維持關係與結束關係，以及親職技巧團體。

另一種團體是**諮商團體**（counseling group），這類團體著重在人際過程、問題解決策略，以及處理有意識的思考、感覺與行為。諮商團體協助參與者解決生活問題與處理發展性議題，這類團體也在此時此刻的時間架構（a here-and-now time frame）之下，使用互動式回饋和支持方法。諮商團體的成員被引導以了解自身問題的人際特質，強調發現內在個人優勢並建設性地處理阻礙發展的障礙，成員們才能發展更妥適的人際技巧以因應現在的困難與未來的問題。

這類諮商團體成為社會的縮影，成員關係是多樣的但分享共同的問題。團體的過程提供了一個現實的樣本，因為人們在團體中經歷的掙扎和其在日常生活中的衝突相似。參與者學會尊重不同的文化和價值觀，並發現在更深的層面，他們彼此的相似性多過於差異性。雖然參與者的個人情境可能不同，但是他們的掙扎與痛苦常常是相似的。

實際上，你設計的團體種類可能同時具有出於你的興趣和工作上的需要兩種功能。對於多數的案主群，可以組成支持性或結構性的團體，以整合教育與治療目標。一旦你決定社區內或是你工作機構中某些領域的需求，你和你的工作夥伴就能著手啟動短期團體來滿足這些需求。

| 第五節 | 團體的階段與團體領導者的任務

如果你期待領導團體，了解一個團體不同階段的典型發展模式，將提供你有用的觀點，也能幫你預測問題，並以適當且及時的方式介入。在一個團體中，關鍵轉捩點的知識能引領你協助參與者發動其內在資源，以成功達成他們在各階段所面臨的任務。作為一個團體工作者，你的任務會隨著不同階

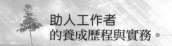
段而異。

團體的階段包括團體前、開始、過渡、工作及最終階段，一個團體的生命階段通常未必會順暢流動，或是未必能如本節所描述依照可預測的順序流動；事實上，各階段間有相當多重疊性。團體起起伏伏，成員和領導者都需要注意到影響團體進展方向的因素。以下我們簡短描述團體生命的各個階段。

一、團體前階段

團體前階段（pregroup stage）是由形成一個團體的所有因素組成，任何團體要設立穩固的基礎必須要有仔細的思考與規劃。在團體成為一個團體之前，領導者可以設計一個團體方案、吸引成員，並過濾與選擇這個團體的成員。

二、開始階段

開始階段（initial stage）是一個團體適應與探索彼此的時機。在開始階段，成員傾向呈現的自己是社會可接受的面向，這個階段的特徵通常是對團體結構有某種程度的焦慮和不安全感，成員們都很緊張，因為他們正在測試與發現彼此的界線，並好奇他們是不是被接受。典型來說，成員對團體有某種期待、關心和焦慮，重要的是要允許他們可以自在地表達。當成員開始認識彼此並學會團體的運作時，他們會發展出管理團體的規則、探索恐懼和對團體的期待、確認個人目標、澄清個人想探討的主題以及決定團體是否為安全處所。

領導者處理成員回應的行為決定了信任的發展程度，團體領導者的角色在協助社區成員從中相互學習，他們透過從團體一開始就教導成員專注於此時此刻、示範適當的團體行為、協助成員建立個人目標，以實現其領導者的角色。團體領導者在一個團體的開始階段有許多任務，包括：

- 教導參與者團體如何運作。
- 說明知後同意的事項。
- 發展基本規則並設立規範。
- 協助成員表達其害怕、期望,並協助發展信任。
- 對成員保持開放,並在心理上與他們同在。
- 提供某種程度的結構化,不增加成員的依賴性,也不引起過多的倉皇失措。
- 協助成員建立具體的個人目標。
- 開放性地處理成員的擔心與疑問。
- 教導成員基本的人際技巧,如主動傾聽與回應。

三、過渡階段

　　團體成員能深度互動前,團體通常會經過**過渡階段**(transition stage)。在這個階段,成員要處理焦慮、勉強、防衛和衝突的情緒,而領導者的任務是協助成員學會如何開始,然後把他們帶入這個團體的議題上工作。領導者協助成員開始認知並接受其恐懼與防衛,同時,也挑戰他們去面對並處理其可能經歷的任何勉強和焦慮。成員們決定是否冒險和在開放自己時,(他們)可能會有所退縮,這取決於他們怎麼看待自己或是別人怎麼評價他們。

　　或許領導者在過渡階段要面對的主要任務,是必須在適當時機以靈敏的方式介入團體。這基本任務同時提供了鼓勵與挑戰,讓成員必須面對並解決團體中存在的衝突,以及他們自身因為焦慮與抗拒而產生的防衛。在過渡階段,領導者需要執行的主要任務如下:

- 教導團體成員認知與表達其焦慮的重要性。
- 協助參與者認知到其防衛舉動的方式,並創造能開放地處理其防衛性的氛圍。
- 藉由直接、尊重與誠實地處理成員,提供給他們示範。

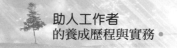

．鼓勵成員去表達在此團體階段對此時此刻事件的回應。

四、工作階段

　　工作階段（working stage）的特徵是有豐富的生產力，它是建立於開始階段與過渡階段所完成的有效能工作。隨著相互關係與自我探索的增加，團體聚焦在促使行為有所改變。在實務經驗中，過渡階段和工作階段會相互混合，團體成員間的個別差異存在團體的所有階段，在工作階段，團體可能會回到早期信任、衝突和抗拒參與的議題。有生產力的工作發生在團體的所有階段，而不是只有工作階段，但是工作的品質和深度會隨著團體不同的發展階段而有不同形式。

　　在這個階段中，領導者的一些核心功能如下：

- 對於促進團體凝聚與生產力的團體行為提供有系統的增強。
- 找尋成員間共同關注的主題。
- 提供成員給予彼此建設性回饋的機會。
- 持續示範適當的行為，特別是溫暖的面質和對團體揭露有進展的回應。
- 支持成員願意冒險並協助他們將這個行為實踐在日常生活之中。
- 協助成員將指定家庭作業發展為改變的實踐方式。
- 聚焦於轉化覺察（insight）為行動的重要性。

五、最終階段

　　最終階段（final stage）是一個時機，用來進一步確認學習到什麼以及決定這個新的學習如何變成日常生活的一部分。團體活動包括結束、摘要、整合和解釋團體經驗。隨著團體結束，焦點要放在概念化和結束團體經驗，在結束過程中，團體要處理分離的感受、說明成員們未完成的議題、回顧團體的經驗、開始實踐成員們想在日常生活中執行的新行為、設計行動方案、確

認故態復萌的因應策略,以及建立一個支持網絡。

在結束階段,團體領導者的基本任務是讓參與者澄清其團體經驗的意義,並協助成員能把在團體學習的經驗概推到日常生活的情境中。

一個真實團體的階段發展例子可參看 *Groups in Action: Evolution and Challenges—DVD and Workbook*(Corey, Corey, & Haynes, 2006)中的 DVD 方案:"Evolution of a Group"。

|第六節| 團體領導者的發展技巧

現今有許多機構將團體作為協助案主解決問題的主要取向,如果你希望建立或催化團體,你就需要獲得有效領導團體的必要知識與技巧。要成為一個勝任的團體領導者,督導訓練是不可或缺的要素。如果你還沒有適當的教育準備,而督導要求你在沒有督導之下設計或領導某種團體,你就會面臨倫理的兩難。雖然開始催化團體時,你不需要是一位專家,但你應該尋求有經驗的團體領導者提供你指導。

有效能的團體領導者了解團體的過程,並知道如何在團體內引發療癒的力量。領導團體比處遇個別的案主來得複雜,除了個別諮商的基本技巧,團體領導的技巧還包括幫助成員創造信任、連結成員一起工作、教導成員如何付出與回饋、催化揭露與冒險、介入處理阻礙團體進展的行為、確認共同的議題、建立角色扮演的情境讓成員能演出與探索其掙扎,以及讓成員為結束做準備。

與棘手或抗拒的團體成員工作的領導者技巧

當你遭遇到一個團體成員的防衛性時,你需要發展的團體領導者主要技巧之一是有效介入的能力。基本上,你不只要學會認識與處理成員的防衛,還要了解自己對成員所展現出防衛行為的反應,其中可能包括:你感覺到對領導者角色的威脅、對於成員缺乏合作與參與熱忱感到生氣、感覺自己的不

足，以及對團體步調緩慢的焦慮。

當你正經驗到強烈的防衛感受時，介入處理最有力的方法之一是處理你自己對此情境的感受與可能的防衛反應。如果你忽視你的反應，你就讓自己遠離了發生在團體內的互動。再者，藉由讓團體成員知道你的反應，你可以示範一種直接處理衝突和問題情境的風格，而不是略過不管。在你處理團體內防衛行為時，你自己的思考、感受和行為可能是最有力量的資源。當你分享自己的反應是和團體的進展有關時——這種方式就不會是責備或是批評棘手成員的不是——你讓成員們可以經驗到和你之間真誠有建設性的互動。

雖然可以理解你想學會如何處理「問題成員」，以及處理他們對團體造成的分裂，但是應該強調實際行為勝於對成員貼標籤，將問題行為視為大部分參與者在團體中有時候想要保護自我的一種展示是更為有用的。

作為一個團體的領導者，你的任務是要教育成員參與有生產力的團體行為，這樣才能將團體經驗的好處極大化。和團體成員所展現的問題行為工作時，你需要注意自己的介入可能會降低或擴大這些行為。當你處理難以應付的問題行為時，以下這些行為可以當作適當的處遇；如果你記住以下各點，你將有機會有效能地處理困難的情境：

- 不要打發或反駁成員。
- 教育成員團體是如何運作的。真誠坦率的面對成員，而不要使過程神秘化。
- 鼓勵成員探索自己的防衛行為，而不是要求他們放棄保護自己的方式。
- 用溫暖而尊重的方式挑戰團體成員去做某些可能是痛苦與困難的事。
- 不要在團體中逃避衝突。
- 在支持與挑戰間提供平衡。
- 當有人阻礙判斷、評論與批評時，邀請團體成員陳述他們個人如何受到其他成員的問題行為所影響。

在你和棘手的團體成員工作時，你可以問問自己這些問題：「是我做了什麼才引發這些問題？」「是否案主讓我回想起有關在我日常生活中的人？」這些問題能幫助你檢視和了解你的個人回應如何引發案主的防衛行為。這樣有利於提醒你自己，就是因為這樣，人們才會尋求團體來協助其找到更有效表達自己以及與別人相處的方式。有關如何處理各種棘手團體成員，可以參考 *Groups in Action: Evolution and Challenges—DVD and Workbook*（Corey, Corey, & Haynes, 2006）中的 DVD 方案："Challenges Facing Group Leaders"。

▎第七節▎ 團體領導者的專業與倫理

團體工作專業人員協會（Association for Specialists in Group Work [ASGW], 2008）的「最佳實務指南」，提供了團體工作者如何增加倫理與專業行為的建議。以下是反映這類標準的特質之概述。

首先你要花時間思考你最想透過團體形式達成什麼。如果你想要有人協同領導團體，在你和這些潛在的成員見面前，花些時間和協同領導者討論團體目標以及讓團體行動的整體計畫。除非你相信你的團體具有使參與者改變的潛能，否則將無法整合你的團體。

接著你要提供資訊給預期的團體成員候選人，要能理解某些最需要你的團體的人可能抗拒尋求你的服務。提供一些外展工作並釋出訊息給特定目標人口群，讓他們了解能從中獲益，也為篩選預期的團體成員做預備。在篩選階段，選擇其目標和需求符合團體目標的成員、不會妨礙團體過程的成員，以及不會因為團體經驗而使身心受困的人。你和成員探索潛在生活改變的風險，也幫助他們探索是否準備好面對這些可能風險。簡而言之，在你和團體碰面前，你要花時間鋪設與奠定基礎並準備讓成員有個成功的學習經驗。

一旦團體開始碰面，你就要評估團體目標是否達成，如果你協同領導團體，安排與你的同事定期聚會以便你能夠和他配合。理想上，可以在每次團

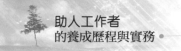
體前和團體後都會面討論。

　　你了解保密是任何團體的基礎，所以你要確保所有參與者知道保密的意涵，並鼓勵他們談論有關保持自信的事。你要努力教導成員如何成為一個主動的參與者，以便在團體系列活動中獲益最多，也要教導他們如何將最新獲得的人際技巧運用到日常生活中。

　　如果你有一個開放的團體，最明顯的特徵就是成員關係的改變。你可以協助已經準備好離開團體的成員整合他們的學習，你也允許還留在團體內的成員討論他們失去一個成員的感受。當有新的成員加入，你要照顧他們好讓他們能夠運用團體的資源。雖然成員們最後都有離開團體的權利，但你需要和他們討論倉促、過早離開團體的可能風險，鼓勵他們討論自己想離開的原因。如果你的團體是由非自願案主組成，你要採取措施，以便在自願的基礎下獲取他們的合作與持續參與。

　　正如你小心地不要強加自己的價值觀在案主身上，你也要能夠敏感地覺察自己的價值觀和需求對團體過程所造成的影響。你要運用關懷而不是強迫參與者以不是他們所選擇的方式進行改變。雖然你要避免將自己的價值強加在成員身上，但如果可以使成員從中獲益的話，你要樂於表達你的信念與價值。雖然你能夠透過工作滿足自己的需求，但別以犧牲成員來達成。同時也要保護成員的權利以對抗其他參與者強迫與過度的壓力。你要教導成員，團體的目標是在協助他們找尋自己的答案而非屈服於他人的壓力。

　　在團體進行期間，你要監控自己的行為，還要意識到你形塑了成員什麼。你要體認到教導成員如何評估自己達到目標的進步程度是很重要的，然後你要設計後續追蹤的程序。

　　你要體認與尊重團體中的差異性，並鼓勵成員能夠敏感於文化、種族、宗教、年齡、性取向、障礙和性別等差異可能會對團體過程有所影響。當你和一群差異很大的團體成員工作時，你要能夠體認到你在多元文化的能力和專業知能上的限制。掌握團體中所有成員的文化背景是不必要的，但可以多邀請成員確認他們認為其文化對你及其他成員彼此有意義的面向。

許多人都生活在一種以上的文化當中，他們往往擁戴自己的母文化，但又發現其他新文化的某些面向也很動人，這些成員可能會在試圖整合兩種生活文化價值上面臨衝突。如果你和其他成員都尊重這種文化衝突的話，這種核心的掙扎可以為團體探索帶來活力。如果你是對差異很有敏感度的團體實務工作者，你所使用的技術對你團體成員的文化背景和需求就會是合適的。

依處遇的種類，你會了解自己能力的限制。你要避免使用有潛在強大影響力的技術，除非你在被督導之下使用。當你遇到倫理議題阻礙團體功能時，你要願意尋求諮詢或督導。

就如同你要讓成員準備好進入團體般，你也要讓他們在最有效率的時間下對團體的結束有所準備。你協助成員齊心協力從團體經驗中學習，並幫忙他們在離開團體後，把所學發展成行動方案。你熟知社區內可以幫助成員解決其特定需求的資源，也協助成員尋求他們所需的專業協助。隨著團體即將結束，你可以鼓勵成員發掘資源以持續發展經由團體所展開的成長。

┃第八節┃ 與協同領導者工作

在我們的團體工作實務、在教育和督導團體實務工作者，以及在指導學生和專業人員的團體過程的工作坊，我們都支持團隊工作。雖然我們偏好的是協同領導的模式，不過這並不是唯一可以接受的團體領導模式。許多人能相當有效地單獨催化團體。老實說，協同領導團體有許多制度性的阻礙，預算議題是日益增加的阻礙。機構的行政人員似乎都會問這個問題：「為什麼我們要付兩個人的錢來催化只需要一個人領導的團體？」

協同領導的團體有許多大家都關注的優點，比如：團體的成員可以從兩位領導者的觀點獲益；隨著風格的不同，協同領導者可以在團體期間帶來獨特焦點使每個成員都受到催化；協同領導者可以處理團體正在發生的事，並計畫未來的團體階段。協同領導的優點之一是能協助你確認和澄清出現在團體內的反移情。回憶一下第四章，反移情會某種程度扭曲你的客觀性以至於

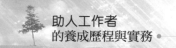

干擾有效的諮商。舉例來說，你的協同領導者可能會很不耐煩地回應抗拒表達其感受的人。你最好能夠接觸一下這樣的人。你也可以和你的協同領導者在團體以外的私下聚會裡，協助協同領導者確認自己對某個特定成員的反應或是依附情感。

協同領導除了優點外，也有一些缺點。協同領導者的關係可能把團體過程複雜化，增加可能的倫理議題。Luke 與 Hackney（2007）回顧文獻並提出協同領導模式有以下可能的缺點：領導者間的關係困擾、領導者間的競爭、無效能的溝通、過度依賴協同領導者。團體領導者必須注意他們的個人發展、他們作為協同領導團隊的發展，以及他們所催化的團體發展（Luke & Hackney, 2007）。接受定期督導對於學習如何催化團體的基礎部分來說，是相當有幫助的。

協同領導者的選擇是很重要的，這不只包括吸引力和相似性，他們作為一對夥伴的功能性一起影響著團體動力，不是正向就是負向。如果協同領導者無法一起有效地運作，團體就似乎會受到磨難。兩個領導者間未能解決的衝突常會導致團體的分裂。如果領導者間的能量是朝向彼此競爭或是有其他權力鬥爭或隱藏的議題，那這個團體就幾乎沒有機會變成具效能的團體。每個領導者都應該充分確保團體其中一方或是雙方試著去影響彼此。當然我們不認為協同領導者都要同意或分享相同的感覺或觀點；事實上，協同領導者如果感到足夠的信任，就能表達不同的意見，這將會為團體帶來活力。相互尊重與建立奠基於信任、合作與支持關係的能力是最重要的。

Okech 與 Kline（2006）在研究有關協同領導的競爭議題時發現，有效的協同領導關係需要對建立與維持彼此關係付出承諾，無法有效溝通的協同領導者，可能會花費過多的時間在團體內討論他們的關係議題。Okech 和 Kline 的研究強調了協同領導者願意了解與處理干擾他們在團體內有效工作的議題，他們提到：「藉由開放地關注到團體外的這些動力，協同領導者可能比較不會利用他們的團體離間彼此，也比較不會無效能地關注其關係的議題」（p.177）。

我們強調協同領導者在團體聚會之後，立即花時間共同評估剛剛團體發生了什麼，這是相當重要的。同樣地，他們也應該至少在每次團體階段前簡短會面，討論任何可能影響團體功能運作的事。雖然我們喜歡協同領導工作模式，但我們認為更重要的是：這兩個領導者在決定組成工作團隊時都有發言權。

| 第九節 | 回顧你的團體經驗

本章已經說明了大部分你在專業工作中可以使用的團體模式的方法，現在我們要求你考慮去經驗作為團體參與者的價值。學會如何催化一個團體的最佳方法之一，就是主動參與在團體中當一名成員，表現你的開放以成為團體成員。你有多少意願來界定團體目標，而這目標是使你主動參與及完全投入來了解你自己和他人？你是不是願意了解自己的脆弱，以及在團體脈絡中揭露自己的脆弱？

如果你將參與經驗性團體當作訓練的一部分，你可以把自己的經驗用在個人改變上，也可以運用在你作為助人者所關注的議題上。其他成員能協助你誠實面對自己，並協助你更了解自己如何和別人相處。你對自己是誰的坦誠，是你改變的能力中最有意義的因素。你參與的團體是否有意義，則取決於你自己。

在第四章中，我們討論到你的案主可能有移情的反應，同樣地，我們也要體認到你可能對他們有的任何反移情。經驗性團體是適合你探索對案主的感受和這些感受對你產生什麼影響效果的場合。有時候你是很難保持客觀的，而團體可以幫助你了解自己的盲點。和你的訓練方案有關的團體經驗可能不是澄清你過去未竟事宜的適當場合，但它會使你敏感到你的脆弱如何干擾你成為一個助人者。舉例來說，假設當你和年長者為伴時，你清楚知道自己不舒服並想尋求認可，就好像你和你的父母在一起一樣，那你可能需要進行團體外的個人治療，以了解你的脆弱並療癒它，但這團體會吸引你注意到

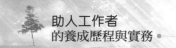

反應的方式。在團體中你可以學習到自己感到脆弱時的防衛性，而這份對自己防衛的覺知，相當有助於你學會如何和棘手的案主工作。

我們有一位同事（Kristin）告訴我們，她第一次協同領導一個亂倫倖存者團體時相當焦慮。Kristin 記得她問自己：「如果他們問我是不是也有被猥褻騷擾的經驗，怎麼辦？如果我跟他們說沒有，他們會不會相信我能幫助他們？」「我能夠處理得了我將聽到的這些痛苦的事情嗎？」她在被督導時處理她所關注的這些議題，也和她的協同領導者分享這些議題。當團體有所進展時，Kristin 就不再困擾，也了解對她來說有許多方法能和這些成員連結並幫助他們。她剛開始的害怕並沒有使她氣餒，因為她能夠在這團體以外表達並且澄清她的困擾。

並非需要經驗嚴重的心理創傷，才能從個人成長團體的經驗中有所收穫。你尋求及接受他人回饋的意願將啟動一個模式，在你的助人角色需求高時，這個模式會鼓勵你持續向外接觸他人。把進入團體當作你訓練方案的一部分，它提供了討論如何發展為你期待的助人者的感受、害怕以及不確定性的途徑。你從他人身上接收建設性回饋的能力，能使你將自己裝備得更好，並提供案主有品質的服務。當你自己是一個抗拒的團體參與者，你就很可能無法激勵他人，特別是當案主也是抗拒時更是如此。如果你自己能夠變成一個主動的團體成員，以後你就可以運用這樣的經驗教導團體中的成員，如何在團體經驗中獲得最大的收穫。

▍第十節▍ 教導團體成員如何從團體經驗中獲益

我們相信，參與團體的人如果有被教育如何成為投入的參與者，都會從團體經驗中獲益。我們在這裡給團體成員提供幾項建議，你可以使用這些建議，教導你正在催化的團體成員如何最適當地參與。更詳細的討論，請參閱 *Groups: Process and Practice*（M. Corey, Corey, & Corey, 2010）。

1. 要體認信任不會自己在團體中發生；你扮演了創造這個信任氛圍的角

色。如果你覺察到有任何事阻礙了安全感，就與團體分享你的遲疑。

2. 透過聚焦你的個人目標，展現自己對從團體中學習的承諾。在每次聚會前想想你要如何投入、你想探索什麼個人議題，以及有什麼其他方法可以有意義地使用團體時間。

3. 雖然有個你想討論的暫時性議程是有用的，但如果你受到其他人想探索的議題感動，或是如果有人建議要朝不同的方向，那就不要嚴格地執著於你的議程。

4. 如果其他成員所做的事感動了你，重要的是要讓他們知道你已經如何被感動。如果你能夠對他人的痛苦或是掙扎感同身受，就會逐漸有助於你和他們分享你的感受和想法。

5. 表達你關於在團體中此時此刻的持續感受。比如說，如果你很難於團體中分享你自己個人，讓其他人知道為何你很難自我揭露。

6. 你自己決定你要揭露什麼、揭露多少、何時揭露有關你個人的面向。他人沒有認識你的基礎，除非你告訴他們有關你自己的事。

7. 避免迷失方向以及有關於你的詳細資訊或歷史讓其他人感到不知所措。揭露此時在你人生中對你有意義的掙扎，特別是和團體中其他人的探索有關的議題。

8. 執行你關心與傾聽的技巧。如果你能注意與同理別人，你就對團體過程很有貢獻。

9. 如果你認為自己占了團體太多時間，試著自我挑戰。如果你過度關注於測量自己說了什麼和接收到什麼，你將抑制你的自發性並會自我阻礙。

10. 利用你的團體作為實驗新行為的場所。允許自己嘗試不同方法來決定你想改變的方式。藉由給自己家庭作業，思考如何將這些想法、感受、行動的新方法帶到團體外的生活中實行。

11. 要了解改變不會一蹴可幾。你也可以預期在進程中會有些挫折，持續追蹤自己的進程，並記得給自己努力和穩定的改變一些肯定。

12. 意識到問題是你互動的主要風格。如果你有意圖地問問題，讓其他人知道你問題背後的意義是什麼。

13. 避免給建議。如果你意識到自己想告訴別人怎麼做，要讓人知道你給建議的企圖是什麼，學會為你自己說話並談論你自己。

14. 集中注意力在團體內運用個人的及直接的表述。直接和一個成員溝通比透過領導者來談論那個人來得有效。

15. 給別人回饋時，避免分類或對他們貼標籤。相較於告訴別人他們是誰或是什麼，不如告訴他們你觀察到什麼以及這如何影響你。

16. 注意任何你可能接收到的前後一致的回饋。舉例來說，如果你聽到其他人覺得你有點主觀和具批判性，別太快嘗試說服別人你很開放也接受這看法，相反地，接受你聽到的並思考他們傳遞的訊息，來決定他們的說法如何和你相吻合，特別是在你團體以外的生活。

17. 尊重你的防衛並了解它們的存在對你來說是有目的的。當你意識到在團體內的感受或行為是防衛的，透過檢視你自己如果較少防範會發生什麼來挑戰自己的防衛。

18. 透過對其他人表達關心來提供支持，但不要太快透過試著使別人舒服來介入，特別是當他們正經驗某些感受時，如對特定事件表達痛苦。讓他們知道他們的痛苦是如何感動你。

19. 為你正在團體中完成的事情負起責任。花點時間思考這些聚會中發生的事，並評估你的目標達成度。如果你不滿意你的團體經驗，檢視你可以做些什麼讓團體經驗更有意義。

20. 要有意識地尊重和維護團體內進展的保密性。你保密的方式說明了你的個性，如果你擔心你所揭露的事情會流出團體之外，請積極地在團體中將這個議題提出來。

21. 保持寫個人日誌的習慣，記下你自己在團體內印象深刻的探索和學習。日誌相當珍貴，可以追蹤你的進展並標註你在思考、感受與行動方面的改變方式。

重點回顧

- 對許多目標人口群和特定目的來說,團體是一種處遇的選項,而不是助人改變上的次級取向。

- 團體過程內固有的價值會帶來自我接受、對自己的深層了解與改變。有些價值是學習人不是孤單的、從許多來源接收回饋、獲得試驗新行為的機會,以及利用團體作為人際實驗室。

- 熟悉團體發展的階段,才能使處遇變得有效能並滿足團體的需求。團體發展包括團體前、開始、過渡、工作以及最終階段。

- 助人者被期待在形成與運作團體討論時要遵守倫理原則。重要的是,如果你被要求進行團體工作時,你要了解自己能力的限制。

- 進行團體工作的技巧是可以學習並精煉的。這些技巧可以廣泛地應用在許多特殊人口群和不同地點。

- 作為一個訓練方案中的學生,你可以從團體中獲得許多個人與專業的發展。如果你希望把團體工作當作是你實務的一部分,訓練和督導是很重要的。

你可以做什麼?

1. 調查一個當地社區機構或設施所提供的服務,詢問如何組織團體、對特殊案主團體提供什麼服務,以及這些團體有什麼成果。如果你現在在機構內實習,詢問有關團體工作的事。

2. 如果團體經驗不是你訓練方案的一部分,去參加一個在你的學院或大學、社區內的或是私人執業的團體。即使你決定不要加入團體,這樣的練習作業對於了解社區資源也很有用。

3. 如果你正在一個機構工作或是你正在機構實習,考慮你是否可以觀察一個團體。當然,在你參觀一個團體聚會前,都要取得團體成員和領導者的同意。

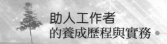
參觀的目的是讓你熟悉可能的團體，以滿足不同案主群的需求。

4. 如果你現在正在團體中或是過去參加過團體，在你的日誌中描述你所在的團體成員類型。這可能教會你在領導或是協同領導的什麼能力？你也可以寫下你在帶團體時的擔心或是害怕。隨著你的書寫，讓你自己腦力激盪出和團體內的人們工作的可能優點。思考有關你的興趣，看看你是否能夠利用小團體作為媒介，以便從你的興趣中腦力激盪出某些共同的想法或概念。

5. 這裡所列的書目的完整來源，可以查閱本書後面的參考文獻。有關評估一個團體和每個階段主要團體過程議題的實務工具書，可以看 M. Corey、Corey 與 Corey（2010）。有關創造、執行與評估治療性團體的技術，可以看 Corey、Corey、Callanan 與 Russell（2004）的實務書籍。關於團體技巧與策略的有用處遇措施，可看 Jacobs、Masson 與 Harvill（2009）。有關團體諮商領域不同主題的綜融性回顧，請看 DeLucia-Waack、Gerrity、Kalodner 與 Riva（2004）。有關多元文化團體工作的實務處遇，請看 DeLucia-Waack 與 Donigian（2004）。有關人際治療團體的理論性與實務議題的深度處遇措施，可以諮詢 Yalom 與 Leszcz（2005）。有關回顧團體諮商的 11 個主要理論並實際應用到不同團體的書，請看 Corey（2008）。有關呈現 Corey 協同領導兩個不同團體的教育 DVD 方案，請看 *Groups in Action: Evolution and Challenges—DVD and Workbook*（Corey, Corey, & Haynes, 2006）。

CHAPTER 13
在社區中工作
Working in the Community

焦點問題・導論・社區取向的範圍・社區工作者的多重角色
・社區處遇・外展・培力社區・影響決策者・動員社區資源
・在社會行動中促成改變・社區中的危機處遇・重點回顧・
你可以做什麼？

焦點問題

1. 你認為自己在社區中扮演什麼角色？你對社區需求和個人需求的重視程度分別為何？

2. 許多助人者努力於幫助個案了解造成問題的個人內在因素，有些則是著重在可能影響個人問題的環境因素，還有一些人則著重在整合個人賦權與環境改變。整合個人與環境因素的優缺點分別是什麼？

3. 社區工作者投注時間在培力教育社區：什麼是迫切的社會問題，以及如何利用社區中的人群服務？是什麼樣的吸引力會使你願意投入當地社區？

4. 外展工作是一項基本的社區處遇，如果你在一個社區機構工作，你鎖定的目標群體是誰？進入社區提供服務給一群可能本來不會尋求你服務的案主群時，你看到哪些可能的優勢？

5. 相較於提供服務給不同的案主，你預期作為一個社區工作者可能會面對的挑戰是什麼？作為一個社區工作者，你可能扮演什麼樣的助人角色？

6. 你對於社會行動主義這個名詞的了解是什麼？如果你用社會行動者的角色來當助人者，你能為社區帶來改變嗎？

7. 危機處遇是一種短期的助人策略，特別是處理社區中有許多問題的個體時。你認為這些在社區中帶來改變的方法是有效率和效能的嗎？

8. 如果你在一個社區機構中有實踐的場域，你該如何裝備自己來處理不同危機處境中的個案？

| 第一節 | 導論

　　許多人主張專業的助人者必須要對人們生活的整體社會環境有影響力，才能促進實際且持續的改變。這與來尋求個人諮商的個案工作同樣是一種專業，因為他們都會運用助人技巧；但是助人者如果能使用系統取向，就可以在個體和社區兩者間潛移默化產生改變，因為個別案主的期待與困難和社區系統中其他多數人交織著，藉由聚焦在一個社區中的能量與能力，社區工作者可以協助社區中的人們賦權。

　　但，什麼是「社區」，以及你該如何發現社區成員？在 Mark Homan（2008）*Promoting Community Change* 一書中的定義，描繪了社區（community）的精神：

> 　　一個社區是指一群人有明確共同的地點、信念、興趣、活動或其他特性，是明顯可以指出其異於其他人的共同性與差異性。在社區中的成員能夠意識到這共同的特性時就證明社區存在，即便他們現在可能還沒有這種認知。這種認知會有效地引導社區成員更能完成個人的以及相互間的發展。（p. 98）

　　當我們使用**社區機構**（community agency）一詞，包括了在社區中提供廣泛社會心理服務的許多公立的與私立的、非營利與營利的機構。同樣地，當我們提到**社區工作者**（community workers），我們指的是一群多元的人群服務工作者和社區健康工作者，他們的主要責任是以在服務社區中的個體和服務這個社區整體為中心。

　　本章我們著重在有關社區工作的特定責任，目標是幫助你辨別外在環境如何影響你的案主。我們無法脫離案主所處的生存脈絡而提供處遇，因為這個社區會影響這些個體怎麼感覺、思考與行動。作為一個助人者，我們有責任向他們說明造成他們來找我們求助的問題情況為何。

社區**改變媒介**（change agents）扮演一個由下而上主動提供社區方案與機構服務的角色，他們以社區成員的需求為努力的基礎。藉由傾聽案主，你可能就會明白影響或限制多數個案改變生活的環境因素。你也許無法專精各項社區處遇，但是你仍舊可以為你服務的社區在改變的路上扮演一個重要的角色。

第一步就是要能意識到案主所觸及的社區環境。問問自己，你會如何回答下列問題：

- 在你的社區中如何滿足這些人群服務的需求？
- 低收入者的特殊需求是什麼？
- 人們可以在哪裡尋求他們所需的社會與心理服務？
- 如果人們問你可以提供什麼資源幫忙他們，你能指引他們嗎？
- 你能看到社區內有什麼樣的壓力導致個人或群體經歷這些問題嗎？
- 有什麼資源能幫助社區中的人賦權？
- 有什麼制度性的阻礙干擾個體公平地參與社會的管道？
- 在你社區中的居民對機構提供服務所持的主要態度是什麼？
- 如果這些態度是正向的，你如何維持？如果是負向的，你如何改變？

傳統的心理治療（traditional psychotherapy）著重在個人變遷途徑（a pathway to individual change），以解決個人的內在衝突為主；社區取向（community approach）則著重在社會變遷，而非僅止於協助人們去適應其生活環境。**社區模式**（community orientation）鼓勵我們要設計「走出辦公室」的處遇方式。在個體助人模式下受訓的社區助人者，需要發展出更寬廣的概念來界定誰才是案主。社區本身是最適當的關注焦點，因為解決問題的資源、力量以及人力都存在於社區之中。一旦社區未被滿足的需求被提出來時，助人者就必須緊密地與社區成員工作，協助他們辨別、發展社區資源，並利用方法來強化社區本身的能量。

| 第二節 | 社區取向的範圍

　　助人過程不會憑空發生。人群服務的專業人員發展了處遇策略，來處理影響社區中歧異而多元的成員生活的不良社會因素。這一直和傳統社會工作的工作觀點「人在環境中」（person in the environment）一致。這個同時考慮個人與環境的過程，與社區心理健康運動（community mental health movement）一致，這個運動開始於 1950 年代，立基於假設人會有問題是因為其在社會系統中的失敗。這個運動要求社區監控人群服務，以及著眼於預防、早期發現和提供服務給長久以來未受到政府足夠關心的人（Trull, 2005）。

　　許多人所面臨的問題，都是作為一個擁有資源的系統或團體中的個體或成員，其公民權被剝奪的結果。社區工作者的目標是爭取更多的公民權，有文化意識的社區工作者，特別了解社會政治影響力如何衝擊不同文化團體的生活經驗。他們正努力改善這些以壓迫和邊緣化的方式不當地影響人們心理健康的社會不正義（Crethar, Torres Rivera, & Nash, 2008）。

　　助人者必須展現一種意志、一種意願，在一開始就處理案主的經濟生存需求。專業助人者常會忽略這個事實——在他們被鼓勵成長與自我實現前，必須先滿足他們的基本生存需求。心理健康服務應該不再只是為上流階級量身訂做，許多社區工作者相信所有人都有公平獲得高品質的處遇方案的權利，因此，社區工作者要為所有年齡、背景和不同問題程度或類型的人們倡導所需要的服務。

　　傳統取向傾向於把失功能視為個人問題，而助人者教導個體要能適應社會生活的現實，相反地，社區取向則認定失功能是因為大系統脈絡所致，所以要賦權人們不受社會的不公平所影響（Lewis, Lewis, Daniels, & D'Andrea, 2003）。在了解與處理人群問題時，傳統取向著重在解決內在衝突的個人變遷路徑；而社區取向則是改變造成個人問題的社會環境因素。持較廣社區觀點的專業助人者「能夠將自己從微觀的諮商角度解放，也就是從長久以來過

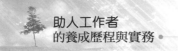
度強調個人的、內在病理取向的，轉向較綜融的、尊重多元文化的助人方法或策略，包括在案主的『生活』中培育更高層次的社會正義」（Crethar et al., 2008, p. 270）。社區心理衛生觀點和所有的社區息息相關，特別是和長久以來被邊緣化、被壓迫、被政府忽略的社區有關。社區工作牽涉到一群專業人員學了一些技巧，這些技巧包括：連結人群、發展領導力、激發自信、促成一種學習的文化。社區的成員被鼓勵要能掌控與專精自己的問題，這讓傳統個別處遇變得越來越沒必要（Trull, 2005）。

　　Homan（2008）強調我們需要改變影響人們的社會條件，而非改變受這些社會條件所影響的人們。他相信所有人群服務工作者都是為改變系統中的不正義而努力的。Hogan（2007）相信我們首先要做的，就是在文化屬性上更了解自己。如果我們要改變社會條件，就要體認到在專業工作上，個人的文化架構就是我們參與這個世界與使用工作方法的起點。

| 第三節 | 社區工作者的多重角色

　　社區工作者絕非只是專注在社區的某些問題，而是要藉由為社區成員創造機會來發展活化社區的技巧與能力，這樣才能提升社區的生活品質、擴展社區成員面對現在與未來挑戰的能力。

　　和社區工作通常意味著和一群特定的團體工作，或是在某種情境下處理社區中因某種議題而競爭或是合作的團體。這些團體通常有種強烈的認同或是某種將被組織起來的潛力。事實上，社區改變的工作真的是一個小團體的工作，也就是說，在社區內你所工作的團體裡，你會發現有一小群人在改變的方向上採取主動角色。這個團體大部分的工作是在一個小團體的脈絡下完成，在第十二章中我們說明了對人群服務工作者而言，在實踐團體取向的價值上這有多重要。在社區要成為一個改變媒介，小團體技巧是基本且強而有力的。

對助人角色的多元觀點

　　Atkinson、Thompson 與 Grant（1993）相信，傳統心理治療者的角色「只適合高級知識份子的案主，以及正處於想從內在因果論解除現存問題困擾的人」（p. 269）。傳統取向的治療對案主的困境加諸了不適當的責任而招來一些批評，因為他們的某些處遇方式會把案主問題的主要責任都歸諸於個人，而無視於環境因素可能對問題的影響。

　　助人專業必須體認到許多問題是出自個人外在，而非內在，比如說不正義、壓迫、差別待遇。社區取向的工作強調：必須要認知與處理環境因素對不同種族案主群所造成的問題；鼓勵助人者要扮演環境改變媒介和社會政治行動者的角色，來改良社會系統和緩解不必要的苦痛，為了做到這些，助人者需要獲取新的專業角色，以便傳遞更廣的服務來促進不同背景案主群的心理健康（Crethar et al., 2008）。Atkinson（2004）認為對社區工作者而言，相較於傳統的助人取向，要採取某些或是下列所有的另類角色才能使案主受益：(1)倡導者；(2)改變媒介；(3)諮詢者；(4)顧問；(5)當地支持系統的催化者；(6)當地療癒系統的催化者。為了選擇一個角色以及選擇少數案主群能使用的策略，把案主的知識水準、問題的因果和諮商的目標納入考量是有用的。所有這些另類的角色展現了社會正義與行動主義的基本原則，目標都在使案主賦權（Constantine, Hage, Kindaichi, & Bryant, 2007）。以下讓我們來詳述這些另類的助人角色。

1. **倡導者**（advocate）：因為少數族群的案主群常受主流社會壓迫，助人者可以代表他們發聲。低社經水準的人、因為歧視與壓迫而尋求問題解決之道的人們，以及為那些被剝奪公民權而難以使用專業服務的人們，特別需要助人者為他們發揮倡導的功能。Crethar 和其同事（2008）定義**倡導**（advocacy）為「透過諮商專業回應對案主福祉的制度性、系統性及文化性阻礙所做的前瞻性努力」（p. 274）。在倡導角色的助人者功能上，當他們使用助人技巧有效處理阻礙案主達成個

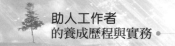
人、社會、學術及生涯目標的制度性障礙時，專業人員被要求和案主一起行動，並代表社區中的案主。

有多元文化能力的專業人員應該實踐案主倡導的功能。助人者應該參與社會和政治的行動，去幫助案主學會如何克服阻礙及賦權案主自身的能力（Lee, 2006a）。Lee 與 Ramsey（2006）指出倡導性助人者必須有自覺、知識和技巧，能夠有效說明案主可能呈現的議題範圍。

於是，和有文化差異的案主團體工作的諮商者已經被要求要成為系統性改變的媒介，透過幫助來自不同背景的案主連結能量與技巧，來打破制度與社會結構的阻礙以達到最理想（optimal）的發展。必要的話，心理健康專業人員要能樂意以倡導的角色代表被剝奪公民權的案主行動，主動挑戰長期以來被誤以為是最理想的心理健康發展的傳統與成見。（p. 7）

2. 改變媒介（change agent）：這個角色的功能是社區工作者盡可能地面對與帶來系統中的改變，而這些改變能使案主面對問題。Lee（2006a）主張問題的發生不全然在於個人，而是問題產生在一個條件受限的環境。因此，對付問題的最好方法就是根絕系統中的障礙物。在改變媒介的角色中，助人者幫助案主組織社區中受壓迫的力量以作為問題來源，並教導他們處理這些問題的策略。

社區改變的主要目標是培植健康的社區，一個改變媒介者要體認到健康的社區會產生健康的人們。作為系統性的改變媒介，社區工作者幫助案主發展力量，特別是政治性的力量，以帶來案主在社會與物質環境的改變。社區工作者扮演改變媒介的角色時，有時候必須教育這些組織要能改變其文化來滿足社區的需求（Homan, 2008）。

3. 諮詢者（consultant）：扮演諮詢者時，助人者要能鼓勵每個人從不同的文化學習有用的技巧，來和社區中不同勢力成功地互動。在這個角

色中，案主和助人者要合作一起對付系統中不健康的勢力。作為諮詢者，助人者和案主要能從不同的種族、族群、性／情感取向、能力、性別以及文化背景等，一起設計預防措施以減少種族歧視與壓迫的負面影響。

4. **顧問**（adviser）：這個角色和諮詢者相近，不同之處是社區工作者作為顧問，他會和案主討論有關環境問題如何產生個人問題的處理方式。舉例來說，移民者可能在移民的文件上需要一些建議，以因應他們即將面臨的問題，如就業問題、孩子在學校面臨的問題，以及學習語文的資源等。助人者需要學習一些主題性的知識，以便知道在何時何處能使他們的案主獲得進一步的協助。

5. **當地支持系統的催化者**（facilitator of indigenous support systems）：許多種族差異的案主群、生活在農村的人以及一些老人，可能不會考慮尋求專業的諮商或治療，他們可能對心理健康人員感到不舒服或不安全，因為他們不是當地助人體系的成員（Constantine et al., 2007）。但是他們會轉而求助家人、親近的朋友或是自己社區中的社會支持系統。社區工作者可以透過鼓勵案主善用社區資源，如社區中心、教堂、大家族、鄰里社群網絡、朋友網絡以及種族倡導團體，來扮演一個重要角色。社區工作者可以和教堂領導者合作來影響社會政策和社區變革。

6. **當地療癒系統的催化者**（facilitator of indigenous healing systems）：許多文化中，人群服務專業者極少有機會和有問題的人們接觸，因為這些人懷疑傳統心理健康工作取向與專業者，如果助人者能覺察案主文化中現存的治療資源，可以轉介案主給信任、熟悉的民俗或心靈治療師。對助人者來說，有時候了解案主的世界觀是困難的，在這種情況下，和當地的療癒者合作可能比較有效（如當地宗教領導者或是機構、能量治療師與相關社區領導者）。要成為一個具文化意識的助人者，需對當地的健康療癒實務人員抱持開放態度（Stebnicki, 2008）。

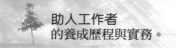
當助人者能夠理解當地的療癒系統，很快地就會發現他們的實務工作會深深影響著彼此的互動。Stebnicki 亦提到當地的療癒系統也會嘉惠助人者的自我照顧方案。

在 Constantine、Myers、Kindaichi 與 Moore（2004）有關當地心理健康實務的文章中，呈現了一份整合性的文獻回顧，並討論了當地療癒系統中文化的關聯性如何促進有色人種的心理、身體及精神的福祉。他們鼓勵諮商者要以開放的態度學習當地的療癒資源，不過Constantine和她的同事也提醒實務工作者要提供正確的照顧作為當地療法的參考，才不至於損害案主的身心健康。透過採取一個開放的立場，「諮商師能夠認知到當地與西方助人取向的潛在異同，也能為傳統的助人制度和個別的文化系統間的鴻溝搭起橋樑」（p.120）。

| 第四節 | 社區處遇

一個綜融性的社區觀點包括四種處遇層次：(1)直接個案服務；(2)間接個案服務；(3)直接社區服務；(4)間接社區服務。

直接個案服務（direct client services）是著重對一群身處心理健康發展問題危機者的**外展活動**。社區工作者所服務的不是身處危機的案主，就是需處理有持續性生活壓力導致因應能力受損的案主群。這類方案的目標群體是學校中輟生、各年齡層的藥酒癮患者、遊民、兒童及老人虐待的被害人及加害人、自殺傾向者、犯罪被害人、老年人、AIDS 患者、青少年媽媽。為了觸及到這些學校與社區，助人者要提供多樣的個別、生涯、家庭諮商服務給這些高風險團體（Lewis et al., 2003）。

間接個案服務（indirect client services）是由**個案倡導**所組成，包括代表一個人或團體，或是主動和他們一起介入問題。社區機構努力增強這些被主流社會所排除的弱勢團體，這些人包括但不限於失業者、遊民、老年人、身

心障礙者、AIDS 患者等等。助人者要變成倡導者，代表案主發聲並主動介入案主的處境（Lewis et al., 2003）。倡導的過程被認為是最能幫助沒有權力的團體，朝向發現與使用社區內和他們自身資源最好的方式。

　　直接社區服務（direct community services）是以**預防教育**的方式來使大眾有所準備，例如生涯規劃的工作坊、AIDS 預防工作坊、善用閒暇、人際技巧訓練等。因為強調預防，所以這些方案可以幫助人們發展更廣泛的能力。

　　間接社區服務（indirect community services）是企圖要**改變社會環境**來達成全體人群的需求，並透過影響政策來實現。社區處遇處理的是讓人們感到無力的貧窮、性別主義與種族主義的受害者議題，著重在藉由和那些在社區中發展政治政策者緊密合作來促進系統的變遷。

　　社區處遇（community intervention）要求助人者要：(1)能夠熟悉社區內的資源，以便必要時轉介給案主；(2)對案主的文化背景有基本的了解；(3)具備實用且確為案主所需的技巧；(4)有能力平衡各種角色及專業；(5)能夠辨別出社區中哪些非專業者有能力成為社區的改變媒介；(6)有意願在社區倡導一些政策的改變；(7)有能力連結社區，以及使社區內的成員相互連結。

∣第五節∣　外展

　　當心理健康專業者越來越意識到要提供服務給更廣大人口群的需要，有效的外展（outreach）策略受到注意的程度便與日俱增。這些策略對於少數族群特別有效，因為他們長久以來對白人心理健康系統的不信任，也使得這些白人心理健康專業者把他們錯誤地標籤為歧異份子，並把他們排除在服務以外。

　　如同在第七章所提到，如果專業人員希望能有效地接觸與他們本身文化不同的案主並接近他們，必須要對不同文化的案主有更多的理解。有文化意識的助人者如果希望其外展服務能夠成功，所使用的處遇技術就需要含括自

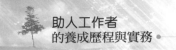

己的人生歷練和了解社區中異質團體的文化價值（Lee & Ramsey, 2006）。

社區心理模式強調要建立有回應的社會系統，這或許是最適合有色人種的方式。White 與 Parham（1990）寫到這種外展模式不同於傳統助人專業的模式，社區工作者不等待案主上門求助，而是主動走到社區，提供人們在整個生命週期中改善心理健康的預防性整合服務方案。

外展模式包括發展性與教育性的措施，例如技巧訓練、危機管理訓練、社區教育、有關心理健康與諮商福利，以及多元的諮詢。這些服務必須對社區發生作用，不要只是提供專業人員，如果社區中的人們不使用這些服務，我們就要質疑這些服務的價值或是輸送服務的適當性。社區工作者在組織這些服務時，要能樂意從社區中學習，也要能與社區一起學習。

你無需對於社區中潛在案主做所有的事情，如果你在社區機構工作，你很可能只是和個別案主工作的團隊一份子，這個個案管理的模式包括一群有不同專業的專業助人者；管理照護體系也使用了團隊的模式，所以你需要學習如何在你的機構中與專業團隊的成員建構合作的關係。一旦確認了社區的需求，一群工作人員會比孤立的單一工作人員更有力量去接近案主群。

探索一下你在自己的社區中可能會做的外展工作型態，如果你在一個社區機構中實習或是有工作任務，你對外展計畫有什麼想法？你可以在社區中外求心理健康專業人員或是找你的學院系所同仁，而這群人是否有專業能力來達到特定案主群的特定需求？你和你的同學如何結合你的才能和努力，來發展一個社區可能忽略的方案？在你的社區中可以運用哪些機構和資源來發展這樣的外展方案？你的方案不需要多崇高的設計，只要一個小小的改變就能幫助從未求助的個人。

| 第六節 | 培力社區

培力社區（educating the community）包括教育專業人員了解問題的存在和問題的面向，以及一些處理問題的步驟。當然也包括要教育廣泛的社區了

解相同的事情，以及這些問題的持續對社區造成的成本。專業人員需要教育潛在的消費者了解服務的可及性和要求服務品質的權利。

　　人們沒有使用現成的服務有許多原因：他們可能不知道這些服務、他們可能付不起這些服務、他們可能誤解諮商的目的和本質、他們可能不願意承認自己的問題、他們可能抱持著人應該要有能力管理自己的生活態度、他們可能相信專業助人者企圖控制他們的生活、他們可能感受到服務不是為他們準備的，因為他們認為這些服務不具文化敏感度，或是他們認為自己不值得接受服務。還有一些實際的因素讓人難以使用社區服務，比如說，如果案主和機構服務有物理上的距離，社區成員又缺乏到達的交通工具，可能就不會使用這項服務方案。

　　社區取向的目標之一是教育大眾，並且企圖改變社區對心理健康方案的態度。也許在這個部分最重要的任務是去除對心理疾患（mental illness）概念的神秘歸因。許多人還是傾向誤解或神化心理疾患的概念。專業人員在反對這些錯誤概念下要面對一個真實的挑戰，助人者要有能力以社區中的目標群體所能理解的方式呈現這些服務。許多人還是會在面對嚴重的心理疾病時，考慮尋找任何形式的專業心理處遇；有些人則認為專業助人者對每個來到機構的案主問題都有答案；有些人則抱著一個信念，專業協助只是那些弱者或是無法解決自身問題的人才需要。除非專業助人者能主動呈現助人服務是善解人意、可被接受、在文化上對大多數社區成員是適當的，他們能從這個專業服務中獲益。培力社區可以喚醒人們取得幫助與強化自身能力的資源。

　　在加州橘郡一個小型草根性的非營利組織，應用外展策略教育社區以滿足其關鍵需求（Hogan-Garcia & Scheinberg, 2000）。兒童、青少年與父母協會（Coalition for Children, Adolescents, and Parents, CCAP）是一個預防青少年未婚懷孕的社區機構，過去 20 年，這個機構提供了課後休閒服務、家教、課輔方案、體育活動、親職教育、衝突解決、多元文化訓練、學校團體諮商、無家者庇護中心、藥癮防治及兒保訓練等服務。這個機構的所有成員都

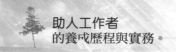
致力於澄清與了解個人的價值、信念與行為,因為每個同仁都相信在重視與理解多元文化下,他們已能夠建立主流和社區中少數者間的橋樑。

　　CCAP 早期設計的一個外展與教育方案,是在拉丁裔社區預防 HIV 病毒的擴散。一位拉丁裔成員做了一項針對社區內 30 名婦女的訪問,想要了解她們對 HIV、人類性徵以及青少年懷孕的了解。從和這群母親的互動中形成了一組帶領者,她們採取了一些步驟來教育這個社區。被當作帶領者的這些婦女每個月都會在鄰里中心舉行會議,最後這群婦女還邀請了她們的丈夫加入班級課程。

　　這是一個機構能有效合作的例子,他們都支持要能確保社區中的所有成員能發聲決定服務的特性。在一個多元文化社區中,這些 CCAP 的方案都立基於具文化意識的實務原則下。

　　Hogan(2007, chap. 5)指出實務工作者在培力社區時,可能要參與下列任務:

- 支持社區中少數群體的需求。
- 幫助案主群成為專業人員的真實夥伴,透過分享決策權來發展與輸送服務。
- 推展社區組織與發展活動是機構的基本責任,並能把機構的預算反映其中。
- 主動去接觸有特殊需求的人們,並且啟動預防問題的服務方案,而不是只有解決問題的處遇方案。
- 運用並改善社區工作者和半專業者的技巧,以便更能滿足案主的多元需求,以及發現與使用案主的多元能力。
- 發展有效處理貧窮、藥酒癮、兒童性／肢體虐待、兒童疏忽和家庭暴力的策略。
- 發展能為社區中失權者賦權的策略。
- 諮詢不同的社會機構有關於方案發展的不同知識,如老人學、福利、

兒童照顧，以及藥物依賴和復健等，並協助社區工作者能在工作上應用心理學知識。

- 評估人群服務方案來增進機構處遇能力。
- 和一個特定社區中的成員工作，發展與建立社區資產來促進社區本身的自我復原力。

| 第七節 | 影響決策者

隨著當代社會問題增多，對社區取向方案的需求也越來越高，諸如：貧窮、遊民問題、犯罪、隨意槍擊、幫派活動、AIDS、失職父母、離婚、家庭暴力、兒童虐待、失業、緊張與壓力、疏離、藥酒癮、青少年犯罪，以及對老年人的疏忽等，這些只是在預防與處遇人群問題時，社區需求面臨主要挑戰中的少數。社區助人者能透過在社會政治領域中策動改變來形塑社會政策，舉例而言，預防 AIDS 所做的研究大部分是來自於遊說團體與政治壓力。

如果你還沒準備好這樣做，你還是不可避免地會接觸到 HIV 檢驗為陽性的人、AIDS 患者、和檢驗 HIV 陽性者發生性行為的人，以及和 HIV 陽性者或 AIDS 患者親近的人。你不能不知道由 AIDS 傳染所衍生的許多議題。你可能被期待要提供直接服務給患病的案主，或是提供適合社區有關教育與預防的間接服務。除非你自己先被這些問題所教育，否則你將無法教育那些你所接觸的人。請注意最新的研究發現如何影響臨床實務工作。雖然期望你對一個社區所面對的問題範圍要有深度的知識未必實際，但你對問題可以有個概略的知識，也可以使你自己熟悉對特定需求的人們有用的社區資源。和一個社區工作，你可能是人群服務專業團隊中的一部分，這個團隊中的每個成員可能都有不同領域的專業，而且透過跨專業間的合作，結合實務工作者的不同的專長，可以為問題帶來多元的資源，比如說在預防 AIDS/HIV 方面。專業訓練方案有責任使助人者能勝任倡導者角色，以協助危機中的個人或團體，並教導學生影響決策所需要的技巧。

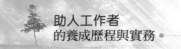

社區工作者很容易覺得過度負荷，社區機構也常是財源不足和人力缺乏的。沒有適當的財源，再有創意的方案都沒有實踐的可能性，機構只能轉向處理危機工作，而非預防問題。因為助人者常常負荷過重且同一時間有許多衝突性需求，讓他們很難去多做一些這個領域的教育、影響決策、外展和倡導的工作，但是助人者還是需要找到方法來合理運用時間執行這些活動。社區工作者啟動改變的方法，是透過機構內的組織動員和發展出一個整合的聲音。

▌第八節▐ 動員社區資源

在 *Promoting Community Change: Making It Happen in the Real World* 一書中，Homan（2008）表示，如果你想在動員社區資源中擔任一個主動的角色、極大化你在社區中的努力，並在這個領域精進你的技巧，擁有下列特定的知識和技巧是有用的：

- 建立你在社區中的誠信與定位。
- 以促進社區內成員有意義的參與作為社區變遷的努力方向。
- 發展與建立社區成員的優勢與能力。
- 認識你的目標、你的議題、你的團隊、你的資源。
- 確認社區中的重要關係人，哪些可能是潛在的盟友和對手。
- 建立並維持個人網絡，特別是那些在幫助案主群上占有一席之地的人。
- 了解用於和個別案主工作與和社區工作之技巧的可移轉性。
- 了解規劃以及它和行動間的關係。
- 了解權力是用來維持或是改變社區內的條件。
- 了解**權力的擁有**（power with）和**權力的消滅**（power over）是同等重要的。

- 幫助社區的人們採取行動宣示自己的需求。
- 持續讓參與改變的人能一個接一個連結起來。
- 確認你的策略和戰術能適合情境所需。
- 了解人們在**行動**前必須先有所**感受**。
- 運用「賦權的循環」：參與、溝通、決定、行動。
- 如同你說話般肯定地傾聽。
- 為策動改變承擔責任。
- 避免為自己隨意設限，相信你所擁有的能力。
- 使自己投入學習——有關於你自己、你的社區、你的議題、你的策略
  與戰術。
- 專注於社區成員的共同性而非差異性。
- 記住不只是「他們」需要改變，而是「我們」必須改變我們所做的。
- 接受特定問題與條件的現實性，不要讓這些阻礙阻止我們的行動力。
- 輸送服務時要能說明倫理的議題。
- 相信社區中的成員有權利過美滿的生活。

　　最成功的方案是讓社區成員參與決定他們社區所要採取的方向，作為一個社區工作者，你可能扮演一個主動的角色，但要記住只有社區成員本身才是自己需求的「專家」。把社區成員視為專家是培養賦權感的一種方式，你的角色只是催化社區內的連結，並且協助他們學會運用可得的資源去實現社區內的改變，而非替社區決定他們需要什麼。

　　當你正試著決定如何在你的社區中帶來一些不同，有些不確定性是自然存在的。提醒自己你所擁有的技巧是用來幫你分析情境與建立關係。很重要的是，能認知到理想主義可以是一個有價值的資產，就好像其他的資產一樣，當它被執行，其重要性就被增強了。

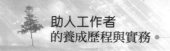

和社區內的特定人口群工作

鼓勵你思考一下社區內多元的特定團體，特別是受忽視或是不受歡迎的案主群，並且看看你可以如何動員社區資源來滿足他們的需求。要記住你正和這群可能與你相異的案主在許多有意義的面向中經驗相似的感覺，即使你未必和他們經歷同樣的問題。

學會與社區工作和為社區工作。任何你設計的方案必須合併不同的外展方式，來接觸目標群體和那些可能會接近你服務的潛在案主群。你要如何在你的社區中發展教育方案來提供服務給那些案主群？記住，教育只是第一步，教育的努力要能導出行動方案來帶動社區的改善。你如何動員這個社區來採取行動，以便協助處於特定危機的案主群改善其困境？

不管案主群是誰，以下所列的問題展現了你在了解目標案主群，並且和他們一起工作時可以應用的原則：

- 在你社區中最需要協助的是什麼樣的特定人口群？他們需要何種協助？

- 你對這些目標群體的特別需求了解到什麼程度？這個社區有什麼資源和能力能解決目標群體的困境？

- 你對目標群體的假設和態度是什麼？你對這個群體可能懷有的偏見、成見和刻板印象是什麼？

- 辨識出你和案主群工作時的某些恐懼與擔心。你要如何處理自己的恐懼？

- 社區的人可能震驚於你正和這群不受歡迎的案主工作，你要如何處理社區內強烈的反應？

- 社會可能會用什麼方式汙名化危機案主，如遊民、物質濫用者、退役老兵、酒癮家庭的兒童、失業者？

- 特定群體中的個人可能會用什麼方式持續烙印自己？

• 身為助人者，你會如何去除阻礙有效方案的烙印？

花一點時間思考你從社區取向中所學習到的，想想你的教育背景、專業訓練的程度和工作經驗。如果你計畫要加入人群服務的領域，你似乎就要花點時間在社區機構中工作，這樣你就會和社區內許多不同的群體工作，如果你已經在這樣的環境中工作，你要如何在個人面與學術面裝備自己來採取更廣的助人觀，而成為促進社區改變的媒介？你會如何學習承擔這個角色所需要知道的？你需要學會的特定技巧是什麼？有什麼會令你擔心挑戰到在社區內工作的有效性？你如何將你的理想付諸執行策略，以便帶來社區內建設性的改變？

▎第九節 ▎ 在社會行動中促成改變

Rob Waters（2004）在"Making a Difference"一文中，剖析了五個成為社會行動者的社區取向治療師的工作，這五位「公民治療師」展示了如何深深參與自己的社區事務以及主動促成改變。這五位治療師都展現了改變社區的不同路徑，然而他們每個人也都被同一個問題所驅動：「我該如何創造改變？」

Ramon Rojano（引自 Waters, 2004）相信，作為一個治療師所採取的助人專業方向是成為社會變遷的主動促媒。他本來是一個和富有英裔美國人工作的精神科醫師，當他把焦點轉移到和拉丁美洲人及非裔美國人工作的兒童診所，他很快就發現，依賴傳統的心理治療模式來處理一個家庭的心理需求是無意義的，除非他留意這些家庭成員生活中貧窮、暴力、社會經濟危機的部分。關於「社區家庭治療」的取向，Rojano 已從傳統精神科醫師的角色轉換成為一個療癒窮人的心理健康系統的另類角色。

Diane Sollee（引自 Waters, 2004）是一位婚姻教育運動的領導者，她的部分工作包括辦理研討會訓練人們成為婚姻教育者，而他們的任務是要教導

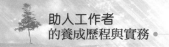

基本的婚姻溝通技巧。為了避免被認為有任何政治目的，Sollee 拒絕任何資助，她工作的核心是使夫妻獲得成功的婚姻，以及家庭生活所需要的資訊與技巧。

Kenneth Hardy（引自 Waters, 2004）是一位家族治療師，過去幾年都在學校、教堂、企業和美國軍隊發展方案，協助人們處理差異的議題。Hardy 的目標是要讓人們了解各方面的社會不正義和種族、性別、社會階級間不平等的社會真實，而這些有助於對差異發展出更真實的理解。在他的專業工作中，逐漸著重在那些遭到權力剝奪或是無法賦權的人。

Jack Saul（引自 Waters, 2004）是紐約大學國際創傷研究計畫的主持人，他致力於協助災難中倖存的人們。在回顧後 911 時期，他主張「集體的苦難需要一個集體的回應」（p. 40），在災難情境下，他相信治療師需要用更寬廣的用語去思考，並發展出動員社區自身療癒資源的模式。他和官方設立解放計畫（Project Liberty），接受國會委託成立 1 億美元捐款的心理健康基金作為 911 受災者復原之用。現在 Saul 正致力於發展社區資源來療癒 6,000 名住在史丹島（Staten Island）的賴比瑞亞難民，他大部分時間都在幕後協助成立社會服務慈善中心、就業安置方案以及家庭支持方案等，來連結不同社區的領導者。他說：「進行這類工作的關鍵就是要把你的治療技巧，用一種激發社區自身能量的方式帶給社區，而非喧賓奪主取代他們」（p. 41）。

Barbara Lee（引自 Waters, 2004）畢業於柏克萊加州大學社會福利系，現在是美國國會議員。她學會透過運用政治力來擁有最廣泛的影響力，她從運作國會辦公室帶來了臨床的觀點，她和團隊為低收入者倡導。Lee 共同發起了一項授權協助非洲減緩 AIDS 的議案，而這項議案也由布希總統在 2003 年完成法案簽署。這項成就只是她所指的「我沒有走進政治成為其系統的一部分，而是去改變系統，搖撼它，並使事情變得更好」的一個例子（p. 43）。

這五位社會行動者都展現了我們能改變系統，以及社區有內在的療癒力量。採取社會行動和社會正義觀點的助人者，不會把自己侷限在用矯正個別案主生活問題的名義來思考，而是在案主環境脈絡中執行預防性措施來促成

系統性的改變（Crethar et al., 2008）。

|第十節| 社區中的危機處遇

　　危機處遇是社區機構用來工作的主要模式之一。你將學會在被督導的實習場域中處理不同危機情境的方法，而且你將有許多機會實踐這些技巧。Kanel（2007）在撰寫有關危機處遇模式的發展時，說明了這個模式和社區心理健康方案的關聯性。社區心理健康運動強調預防性方案，而許多危機處遇理論著重在極小化心理傷害與促進心理健康的處遇。

　　雖然1963年通過的社區心理健康中心法案（the Community Mental Health Centers Act）原本是要協助慢性心理疾患者，但是社區工作者很快就將這些過去找傳統私人執業治療師處理精神問題者視為案主。後來1968年藍特曼‧佩特利斯短期法案（Lanterman Petris Short bill）建立更特定的輔助條款，強調提供短期危機處遇的社區心理健康服務給非患有慢性心理疾患者。短期危機處遇模式比傳統的心理治療模式更重視成本效能，因此危機處遇成為大部分心理健康維護組織偏好的一種取向（Kanel, 2007）。

一、危機的脈絡

　　James（2008）檢視過許多對**危機**（crisis）的不同定義後，摘述了這些定義：「危機是一種覺察或經驗到一個事件或難以忍受的情境或困境，而這困境已超出個人現有資源或因應機制所能處理」（p. 3）。幾個作者呈現了危機處遇的模式（詳見 James, 2008; Kanel, 2007）。危機處遇模式可以應用在把這個社區當作「案主」的工作中，也可以應用在危機中的個人。

　　危機處遇（crisis intervention）是一種短期的助人取向，它是當個案發生急性精神失衡狀態時的治療選項。危機中的個人或是面臨某種危機的社區，都會有暫時性認知、情緒、行為失序的情形，他們需要及時有技巧的協助，而這個協助的過程應該持續到能使人們恢復到先前的功能狀態，通常這需要

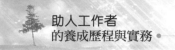

花掉 6 週的時間。

　　大部分來機構求助的案主面臨的可能是發展的危機或是情境的危機。**發展危機**（developmental crisis）指的是某些人在特定生命階段面臨的困境，如你在第三章所見，Erikson 發展階段呈現的是轉變的機會也是潛在的危機，發展危機包括童年早期經驗的創傷、結婚或離婚、親職的壓力、孩子離家後的因應、退休後找尋生活意義，以及面對親友死亡的調適過程。這些事件未必會導致危機，個人對這些生命轉換的詮釋與回應才是決定因素。

　　在危機理論中，**危機**這個名詞不是負向的，而是人類成長與發展的基本要素。危機是人在生活中做決定的時機。情境不只發生在我們身上，我們對生活情境採取的姿態也會決定生活的品質。**危機**（crisis）這個字源自希臘字 *krinein*，意思是「做決定」。危機情境可以代表危險與機會，舉例來說，面對嚴重疾病時，個人要考量的優先順序就需要重新評估，而主要的改變方式就是要先活下來。人如何回應這個關鍵的轉捩點就會創造不同的結果。一個烏托邦式的存在不是人都沒有危機，因為危機是人類發展的一個基本要素。我們在不同生命階段所面對的危機常常是催化劑，提醒我們更好的機會正來臨，如果我們有勇氣脫繭而出。

　　除了這些和不同生命階段有關的可預期的發展危機，我們也必須忍受非預期的事件在危機解除後，癱瘓我們行動的意志或是改變我們生活的方向。**這種情境式的危機**（situational crises）可能是性侵害、自己或愛人罹患嚴重疾病、親密關係的破碎、嚴重的金融衰退，或是一場天災如地震或龍捲風。作為一個受雇於社區機構的助人者，你可能被要求提供自殺個案諮商、處理案主創傷後症候群、幫助有嚴重肢體不便者，或是提供藥酒癮者戒治措施。

　　在某些社區，危機團隊常常更新資訊並制定回應危機情境的程序，很清楚地，專業助人者需要有提供立即評估、處遇、轉介與追蹤的知識、技巧與訓練。

二、危機處遇的過程

危機處遇有兩個層次，**第一序的處遇**（first-order intervention）可以視為是精神醫學式的急救協助（psychological first aid），這個層次處遇的執行是由心理健康專業者和一群其他專業團隊，如政府官員、法官、警察、消防隊員、護士、醫務輔助人員、內科醫師、學校諮商師、假釋官、教師和廣泛的人群服務工作者。**第二序的處遇**（second-order intervention）或危機治療需要考慮更專精化的訓練與專業。

第一序的處遇包括立即的協助與可能只開一次會議。這個處遇的主要目標是重建個人立即因應的能力，為了達成這個目標，助人者提供支持、做些能降低死亡機率的事、連結其他助人資源給危機中的個人。有許多場合是要經驗豐富的成員才能掌控廣泛的危機事件，如醫院急診室或是危機處遇熱線。當這些成員和沒有證照的工作者開始接觸危機中的個人時，可以給予他們一些能快速有效回應的訓練。

提供精神醫學式急救協助的助人者任務，是協助個體開發任何可得的資源，來修復一種均衡感，而這種均衡感最終能使他們透過自己的行動來達成未來的挑戰。助人者透過他們的態度與行為創造支持，或許助人者最需要提供的協助就是他們的現身（their gift of presence），也就是這種提供給危機中的個人「全然在那裡支持」的能量，在他們經歷暫時混亂而訴說自己的故事與尋求人的連結時，能引導他們仍有某種穩定感。

在你剛遇到一個危機中的個案時，你可以偶爾提供這種現身來表達真誠的關懷行為與深層的同理。你可能會無力於改變一個悲慘的情境或是你會受困於怎麼**做**才夠的想法，然而現身是有力量的，並常常超越了你實際改變這個情境所採取的行動。你願意全心與他人連結就像與他們並肩努力奮鬥一樣，是最大的療癒與必需品。

重要的是，讓你的案主感覺到受邀講自己的故事，而你要避免以為知道什麼對他們最好或是他們要什麼。當他們敘說自己的故事時，盡可能同理地

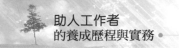
傾聽。對你來說，真正的任務是鼓勵他們敘說，並且從他們的觀點了解他們將經歷的事。試著去了解你的案主想要走到什麼地方、他們考慮採取什麼行動，隨著他們的表達，你也能夠對當下的情境，特別是他們因應的資源，進行評估。

　　在危機處遇中，你最主要的任務是確保你的案主安全。有些案主可能會覺得心煩意亂，無法因應危機狀況，把自殺當作自己唯一的出口。在面臨沮喪時，自殺衝動可能只會持續短時間，而你有責任介入預防任何致命的行動。處於危機中的人常會提供他們沮喪程度的線索，在評估案主潛在可能採取的毀滅性行動時，你必須同時知道如何問適當的問題和了解危險訊號。和已經有危險跡象的案主訂立契約，並規劃後續特定追蹤方法。安排轉介是這個工作很重要的一部分，問問自己你是否有足夠的知識和技巧評估處於危機中的案主。知道自己的限制和社區中的資源，才能成為這群經歷危機的人們的救生索。

　　第一序的危機處遇常包含短期實施步驟的計畫。處於危機中的人們會被這種任何事情都要立刻去做的感覺所淹沒，你可以協助案主聚焦在什麼才是現在必須去做的事，什麼可以稍後再做。案主常會覺得動彈不得，以至於看不到自己可以有所選擇，而你可以使他們鎮靜下來，並協助他們辨別身邊的資源網絡，比如說家人、朋友和社區。透過接受精神醫療式的急救協助過程，人們常會獲得所需要的理解、支持和指引，才不至於傷害自己或他人。在這個層次，你的任務是協助案主辨別與檢視他們可以用來度過危機的可能路徑。

　　依據 Kristi Kanel（2008.11.3 個人通訊），有些人的危機透過第一序的危機處遇就可以解決，特別是當這個危機工作者能將社區資源連結到案主生活中使用時。這些社區機構、學校、教堂、健康中心和許多現存於社區中的自然支持系統，正以一種自然的方式提供給人們因應這些永不停歇的壓力源（導致危機狀態的可能突發事件）。第一序危機處遇有機會讓案主學會：當生活越來越超乎他們自己所能掌控時，社區必須在未來提供什麼服務。這些

社區服務提供了一種社會連結感,而這種連結感有助於成功管理生活中的苦難。

雖然心理健康諮商中心被視為社區服務,但不是每個人都需要一個專家在那裡因應即時的危機。當地社區方案如果有一個強大的內在結構,可能較適合那些對於尋找專業治療師服務不自在的人群。社區機構可能不只提供危機介入,還在第一時間協助人們避免進入功能受損的狀態,舉例來說,社區會設計青少年中心來提供機會,讓這些青少年能參與他們的活動,而非追尋導致危機的危險行為,如青少年懷孕、性援助交際、幫派、飆車和自殺。

有時候初期層次的處遇並未解決危機,危機的效果會持續,遺毒仍須清除,這就是第二序處遇的必要,也是我們所知的**危機治療**(crisis therapy)。這是一個短期的治療過程,目標不僅著重在立即因應,也強調危機的解決和改變。這個層次的處遇目標是幫助危機中的人能更好地面對他們的未來,並縮小他們精神損傷的機率。讓案主從危機中學習,並讓他們有機會修通未竟課題是很重要的。理想上,他們獲得的協助將持續對生活和新機會帶來開放的態度,而非封閉自己面對未來的各種可能性。

在危機諮商中,我們會鼓勵案主表達和處理感受,有些感受可能是受壓抑的。讓案主能釋放這些感受並轉化為積極正向的情緒能量,可能非常困難,最典型的感受是否定的表達(比如說罪惡感或憤怒),這對人們來說最困難。發洩壓抑的感受本身通常就有助於精神層面的療癒。

第二序危機處遇的另一項任務,是幫助案主對危機事件建立現實的觀點,這需要發展一種同理的了解——事件如何影響他們,包括危機在其生活中的意義。基本上案主必須重新建立已受危機傷害的認知,危機治療過程中的一部分包括案主學習到自己的思考模式會導致特定的行為。幫助案主在認知上重組事件,以便在行為上能有新的可能。就我們所見,進階的危機工作需要許多不同的專業投入來提供助人專業的知識和技巧。

重點回顧

- 社區觀點強調社會改變而非僅止於幫助個人適應其生活環境。

- 只著重在個別案主處遇，卻忽視導致個人問題發生的制度和社會條件是無益的。同時考量個人內在衝突與社區社會因素的過程，才能提供助人者一個均衡的觀點。

- 裝備給學生用來進行社區處遇的行前訓練方案是很重要的，特別是有關於對社區中高風險（at-risk）團體的早期預防措施。

- 一個綜融性的社區處遇方案有四個面向：直接個案服務著重在社區中高風險團體的外展活動；直接社區服務以預防教育的形式提供給多數人；間接個案服務則是主動介入一個人或是一個團體；間接社區服務著重在影響決策者以及在社區內帶來正向的改變。

- 助人者要為被剝奪權利的案主扮演倡導的角色，因為這些案主的背景讓他們自己很難使用專業的協助。

- 在社區中工作的助人者被期待要發展這個領域中的一些技巧，包括外展、提供社區成員教育活動、扮演倡導者和影響決策者。

- 你不需要為這社區中的潛在案主做所有事情，如果你在社區機構中工作，你要做的是成為和個別案主工作的團隊一份子。

- 社會行動是一種有力量的方式，能在社區中帶來改變。

- 危機處遇是社區機構中主要運作方式之一，許多高風險團體需要及時的短期協助，來度過情境式的和發展性的危機。

你可以做什麼？

1. 在你的社區中選一個高風險的團體。做一個班級的方案，你和幾位同學可以探索用社區模式處理特定案主群所需的策略有哪些，你要做什麼來喚醒社

區中被你認定為高風險團體的需要？

2. 花點時間思考一下，你要如何透過做某些志願工作或選擇直接參與社區方案的實習場所，來參與你的社區。盡可能腦力激盪如何在你的社區中創造任何微小的改變。你如何讓自己融入已經在進行中的方案，或是和已經在社區做某種形式工作的同儕一起參與方案？在日誌中寫下你的想法——你如何在社區中使用自己的興趣與才能來服務別人。

3. 調查一下你的社區提供給危機人群的服務有哪些。看看有哪些服務是你自己的學院或系所提供的。詢問一下一個社區機構能提供的危機服務有哪些，詢問一下在訓練志工提供危機處遇時（比如說電話熱線的工作）做了什麼。你可能考慮在你的社區中當志工以作為危機團隊的一份子，詢問一下訓練方案和在特殊需要時被當成「待命」工作員的可能性。

4. 查閱本書最後的參考文獻，了解此處所羅列的所有書目資源。Homan（2008）視社區為案主，並提供面對社區改變的挑戰時，所需的基本知識與技巧。參閱 Lewis、Lewis、Daniels 與 D'Andrea（2003），可以對社區諮商觀點獲得一個綜融性的了解。如果想知道許多有關社區機構諮商的主題，可以看 MacCluskie 與 Ingersoll（2001）。關於描述危機處遇的理論和實務很好的資源，請參考 James（2008）；有關危機處遇技巧的實務引導，可參見 Kanel（2007）。

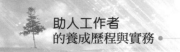

結語

Concluding Comments

如果這本書已經具體地提供你一些「想成為什麼樣的助人者」的想法，我們就達到目的了。我們鼓勵你去做夢，也允許你去想像自己想成為的助人者的樣子。列下清楚的優先順序，記住我們在這些章節中所列的挑戰未必立刻顯現或是全部呈現。克制自己避免過度貪心；記住我們在第一章所描述的「理想助人者」，也不過是「一個要努力達成的理想型」。現在開始你可以透過把自己變成一個主動好學的學生，並全然投入你實習的場域來擴展你的視野。我們希望你在助人專業學習過程裡會對你的自我探索旅程感到興奮。

「成為助人者」的過程和「成為一個人」的過程在本質上是有關的。我們已強調了檢視你的人生和了解你的動機的重要性。雖然對你來說沒問題（problem-free）不是重要的，但我們強調你要成為案主的模範，這反映著你對自己的生活做了什麼，就如同你鼓勵你的案主做什麼。如果你鼓勵你的案主冒任何成長的風險，代表你也在自己的生活中做這些事情。

這本書對你來說是一個反映個人意義的好時機，問問自己這些問題：你覺得自己適合這個助人專業嗎？你想你可以帶給工作什麼？你的工作會如何影響你個人的生活？你預期將面對最大的挑戰是什麼？我們在這本書中說明的重點，你有什麼不同的觀點？而在這點上，你如何看待自己最大的優勢與限制？你會採取什麼步驟來處理自己的限制？又如何建立你的優勢？

現在你讀完這本書，我們有幾項特別建議可以加強你的學習，如果你不傾向做所有的事情，選擇幾個對你最有幫助的來練習一下。回到第一章，再完成一次**自我評估：助人態度與信念的量表**。你可以在這門課的一開始，把此問卷當作前測。現在這門課結束了，你可以利用這個自我測量來決定你對這個助人專業之態度與行為的改變程度。

花點時間再讀一下每個章節一開始的**焦點問題**部分，你現在可以回答這

些問題嗎？你所回答某些問題的答案，在你從書本或課堂上學到新的知識後是否有所改變？我們建議你在每一章結束後，透過重點回顧部分檢視一下關鍵點，幫助自己加強你的關鍵學習。最後，主動從每章結尾的你可以做什麼？部分選擇一項，練習做你自己的答案。挑戰自己透過採取這些措施來完成這些方案、拓展你的學習經驗，如果你已經在寫日誌，就持續寫下你在訓練方案的經驗，來作為你擴展自我反省過程的一種方式。

　　我們獻上這本書，提供給身為讀者的你作為助人專業生涯的一種準備。希望你現在越來越清楚知道，你想成為的助人專業類型和你是哪一類型的人之間是如此地相關聯，我們誠摯祝福你在未來旅程的修行大有所獲。

參考文獻

＊以下所列包括了書中引用的文獻和建議進一步閱讀的文獻。
前有星號（＊）的部分指的是我們高度建議作為補充閱讀的文獻。

*Acuff, C., Bennett, B. E., Bricklin, P. M., Canter, M. B., Knapp, S. J., Moldawsky, S., & Phelps, R. (1999). Considerations for ethical practice of managed care. Professional Psychology: Research and Practice, 30(6), 563–575.

*Ainslie, R. (2007). Psychoanalytic psychotherapy. In A. B. Rochlen (Ed.), Applying counseling theories: An online case-based approach (pp. 5–20). Upper Saddle River, NJ: Pearson Prentice-Hall.

*Alle-Corliss, L., & Alle-Corliss, R. (2006). Human service agencies: An orientation to fieldwork (2nd ed.). Belmont, CA: Brooks/Cole, Cengage Learning.

*American Association for Marriage and Family Therapy. (2001). AAMFT code of ethics. Alexandria, VA: Author.

American Counseling Association. (2005). ACA code of ethics. Alexandria, VA: Author.

American Psychiatric Association. (2000). Diagnostic and statistical manual of mental disorders: Text revision (4th ed.). Washington, DC: Author.

American Psychological Association. (2002). Ethical principles of psychologists and code of conduct. American Psychologist, 57(12), 1060–1073.

American Psychological Association. (2003). Guidelines on multicultural education, training, research, practice, and organizational change for psychologists. American Psychologist, 58(5), 377–402.

American Psychological Association, Division 44. (2000). Guidelines for psychotherapy with lesbian, gay, and bisexual clients. American Psychologist, 55(12), 1440–1451.

American School Counseling Association. (2004). Ethical standards for school counselors. Alexandria, VA: Author.

Anderson, M. J., & Ellis, R. (1988). On the reservation. In N. A. Vacc, J. Wittmer, & S. B. DeVaney (Eds.), Experiencing and counseling multicultural and diverse populations (2nd ed., pp. 107–126). Muncie, IN: Accelerated Development.

Anderson, S. K., & Kitchener, K. S. (1996). Nonromantic, nonsexual posttherapy relationships between psychologists and former clients: An exploratory study of critical incidents. Professional Psychology: Research and Practice, 27(1), 59–66.

*Armstrong, T. (2007). The human odyssey: Navigating the twelve stages of life. New York: Sterling.

Arredondo, P., Toporek, R., Brown, S., Jones, J., Locke, D., Sanchez, J., & Stadler, H. (1996). Operationalization of multicultural counseling competencies. *Journal of Multicultural Counseling and Development,* 24(1), 42–78.

Association for Counselor Education and Supervision. (1993, Summer). Ethical guidelines for counseling supervisors. *Spectrum, 53*(4), 3–8.

Association for Counselor Education and Supervision. (1995). Ethical guidelines for counseling supervisors. *Counselor Education and Supervision, 34*(3), 270–276.

Association for Lesbian, Gay, Bisexual and Transgender Issues in Counseling. (2008). *Competencies for counseling gay, lesbian, bisexual and transgendered (GLBT) clients.* Retrieved January 1, 2008, from www.algbtic .org/resources/competencies.html

Association for Specialists in Group Work. (2008). Best practice guidelines. *Journal for Specialists in Group Work, 33*(2), 111–117.

Atkinson, D. R. (2004). *Counseling American minorities* (6th ed.). Boston, MA: McGraw-Hill.

Atkinson, D. R., Thompson, C. E., & Grant, S. K. (1993). A three-dimensional model for counseling racial/ethnic minorities. *The Counseling Psychologist, 21*(2), 257–277.

*Baker, E. K. (2003). *Caring for ourselves: A therapist's guide to personal and professional well-being.* Washington, DC: American Psychological Association.

Barlow, S. H. (2008). Group psychotherapy specialty practice. *Professional Psychology: Research and Practice, 39*(2), 240–244.

Barnett, J. E. (2007). Psychological wellness: A guide for mental health practitioners. *Ethical Issues in Professional Counseling, 10*(2), 9–18.

*Barnett, J. E. (2008). Impaired professionals: Distress, professional impairment, self-care, and psychological wellness. In M. Hersen & A. M. Gross (Eds.), *Handbook of clinical psychology* (pp. 857–884). New York: Wiley.

Barnett, J. E., Baker, E. K., Elman, N. S., & Schoener, G. R. (2007). In pursuit of wellness: The self-care imperative. *Professional Psychology: Research and Practice, 38*(6), 603–612.

Barnett, J. E., Behnke, S. H., Rosenthal, S. L., & Koocher, G. P. (2007). In case of ethical dilemma, break glass: Commentary on ethical decision making in practice. *Professional Psychology: Research and Practice, 38*(1), 7–12.

Barnett, J. E., Cornish, J. A. E., Goodyear, R. K., & Lichtenberg, J. W. (2007). Commentaries on the ethical and effective practice of clinical supervision. *Professional Psychology: Research and Practice, 38*(3), 268–275.

Barnett, J. E., Doll, B., Younggren, J. N., & Rubin, N. J. (2007). Clinical competence for practicing psychologists: Clearly a work in progress. *Professional Psychology: Research and Practice, 38*(5), 510–517.

*Barnett, J. E., & Johnson, W. B. (2008). *Ethics desk reference for psychologists.* Washington, DC: American Psychological Association.

*Barnett, J. E., & Johnson, W. B. (2010). *Ethics desk reference for counselors.* Alexandria, VA: American Counseling Association.

Barnett, J. E., Lazarus, A. A., Vasquez, M. J. T., Moorehead-Slaughter, O., & Johnson, W. B. (2007). Boundary issues and multiple relationships: Fantasy and reality. *Professional Psychology: Research and Practice, 38*(4), 401–410.

Barnett, J. E., Wise, E. H., Johnson-Greene, D., & Bucky, S. F. (2007). Informed consent: Too much of a good thing or not enough? *Professional Psychology: Research and Practice, 38*(2), 179–186.

Beck, A. T. (1976). *Cognitive therapy and the emotional disorders.* New York: New American Library.

Beck, A. T. (1987). Cognitive therapy. In J. K. Zeig (Ed.), *The evolution of psychotherapy* (pp. 149–178). New York: Brunner/Mazel.

Beck, A. T., & Weishaar, M. E. (2008). Cognitive therapy. In R. J. Corsini & D. Wedding (Eds.), *Current psychotherapies* (8th ed., pp. 263–294). Belmont, CA: Brooks/Cole, Cengage Learning.

Bemak, F., & Chung, R. C-Y. (2007). Training social justice counselors. In C. Lee (Ed.), *Counseling for social justice* (pp. 239–258). Alexandria, VA: American Counseling Association.

Bennett, A. G., & Werth, J. L., Jr. (2006). Working with clients who may harm themselves. In B. Herlihy & G. Corey, (Eds.), *ACA ethical standards casebook* (6th ed., pp. 223–228). Alexandria, VA: American Counseling Association.

*Bennett, B. E., Bricklin, P. M., Harris, E., Knapp, S., VandeCreek, L., & Younggren, J. N. (2006). *Assessing and managing risk in psychological practice: An individualized approach.* Rockville, MD: The Trust.

*Bernard, J. M., & Goodyear, R. K. (2009). *Fundamentals of clinical supervision* (4th ed.). Upper Saddle River, NJ: Pearson.

*Bersoff, D. N. (2003). *Ethical conflicts in psychology* (3rd ed.). Washington, DC: American Psychological Association.

Bitter, J. R. (1987). Communication and meaning: Satir in Adlerian context. In R. Sherman & D. Dinkmeyer (Eds.), *Systems of family therapy: An Adlerian integration* (pp. 109–142). New York: Brunner/Mazel.

Bitter, J. R. (1988). Family mapping and family constellation: Satir in Adlerian context. *Individual Psychology: The Journal of Adlerian Theory, Research, and Practice, 44*(1), 106–111.

*Bitter, J. R. (2009). *Theory and practice of family therapy and counseling.* Belmont, CA: Brooks/Cole, Cengage Learning.

Bobbitt, B. L. (2006). The importance of professional psychology: A view from managed care. *Professional Psychology: Research and Practice, 37*(6), 590–597.

Bowen, M. (1978). *Family therapy in clinical practice.* New York: Jason Aronson.

*Brammer, L. M., & MacDonald, G. (2003). *The helping relationship: Process and skills* (8th ed.). Boston: Allyn & Bacon.

*Brems, C. (2001). *Basic skills in psychotherapy and counseling.* Belmont, CA: Brooks/Cole, Cengage Learning.

Brislin, D. C., & Herbert, J. T. (2009). Clinical supervision for developing counselors. In I. Marini & M. A. Stebnicki (Eds.), *The professional counselor's desk reference* (pp. 39–47). New York: Springer.

Brockett, D. R., & Gleckman, A. D. (1991). Countertransference with the older adult: The importance of mental health counselor awareness and strategies for effective management. *Journal of Mental Health Counseling, 13*(3), 343–355.

Brown, C., & O'Brien, K. M. (1998). Understanding stress and burnout in shelter workers. *Professional Psychology: Research and Practice, 29*(4), 383–385.

Brown, C., & Trangsrud, H. B. (2008). Factors associated with acceptance and decline of client gift giving. *Professional Psychology: Research and Practice, 39*(5), 505–511.

Burke, M. T., & Miranti, J. G. (Eds.). (1995). *Counseling: The spiritual dimension.* Alexandria, VA: American Counseling Association.

Calhoun, K. S., Moras, K., Pilkonis, P. A., & Rehm, L. P. (1998). Empirically supported treatments: Implications for training. *Journal of Consulting and Clinical Psychology, 66*, 151–162.

Campbell, C. D., & Gordon, M. C. (2003). Acknowledging the inevitable: Understanding multiple relationships in rural practice. *Professional Psychology: Research and Practice, 34*(4), 430–434.

Canadian Counselling Association. (2007). *CCA code of ethics.* Toronto, Canada: Author.

*Cashwell, C. S., & Young, J. S. (2005). *Integrating spirituality and religion into counseling: A guide to competent practice.* Alexandria, VA: American Counseling Association.

*Cochran, J. L., & Cochran, N. H. (2006). *The heart of counseling: A guide to developing therapeutic relationships.* Belmont, CA: Wadsworth, Cengage Learning.

Codes of ethics for the helping professions (4th ed.). (2011). Belmont, CA: Brooks/Cole, Cengage Learning.

Commission on Rehabilitation Counselor Certification. (2003). *Scope of practice for rehabilitation counseling.* Schaumburg, IL: Author. Retrieved October 14, 2008, from http://www.crccertification.com/pages/31research .html

Commission on Rehabilitation Counselor Certification. (2009). *About CRCC.* Retrieved April 28, 2009, from http://www.crccertification.com

Commission on Rehabilitation Counselor Certification. (2010). *Code of professional ethics for rehabilitation counselors.* Schaumburg, IL: Author.

Constantine, M. G., Hage, S. M., Kindaichi, M., & Bryant, R. M. (2007). Social justice and multicultural issues: Implications for the practice and training of counselors and counseling psychologists. *Journal of Counseling and Development, 85*(1), 24–29.

Constantine, M. G., Myers, L. J., Kindaichi, M., & Moore, J. L. (2004). Exploring indigenous mental health practices: The role of healers and helpers in promoting well-being in people of color. *Counseling and Values, 48*(2), 110–125.

*Conyne, R. K., & Bemak, F. (Eds.). (2005). *Journeys to professional excellence: Lessons from leading counselor educators and practitioners.* Alexandria, VA: American Counseling Association.

Cooper, C. C., & Gottlieb, M. C. (2000). Ethical issues with managed care: Challenges facing counseling psychology. *The Counseling Psychologist, 28*(2), 179–236.

*Corey, G. (2008). *Theory and practice of group counseling* (7th ed.) and *Manual.* Belmont, CA: Brooks/Cole, Cengage Learning.

*Corey, G. (2009a). *The art of integrative counseling* (2nd ed.). Belmont, CA: Brooks/Cole, Cengage Learning.

*Corey, G. (2009b). *Case approach to counseling and psychotherapy* (7th ed.). Belmont, CA: Brooks/Cole, Cengage Learning.

*Corey, G. (2009c). *Theory and practice of counseling and psychotherapy* (8th ed.) and *Manual.* Belmont, CA: Brooks/Cole, Cengage Learning.

*Corey, G., & Corey, M. (2010). *I never knew I had a choice* (9th ed.). Belmont, CA: Brooks/Cole, Cengage Learning.

*Corey, G., Corey, M., & Callanan, P. (2011). *Issues and ethics in the helping professions* (8th ed.). Belmont, CA: Brooks/Cole, Cengage Learning.

*Corey, G., Corey, M., Callanan, P., & Russell, J. M. (2004). *Group techniques* (3rd ed.). Belmont, CA: Brooks/Cole, Cengage Learning.

*Corey, G., Corey, M., & Haynes, R. (2003). *Ethics in action CD-ROM.* Belmont, CA: Brooks/Cole, Cengage Learning.

*Corey, G., Corey, M., & Haynes, R. (2006). *Groups in action: Evolution and challenges—DVD and Workbook.* Belmont, CA: Brooks/Cole, Cengage Learning.

*Corey, G., Haynes, R., Moulton, P., & Muratori, M. (2010). *Clinical supervision in the helping professions: A practical guide* (2nd ed.). Alexandria, VA: American Counseling Association.

Corey, G., & Herlihy, B. (2006a). Client rights and informed consent. In B. Herlihy & G. Corey, *ACA ethical standards casebook* (6th ed., pp. 151–153). Alexandria, VA: American Counseling Association.

Corey, G., & Herlihy, B. (2006b). Competence. In B. Herlihy & G. Corey, *ACA ethical standards casebook* (6th ed., pp. 179–182). Alexandria, VA: American Counseling Association.

Corey, G., Herlihy, B., & Henderson, K. (2008). Perspectives on ethical counseling practice. *Ethical Issues in Professional Counseling, 11*(1), 1–11. [Published by the Hatherleigh Company, Long Island City, New York.]

*Corey, M., Corey, G., & Corey, C. (2010). *Groups: Process and practice* (8th ed.). Belmont, CA: Brooks/Cole, Cengage Learning.

*Cormier, S., & Hackney, H. (2005). *Counseling strategies and interventions* (6th ed.). Boston: Allyn & Bacon.

Cornish, J. A. E., Gorgens, K. A., Monson, S. P., Olkin, R., Palombi, B. J., & Abels, A. V. (2008). Perspectives on ethical practice with people who have disabilities. *Professional Psychology: Research and Practice, 39*(5), 488–497.

*Corsini, R., & Wedding, D. (Eds.). (2008). *Current psychotherapies* (8th ed.). Belmont, CA: Brooks/Cole, Cengage Learning.

Coster, J. S., & Schwebel, M. (1997). Well-functioning in professional psychologists. *Professional Psychology: Research and Practice, 28*(1), 5–13.

Cottone, R. R. (2001). A social constructivism model of ethical decision making in counseling. *Journal of Counseling and Development, 79*(1), 39–45.

*Cottone, R. R., & Tarvydas, V. M. (2007). *Counseling ethics and decision making* (3rd ed.). Upper Saddle River, NJ: Merrill/Prentice-Hall.

Council on Rehabilitation Education. (2009). *CORE history.* Retrieved April 28, 2009, from http://www.core-rehab.org

Crespi, T. D., Fischetti, B. A., & Butler, S. K. (2001, January). Clinical supervision in the schools. *Counseling Today, 7,* 28, 34.

Crethar, H. C., & Ratts, M. J. (2008, June). Why social justice is a counseling concern. *Counseling Today, 50*(12), 24–25.

Crethar, H. C., Torres Rivera, E., & Nash, S. (2008). In search of common threads: Linking multicultural, feminist, and social justice counseling paradigms. *Journal of Counseling and Development, 86*(3), 269–278.

Cummings, N. A. (1995). Impact of managed care on employment and training: A primer for survival. *Professional Psychology: Research and Practice, 26*(1), 10–15.

Dattilio, F. M., & Norcross, J. C. (2006). Psychotherapy integration and the emergence of instinctual territoriality. *Archives of Psychiatry and Psychotherapy, 8*(1), 5–16.

*Davis, S. R., & Meier, S. T. (2001). *The elements of managed care: A guide for helping professionals.* Belmont, CA: Brooks/Cole, Cengage Learning.

Dearing, R. L., Maddux, J. E., & Tangney, J. P. (2005). Predictors of psychological help seeking in clinical and counseling psychology graduate students. *Professional Psychology: Research and Practice, 36*(3), 323–329.

*DeJong, P., & Berg, I. (2008). *Interviewing for solutions* (3rd ed.). Belmont, CA: Brooks/Cole, Cengage Learning.

DeLucia-Waack, J. L., & Donigian, J. (2004). *The practice of multicultural group work: Visions and perspectives from the field.* Belmont, CA: Brooks/Cole, Cengage Learning.

*DeLucia-Waack, J. L., Gerrity, D., Kalodner, C. R., & Riva, M. T. (Eds). (2004). *Handbook of group counseling and psychotherapy.* Thousand Oaks, CA: Sage.

DePoy, E., & Gilson, S. F. (2004). *Rethinking disability: Principles for professional and social change.* Belmont, CA: Brooks/Cole, Cengage Learning.

Dew, D. W., & Peters, S. (2002). Survey of master's level rehabilitation counselor programs: Relationship to public vocational rehabilitation recruitment and retention of state vocational rehabilitation counselors. *Rehabilitation Education, 16,* 61–65.

*Diller, J. V. (2007). *Cultural diversity: A primer for the human services* (3rd ed.). Belmont, CA: Brooks/Cole, Cengage Learning.

*Dolgoff, R., Loewenberg, F. M., & Harrington, D. (2009). *Ethical decisions for social work practice* (8th ed.). Belmont, CA: Brooks/Cole, Cengage Learning.

Duran, E., Firehammer, J., & Gonzalez, J. (2008). Liberation psychology as a path toward healing cultural soul wounds. *Journal of Counseling and Development, 86*(3), 288–295.

Egan, G. (2006). *Skilled helping around the world: Addressing diversity and multiculturalism.* Belmont, CA: Brooks/Cole, Cengage Learning.

*Egan, G. (2010). *The skilled helper* (9th ed.). Belmont, CA: Brooks/Cole, Cengage Learning.

*Ellis, A. (1999). *How to make yourself happy and remarkably less disturbable.* San Luis Obispo, CA: Impact.

*Ellis, A. (2000). *How to control your anxiety before it controls you.* New York: Citadel.

*Ellis, A. (2001a). *Feeling better, getting better, and staying better.* Atascadero, CA: Impact.

*Ellis, A. (2001b). *Overcoming destructive thoughts, feelings, and behaviors.* Amherst, NY: Prometheus Books.

*Ellis, A. (2002). *Overcoming resistance: A rational emotive behavior therapy integrated approach* (2nd ed.). New York: Springer.

*Ellis, A. (2004a). *Rational emotive behavior therapy: It works for me—It can work for you.* Amherst, NY: Prometheus Books.

*Ellis, A. (2004b). *The road to tolerance: The philosophy of rational emotive behavior therapy.* Amherst, NY: Prometheus Books.

*Ellis, A. (2008). Rational emotive behavior therapy. In R. Corsini & D. Wedding (Eds.), *Current psychotherapies* (8th ed., pp. 187–222). Belmont, CA: Brooks/Cole, Cengage Learning.

Ellis, A., & Dryden, W. (1997). *The practice of rational-emotive therapy* (Rev. ed.). New York: Springer.

*Ellis, A., & Harper, R. A. (1997). *A new guide to rational living* (3rd ed.). North Hollywood, CA: Wilshire Books.

*Ellis, A., & MacLaren, C. (2005). *Rational emotive behavior therapy: A therapist's guide* (2nd ed). Atascadero, CA: Impact.

Emerson, S., & Markos, P. A. (1996). Signs and symptoms of the impaired counselor. *Journal of Humanistic Education and Development, 34,* 108–117.

Erikson, E. (1963). *Childhood and society* (2nd ed.). New York: Norton.

Erikson, E. (1982). *The life cycle completed.* New York: Norton.

*Faiver, C. M., Eisengart, S., & Colonna, R. (2004). *The counselor intern's handbook* (3rd ed.). Belmont, CA: Brooks/Cole, Cengage Learning.

Faiver, C. M., Ingersoll, R. E., O'Brien, E., & McNally, C. (2001). *Explorations in counseling and spirituality: Philosophical, practical, and personal reflections.* Belmont, CA: Brooks/Cole, Cengage Learning.

Faiver, C. M., & O'Brien, E. M. (1993). Assessment of religious beliefs form. *Counseling and Values, 37*(3), 176–178.

Ferguson, A. (2009). Cultural issues in counseling lesbians, gays, and bisexuals. In I. Marini & M. A. Stebnicki (Eds.), *The professional counselor's desk reference* (pp. 255–262). New York: Springer.

Figley, C. R. (1995). Compassion fatigue: Toward a new understanding of the costs of caring. In B. H. Stamm (Ed.), *Secondary traumatic stress.* Lutherville, MD: Sidran Press.

Ford, M. P., & Hendrick, S. S. (2003). Therapists' sexual values for self and clients: Implications for practice and training. *Professional Psychology: Research and Practice, 34*(1), 80–87.

Foster, D., & Black, T. G. (2007). An integral approach to counseling ethics. *Counseling and Values, 51*(3), 221–234.

*Frame, M. W. (2003). *Integrating religion and spirituality into counseling: A comprehensive approach.* Belmont, CA: Brooks/Cole, Cengage Learning.

Frame, M. W., & Williams, C. B. (2005). A model of ethical decision making from a multicultural perspective. *Counseling and Values, 49*(3), 165–179.

Francis, P. C. (2009). Religion and spirituality in counseling. In I. Marini & M. A. Stebnicki (Eds.), *The professional counselor's desk reference* (pp. 839–849). New York: Springer.

Gabbard, G. (1995, April). What are boundaries in psychotherapy? *The Menninger Letter, 3*(4), 1–2.

Garcia, J. G., Cartwright, B., Winston, S. M., & Borzuchowska, B. (2003). A transcultural integrative model for ethical decision making in counseling. *Journal of Counseling and Development, 81*(3), 268–277.

George, M. (1998). *Learn to relax: A practical guide to easing tension and conquering stress.* San Francisco: Chronicle Books.

Getz, J. G., & Protinsky, H. O. (1994). Training marriage and family counselors: A family-of-origin approach. *Counselor Education and Supervision, 33*(3), 183–200.

Gill-Wigal, J., & Heaton, J. A. (1996). Managing sexual attraction in the therapeutic relationship. *Directions in Mental Health Counseling, 6*(8), 4–15.

*Gladding, S. T. (2009). *Becoming a counselor: The light, the bright, and the serious* (2nd ed.). Alexandria, VA: American Counseling Association.

Glosoff, H. L., Corey, G., & Herlihy, B. (2006). Avoiding detrimental multiple relationships. In B. Herlihy & G. Corey, *ACA ethical standards casebook* (6th ed., pp. 209–215). Alexandria, VA: American Counseling Association.

*Goldenberg, H., & Goldenberg, I. (2008). *Family therapy: An overview* (7th ed.). Belmont, CA: Brooks/Cole, Cengage Learning.

Goldenberg, I., & Goldenberg, H. (2004). *Family exploration: Personal viewpoints from multiple perspectives, a workbook for family therapy: An overview* (6th ed.). Belmont, CA: Brooks/Cole, Cengage Learning.

*Goleman, D. (1995). *Emotional intelligence*. New York: Bantam Books.

Goodman, R. W., & Carpenter-White, A. (1996). The family autobiography assignment: Some ethical considerations. *Counselor Education and Supervision, 35*(3), 230–238.

Goodwin, L. R., Jr. (2006). Rehabilitation counselor specialty areas offered by rehabilitation counselor education programs. *Rehabilitation Education, 20*, 133–143.

Griffin, M. (2007). On writing progress notes. *The Therapist, 19*(2), 24–28.

Gutheil, T. G., & Gabbard, G. O. (1993). The concept of boundaries in clinical practice: Theoretical and risk-management dimensions. *American Journal of Psychiatry, 150*(2), 188–196.

*Guy, J. D. (1987). *The personal life of the psychotherapist*. New York: Wiley.

*Hackney, H., & Cormier, S. (2005). *The professional counselor: A process guide to helping* (5th ed.). Boston: Allyn & Bacon (Pearson).

Hage, S. M. (2006). A closer look at the role of spirituality in psychology training programs. *Professional Psychology: Research and Practice, 37*(3), 303–310.

Haley, W. E., Larson, D. G., Kasl-Godley, J., Neimeyer, R. A., & Kwilosz, D. M. (2003). Roles for psychologists in end-of-life care: Emerging models of practice. *Professional Psychology: Research and Practice, 34*(6), 626–633.

Hall, C. R., Dixon, W. A., & Mauzey, E. D. (2004). Spirituality and religion: Implications for counselors. *Journal of Counseling and Development, 82*(4), 504–507.

Hamilton, J. C., & Spruill, J. (1999). Identifying and reducing risk factors related to trainee–client sexual misconduct. *Professional Psychology: Research and Practice, 30*(3), 318–327.

*Hanna, F. J. (2002). *Therapy with difficult clients: Using the precursors model to awaken change*. Washington, DC: American Psychological Association.

*Hanna, S. M. (2007). *The practice of family therapy: Key elements across models* (4th ed.). Belmont, CA: Brooks/Cole, Cengage Learning.

Hansen, N. D., Pepitone-Arreola-Rockwell, E., & Greene A. F. (2000). Multicultural competence: Criteria and case example. *Professional Psychology: Research and Practice, 31*(6), 652–660.

Harper, M. C., & Gill, C. S. (2005). Assessing the client's spiritual domain. In C. S. Cashwell & J. S. Young (Eds.), *Integrating spirituality and religion into counseling: A guide to competent practice* (pp. 31–62). Alexandria, VA: American Counseling Association.

Hathaway, W. L., Scott, S. Y., & Garver, S. A. (2004). Assessing religious/spiritual functioning: A neglected domain in clinical practice? *Professional Psychology: Research and Practice, 35*(1), 97–104.

*Hazler, R. J., & Kottler, J. A. (2005). *The emerging professional counselor: Student dreams to professional realities* (2nd ed.). Alexandria, VA: American Counseling Association.

Herlihy, B. (1996). When a colleague is impaired: The individual counselor's response. *Journal of Humanistic Education and Development, 34,* 118–127.

*Herlihy, B., & Corey, G. (2006a). *ACA ethical standards casebook* (6th ed.). Alexandria, VA: American Counseling Association.

*Herlihy, B., & Corey, G. (2006b). *Boundary issues in counseling: Multiple roles and responsibilities* (2nd ed.). Alexandria, VA: American Counseling Association.

Herlihy, B., & Corey, G. (2006c). Confidentiality. In B. Herlihy & G. Corey, *ACA ethical standards casebook* (6th ed., pp. 159–163). Alexandria, VA: American Counseling Association.

*Herlihy, B., & Corey, G. (2008). Boundaries in counseling: Ethical and clinical issues. *Ethical Issues in Professional Counseling, 11*(2), 13–24. [Published by the Hatherleigh Company, Long Island City, New York.]

*Herlihy, B. R., & Watson, Z. E. P. (2004). Assisted suicide: Ethical issues. In D. Capuzzi (Ed.), *Suicide across the life span: Implications for counselors* (pp. 163–184). Alexandria, VA: American Counseling Association.

*Herlihy, B. R., & Watson, Z. E. P. (2007). Social justice and counseling ethics. In C. C. Lee (Ed.), *Counseling for social justice* (pp. 181–199). Alexandria, VA: American Counseling Association.

*Herlihy, B. R., Watson, Z. E. P., & Patureau-Hatchett, M. P. (2008). Ethical concerns in diagnosing culturally diverse clients. *Ethical Issues in Professional Counseling, 11*(3), 25–34. [Published by the Hatherleigh Company, Long Island City, New York.]

*Hermann, M. A. (2006a). Legal perspectives on dual relationships. In B. Herlihy & G. Corey, *Boundary issues in counseling: Multiple roles and responsibilities* (2nd ed.). Alexandria, VA: American Counseling Association.

*Hermann, M. A. (2006b). The relationship between law and ethics. In B. Herlihy & G. Corey, *ACA ethical standards casebook* (6th ed., pp. 247–249). Alexandria, VA: American Counseling Association.

Ho, D. Y. F. (1985). Cultural values and professional issues in clinical psychology: Implications from the Hong Kong experience. *American Psychologist, 40*(11), 1212–1218.

*Hogan, M. (2007). *The four skills of cultural diversity competence: A process for understanding and practice* (3rd ed.). Belmont, CA: Brooks/Cole, Cengage Learning.

Hogan-Garcia, M., & Scheinberg, C. (2000). Culturally competent practice principles for planned intervention in organizations and communities. *Practicing Anthropology, 22*(2), 27–29.

*Homan, M. (2008). *Promoting community change: Making it happen in the real world* (4th ed.). Belmont, CA: Brooks/Cole, Cengage Learning.

*Ivey, A. E., D'Andrea, M., Ivey, M. B., & Simek-Morgan, L. (2007). *Theories of counseling and psychotherapy: A multicultural perspective* (6th ed.). Boston: Allyn & Bacon.

Ivey, A. E., & Ivey, M. B. (1998). Reframing DSM IV: Positive strategies from developmental counseling and therapy. *Journal of Counseling and Development, 76*(3), 334–350.

*Ivey, A. E., Ivey, M. B., & Zalaquett, C. P. (2010). *Intentional interviewing and counseling: Facilitating client development in a multicultural society* (7th ed.). Belmont, CA: Brooks/Cole, Cengage Learning.

*Jacobs, E. F., Masson, R. L., & Harvill, R. L. (2009). *Group counseling: Strategies and skills* (6th ed.). Belmont, CA: Brooks/Cole, Cengage Learning.

Jaffe, D. T. (1986). The inner strains of healing work: Therapy and self-renewal for health professionals. In C. D. Scott & J. Hawk (Eds.), *Heal thyself: The health of health care professionals.* New York: Brunner/Mazel.

*James, R. K. (2008). *Crisis intervention strategies* (6th ed.). Belmont, CA: Brooks/Cole, Cengage Learning.

*Jenaro, C., Flores, N., & Arias, B. (2007). Burnout and coping in human service practitioners. *Professional Psychology: Research and Practice, 38*(1), 80–87.

Jensen, J. P., & Bergin, A. E. (1988). Mental health values of professional therapists: A national interdisciplinary survey. *Professional Psychology: Research and Practice, 19*(3), 290–297.

*Kanel, K. (2007). *A guide to crisis intervention* (3rd ed.). Belmont, CA: Brooks/Cole, Cengage Learning.

Kaplan, D. (2009). New concepts in counseling ethics. In I. Marini & M. A. Stebnicki (Eds.), *The professional counselor's desk reference* (pp. 59–67). New York: Springer.

Kelly, E. W. (1995a). Counselor values: A national survey. *Journal of Counseling and Development, 73*(6), 648–653.

Kelly, E. W. (1995b). *Spirituality and religion in counseling and psychotherapy.* Alexandria, VA: American Counseling Association.

Kirland, K., Kirkland, K. L., & Reaves, R. P. (2004). On the professional use of disciplinary data. *Professional Psychology: Research and Practice, 35*(2), 179–184.

*Kiser, P. M. (2000). *The human services internship: Getting the most from your experience* (2nd ed.). Belmont, CA: Brooks/Cole, Cengage Learning.

*Kleespies, P. M. (2004). *Life and death decisions: Psychological and ethical considerations in end-of-life care.* Washington, DC: American Psychological Association.

Kleist, D., & Bitter, J. R. (2009). Virtue, ethics, and legality in family practice. In J. R. Bitter, *Theory and practice of family therapy and counseling* (pp. 43–65). Belmont, CA: Brooks/Cole, Cengage Learning.

Knapp, S., Gottlieb, M., Berman, J., & Handelsman, M. M. (2007). When law and ethics collide: What should psychologists do? *Professional Psychology: Research and Practice, 38*(1), 54–59.

*Knapp, S., & VandeCreek, L. (2003). *A guide to the 2002 revision of the American Psychological Association's ethics code.* Sarasota, FL: Professional Resource Press.

*Koocher, G. P., & Keith-Spiegel, P. (2008). *Ethics in psychology and the mental health professions: Standards and cases* (3rd ed.). New York: Oxford University Press.

*Kottler, J. A. (1992). *Compassionate therapy: Working with difficult clients.* San Francisco, CA: Jossey-Bass.

*Kottler, J. A. (1993). *On being a therapist* (Rev. ed.). San Francisco, CA: Jossey-Bass.

*Kottler, J. A. (Ed.). (1997). *Finding your way as a counselor.* Alexandria, VA: American Counseling Association.

*Kottler, J. A. (2000a). *Doing good: Passion and commitment for helping others.* Philadelphia, PA: Brunner-Routledge (Taylor & Francis).

*Kottler, J. A. (2000b). *Nuts and bolts of helping.* Boston: Allyn & Bacon.

*Kottler, J. A., & Jones, W. P. (Eds.). (2003). *Doing better: Improving clinical skills and professional competence.* New York: Brunner-Routledge.

*Kottler, J. A., & Shepard, D. S. (2008). *Introduction to counseling: Voices from the field* (6th ed.). Belmont, CA: Brooks/Cole, Cengage Learning.

Lamb, D. H., Catanzaro, S. J., & Moorman, A. S. (2003). A preliminary look at how psychologists identify, evaluate, and proceed when faced with possible multiple relationship dilemmas. *Professional Psychology: Research and Practice, 35*(3), 248–254.

Lasser, J. S., & Gottlieb, M. C. (2004). Treating patients distressed regarding their sexual orientation: Clinical and ethical alternatives. *Professional Psychology: Research and Practice, 35*(2), 194–200.

Lawson, D. M., & Gaushell, H. (1988). Family autobiography: A useful method for enhancing counselors' personal development. *Counselor Education and Supervision, 28*(2), 162–167.

Lawson, D. M., & Gaushell, H. (1991). Intergenerational family characteristics of counselor trainees. *Counselor Education and Supervision, 30*(4), 309–321.

Lazarus, A. A. (2001). Not all "dual relationships" are taboo: Some tend to enhance treatment outcomes. *The National Psychologist, 10*(1), 16.

Lazarus, A. A. (2006). Transcending boundaries in psychotherapy. In B. Herlihy & G. Corey, *Boundary issues in counseling: Multiple roles and responsibilities* (2nd ed., pp. 16–19). Alexandria, VA: American Counseling Association.

*Lazarus, A. A., & Zur, O. (Eds.). (2002). *Dual relationships and psychotherapy.* New York: Springer.

*Lee, C. C. (2006a). Entering the cross-cultural zone: Meeting the challenges of culturally responsive counseling. In C. C. Lee (Ed.), *Multicultural issues in counseling: New approaches to diversity* (3rd ed., pp. 13–22). Alexandria, VA: American Counseling Association.

*Lee, C. C. (2006b). Ethical issues in multicultural counseling. In B. Herlihy & G. Corey, *ACA ethical standards casebook* (6th ed., pp. 159–164). Alexandria, VA: American Counseling Association.

*Lee, C. C. (2006c). *Multicultural issues in counseling: New approaches to diversity* (3rd ed.). Alexandria, VA: American Counseling Association.

*Lee, C. C. (2007). *Counseling for social justice* (2nd ed.). Alexandria, VA: American Counseling Association.

Lee, C. C., & Hipolito-Delgado, C. P. (2007). Introduction: Counselors as agents of social justice. In C. C. Lee (Ed.), *Counseling for social justice* (pp. xiii–xxviii). Alexandria, VA: American Counseling Association.

Lee, C. C., & Ramsey, C. J. (2006). Multicultural counseling: A new paradigm for a new century. In C. C. Lee (Ed.), *Multicultural issues in counseling: New approaches to diversity* (3rd ed., pp. 3–11). Alexandria, VA: American Counseling Association.

*Lewis, J. A., Lewis, M. D., Daniels, J. A., & D'Andrea, M. J. (2003). *Community counseling: Empowerment strategies for a diverse society* (3rd ed.). Belmont, CA: Brooks/Cole, Cengage Learning.

Luborsky, E. B., O'Reilly-Landry, M., & Arlow, J. A. (2008). Psychoanalysis. In R. J. Corsini & D. Wedding (Eds.), *Current psychotherapies* (8th ed., pp. 15–62). Belmont, CA: Brooks/Cole, Cengage Learning.

Luke, M., & Hackney, H. (2007). Group coleadership: A critical review. *Counselor Education and Supervision, 46*(4), 280–293.

*Lum, D. (2004). *Social work practice and people of color: A process-stage approach* (5th ed.). Belmont, CA: Brooks/Cole, Cengage Learning.

*Lum, D. (2007). *Culturally competent practice: A framework for understanding diverse groups and justice issue* (3rd ed.). Belmont, CA: Brooks/Cole, Cengage Learning.

Luskin, F., & Pelletier, K. R. (2005). *Stress free for good.* New York: Harper Collins.

MacCluskie, K. C., & Ingersoll, R. E. (2001). *Becoming a 21st century agency counselor: Personal and professional explorations.* Belmont, CA: Brooks/Cole, Cengage Learning.

*Mackelprang, R. W., & Salsgiver, R. O. (1999). *Disability: A diversity model approach in human service practice.* Belmont, CA: Brooks/Cole, Cengage Learning.

Margolin, G. (1982). Ethical and legal considerations in marital and family therapy. *American Psychologist, 37*(3), 788–801.

Marini, I. (2007). Cross-cultural counseling issues of males who sustain a disability. In A. E. Dell Orto & P. W. Power (Eds.), *The psychological and social impact of illness and disability* (5th ed., pp. 194–213). New York: Springer.

*Maslach, C. (2003). *Burnout: The cost of caring.* Cambridge: Malor Books.

*Maslach, C., & Leiter, M. P. (1997). *The truth about burnout.* San Francisco: Jossey-Bass.

McCarthy, P., Sugden, S., Koker, M., Lamendola, F., Maurer, S., & Renninger, S. (1995). A practical guide to informed consent in clinical supervision. *Counselor Education and Supervision, 35*(2), 130–138.

*McClam, T., & Woodside, M. R. (2010). *Elements of interviewing.* Belmont, CA: Brooks/Cole, Cengage Learning.

*McGoldrick, M., & Carter, B. (2005). Self in context: The individual life cycle in systemic perspective. In B. Carter & M. McGoldrick (Eds.), *The expanded family life cycle: Individual, family, and social perspectives* (3rd ed., pp. 27–46). Boston: Allyn & Bacon.

McGoldrick, M., Gerson, R., & Petry, S. (2008). *Genograms: Assessment and intervention* (3rd ed.). New York: Norton.

*Meier, S. T., & Davis, S. R. (2008). *The elements of counseling* (6th ed.). Belmont, CA: Brooks/Cole, Cengage Learning.

Melnick, J., & Fall, M. (2008). A Gestalt approach to group supervision. *Counselor Education and Supervision, 48*(1), 48–60.

Miller, E., & Marini, I. (2009). Brief psychotherapy. In I. Marini & M. A. Stebnicki (Eds.), *The professional counselor's desk reference* (pp. 379–387). New York: Springer.

Miller, W. R. (Ed.). (1999). *Integrating spirituality into treatment: Resources for practitioners.* Washington, DC: American Psychological Association.

Miller, W. R., & Thoresen, C. E. (1999). Spirituality and health. In W. R. Miller (Ed.), *Integrating spirituality into treatment: Resources for practitioners* (pp. 3–18). Washington, DC: American Psychological Association.

Millner, V. S., & Hanks, R. B. (2002). Induced abortion: An ethical conundrum for counselors. *Journal of Counseling and Development, 80*(1), 57–63.

*Moleski, S. M., & Kiselica, M. S. (2005). Dual relationships: A continuum ranging from the destructive to the therapeutic. *Journal of Counseling and Development, 83*(1), 3–11.

Mosak, H., & Shulman, B. (1988). *Life style inventory.* Muncie, IN: Accelerated Development.

*Moursund, J. P., & Erskine, R. G. (2004). *Integrative psychotherapy: The art and science of relationship.* Belmont, CA: Brooks/Cole, Cengage Learning.

*Murphy, B. C., & Dillon, C. (2008). *Interviewing in action in a multicultural world* (3rd ed.). Belmont, CA: Brooks/Cole, Cengage Learning.

Myers, J. E., & Sweeney, T. J. (Eds.). (2005a). *Counseling for wellness: Theory, research, and practice.* Alexandria, VA: American Counseling Association.

Myers, J. E., & Sweeney, T. J. (2005b). Introduction to wellness theory. In J. E. Myers & T. J. Sweeney (Eds.), *Counseling for wellness: Theory, research, and practice* (pp. 7–14). Alexandria, VA: American Counseling Association.

Myers, J. E., & Sweeney, T. J. (2005c). The wheel of wellness. In J. E. Myers & T. J. Sweeney (Eds.), *Counseling for wellness: Theory, research, and practice* (pp. 15–28). Alexandria, VA: American Counseling Association.

Myers, J. E., Sweeney, T. J., & Witmer, J. M. (2000). The wheel of wellness counseling for wellness: A holistic model. *Journal of Counseling and Development, 78*(3), 251–266.

National Association of Alcohol and Drug Abuse Counselors. (2004). *NAADAC code of ethics.* Alexandria, VA: Author.

National Association of Social Workers. (2008). *Code of ethics.* Washington, DC: Author.

National Organization for Human Services. (2000). Ethical standards of human service professionals. *Human Service Education, 20*(1), 61–68.

Neimeyer, R. A. (2000). Suicide and hastened death: Toward a training agenda for counseling psychology. *The Counseling Psychologist, 28*(4), 551–560.

*Neukrug, E. (2007). *The world of the counselor: An introduction to the counseling profession* (3rd ed.). Belmont, CA: Brooks/Cole, Cengage Learning.

*Neukrug, E. (2008). *Theory, practice, and trends in human services: An introduction* (4th ed.). Belmont, CA: Brooks/Cole, Cengage Learning.

*Newman, B. M., & Newman, P. R. (2009). *Development through life: A psychosocial approach* (10th ed.). Belmont, CA: Wadsworth, Cengage Learning.

*Nichols, M. P. (with Schwartz, R. C.). (2008). *Family therapy: Concepts and methods* (8th ed.). Boston: Allyn & Bacon.

Norcross, J. C. (2000). Psychotherapist self-care: Practitioner-tested, research-informed strategies. *Professional Psychology: Research and Practice, 31*(6), 710–713.

*Norcross, J. C. (2005). The psychotherapist's own psychotherapy: Educating and developing psychologists. *American Psychologist, 60*(8), 840–850.

*Norcross, J. C., & Guy, J. D. (2007). *Leaving it at the office: A guide to psychotherapist self-care.* New York: Guilford Press.

*Nystul, M. S. (2006). *Introduction to counseling: An art and science perspective* (3rd ed.). Boston: Allyn & Bacon.

Oakes, K., & Raphel, M. M. (2008). Spiritual assessment in counseling: Methods and practice. *Counseling and Values, 52*(3), 240–252.

Okech, J. E. A., & Kline, W. B. (2006). Competency concerns in group co-leader relationships. *Journal for Specialists in Group Work, 31*(2), 165–180.

*Okun, B. F., & Kantrowitz, R. E. (2008). *Effective helping: Interviewing and counseling techniques* (7th ed.). Belmont, CA: Brooks/Cole, Cengage Learning.

Olkin, R. (2009). Disability-affirmative therapy. In I. Marini & M. A. Stebnicki (Eds.), *The professional counselor's desk reference* (pp. 355–369). New York: Springer.

Pack-Brown, S. P., Thomas, T. L., & Seymour, J. M. (2008). Infusing professional ethics into counselor education programs: A multicultural/social justice perspective. *Journal of Counseling and Development, 86*(3), 296–302.

*Parham, T. A., & Caldwell, L. D. (2006). Dual relationships revisited: An African centered imperative. In B. Herlihy & G. Corey, *Boundary issues in counseling: Multiple roles and responsibilities* (2nd ed., pp. 131–136). Alexandria, VA: American Counseling Association.

*Pedersen, P. (2000). *A handbook for developing multicultural awareness* (3rd ed.). Alexandria, VA: American Counseling Association.

Pedersen, P. (2003). Culturally biased assumptions in counseling psychology. *The Counseling Psychologist, 31*(4), 396–403.

Pedersen, P. (2008). Ethics, competence, and professional issues in cross-cultural counseling. In P. B. Pedersen, J. G. Draguns, W. J. Lonner, & J. E. Trimble (Eds.), *Counseling across cultures* (6th ed., pp. 5–20). Thousand Oaks, CA: Sage.

*Pedersen, P., Crethar, H., & Carlson, J. (2008). *Inclusive cultural empathy: Making relationships central in counseling and psychotherapy*. Washington, DC: APA Press.

Piper, W. E. (2001). Commentary on my editorship (1993–2001). *International Journal of Group Psychotherapy, 51*, 165–168.

Piper, W. E., & Ogrodniczuk, J. S. (2004). Brief group therapy. In J. L. DeLucia-Waack, D. Gerrity, C. R. Kalodner, & M. T. Riva (Eds.), *Handbook of group counseling and psychotherapy* (pp. 641–650). Thousand Oaks, CA: Sage.

Polster, E. (1995). *A population of selves: A therapeutic exploration of personal diversity*. San Francisco, CA: Jossey-Bass.

Ponterotto, J. G., Casas, J. M., Suzuki, L. A., & Alexander, C. M. (1995). *Handbook of multicultural counseling*. Thousand Oaks, CA: Sage.

Pope, K. S., Sonne, J. L., & Holroyd, J. (1993). *Sexual feelings in psychotherapy: Explorations for therapists and therapists-in-training*. Washington, DC: American Psychological Association.

*Pope, K. S., & Vasquez, M. J. T. (2007). *Ethics in psychotherapy and counseling: A practical guide for psychologists* (3rd ed.). San Francisco, CA: Jossey-Bass.

Powers, R. L., & Griffith, J. (1986). *The individual psychology client workbook*. Chicago: The Americas Institute of Adlerian Studies.

Powers, R. L., & Griffith, J. (1987). *Understanding life-style: The psycho-clarity process*. Chicago: The Americas Institute of Adlerian Studies.

*Prochaska, J. O., & Norcross, J. C. (2010). *Systems of psychotherapy: A transtheoretical analysis* (7th ed.). Belmont, CA: Brooks/Cole, Cengage Learning.

Radeke, J. T., & Mahoney, M. J. (2000). Comparing the personal lives of psychotherapists and research psychologists. *Professional Psychology: Research and Practice, 31*(1), 82–84.

Ray, D., & Altekruse, M. (2000). Effectiveness of group supervision versus combined group and individual supervision. *Counselor Education and Supervision, 40*(1), 19–30.

*Remley, T. P., & Herlihy, B. (2010). *Ethical, legal, and professional issues in counseling* (3rd ed.). Upper Saddle River, NJ: Merrill/Prentice-Hall.

Remley, T. P., & Sparkman, L. B. (1993). Student suicides: The counselor's limited legal liability. *The School Counselor, 40,* 164–169.

Richards, P. S., & Bergin, A. E. (2005). *A spiritual strategy for counseling and psychotherapy* (2nd ed.). Washington, DC: American Psychological Association.

Richards, P. S., Rector, J. M., & Tjeltveit, A. C. (1999). Values, spirituality, and psychotherapy. In W. R. Miller (Ed.), *Integrating spirituality into treatment: Resources for practitioners* (pp. 133–160). Washington, DC: American Psychological Association.

*Ridley, C. R. (2005). *Overcoming unintentional racism in counseling and therapy: A practitioner's guide to intentional intervention* (2nd ed.). Thousand Oaks, CA: Sage.

Riggar, T. F. (2009). Counselor burnout. In I. Marini & M. A. Stebnicki (Eds.), *The professional counselor's desk reference* (pp. 831–837). New York: Springer.

Rivas-Vasquez, R. A., Blais, M. A., Rey, G. J., & Rivas-Vazquez, A. A. (2001). A brief reminder about documenting the psychological consultation. *Professional Psychology: Research and Practice, 32*(2), 194–199.

Robles, B. (2009). A synopsis of the Health Insurance Portability and Accountability Act. In I. Marini & M. A. Stebnicki (Eds.), *The professional counselor's desk reference* (pp. 801–812). New York: Springer.

Roessler, R. & Rubin, S. E. (1998). *Case management and rehabilitation counseling.* Austin, TX: PRO-ED.

Roysircar, G., Arredondo, P., Fuertes, J. N., Ponterotto, J. G., & Toporek, R. L. (2003). *Multicultural counseling competencies 2003: Association for multicultural counseling and development.* Alexandria, VA: American Counseling Association.

*Russell-Chapin, L. A., & Ivey, A. E. (2004). *Your supervised practicum and internship.* Belmont, CA: Brooks/Cole, Cengage Learning.

Salisbury, W. A., & Kinnier, R. T. (1996). Posttermination friendship between counselors and clients. *Journal of Counseling and Development, 74*(5), 495–500.

Sampson, E. E. (2000). Reinterpreting individualism and collectivism: Their religious roots and monologic versus dialogic person other relationships. *American Psychologist, 55*(12), 1425–1432.

*Satir, V. (1983). *Conjoint family therapy* (3rd ed.). Palo Alto, CA: Science and Behavior Books.

*Satir, V. (1989). *The new peoplemaking.* Palo Alto, CA: Science and Behavior Books.

Satir, V., & Baldwin, M. (1983). *Satir: Step by step.* Palo Alto, CA: Science and Behavior Books.

Satir, V., Banmen, J., Gerber, J., & Gomori, M. (1991). *The Satir model.* Palo Alto, CA: Science and Behavior Books.

Satir, V., Bitter, J. R., & Krestensen, K. K. (1988). Family reconstruction: The family within—a group experience. *Journal for Specialists in Group Work, 13*(4), 200–208.

Schank, J. A., & Skovholt, T. M. (1997). Dual-relationship dilemmas of rural and small community psychologists. *Professional Psychology: Research and Practice, 28*(1), 44–49.

Schreier, B., Davis, D., & Rodolfa, E. (2005). Diversity-based psychology with lesbian, gay and bisexual patients: Clinical and training issues—practical actions. *California Department of Consumer Affairs (Board of Psychology), 12,* 1–13.

Shafranske, E. P., & Sperry, L. (2005). Future directions: Opportunities and challenges. In L. Sperry & E. P. Shafranske (Eds.), *Spiritually oriented psychotherapy* (pp. 351–354). Washington, DC: American Psychological Association.

*Sharf, R. S. (2008). *Theories of psychotherapy and counseling: Concepts and cases* (4th ed.). Belmont, CA: Brooks/Cole, Cengage Learning.

Shulman, B., & Mosak, H. (1988). *Manual for life style assessment.* Muncie, IN: Accelerated Development.

*Shulman, L. (2009). *The skills of helping individuals, families, groups, and communities* (6th ed.). Belmont, CA: Brooks/Cole, Cengage Learning.

*Skovholt, T. M. (2001). *The resilient practitioner: Burnout prevention and self-care strategies for counselors, therapists, teachers, and health professionals.* Boston: Allyn & Bacon.

*Skovholt, T. M., & Jennings, L. (2004). *Master therapists: Exploring expertise in therapy and counseling.* Boston: Pearson Education.

Sleek, S. (1994, December). Ethical dilemmas plague rural practice. *APA Monitor, 25*(12), 26–27.

Smart, J. (2009). Counseling individuals with disabilities. In I. Marini & M. A. Stebnicki (Eds.), *The professional counselor's desk reference* (pp. 637–644). New York: Springer.

Smith, A. J., Thorngren, J., & Christopher, J. C. (2009). Rural mental health counseling. In I. Marini & M. A. Stebnicki (Eds.), *The professional counselor's desk reference* (pp. 263–273). New York: Springer.

Smith, D., & Fitzpatrick, M. (1995). Patient-therapist boundary issues: An integrative review of theory and research. *Professional Psychology: Research and Practice, 26*(5), 499–506.

Sonne, J. L., & Pope, K. S. (1991). Treating victims of therapist-patient sexual involvement. *Psychotherapy, 28,* 174–187.

*Sperry, L., & Shafranske, E. P. (2005). (Eds.). *Spiritually oriented psychotherapy.* Washington, DC: American Psychological Association.

*Stebnicki, M. A. (2008). *Empathy fatigue: Healing the mind, body, and spirit of professional counselors.* New York: Springer.

Stebnicki, M. A. (2009a). A call for integral approaches in the professional identity of rehabilitation counseling: Three specialty areas, one profession. *Rehabilitation Counselor Bulletin, 99*(4), 64–68.

Stebnicki, M. A. (2009b). Empathy fatigue in the counseling profession. In I. Marini & M. A. Stebnicki (Eds.), *The professional counselor's desk reference* (pp. 801–812). New York: Springer.

Stebnicki, M. A. (2009c). Empathy fatigue: Assessing risk factors and cultivating self-care. In I. Marini & M. A. Stebnicki (Eds.), *The professional counselor's desk reference* (pp. 813–830). New York: Springer.

Strauch, B. (2003). *The primal teen: What the new discoveries about the teenage brain tell us about our kids.* New York: Doubleday.

Stone, C. (2002). Negligence in academic advising and abortion counseling: Courts rulings and implications. *Professional School Counseling, 6,* 28–35.

Sue, D. (1997). Counseling strategies for Chinese Americans. In C. C. Lee (Ed.), *Multicultural issues in counseling: New approaches to diversity* (2nd ed., pp. 173–187). Alexandria, VA: American Association for Counseling and Development.

Sue, D. W. (2005). Racism and the conspiracy of silence: Presidential address. *The Counseling Psychologist, 33*(1), 100–114.

Sue, D. W. (2006). Multicultural perspectives on multiple relationships. In B. Herlihy & G. Corey, *Boundary issues in counseling: Multiple roles and responsibilities* (2nd ed.). Alexandria, VA: American Counseling Association.

Sue, D. W., Arredondo, P., & McDavis, R. J. (1992). Multicultural counseling competencies and standards: A call to the profession. *Journal of Counseling and Development, 70*(4), 477–486.

Sue, D. W., Bernier, Y., Durran, A., Feinberg, L., Pedersen, P. B., Smith, E. J., & Vasquez- Nuttal, E. (1982). Position paper: Cross-cultural counseling competencies. *The Counseling Psychologist, 10*(2), 45–52.

Sue, D. W., Carter, R. T., et al. (1998). *Multicultural counseling competencies: Individual and organizational development.* Thousand Oaks, CA: Sage.

*Sue, D. W., Ivey, A., & Pedersen, P. (1996). *A theory of multicultural counseling and therapy.* Belmont, CA: Brooks/Cole, Cengage Learning.

*Sue, D. W., & Sue, D. (2008). *Counseling the culturally diverse: Theory and practice* (5th ed.). New York: Wiley.

Sumerel, M. B., & Borders, L. D. (1996). Addressing personal issues in supervision: Impact of counselors' experience level on various aspects of the supervisory relationship. *Counselor Education and Supervision, 35*(4), 268–286.

Sutter, E., McPherson, R. H., & Geeseman, R. (2002). Contracting for supervision. *Professional Psychology: Research and Practice, 33*(5), 495–498.

*Sweitzer, H. F., & King, M. A. (2009). *The successful internship: Personal, professional, and civic development* (3rd ed.). Belmont, CA: Brooks/Cole, Cengage Learning.

Szasz, T. (1986). The case against suicide prevention. *American Psychologist, 41*(7), 806–812.

Szymanski, E. M., & Parker, R. M. (2003). *Work and disability: Issues and strategies in career development and job placement* (2nd ed.). Austin, TX: PRO-ED.

Tan, S. Y. (1997). The role of the psychologist in paraprofessional helping. *Professional Psychology: Research and Practice, 28*(4), 368–372.

Tarvydas, V. M., & Johnston, S. P. (2009). Managing risk in ethical and legal situations. In I. Marini & M. A. Stebnicki (Eds.), *The professional counselor's desk reference* (pp. 99–111). New York: Springer.

*Teyber, E. (2006). *Interpersonal process in psychotherapy: An integrative model* (5th ed.). Belmont, CA: Brooks/Cole, Cengage Learning.

Thomas, J. L. (2002). Bartering. In A. A. Lazarus & O. Zur (Eds.), *Dual relationships and psychotherapy* (pp. 394–408). New York: Springer.

Thomas, J. T. (2007). Informed consent through contracting for supervision: Minimizing risks, enhancing benefits. *Professional Psychology: Research and Practice, 38*(3), 221–231.

Thomlison, B. (2002). *The family assessment workbook: A beginner's practice guide to family assessment and intervention.* Belmont, CA: Brooks/Cole, Cengage Learning.

Thorne, B. (2002). *The mystical power of person-centred therapy: Hope beyond despair.* Hoboken, NJ: Wiley.

Trull, T. J. (2005). *Clinical psychology* (7th ed.). Belmont, CA: Wadsworth, Cengage Learning.

Waters, R. (2004). Making a difference: Five therapists who've taken on the wider world. *Psychotherapy Networker, 28*(6), 356–359.

Watson, Z. E. P., Herlihy, B. R., & Pierce, L. A. (2006). Forging the link between multicultural competence and ethical counseling practice: A historical perspective. *Counseling and Values, 50*(2), 99–107.

Watts, R. E., Trusty, J., Canada, R., & Harvill, R. L. (1995). Perceived early childhood family influence and counselor effectiveness: An exploratory study. *Counselor Education and Supervision, 35,* 104–110.

Weihenmayer, E. (2001). *Touch the top of the world.* New York: Dutton.

*Welfel, E. R. (2010). *Ethics in counseling and psychotherapy: Standards, research, and emerging issues* (4th ed.). Belmont, CA: Brooks/Cole, Cengage Learning.

Welfel, E. R., & Patterson, L. E. (2005). *The counseling process: A multitheoretical integrative approach* (6th ed.). Belmont, CA: Brooks/Cole, Cengage Learning.

Werth, J. L., & Holdwick, D. J. (2000). A primer on rational suicide and other forms of hastened death. *The Counseling Psychologist, 28*(4), 511–539.

Werth, J. L., Jr., & Rogers, J. R. (2005). Assessing for impaired judgment as a means of meeting the "duty to protect" when a client is a potential harm-to-self: Implications for clients making end-of-life decisions. *Mortality, 10,* 7–21.

*Werth, J. L., Jr., Welfel, E. R., & Benjamin, G. A. H. (Eds.). (2009). *The duty to protect: Ethical, legal, and professional considerations for mental health professionals.* Washington, DC: American Psychological Association.

*Wheeler, N., & Bertram, B. (2008). *The counselor and the law: A guide to legal and ethical practice* (5th ed.). Alexandria, VA: American Counseling Association.

White, J. L., & Parham, T. A. (1990). *The psychology of blacks: An African-American perspective* (2nd ed.). Englewood Cliffs, NJ: Prentice-Hall.

Wiederman, M. W., & Sansone, R. A. (1999). Sexuality training for professional psychologists: A national survey of training directors of doctoral programs and predoctoral internships. *Professional Psychology: Research and Practice, 30*(3), 312–317.

Wilcoxon, S. A., Walker, M. R., & Hovestadt, A. J. (1989). Counselor effectiveness and family-of-origin experiences: A significant relationship? *Counseling and Values, 33*(3), 225–229.

*Woodside, M., & McClam, T. (2009). *An introduction to human services* (6th ed.). Belmont, CA: Brooks/Cole, Cengage Learning.

Woody, R. H. (1998). Bartering for psychological services. *Professional Psychology: Research and Practice, 29*(2), 174–178.

Wrenn, C. G. (1962). The culturally encapsulated counselor. *Harvard Educational Review, 32,* 444–449.

Wrenn, C. G. (1985). Afterword: The culturally encapsulated counselor revisited. In P. Pedersen (Ed.), *Handbook of cross-cultural counseling and therapy* (pp. 323–329). Westport, CT: Greenwood Press.

Wubbolding, R. E. (1988). *Using reality therapy.* New York: Harper & Row (Perennial Library).

*Wubbolding, R. E. (2000). *Reality therapy for the 21st century.* Philadelphia, PA: Brunner-Routledge (Taylor & Francis).

Wubbolding, R. E. (2006). Case study: A suicidal teenager. In B. Herlihy & G. Corey, *ACA ethical standards casebook* (6th ed., pp. 231–234). Alexandria, VA: American Counseling Association.

*Yalom, I. D. (1997). *Lying on the couch: A novel.* New York: Perennial.

*Yalom, I. D. (2003). *The gift of therapy.* New York: Perennial.

*Yalom, I. D. (with Leszcz, M.). (2005). *The theory and practice of group psychotherapy* (5th ed.). New York: Basic Books.

Yarhouse, M. A., & VanOrman, B. T. (1999). When psychologists work with religious clients: Applications of the general principles of ethical conduct. *Professional Psychology: Research and Practice, 30*(6), 557–562.

Younggren, J. N., & Gottlieb, M. C. (2008). Termination and abandonment: History, risk, and risk management. *Professional Psychology: Research and Practice, 39*(5), 498–504.

Zalaquett, C. P., Fuerth, K. M., Stein, C., Ivey, A. E., & Ivey, M. B. (2008). Reframing the DSM-IV-TR from a multicultural/social justice perspective. *Journal of Counseling and Development, 86*(3), 364–371.

Zinnbauer, B. J., & Pargament, K. I. (2000). Working with the sacred: Four approaches to religious and spiritual issues in counseling. *Journal of Counseling and Development, 78*(2), 162–171.

*Zur, O. (2007). *Boundaries in psychotherapy: Ethical and clinical explorations.* Washington, DC: American Psychological Association.